라파엘로, 정신의 힘

라파엘로, 정신의 힘

프레드 베랑스 지음 • 정진국 옮김

글항아리

라파엘로는 「갈라테아」를 스물아홉 살에 로마의 파르네시나 별장에 프레스코 벽화로 그렸다.
"그 누구도 그만큼 아름다운 인물을 그려내지 못했다"는 소리를 들었던 라파엘로는 화가였을 뿐만 아니라
건축가로서 로마 유적 발굴을 지휘하기도 했다. 확고하고 기념비적인 구도 속에 청정한 조화를
추구하던 그는 여기에서 살아 움직이는 것의 조화를 시도한다.

초기 기독교 시대에 로마에 살았다고 하는 「성 체칠리아」는 음악의 수호성녀.
음악적 조화에서 절대적 조화를 느끼던 라파엘로는
음악으로 전도했던 이 성녀를 자신의 가장 이상적인 수호자로 삼았을 듯하다.
아름다운 음악은 항상 천국의 소리에 귀를 기울이는 지름길이다.

「발다사레 카스틸리오네」는 라파엘로와 절친했던 지식인이었다. 신사와 식자의 도리를 말했던
이 사람의 초상은 화가들이 종종 군주보다 더욱 애정을 갖고 그리곤 했던 지식인 초상의 걸작이라 할 만하다.
인간과 세계의 운명을 이해하는 사람으로서 무지와 폭력을 경멸하고,
격동의 세월을 주시하는 지식인의 우수를 이보다 훌륭하게 함축한 초상을 다시 보기 어렵다.

「방울새와 동정녀」의 삼각형 구도에서 레오나르도 다 빈치의 영향이 엿보인다. 성모 앞에 서 있는
아기 예수는 미켈란젤로의 성모자상을 본떴다. 그러나 가늘고 곱게 흔들리는 나뭇가지 사이로
청정한 풍경과 성모의 고운 자태는 오직 라파엘로의 온화한 성품만을 생각하게 한다.

라파엘로는 「아름다운 정원사」에서 마을 앞 동구 밖의 풍경 같은 것으로 정원을 재현한다.
레오나르도 같은 어둡고 신화적인 공간이거나, 미켈란젤로처럼 추방당한 낙원이 아니다.
교회가 지켜주고 강이 흐르는 뜰에서 성모는 아기들이 상징하는 미래의 약속을 믿고
지켜주려는 듯 아기 예수의 팔을 온화하게 붙들고 있다.

「초원의 동정녀」는 라파엘로가 이십대 중반에 그린 일련의 동정녀와 성모상 가운데
제일 먼저 그렸을 것이다. 그 몇 해 전 「동정녀 결혼식」이라는 대작을 마친 뒤 자신의 미학에 대해
자신감 넘치며 더욱 깊어진 솜씨를 보여주지만 레오나르도의 영향은 자명하다.

알렉산드리아에서 차형으로 순교한 성녀 카테리나도 순교의 상징인
수레바퀴에 기대서 있지만 그 눈길은 라파엘로의 여성상답게 하늘을 응시한다.

갓 스무 살에 그린 「십자고상」은 선배 화가들이 수도 없이 그린
거의 지정곡 같은 주제를 다룬 것이다. 그러나 라파엘로는 고통의 이미지보다는
대속자를 기리는 천사와 인물들의 우아한 장식성으로 기울었다.

「동정녀 대관식」은 부활과 승천의 주제를 약간 측면에서 바라본 시각으로 포착했지만
천상과 지상의 이분법을 여전히 즐기고 있다.
작은 천사의 얼굴은 모처럼 베네치아 화파의 기억을 되살린다.

「삼여신」은 프랑스 샹티이 마을의 초상미술관에 있다. 작은 담채화인데,
특히 황금사과를 들고 있는 세 명의 여자는 그리스 신화에서 요정에 가깝다고 할 수 있다.

「동정녀의 결혼」은 건축가로서 튼튼한 구조를 중시하는 라파엘로의 관점을 잘 보여준다.
이는 우르비노의 선배 화가, 피에로 델라 프란체스카의 균형 잡힌 확고한 구성을 연상시킨다.
그러나 투시도처럼 다소 경직돼 보이기도 한다.

「하관」의 주제를 다루면서 라파엘로는 거의 이전의 고요함을 털어버리고
바로크적인 분방하며 무대 위에 올려진 극적인 장면으로 전경을 채운다.
그러나 화면의 아래에 무게를 두는 안정적인 구도에 대한 취미까지 포기하지는 않았다.

「하관」이라는 이름으로 단색화로 그린 습작은 플랑드르에서 유행하던 수법을 연상시키지만
중세 동안 작은 건물 부분에 상을 끼워넣던 조각가의 관행에 더 가깝다.

「마돈나 템피」는 주변의 장식 모티프를 최소화했다. 성모와 아기는 이웃집 모자처럼 모든 종교적 위엄과 함의를 벗어나, 그저 어머니와 아기로서 서로 정을 나누는 친근하고 인간적인 모습이 되었다.

「마돈나 알바」

「시스티나의 성모」에서 하늘을 우러러보는 라파엘로의 관심은 교황의 시선과 겹쳐진다.
천사들도 하늘에서 이 세상을 내려다보지 않고, 그곳을 그리워하듯 올려다본다.
바로 가장 독창적인 천사의 표정으로 남은 이미지가 되었다.

「논쟁」은 사실상 성사와 종교적 의례에 대한 논쟁일 뿐만 아니라, 가톨릭 종교개혁의 열기에 대한 기록으로 보이기도 한다. 이 무렵부터 의례가 중시되면서 가톨릭은 점점 더 "여자와 아이들"의 종교가 된다.

교황의 서재 상벽에 그린 벽화 「아테네 학파」는 고대 그리스의 지식인들과 당대 로마의 실존 인물이 즐겁게 결합된 거대한 인물의 파노라마였다. 수학자 아르키메데스는 열심히 공부하는 모습으로 그려졌다.

「아테네 학파」에서 플라톤과 아리스토텔레스는 변증적인 추론을 상징하는 두 거물로서 재현되었다.
플라톤의 인상은 레오나르도의 모습을 본뜬 것이라고 한다.

판자에 그린 「율리우스 2세 상」은 런던 내셔널 갤러리에 있다. 작고하기 불과 한 해 전의 모습이다.
교황보다 군주에 더 어울릴 이 교황은 사실 말을 타고 전장을 누비는 것을 좋아했었다.
미켈란젤로에게 큰 일감들을 맡기기도 했던 교황의 인격과 심리를 라파엘로는 그 손의 표정 속에 담아냈다.

메디치 가문의 교황을 그린 「레오 10세 상」. 차기 교황을 노리던 추기경 조카들을 그 배후에 세웠다.
현실적 갈등과 긴장을 암시했다는 점에서도 흥미로운 인물상이다. 책상 모퉁이 쪽에서 바라본 구도도
재미있는 시도이지만, 자주와 양홍의 찬란한 위엄과 손놀림에 대한 라파엘로의 관심에는 변함이 없다.

예수의 승천을 그린 「변모」는 바티칸 회화관의 가장 좋은 자리에 걸려 있다. 라파엘로는
죽기 직전까지 이 작품에서 손을 떼지 않았었다. 그가 좋아하던 대로 수직적으로 양분해 그리는 구도를
채택했다. 최후의 걸작이라는 평가와 화면 위아래의 연결이 매끄럽지 못하다는 평가가 엇갈린다.

한 쌍으로 그린 도니 부부의 초상은 그들의 결혼 직후의 모습이다. 아뇰로 도니는 상인이었는데 피렌체 공화정의 주역 가운데 한 사람이다. 유행하던 베레모 차림의 도니의 표정에서 야망과 의지를 읽을 수 있다.

「토마소 잉기라미 추기경」에서도 "카디날" 빛으로 불리는 선홍색이 강렬하게 추기경의
독특한 인상과 어울리면서 인물의 사실성에 시적인 감흥을 보태준다. 나중에 모든 화가들의
고민거리였던 색과 데생의 조화에 대해 라파엘로는 늘 위대한 모범을 보였다.

라파엘로의 작품은 인간 정신의 발전에서 대단히 중요하다….
그 연구는 내 긴 인생에서 가장 황홀한 기쁨이었다.—괴테

에커만은 1828년 10월 11일에 괴테가 창턱에 기대어 자신을 바라보
면서 이렇게 말했다고 전한다.

"이보게 젊은이. 많은 것을 이해하도록 자네 인생에 유익한 조언을
해주고 싶네. 내 작품은 인기를 끌지 못할 걸세. 그런 생각으로 인기
를 끌려는 사람은 틀렸어…. 아무리 따져보아도 뛰어난 작품이 죄다
그렇지 않던가? 모차르트가 인기 있었나? 라파엘로가 그랬던가?"

우선 이런 발언은 부당해 보일지 모른다. 괴테 자신은 물론이고 라파
엘로, 모차르트만큼 인기 있는 예술가가 또 어디 있을까? 하지만 이런
인기, 즉 대중성은 그들의 천재성을 오해했다는 증거이다. 여러 세대
동안 얼마 되지 않은 사람들이 그들을 이해하고 예찬하기는 했지만, 라

파엘로와 모차르트는 쉬운 예술가로 여겨졌다. "신성한" 라파엘로, "매력적인 선율의" 모차르트, "올림포스 신 같은" 괴테는 정말이지 중언부언이 되었고, 그들의 이름에 붙은 수식어의 의미마저 이제는 관심거리가 못 된다. 물론 그 뒤에 당연한 반발로 "못난이" 괴테, "싱거운" 모차르트, "달콤한" 라파엘로라는 소리만 들린다.

우리 시대는 피렌체 르네상스의 모든 문제와 뚝 떨어져 있음에도 괴테와 모차르트, 라파엘로를 되찾고, 또 자연스럽고 자명한 그들의 능숙함이 그들이 예술을 쌓아올린 어려움에서 나왔다는 점을 이해한다. 그것은 단지 한 시대의 종합이 아니라 인간 정신의 영원한 탐구와 지식, 감흥의 종합이다.

레오나르도 다 빈치와 라파엘로, 괴테가 다른 위대한 예술가들과 다른 것은 인간과 사물의 연대에 관해 완전히 철학적인 그들의 지성과 감각 때문이다.

예술작품은 언제나 수수께끼이다. 그것은 언제나 예술가 자신을 위해 존재한다. 우리가 그것을 설명하려고 그 작품과 개성, 영감의 열쇠를 찾기 위해서 예술가라는 인격에 접근하는 것은 암중모색에 불과하다. 거기에 이르려면 우리는 우선 레오나르도 다 빈치, 라파엘로, 괴테 같은 인간이 당대의 영향을 따르지 않았는지, 또 그들이 후손에게 새로운 길을 열지 않았는지 살펴보면서 그 방대한 주변 세계로 들어가야 한다. 이런 이유 때문에 나는 라파엘로를 고립시키지 않고서 그가 살았던 당대의 분위기를 찾아보려 했다. 그는 서유럽 문명의 전환기이던 16세기 초에 벌어진 사건의 당사자이자 증인이었고, 군인이나 외교관으로서가 아니라 정신세계의 선구자로서 거기에 효과적으로 참여했기 때문이다. 그의 당대인들은 칼카니니가 그를 "천국에서 내려온 신神 같은 존재"라고 한 것을 충분히 이해하고 있었다.

물론 우리가 말하는 라파엘로의 작품은 오늘날까지 전해지는 것을 이야기한다. 파르테논 신전을 이야기하면서, 우리가 비록 페리클레스 시대에 있던 대로 그 건물의 모든 세부를 자세히 알더라도, 아크로폴리스 언덕 위에 남은 폐허 이상의 다른 것을 상기하기란 불가능하다. 라파엘로의 그림과 벽화는 다시 그려지고 긁히고 대강 수리되었다. 또 오늘날에도 여전히 화재와 붕괴로 쪼개져나가고, 미숙하고 조잡하게 덧칠되었다. 하지만 그의 솜씨가 발산되는 작품으로 주저 없이 인정받는다.

라파엘로를 해석하고, 그가 표현하려 했던 것을 이해하며, 그를 사랑하기를 배우자면, 그 추종자들이 그린 수많은 그림을 기억에서 지워야 한다. 그것들은 거의 예외 없이 그의 작품을 개작改作한 것이다. 19세기 미술비평의 위대한 점은 라파엘로의 작품을 재평가했다는 것이다. 그것은 모든 미술관에 우글대며 이 우르비노 출신의 거장을 불신하게 하는 질겁할 만한 라파엘로의 위작僞作을 가려냈다.

예를 들어보자. 루브르 박물관에 라파엘로의 진품은 다섯 점뿐이다. 「파란 왕관을 쓴 성모」, 「아름다운 정원사」, 「발다사레 카스틸리오네 초상」, 소품인 「성 게오르기우스」와 「성 미카엘」, 「잔느 다라곤」과 「프랑수아 1세의 성가족」, 대작 「성 미카엘」은 그의 화실 작품이다. 라파엘로의 것으로 분류되는 다른 작품들은 그저 그 추종자들의 천박한 작품이다. 최근에 프티 팔레에서 열린 이탈리아 회화전에 출품된 데생과 채색은 형편없으며, 감정에 치우친 표현으로 두껍게 덧칠하고, 우스꽝스러운 아기를 안은 동정녀와 그 전체에 풍경으로 멋을 낸 작품은 당시의 형편없는 환쟁이라도 부끄러워할 만한 것 아닐까? 전시회 조직자의 명예가 달린 것인데, 전문가라면 그 참조를 분명히 도록에 밝히지도 않았다는 사실을 두고 뭐라고 해야 할까?

라파엘로의 영광은 결코 정체되지 않았다. 그가 사망한 그다음 세기에 그가 겪은 것에 대한 모든 가정이 부인되었다. 당시에, 지금은 잊힌 화가 니콜로 델라바트가 "위대한 라파엘로" 행세를 하고 있었다. 17세기에, 베르니니는 라파엘로의 '단순성'을 모방하지 말라고 만류했다. 18세기에 부셰는 라파엘로를 한심한 화가로 평가하면서 그를 조롱하는 것을 세련된 태도로 여겼다. 그렇지만 그 세기말에 괴테가 그리고 그 뒤에 셸리가 이탈리아에서 그를 다시 발견했다.

이어 나폴레옹 전쟁이 터지면서 「동정녀의 결혼식」이 루브르로 들어왔다. 바로 그곳에서 열두 살 난 앵그르는 처음으로 라파엘로의 작품을 보았고, 그 앞으로 달려가서 이렇게 말했다.

"호메로스를 더 많이 이야기할수록 그에 대해 더 할 말이 많아진다. 새로운 사상은 그것을 이용했다고 믿는 사상에서 나온다. 신과 같은 라파엘로도 이와 마찬가지. 그에 대한 칭송은 겨우 시작에 불과하다."

우리 시대의 미술사가 엘리 포르〔방대한 『서양 미술사』의 저자〕는 완벽하게 간추린 표현으로 이렇게 말했다. "라파엘로는 역사의 모략을 받았다. 또 그런 모략 덕에 가장 추앙받았다."

미켈란젤로에 관한 자료는 넘치지만 라파엘로에 관한 것은 그렇지 못하다. 어쨌든 바사리는 라파엘로의 제자 줄리오 로마노를 알고 있었고, 그의 이야기는 이 우르비노의 거장에 걸맞은 전설을 전해준다. 그가 실제 자료와 다른 이야기를 할 때마다 그것은 오류로 밝혀졌다. 로마의 성직자, 파올로 조비오는 바사리의 이야기에 아무것도 덧붙이지 않은 라파엘로의 간략한 전기를 라틴어로 남겼다. 우리는 무명씨에게 바친 네 편의 단장斷章 외에도, 삼촌 시모네 차를라, 프란체스코 다 볼로냐, 그리고 발다사레 카스틸리오네에게 쓴 편지들, 때때로 카스틸리오네의 것으로 간주하기도 하는, 레오 10세에게 제출한 로마 유적발굴 보고서를 볼 수 있다. 이런 원천 자료에 칼카니니가 치글러에게 부친 유명한 편지 한 통과 대사들의 보고서 속에 등장하는 라파엘로에 대한 시사적 표현, 또 세바스티아노 델 피옴보가 미켈란젤로에게 부친 편지들, 조반니 산티의 두 번째 부인 베르나르디나 델 파르테가 라파엘로의 보호자인 돈 바르톨로메오에 대해 제출한 고소장 등을 추가해야 한다. 그와 친밀했던 벰보도 카스틸리오네도 아무런 회상록을 남기지 않았다. 어쨌든 카스틸리오네의 『조신朝臣』은 라파엘로 주위의 분위기, 즉 우르비노 궁정을 이해하는 데 가장 소중한 샘이다. 여기에서 많은 것을 빌려왔다.

앵그르의 주장을 확인하면서 괴테는 라파엘로의 작품이 "인간 정신의 발전에 엄청나게 중요하다"라고 했다. 이 말은 문제가 어디에 있는지 잘 지적했다. 14년간, 나는 라파엘로 자신의 발전을 이해하려 애쓰면서 그 해법을 찾으려 온 힘을 다했다. 그가 받은 영향을 다시 찾아낸다는 것, 다시 말해 그에게 해를 끼친 것과 나란히 현대의 가장 위대한 이 개인의 발전에 이바지했던 것을 다시 찾아내는 것이 이 책이 도달하려고 애썼던 목표이다.

프레드 베랑스

일러두기

· 지명과 인명, 성당 이름은 각 지역 고유어의 표기를 따랐으나, 성경에 등장하는 인물이나 교황 등은 일반적인 관례를 따랐다.

· 작품 제목은 「」, 책 제목과 잡지 등은 『』로 표기했다.

· 본문 내용 중 ●로 표시한 것은 역주로 본문 아래에 수록했으며, 원주는 책 뒤에 실었다. 또한 본문 중에 ( )는 원저작자의 설명이며, [ ]는 역자가 보충하여 설명한 것이다.

· 이 책에 수록된 작품 가운데 작가 이름을 명기하지 않은 경우 라파엘로 본인의 작품임을 밝혀둔다.

차례

제2부 활력에 넘치는 나날들

제1부
명상 생활

제1장

우르비노

기독교적이며 철학적인 이전 사회의
노력을 부인한다는 것은 자살이며,
힘과 완성의 수단을 거부하는 것이다

― 보들레르

우르비노 공작 델라 로베레의 누이가 라파엘로에게 피렌체 행정관 소데리니에게
전할 소개장을 건네주는 장면이다. 이 동판화는 1869년에 투르에서 출간된 프레데릭 쾨니크의
『라파엘로』 불어판 개정판에 수록된 것이다.

페데리코 다 몬테펠트로 공작

로마뉴와 마르케의 주요부로 이루어진 우르비노 공국公國에는 주교 휘하의 일곱 개 도시를 비롯해 여러 소도시와 성곽으로 둘러싸인 마을 삼사백 곳과 난공불락으로 유명한 요새들이 있다. 매우 비옥한 이 나라는 숲과 포도밭과 과수원으로 덮여 있었다. 우르비노 공국은 주군이 유명한 지휘관이었던 데다 지리적 위치 때문에도 군사적으로 매우 중요했다. 이 나라는 북쪽에서 남쪽으로 뚫린 길목에 있어 예컨대 이탈리아의 열쇠 같은 곳이었다. 그래서 체사레 보르자와 그 뒤에, 젊은 로렌초 메디치도 왕국을 세우려 생각할 때부터 이곳을 점령하려 했다.

잽싸고 용감한 이 산악 민족은 1444년부터 페데리코 다 몬테펠트로 치하에 들어갔다. 1474년에 교황 식스투스 4세는 충성에 대한 보답으로 그에게 공작의 작위를 내렸다.

그의 딸은 교황의 조카로 훗날 율리우스 2세 교황이 되는 줄리아노 추기경의 동생 조반니 델라 로베레와 결혼했다. 바로 그녀가 우리가 이 책에서 로마 총독부인으로 소라 공작부인이라 부르게 될 여인이다. 공작은 천박한 평민 출신인 델라 로베레 가문과 혼인함으로써 당시 어린 아들 귀도발도에게 교회의 영지 우르비노의 유산을 안전하게 상속할 것으로 믿고 있었다. 그의 또 다른 딸 아네세는 탈리아코초 왕자이자 팔리아노 영주 파브리치오 콜론나와 결혼해서 1492년에 미켈란젤로와 영원한 우정을 나눈 비토리아 콜론나를 낳았다.

유명한 교육자 비토리노 다 펠트레가 총애한 제자 페데리코는 '카사 조코사*'에서 성장했다. 이 카사 조코사는 벽화로 장식되고 꽃나무로 가득한 넓은 정원에 둘러싸인 화기애애한 저택으로 여러 지방에서 온 다양한 계층의 어린이들이 정답게 지내고 있었다. "병자를 치료한다"고 해서 그 얼굴이 널리 알려진 비토리노는 과학을 좋아하게 만들고 놀이를 교육적으로 활용할 줄 알았다. 그는 사내든 계집아이든 자기 학생에게 힘과 인내심, 미와 예절을 익히도록 했다. 페데리코 다 몬테펠트로는 결코 자기 스승을 잊은 적이 없었다. 또 일생 동안 그의 신뢰를 사려고 노력했다. 만토바에서 공부하던 시절 페데리코는 루도비코 후작과 그 아내 바르바라 데 호헨촐레른과 우애를 쌓았다. 그들 또한 비토리노의 제자였다. 곤차가 가문의 수입은 손님들의 숙식에 필요한 비용을 감당하지 못할 때도 있을 정도였지만,[1] 화가, 문인, 학자 등 선행과 스승과 우애를 중시했던 우수한 인재들이 그 궁정으로 몰려들었다. 이런 화목한 분위기에서 메디치, 곤차가, 몬테펠트로 가문을 위해 제작된 방대한 작품이 나올 수 있었다. 특히 페데리코와 귀도발도 치하의 우르비노 그리고 피렌체, 만토바의 번영에도 이바지했다. 단테 이후로 이탈

* 즐거운 집이라는 뜻.

리아에서 피렌체와 만토바와 우르비노에서 모든 위대한 것이 나왔다. 아테네와 이 세 도시를 지도상에서 지워버린다면 이 세상은 빈곤하고 황량하며, 천박해 보일 것이다.

페데리코는 가부장으로서 이런 환경을 지배했고 백성들에게 가능한 한 부담을 주지 않았으며, 원정에서 얻은 수입을 건설에 쏟아 부었다. 베네치아와 밀라노는 그의 신망을 얻으려고 다투었다. 그에게는 소수였으나 잘 훈련된 군대가 있었다. 군대는 난공불락이라고 하는 곳들을 능숙하게 점령하면서 무적이 되었다. 그를 아는 사람 누구나 그의 인간성과 신중함, 정의와 예술과 과학에 대한 사랑을 이구동성으로 예찬했다.

1447년에 그는 60년 뒤에 발다사레 카스틸리오네가 이탈리아에서 가장 아름다운 궁전이라고 공언하던 주거지 건설에 착수했다.[2] 이 건설에 필요한 터를 닦으려고 멀리 떨어진 산 같은 바윗덩이들을 공터에 채워 넣어야 했다. 루차노 다 라우라나가 1468년에 공사 현장감독에 임명되었으니까 페데리코가 직접 궁전을 설계하고 축조를 지휘했음이 틀림없어 보인다. 우르비노 궁은 메디치 궁과 함께 르네상스 궁의 전형으로서 모든 건축가가 모방하게 되었고, 또 라우라나에게는 명예를, 브라만테에게는 교훈을 주었다. 피렌체의 위대한 건축가들의 제자였던 루치아노 다 라우라나에게서, 브라만테는 나중에 밀라노에서 주목받게 될 미묘하고 우아한 형태의 취미와 안목을 배웠다. 또 로마에서 새로운 스타일로 선보이게 되는 고상하며 거창한 표현으로 그것을 이어나갔다. 산티 가문의 친척 브라만테는 이런 환경에서 다양한 이론적 논쟁을 접할 수 있었다. 또 그것을 통해서 선배들이 얻었던 모든 지식을 자신의 것으로 소화해 상당히 절충적이며 폭넓은 관점을 얻었다.[3]

주랑으로 꾸며진 안뜰과 서재, 작업실, 응접실은 위대한 건축 애호가 로렌초 대공이 그것을 본떠서 궁을 지을 만큼 높은 평판을 얻었다.

이 궁전은 금사金絲로 짠 천과 비단, 고대 입상과 청동상, 회화와 악기로 화려하게 장식되었다. 감탄을 자아내는 솜씨로 제본된 수사본을 비롯해서 희귀본이 쌓인 서재는 금은 고리로 채워졌고, 그는 이 서재를 위해서 자신이 구할 수 있는 것이면 무엇이든 사들였다. 아리스토텔레스, 플라톤, 호메로스, 소포클레스, 핀다로스, 플루타르코스, 프톨레마이오스의 우주학, 아이스키네스, 플로티노스, 히포크라테스, 갈레누스, 크세노폰 등….

페데리코는 베스파시아누스의 도움으로 서재를 완벽하게 체계화하려 했다. 거기에는 성 알베르투스 마그누스, 성 토마스 아퀴나스, 성 보나벤투라의 전작집뿐만 아니라 바티칸, 피렌체의 산 마르코, 파비아, 심지어 옥스퍼드 도서관 목록까지 들어 있었다.[4]

아리스토텔레스의 논문이나 플라톤의 『대화편』을 번역하는 것은 귀족적 사명이었다. 15세기 이탈리아 사람들은 모국어 다음으로 라틴어 대신 그리스어에 열광했다. 오리엔트에서 가져온 저술은 정신적 각성제 같았기 때문이다. 그리스 작품의 번역과 주해는 페데리코 다 몬테펠트로와 교황 니콜라우스 5세와 코시모 데 메디치가 대부분 맡았던 사업이다. 페데리코는 시인보다 역사가를 선호했고 플라톤보다는 아리스토텔레스를 선호했다. 그는 아리스토텔레스의 『윤리학』, 『정치학』, 『물리학』에 정통했다.

페데리코는 아펜니노 산맥 서쪽 능선에 자리 잡은 작은 마을 구비오에 여름 별장을 짓기도 했다. 그는 여기에서도 라우라나를 고용했다.

그 건물은 우르비노 성과 같은 특징으로, 안뜰은 홍예紅霓를 올린 주랑 형식이다. 건축적 세부, 창과 문, 벽난로의 틀도 우르비노와 마찬가지로 화려했다.

로렌초 대공처럼 페데리코 또한 보기 드물게 일을 즐기는 인물이었다. 공국과 그 궁정은 치밀하게 조직된 걸작이었다. 페데리코는 오백 명을 거느렸다. 조정朝廷은 가장 막강한 왕정에 못지않았으며, 공작의 궁정은 이탈리아 영주들의 자녀를 위한 사관학교 같았다. 그는 무기도 신하도 대동하지 않고 거지라고는 찾아볼 수 없는 온 나라 구석구석을 돌아다녔다. 그가 지나갈 때면 주민들은 '하느님의 가호'를 빌며 무릎을 꿇곤 했다. 인본주의자, 학자와 예술가는 그를 '이탈리아의 빛'이라 불렀다.[5]

그는 꽤 나이가 들어서 아주 앳된 처녀 바티스타 스포르차와 결혼했다. 그녀는 1472년에 사망하지만 그가 그토록 바라 마지않던 아들을 남겼다. 그는 이 귀한 아들에게 귀도발도라는 이름을 지어주었다.

바로 1459년 그의 결혼식에 맞춰 피에로 델라 프란체스카*가 우피치의 저 유명한 두 쪽 그림을 그렸을 것이다. 측면에서 흉상을 보여주는 페데리코는 붉은 토가[품이 넓고 긴 외투]를 걸치고 있다. 그의 목은 굵고 곱슬머리는 검다. 코는 애당초 부러져 있었다. 피에로 델라 프란체스카는 페데리코 공이 마상시합을 하다가 낙마하는 바람에 코가 부러졌고 한쪽 눈을 잃었으며, 턱이 틀렸고 잔주름이 얼굴을 덮게 되었다는 사

• 1412/1420?~1492. 원근화법의 토대를 닦은 대가. 오래 잊혔다가 1927년 로베르토 롱기의 미학적 전기를 통해 되살아났다.

실을 잊지 않았다. 공작부인도 측면에서 바라본 모습으로 그려졌는데 기다란 머리를 귀 위로 묶었고 젖가슴 위로 떨어지는 하얀 목도리를 두르고 소매에 수단繡緞을 붙인 짙은 초록색 가슴받이를 걸친 모습이다.

한편 프란체스코 공의 딸 바티스타 스포르차는 당시 열세 살에 불과했다. 그런데도 초상 속의 공의 배우자는 훨씬 나이가 들어 보이는 것으로 미루어, 1457년에 사망한 공의 첫 번째 부인 젠틸레 브랑칼레오네가 틀림없다. 아울러 그녀의 다소 침울한 표정은 나중에 피에로 델라 프란체스카가 그린 바티스타 스포르차의 세련된 초상과 적지 않게 닮았다. 이 그림은 세련되고 우아한 모습을 보여준다. 갸름한 얼굴, 긴 코, 아몬드 모양의 눈 등 전반적 특징을 그 아들 귀도발도의 초상에서 다시 볼 수 있다. 이런 특징은 라틴어와 그리스어를 완벽하게 구사했던 이 젊은 여성의 예술적 감각을 확인시켜준다.*

<hr />

* 「정결의 승리」라는 이 작품의 제작 연대에 대해서는 두 가지 가설이 있다. 1450~57년 사이라는 설과 1460~66년 사이라는 설이다. 또 피에르 프랑카스텔은 『형상과 장소』(갈리마르, 1967)에서 공작의 서임과 부인의 사망 시기를 근거로, 1465년과 1472년 사이로 본다. 이 연대에 따라 초상의 여주인공에 대한 의견도 갈라진다. 아무튼 롱기(『피에로 델라 프란체스카』, 1962년)는 이 여인의 얼굴에서 라파엘로의 아버지 조반니 산티의 시 한 구절을 떠올린다. "모든 미덕으로 빛나는 구球."

산티 가家

산티 가는 개화되고 애국적인 군주의 땅으로 산정의 작은 요새 도시 콜보르돌로에서 살고 있었다. 이 집안은 1408년, 페루촐로 산티와 그 형제 루카가 금화 88플로린으로 부동산을 사들일 만큼 안락하고 여유 있었다. 십 년 뒤, 1418년에 페루촐로는 젠틸리나 우르비넬리와 결혼한다. 그는 이 결혼에서 아들 산테와 두 딸을 얻었다. 1438년 그는 성이 있는 광장에 집 한 채를 구입하지만, 몇 해 뒤 리미니의 폭군이자 교황에 봉사하는 용병대장 시지스몬도 말라테스타가 이 고장을 지나면서 콜보르돌로를 약탈했다.

이는 대단히 드문 일이었다. 왜냐하면, 우르비노 공국은 오랫동안 번영할 수 있었던 평화를 누려왔기 때문이다. 이 재앙에 질린 페루촐로 산티는 자신의 집은 온전했지만 아무튼 고향을 떠나기로 결심했다. 그의 손자 조반니는 약간 과장된 어조로 귀도발도 공에게 바친 운문체 연대기에서 이렇게 썼다.

"운명은 우리 집안을 잿더미로 만들었고, 비참하고 불행한 생활을 일일이 이야기하자면 많은 시간이 걸릴 듯합니다."

1450년, 페루촐로는 우르비노에 정착해서 1457년 그곳에서 사망했다.[6] 그의 아들 산테는 곡물 중개상으로 가산을 다시 일으키고 수도 주변에 땅을 사들였으며, 우르비노에 집들을 구입했다. 바로 거기 델 몬테 거리의 한 집에서 산테의 맏아들 조반니는 금은방을 열었다.

당시에 금은방은 장인들 사이에서 최고의 직위였다. 즉 으뜸가는 예술이었다. 왜냐하면, 사치품으로서의 보석은 예술작품이었는데, 바로 금은세공장이 보석을 고안하고 녹이며, 세공하고 조각했기 때문이다. 15세기의 거의 모든 거물급 예술가는 화가, 조각가를 막론하고 금은세공장으로 데뷔했다. 기베르티는 부친의 가게에서 그림을 배웠다. 베로키오*는 용병대장 콜레오니의 입상 모형을 제작할 당시에도 베네치아에서 로렌초 디 크레디와 동업으로 금은방을 운영했다. 폴라이우올로 형제는 보석세공장이자 화가, 조각가로서 아이디어가 부족한 동업자에게 자기네 도안을 팔아 재산을 축적했다. 나중에 안드레아 델 사르토는 보석세공장 훈련을 쌓게 되며, 벤베누토 첼리니는 청동작품보다 소금 단지 덕분에 더 유명해진다.

머지않아 젊은 조반니 산티는 소중한 금속을 다루고 금은과 검劍을 마름질하며, 촛대를 금으로 장식하면서 당시에는 해롭지 않다고 생각된 시를 심심풀이 삼아 짓기 시작한다. 그렇지만 이 불운한 사람은 거

* 레오나르도 다 빈치가 이 사람의 밀라노 문하에서 초기에 도제로 생활했다.

기에 그치지 않고 그림도 그리기 시작한다. 그런데 물감과 붓, 화폭과 판자는 값이 비싸고 또 이렇게 낭비를 부추기는 새로운 열정은 중개상이었던 그의 부친의 구미에 맞지 않았다. 조반니는 시에 붙인 헌사에서 이렇게 밝힌다.

"이런 결심이 가족의 근심을 키웠다."

활달하고 호기심 많고 적응력이 뛰어나며, 자기계발의 욕심으로 가득 찬 조반니는 당시 이탈리아에 널리 퍼진 보편성에 대한 감각을 타고났으며, 또 그것을 지닌 사람들을 긴밀한 관계로 묶으면서 그 모범적 궁전이 자기 눈앞에 세워지는 것을 보았다. 게다가 공작은 예술가와 친밀하게 지냈다. 남부, 북부를 막론하고 이탈리아 전역에서 가장 고상한 인물과 그 부인네도 예술가와 어울려 지내는 것을 영예로 여겼으며, 귀족의 특권을 시기하는 베네치아 원로원에서는 공화국을 위한 작품에 대한 보상으로 화가 젠틸레 다 파브리아노에게 귀족의 토가를 입혀주었다.[7] 어느 날 공이 자기 가게에 들렀을 때, 사촌 브라만테에게 용기를 얻은 조반니는 위험을 무릅쓰고 자기 그림들을 보여주었다. 세련된 안목의 페데리코가 이 청년의 대단한 재능을 알아차렸을 법하다. 그리고 머지않아 조반니 산티는 궁전에 드나들게 된다.

다재다능한 조반니 산티

그는 뛰어난 인물이었지만 화가로서는 보잘것없고 지루하기 짝이 없는 긴 연대기를 단테 같은 운문으로 썼다고도 한다. 이는 부당하게 들리는 단순한 판단이다. 유감스럽게도 그의 작품 대부분이 유실되었다는 점을 전제로 해야 한다. 파사방(미술사가)은 조반니의 그림, 즉 그 늘씬한 인물상과 다소 어둡고 탁한 색채, 검고 거친 윤곽과 채색 수법이 피에로 델라 프란체스카의 스타일과 완전히 대척적인 지점에 있다고 주장한다. 뮌츠(최고의 라파엘로 해석자)는 그의 그림에 남아 있는 것은 독창성이나 특색은 없고 다소 몽상적인, 부드럽고 고상한 성품을 연상시킨다고 한다.

하지만 조반니는 대단히 아름다운 작품을 남겼다. 지금은 밀라노 피나코테카에 있는 「수태고지」가 그렇다. 그가 이런 수준의 작품 너덧 점을 남겼더라면, 만테냐나 페루지노와 어깨를 나란히 했을 만하다.

그는 모든 작품을 통해서 페루지노가 결코 도달한 적이 없는 진솔함을 보여준다. 덜 정확하기는 하지만 그 엄격함에서 만테냐를 연상시키고, 덜 힘차지만 피에로 델라 프란체스카를 연상시킨다. 동정녀의 자세는 겸허하면서도 위엄에 넘친다. 타원형 얼굴과 내리깐 눈, 가슴을 덮은 엇갈린 손과 안으로 굽은 무릎은 그녀가 메시지를 받아들이면서 그 심오한 의미를 이해하고 있음을 보여준다. 단순명쾌한 「수태고지」 모티프는 전체적으로 솔직하게 옮겨졌으나, 조반니의 붓을 거치면서 절제와 겸손과 품위가 넘치는 내면적 표현을 획득한다. 동정녀는 페루자 지방의 더할 나위 없이 아름답게 솟은 나무로 둘러싸인 작은 호숫가를 배경 삼아, 아름다운 비례의 기둥들 사이로 하느님의 전언을 받고 있는데, 눈에 띄게 두드러진 구름의 수정 같은 투명성은 만테냐의 구름을 연상시킨다.

조반니 산티는 14세기 전통을 지켰다. 즉 왼편에서 후광에 싸인 성신상聖神像이 왼손에 세계를 쥐고서 오른손으로 축복을 내리고, 구름을 딛고 선 아기 예수는 어깨에 십자가를 메고 마리아를 향해 내려선다.

시대의 횡포에 저항하지 못한 잘못을 저지른, 그의 친구 멜로초 다 포를리의 작품 같은 것을 남긴 화가들의 작품을 오랫동안 주시하노라면, 조반니 산티가 자기 아들이 펼쳐나가게 될 모든 원동력을 지니고 있었음을 알 수 있다. 아무튼 그는 자성하는 지성인이며, 자신이 말하는 것을 알고 있던 독학자였다.

그는 누구의 작품을 알고 있었을까? 자신의 연대기 속에서 우리에게 알려주는 바로 그 자신이다.

우선 1474년에 우르비노에서, 사제에게 성찬을 주는 그리스도를 그린 쥐스트 드 강에 대해 침묵하고 있지만, 그는 얀 반 에이크와 로지에 드 브뤼주*를 극찬하고 있다는 점을 알아야 한다. 그는 토스카나와 베네치아, 롬바르디아와 로마뉴 지방에서 활약한 최상급 화가들의 작품을 알고 있었던 듯하다. 또 선량한 르네 왕부터 베로키오의 제자 레오나르도 다 빈치와, 피에트로 페루지노 같은 "나이와 매력이 한결같은" 청년 화가에 이르기까지 세기의 영광도 모르지 않았다. 그러나 그의 우상은 당시 만토바에서 곤차가 궁의 프레스코 벽화를 그리던 만테냐였다.

그는 마치 20세기 사람처럼 만테냐를 평가한다. 그는 "하늘이 그에게 회화의 문을 열어주었다"라고 썼다. 더 나아가서 그는 원근법을 대단히 진보시키는 데에 일조했던 "자신에게 각별히 소중한" 멜로초 다 포를리를 예찬한다. 멜로초는 페데리코의 서재에 각 예술이 그 원칙적 상징의 수행을 받는 「자유학예-일곱 가지 예술」이라는 주제를 그렸다. 각각의 화면에 여신의 모티프와 그녀에게 경의를 표하는 남자를 다채로운 모습으로 그리고, 그 각각에 다른 균형적 모범을 창조한다. 그는 레오나르도 이전부터 오랫동안 색의 힘을 강화하고 빛을 더욱 생동감 넘치게 하려고 '스푸마토*'와 명암대비법을 구사한다. 우르비노의 다른 보물과 마찬가지로, 이 그림들은 사방으로 흩어져 사라져버렸다. 그렇지만 멜로초 다 포를리는 레오나르도와 라파엘로의 정신적 선조였다.

페데리코 공과 그 부인 상을 그린 피에로 델라 프란체스카는 조반니 산티의 집에 기거했다. 우르비노에 있는 「모욕 받는 그리스도」의 원근

• 플랑드르 프리미티브 화파의 거장 로히에르 반 데어 베이덴의 불어 이름.
• 다 빈치가 개발했다. 양감을 강조하기 위해 윤곽선을 부드럽게 그리는 기법이다.

부터 인물들의 형언할 수 없이 고상한 청아함에 이르기까지 모든 것은 신중하게 구성됐고 의도적이다. 피에로 델라 프란체스카는 양푼처럼 움푹해 보이는 정지된 인물과 가시나무처럼 날카로운 꽃으로 수놓인 옷, 고립되고 엄격한 커다란 인물을 그렸다. 그는 사람들이 알고 있던 모든 정확한 과학적 방법을 끈질기게 연구하면서 단련된 사람이었다. 원근에 관한 논문을 직접 쓰기도 했던 그는 자신을 키운 기하학 원리로 자연을 해석하려고 애썼다. 그가 프레스코로 그린 인물은 마치 집채처럼 층을 이룬 튼튼한 건축물 같다. 몸통과 어깨, 팔과 목을 압도하는 머리는 엄격한 계산에 따라 결정된 듯하다. 걷거나 무릎을 꿇은 입상과 또 그것을 떠받치는 에너지는 그 충만한 형태에 청동의 무게를 실을 만큼 넉넉하다.[8]

가령 이 예술이 청년 라파엘로에게 즉각적 영향을 주지 않았더라도 원근법이라는 과학과 빛의 효과를 보여주기는 했다. 바티칸에 있는 프레스코 「구출되는 성 베드로」에서 우리는 피에로와 또 파올로 우첼로의 인물과 같은 부류인 청동 갑옷의 병사를 다시 볼 수 있다. 파올로 우첼로는 총독 궁에 사실주의적이고 비개성적이며, 거의 도식적인 미술인 기이한 프레스코 연작벽화 「오스티의 신성모독」을 그렸다.

이렇게 바로 우르비노에서 조반니는 15세기의 가장 위대한 투사 네 명의 작품을 알 기회를 누렸다. 기하학파인 파올로 우첼로와 피에로 델라 프란체스카는 공간에 부피감을 담아냈고, 멜로초 다 포를리와 만테냐는 선배가 개척한 것을 활용하면서 짜릿하고 전원적 아름다움을 주는 극적 성격의 내용을 작품에 담아냈다.

브루넬레스코와 도나텔로를 뒤이은 만테냐는 고대를 재발견했다고 되풀이 말하지만, 모든 르네상스가 그것과 관련되었다고 할 수 있고, 르네상스가 그 시대를 완전히 발견하지는 못했더라도 그것에 열광하고 그 지식을 확보했다.

라파엘로 산티

평판이 높아만 가고 있었던 조반니는 1480년쯤 우르비노의 한 도매상의 딸, 마자 차를라와 결혼했다. 그는 수입을 늘리기 위해서 자기 공방 곁에 채소가게를 차려 부인에게 그 일을 맡겼다.

조반니의 정확한 출생 연도를 알 수는 없지만 그다지 젊을 때는 아니었고, 1440년에서 1446년 사이쯤일 듯하다.〔현재는 1435년경이라는 설이 우세하다.〕그렇다면 그 날짜 또한 알 수 없지만 그의 결혼 시점은 대략 서른넷에서 마흔 살 무렵이 되겠다.

1483년 목요일 밤부터 성 금요일 사이 새벽 세 시경에, 마자가 봄과 미美의 천사장인 라파엘로의 이름을 딴 아이를 낳았음은 분명하다.

아기는 미켈란젤로처럼 고용한 유모에게 맡기지 않았다. 조반니는 어린 라파엘로가 어머니의 젖을 먹고 크기를 바랐다. 지금도 우르비노 저택에서 볼 수 있는 벽화에서 성모는 후광 없이 젖꼭지가 드러난 가슴을 한 손에 쥐고서 가슴에 파묻혀 잠든 아기를 다른 손으로 안은 모습이다. 거의 희미하게 변한 이 그림은 조반니의 작품으로 간주되는데,

사람들은 언제나 그 인물상에서 마자의 무릎 위에 앉은 어린 라파엘로를 찾아낸다.[9]

우리는 미켈란젤로가 직접 콘디비에게 들려준 이야기[미켈란젤로전기]를 통해 라파엘로의 사춘기를 정확히 알고 있지만 청소년기에 대해서는 전혀 알 만한 것이 없다. 바사리는 『예술가열전』을 쓰면서 항상 이야기를 지어냈다.

그리스 전설에 따르면, 마지못해 또는 의도적으로 델포이의 샘물을 마시려고 달려가는 사람은 아폴론에게서 신탁의 운명적 선물을 받지만, 일찍 죽게 된다고 한다. 라파엘로는 이 샘물을 마셨다. 첫 번째부터 마지막 작품에 이르기까지 그의 그림은 지상의 인간을 신께로 이어주는 신비를 전하고 있기 때문이다.

그리스도가 강림한 이후 등장했던 모든 예술가 가운데, 그는 바로 우리가 그리스 고전기의 위대한 거장에게서 얻는 생각에 가장 근접했다. 고대인들은, 페이디아스가 발명한 것은 아무것도 없지만 대신에 앞 세대가 세련화한 예술의 모든 부분에 완벽을 기했기 때문에 그가 순수하고 완벽한 조화를 끌어냈다고 말한다. 바로 이 "순수하고 완벽한 조화"라는 말이야말로 라파엘로가 제 몫으로서 이탈리아 미술에 가져다준 모든 것을 가장 잘 해명한다.[10]

따라서 그토록 짧고도 충만한 그의 삶을 따라가보기 전에, 우리 주변을 둘러보고, 또 1483년에 지상에서 어떤 일이 있었는지 알아보자. 라파엘로의 삶을 전원시 같다고 생각하고 말하기도 하지만, 그의 작품에 반영될 만한 영향을 준 사건을 포함해서, 전체를 파악해야 한다.

1483년 이탈리아의 정황

신문도 기계도, 자동차도 비행기도 없었다. 인간의 감수성은 때 묻지 않은 상태였다. 인간은 자기 눈으로 보고 또 볼 시간이 있었다. 유럽 전역에서 남쪽처럼 북쪽에서도 아무리 작은 곳이라도 도시는 모든 시민의 예술작품이었다. 길을 뚫는 건축가와 광장을 꾸미는 조각가는 시민의 지적이고 효율적인 통제 하에 있다. 오늘날까지도 피스투아, 프라토, 비첸차, 시에나, 오르비에토 같은 도시는 수 세기에 걸친 야만적 몰이해에도 불구하고 콰트로첸토*의 자취를 새기고 있다. 가장 단순한 가옥조차도 예술적으로 만들어진 견고한 가구로 채워져 있다. 벽에 걸린 성모상은 델라 로비아의 공방에서 제작하지 않았더라도, 그 고장 예술가의 작품이었다. 조반니 산티 또한 우르비노의 직인과 그 고장의 징세관, 공작 영지의 부르주아를 위해 수많은 그림을 그렸다.

걸어서 혹은 말을 타고서 여행하던 이 시절에 사람들은 시간이나 거

• 15세기를 1400년대라고 부르는 이탈리아어.

리를 따지지 않고, 명화나 고대와 현대의 조각과 지식인을 만나려고 먼 길을 돌아오기도 했다. 왜냐하면, 언어가 모든 배움의 원천이었던 만큼 사람들은 보고 읽고, 공부하고 생각한 것을 거리낌 없이 말하곤 했기 때문이다. 사상은 멀리 흩어지고 퍼진다. 또 때로 사라져버리기도 했지만, 대체로 더 간결하게 세련되어 심화하기 마련이다. 사회 모든 계층에서 관용이 크게 신장했고 사람들은 긴밀한 친분으로 엮였으며, 학자와 예술가는 인생의 대부분을 여행으로 보냈다.

얼마 뒤, 발다사레 카스틸리오네는 우르비노 궁에서 완전한 조신朝臣의 특권을 정의했다. 다시 말해 완전히 인간적인 개인을 다루었다. 또 아리오스토는 그런 인간을 "휴머니스트〔인문주의자〕"라는 새로운 말로 불렀다.

남자와 여자는 요람에서부터 국가와 학교 또 대학입시와 공장 또는 감옥으로 갈 사람으로 무자비하게 만드는 제도에 묶여 있지 않았다. 인간은 배우지 않고서도 계략과 기만술 또한 싸움에서 유용하다는 것을 알고 있었지만, 이런 것은 그것을 잘 알고도 정당하게 이용할 줄 모르는 사람의 명예를 실추시킨다. 예술과 과학은 모든 길을 열어놓고 있으나, 그것은 우선 정신적 요구로서 개인을 풍요롭게 한다. 사물을 더 많이 알수록, 사람들은 존재를 더욱 사랑하고 세계를 더욱 이해하게 되며, 신성에 더 접근하게 되었다. 왜냐하면, 아테네 사람과 마찬가지로, 콰트로첸토 사람에게도 매사는 전체의 일부분이었기 때문이다. 예술과 과학과 종교는 여전히 구별되지 않았다. 예술과 과학과 종교는 신성의 세 가지 표현이었다.

개인이 자기 확신을 갖게 된 이 비옥한 자양은 어디에서 나왔을까?

몇몇 사가는 이러한 것의 근본 원인을 이 나라의 특수한 정치적 여건에서 찾아야 한다고 주장한다. 즉 봉건사회가 일찌감치 사라지고 공화정이든 독재정이든 새로운 국가 형태가 대두했다는 점이다. 여기에는 개인이 활기를 펼 수 있는 환경과 각자(타인과 마찬가지로 누구나 힘을 쥐고 있다) 모든 개인적 자원을 자각하고 그것을 궁극적으로 발전시켜야 한다는 시대적 불확실성에서 비롯한 어려움이 있었다.

그러나 봉건성의 소멸 자체는 일정한 정신 상태의 증거 아닐까? 독재를 지지하는 민중과 저항하는 민중은 똑같은 정신 상태가 아니다.

11세기부터 이탈리아는 정치적·지적 자유를 확보했다. 행정관이 2개월마다 권력을 이양했듯이, 공무 행정이 부르주아지의 생활을 채우고 있었고 또 부르주아지가 민중을 통제하며 지배했다. 공화정 시민은 직간접적으로 권력에 참여했다. 즉 주권이 있었다. 정치와 국제적 사건에서 도시 전체가 관련된 이해관계와 그 지속적인 동요가 사람들의 지성을 발전시켰다. 11, 12, 13세기의 이탈리아 사람은 모든 것을 토론하고 시도할 수 있었다. 단테는 살아 있는 교황을 두려움 없이 지옥으로 보낼 수 있었다[글을 통해서]. 교황 치하에 있던 나라에서도 민주주의 제도를 존중했던 교회는 그리스 문화를 퍼트렸고 아리스토텔레스에 대한 연구를 권장했다. 결국 사람들은 대담하고 거의 무시무시한 성자들조차 너그럽게 받아들였다.

그러나 14세기 후반에 당파 정부에 뒤이어 독재자의 과격한 정부와 영주의 엉큼한 통치가 이어진다. 이탈리아는 시민이 자유를 누리지 못했던 만큼, 어떤 특권이나 자치권도 노동조합과 상인조합, 일시적인 정치적 자유기에 세워진 예술 단체의 권리와 독립성을 보장하지 못했고,

주민공동체는 자유를 잃고서 무제한적인 폭정 하에 있었다. 당국의 무한한 권위를 즐기던 이탈리아 공동체 정부와 그 자리를 차지한 폭군은 형편에 따라, 걸맞은 의무를 수행하지 않았으면서도 그 권리를 물려받았다. 그러나 정치적 자유는 억압된 반면, 16세기 첫 사사분기의 이탈리아에서 지적인 자유는 여전했다.[11]

한편 이러한 역사적 근거는 설명이라기보다 오히려 확증으로 보인다. 이러한 확증은 어째서 개인주의가 이천 년 전에 이오니아 섬에서 나타났다가 이탈리아에서 되살아났는지 설명하지 않는다.

어째서 부처는 인도에서, 그리스도는 팔레스타인에서, 마니는 페르시아에서, 잔 다르크는 프랑스에서 등장했을까? 역사적 근거에 따르면, 항아리는 재를 담으려고 빚어졌다는 사실을 증명하지만 그렇다고 해서 어떻게 거기에 향을 피우게 되었는지까지 말하지는 않는다. 플라톤, 부처, 예수, 마니, 잔 다르크, 라파엘로는 단순히 그들 시대를 반영하는 거울이며, 그것을 자신의 도장으로 새기고 미래를 연다. 가령 우리가 플라톤, 부처, 예수, 마니, 잔 다르크가 등장한 나라의 심리 상태를 분석한다면, 비록 그들 자신은 연금되고, 추방되고, 십자가에 매달리고, 산 채로 껍질이 벗겨지거나 화형을 당했을지라도 그들의 사후에 무르익은 영향력이 그들의 메시지를 수용하게 했다는 점을 알 수 있다. 그 두 나라의 민중은 개인적으로 가장 고양된 표현에 이르렀다. 즉 아테네와 피렌체에는 자유민만이 아니라 때 묻지 않은 인민, 그들 자신의 눈과 귀로 보고 들을 준비가 된 민중이 있었다. 북유럽의 위대한 인물인 괴테가 스스로 "나는 순진무구하다"라고 했던 말을 잊지 말자.

플라톤은 영혼이 하늘에서 보았던 몇몇 이미지를 이 땅에서 알아보고서, 놀란 나머지 자제력을 잃을 수밖에 없었다는 말로 그 같은 감정을 설명한다. 또 프로클로스는, 놀라움은 인간에게 철학적 생명력이 있다는 첫 번째 표시라고 함축해서 설명한다. 그런데 르네상스는 예술적 갱신이면서 철학적 갱신이기도 하다. 페데리코 다 몬테펠트로의 서재에 있는 플로티노스(205~270, 신플라톤주의 철학자)를 번역하기도 했던 마르실리오 피치노(1433~1499)가 이끄는 피렌체의 플라톤학파는[12] 플라톤주의와 기독교를 종합했고 그 종합은 피렌체와 로마는 물론이고 우르비노에서도 유행했다.

이탈리아 전역에서 칼콘딜레스, 라스카리스, 폴리치아노*의 강연을 들으려고 젊은이들이 몰려들었다. 마르실리오 피치노의 친구이자 제자 로렌초 대공은 진정으로 기독교를 이해하려 한다면 플라톤주의자가 되어야 한다고 주장했다. 사람들은 하나의 신앙과 하나의 신학문에 고취되어 끝없이 안목을 넓혔다. 사회적, 종교적, 정치적 문제와 개인과 집단의 대립을 포함한 이탈리아 르네상스의 모든 문제는 우리의 문제와 마찬가지였다. 그러나 인간에 대한 집착과 보편성에 대한 감각, 정신적인 것에 대한 호기심과 계급 차를 허물고 또 권위에 기대거나 대화법을 핑계로 기피하거나 그 조잡함에 기대지 않고서 문제를 해결하려고 서로 논쟁할 수 있던, 깊은 우애의 감정을 지녔다는 점에서 르네상스 사람은 우리와 다르다. 결국 그 당시 사람의 결정적 특징은 폭력의 사용을 혐오했다는 점이다. 야만인은 힘이 주먹에 있다고 믿었지만 르네상스 이탈리아 사람은 그것이 두뇌에 있다고 알고 있었다.

* 1454~1494, 시인이자 인문주의자.

건축 하나만으로도 이런 종합적 문명의 증거로 삼을 수 있다. 토스카나의 궁전은 북유럽 궁전과 전혀 다르다. 그것은 예술작품으로 가득하지만 사치스럽지 않은 아름다운 주거인 반면, 북유럽의 궁전은 무엇보다도 회화와 조각이 사치스럽고 조잡한 예술이 된 화려한 구조물이다. 코시모와 로렌초의 거처인 메디치 궁이나 피티 궁, 토스카나 대공들의 거처를 메디치 가문보다 덜 막강한 뷔르템베르크 공이나 작센 선거 후의 궁과 비교해보면, 르네상스 문명은 호사스럽거나 피상적이기는커녕 완전히 심오하다는 것을 이해하게 된다. 호사와 우아함과 과장은 르네상스를 전후한 시대의 일이다.

이렇게 이탈리아는 그 정점에 이르렀다. 이탈리아는 세계에서 가장 훌륭하게 개화된 나라로서 인구가 가장 많고 번영하는 나라였다. 그 은행은 이집트에 지점을 열었고, 기업은 접촉할 수 있는 어떤 나라에나 상품을 수출했으며, 인쇄소는 모든 서구 식자층과 관계를 맺으면서 철학자, 극작가의 작품을 펴내고 있었다.

메디치가와 델라 로베레 가의 불화

거의 3세기 가까이 르네상스의 발전에서 부차적 역할을 했을 뿐인 나폴리를 제외한다면 이탈리아는 전쟁을 겪지 않았다. 그렇다면 사람을 죽이고 수확을 파괴하고, 농장을 태우는 것을 불명예스럽게 생각했던 용병대장이 조직하는 마상시합을 전쟁이라고 할 수 있을까? 마키아벨리는 이렇게 썼다.

"당시 전투에는 어떤 위험도 없었다. 항상 무장한 말을 타고 싸웠고 포로가 되었을 때도 목숨이 보장되었다. 전투 중에 무기를 들고 더이상 싸울 수 없을 때는 포로가 됨으로써 항상 죽음을 피할 수 있었다. 패자의 생명은 거의 언제나 존중된다. 포로로 생포되는 기간도 오래가지 않았고 쉽사리 자유를 되찾았다. 스무 번이나 반란을 일으켰던 도시도 결코 파괴되지 않고 그 아름다움을 간직했다. 주민들은 항상 자기 재산을 보존한다. 공물을 바쳐야 한다는 것만이 그들의 걱정거리이다."

이런 사정은 단테의 시대에도 마찬가지였다. 피렌체의 어떤 장군은 이렇게 말했다.

"여러분, 캄팔디노 전투[13] 이전에, 우리는 전투에서 훌륭한 공격으로 승리를 거두었고 싸움은 짧았으며, 목숨을 잃은 사람은 거의 없었습니다. 서로 죽이거나 하진 않았으니까요. 아무튼 오늘 우리는 새로운 제도에 돌입하려 합니다!"

아무 일도 벌어지지 않았다. 사람들은 과거와 마찬가지로 계속 싸웠다. 그러나 동족 간에 전쟁을 하는 일은 극히 드물었다.

일반적으로 적대자는 분쟁을 해결할 용병대장을 고용한다. 군인은 상하층의 귀족 신분이었다. 대영주는 소영주를 다루었고, 소영주는 더 작은 영주를 다루었다. 또 이보다 더 작은 지주는 단순한 병사를 다루었다. 군인은 자신이 지키려고 싸우던 도시의 농토는 물론이고 정복한 도시의 농토도 짓밟지 않아야 했다.

이런 상황에서, 전쟁을 일으키는 쌍방이 이 탁월한 거래에 어떻게 만족하지 않을 수 있을까? 전쟁이란 거의 언제나 중무장한 기사의 몫이었다. 기사는 고장에 건초더미가 풍성한 수확기에만 원정에 나섰다. 따라서 겨울에 전투를 벌이지는 않는다. 그렇지만 봄에, 적대자들이 싫든 좋든, 맞붙어 결국 유리하게 끝내야 할 전장에서 어떤 목적으로 서로를 죽일 것인가? 엄숙하게 맹세했던 만큼, 용감하게 싸워서 포로를 생포하지만 준마와 무장을 거두어들이고 나서 도망치게 놓아두었다. 단 한 사람의 사망자도 내지 않고서 완전히 궤멸된 군대는 이런 식으로 잔인한 운명을 견디곤 했다. 그러고 나서 얼마 뒤에는 아무 일도 없었던 것처럼 전장에 다시 모습을 나타냈다.[14] 그러나 적을 가장 쉽고도 효과적으로 물리치는 방법은 적군의 항복을 유도하거나 자기 군대로 매수해서 아군으로 삼는 것이었다.

이탈리아는 수많은 나라로 잘게 분할되어 있었다. 절대왕정, 귀족정, 독재정, 귀족적 공화정, 민주적 공화정, 신정 등 그 체제도 다양했다. 여기에 소국에서 지지와 원조를 구하던 거대 권력을 누리는 다섯 개의 국가가 있었다. 나폴리, 교황청, 밀라노, 베네치아 그리고 코시모 메디치와 그의 뒤를 이은 로렌초 대공이 중재자 역을 맡아 거대해진 피렌체가 있었다. 라파엘로가 태어나기 바로 한 해 전에, 페데리코 다 몬테펠트로를 공작의 위엄에 걸맞게 키운 교황 식스투스 4세는 그를 로마로 불러들여 용병대장직을 맡겼다. 교황은 페라라 공의 나라를 빼앗아 이미 이몰라와 포를리의 영주인, 친아들처럼 여긴 지롤라모 리아리오에게 줄 것을 베네치아와 합의해놓았다. 그런데 페데리코는 로마에서 급사했다. 그는 최후를 맞아 자신의 영지와 아들을 리미니의 독재자이자 용병대장 로베르토 말라테스타에게 위탁했다. 이 자 또한 바로 그날, 자기 아들을 페데리코에게 맡겨달라고 청하고서 볼로냐에서 사망했다.

페라라와 전쟁이 막 벌어졌을 때 식스투스 4세는 동맹국 베네치아를 포기하고 크레모네[15]에서 회의를 열어 베네치아에 대항하여 이탈리아 반도의 거의 모든 나라를 소집했다. 베네치아는 용감하게 이 연합에 맞섰다. 로렌초 대공은 다시 한 번 여기에 개입해 강화론자의 역할을 맡았다. 분개한 교황은 전쟁을 원했지만, 바뇰로에서 평화조약이 체결되었다. 식스투스 4세는 여기에 울화통을 터뜨려 사망했다고 한다.

바로 이 교황의 죽음에서 델라 로베레의 메디치가를 향한 증오의 이야기가 시작된다. 이로부터 장차 어린 라파엘로가 목격하게 되며, 그의 가장 강력한 후원자가 될 식스투스 4세의 조카와 로렌초 대공의 자식 간에 벌어질 거대한 정치적 사건도 이러한 증오의 산물이다.

마키아벨리에 따르면 출신이 천박한 식스투스 4세는 교황의 자리에 오르자마자 가문을 일으키려 했다. 그의 외조카였지만 친자식같이 여기던 지롤라모 리아리오와 형의 두 아들 델라 로베레가 있었다. 로마의 총독이자 소라 공작이 된 조반니 델라 로베레는 앞에서 이야기한 대로 페데리코 다 몬테펠트로의 딸과 결혼하여 아들을 얻었다. 이 아들이 바로 우르비노 공국의 상속자 프란체스코 마리아 델라 로베레이다.

프랑스에서 카르팡트라스 주교, 줄리아노 델라 로베레는 산 피에트로 인 빈콜리*를 내세워 추기경 자리를 만들었다. 또 그 몇 해 뒤에는 교황의 증조카 또는 증손주인 어린 라파엘로 리아리오가 열여덟 살에 추기경에 오른다. 유명한 카타리나 스포르차의 남편, 지롤라모 리아리오는 사자(가문의 상징물)의 몫을 차지했다. 그는 포를리 영주로서 차츰 교황령에 편입된 로마뉴 지역의 소국들을 차지하고서 그곳에 통일 공국을 세우게 된다. 그러나 리아리오는 영토 확장에 나서자마자 치타 디 카스텔로의 영주 니콜라 비텔리의 후견자 로렌초 대공과 부딪친다.

식스투스 4세는 추기경 줄리아노 델라 로베레에게 군대를 주어 그 도시를 점령하려 하지만, 니콜라 비텔리는 로렌초 대공의 구원을 받음으로써 결국 교황을 거스르게 된다. 그 조금 뒤 지롤라모는 이몰라를

• 즉 율리우스 2세의 영묘가 있는 성당.

공격하여 만회하려 하지만, 이번에도 다시금 로렌초의 책략에 부딪혔다. 델라 로베레 가문은 이렇게 끊임없이 그 길을 가로막은 메디치에 살벌한 증오를 쏟아내고, 파치 당을 부추겨 음모를 꾸미게 된다.

일 년이 채 못 되게 담판을 계속하고서, 델라 로베레-리아리오의 은행가 프란체스코 파치는 피사 대주교 프란체스코 살비아티와 지롤라모 리아리오와 함께 메디치가의 줄리아노와 로렌초 형제의 암살을 공모했다.

교황 군 총사령관은 친히 피렌체로 와서 최종 입장을 정리했다. 즉 언제 어디에서 어떻게 그 형제를 살해할 것인지 알고자 했고, 함께 또는 각각 살해하는 등 어떤 방식이 더 나을지도 알고자 했다. 입장이 정리되자 총사령관은 군대를 소부대로 재배치하여 도시를 포위하고 침공 명령만 남겨놓았다.

이런 의도 하에 젊은 추기경 라파엘로 리아리오가 공식 사절로서 피렌체에 파견되었다. 그를 환영하는 축제 기간에 메디치의 두 형제를 없앨 계획이었다. 추기경 자신은 역도들을 도심으로 끌어들여 그 형제의 집에 침입하게 했다. 어떤 의심도 사지 않으려고 리아리오 추기경이 미사를 집전하는 동안, 종이 울릴 때에 맞춰 두 형제를 산타 마리아 델 피오레 대성당에서 죽이기로 했다. 위험을 느끼면서도 로렌초와 줄리아노는 함정에 빠져들고 말았다.

때가 되자 줄리아노는 칼에 찔렸다. 목에 공격을 받은 로렌초는 뒤돌아서서 방어를 취했다. 친구들이 뛰어들어 그를 보호하고서 급히 제의실로 옮기고 그 거대한 청동문을 닫아걸었다. 엄청난 소란이 대성당을 뒤덮었다. 사제는 제단 앞에 서 있는 젊은 추기경을 둘러싸고서 군중의 분개를 물리치려 했다. 그는 공포에 너무나 사로잡힌 나머지 그 뒤로 겁에 질린 채 여생을 살았다.

그동안 피사 대주교는 시뇨리아 궁을 점령하러 쳐들어왔다. 영주들은 자신들의 직분을 지키려면 그곳에 머물러야 했다. 점심 때의 놀라운 소식에도 불구하고 그들은 궁의 수비대와 한 몸이 되어 이미 피사 대주교에 뒤이어 계단까지 타고 올라오던 포위군에 저항했다. 계단 위까지 올라온 자들은 살해되었다. 피사와 파치 대주교의 경우 목에 밧줄이 걸려 이내 궁전의 창에 내걸렸다. 공모자들은 광장에 사지가 찢겨진 채 내팽개쳐졌다. 군중은 대성당에서 리아리오 추기경을 붙잡아 그를 감옥에 처넣었다. 사십 년 뒤에도 여전히 복수를 꿈꾸면서 리아리오는 로렌초의 아들 레오 10세에 대한 음모에 참여하게 된다. 대중적 열기 속에서 피렌체는 로렌초 곁에 재집결했다. 모든 시민은 피렌체의 운명이 그 모든 열망을 한 몸으로 함축하는 듯했던 이 사람과 얼마나 관련되어 있었는지 잘 알고 있었다.[16]

자신의 의도가 실패하자 격분한 식스투스 4세는 보강책으로 피렌체에 맞설 나폴리 왕과 연대했다. 이번에는 피렌체의 패색이 짙어 보였다. 하지만 로렌초는 직접 나폴리로 가서 국왕 페란테를 교황과 떼어놓을 생각이었다. 이렇게 그는 적의 발톱 사이로 무턱대고 뛰어든 사나이로서 떠났지만 승리자가 되어 돌아온다. 그의 풍모와 유능함과 금전 또한 기적을 일으켰다. 서른두 살에 그는 후광에 둘러싸였다. 그는 나폴리 왕의 친구였으며, 프랑스 왕 루이 11세 또한 공개적으로 그의 편을 들어 그에게 필리프 드 코민〔역사편찬가〕을 대사로 파견했다. 로렌초는 이렇게 해서 식스투스 4세와 화해하게 되고 리아리오 추기경을 석방했다. 장차 대공으로 불리게 될 로렌초는 번번이 교황 가문의 야심에 제동을 거는 기회를 활용했고, 지롤라모 리아리오가 몰락하는 원인이 될 바놀로 조약을 체결했다.

식스투스 4세가 사망하자 로렌초는 이탈리아의 진정한 중재자가 된다. 그는 자기 딸을, 교단에 들어가기 전에 이미 결혼해서 아들이 있던 새 교황 인노켄티우스 8세의 아들과 결혼시킴으로써 교황과도 좋은 관계를 맺었다. 그의 막강한 은행 덕분에 로마뉴 땅의 소영주들도 그의 수하로 들어왔다. 또 그의 외교 덕분에 그는 이탈리아 도시국가들의 평화를 유지하고 반도에 어떤 외세의 개입도 허용하지 않았다.

1483년에 이탈리아의 하늘은 구름 한 점 없이 화창했다. 한편 그해 8월 30일 아주 지혜롭고 능란한 프랑스 국왕 루이 11세가 열세 살짜리 어린 아들에게 왕위를 물려주고 사망했다. 11월 10일에는 아이슬레벤 지방의 튀링겐이라는 작은 마을에서 광부 장 루터의 아내 마르가레테가 아들 마틴을 낳았다. 리스본에서는 크리스토퍼 콜럼버스라는 가난한 이탈리아 사업가가 인도로 가는 항로를 찾아낼 궁리를 하고 있었다.

귀도발도와 엘리사베타 또는 '즐거운 집'

사망 당시 페데리코 공은 열 살배기 아들 귀도발도에게 오타비아노 우발디니 델라 카르다 공이라는 지위를 남겼다. 열네 살 때 어린 공은 손에 검을 들고 교황과 싸워 승리하면서 그 위엄을 되찾았다.

이런 꿋꿋한 행동과 그의 청춘의 아름다움은 널리 찬사를 받을 만했다. 3년 뒤, 그는 두 가문의 결속을 위해 엘리사베타 곤차가와 결혼했다.

사람들의 기억에서 곤차가 가문은 영주의 궁을 피로 물들이곤 했던 드라마의 무대는 아니었다. 소설가 스탕달은 "이탈리아 폭군은 사적으로는 사악했으나 공적으로는 덕이 있었다"라고 했다.

곤차가 가문과 몬테펠트로 가문은 조상의 주검을 이미지로 보여줄 수 있었다.[17] 오랫동안 만토바는 예술가들을 매료시켰다. 레온 바티스타 알베르티는 처음 그 도시에 새로운 스타일로 산탄드레 성당을 지었다. 율동에 넘치는 고딕 원리와 다르게 알베르티의 예술은 브라만테와 미켈란젤로를 추종하면서 덩어리의 율동을 따른다. 산탄드레 성당을 짓던 무렵, 만테냐는 만토바 궁에 프레스코 벽화를 그리고 있었다. 1474년에는 이곳에서 로렌초 대공의 친구이자 철학자, 일 폴리치아노가 최초의 오페라 「오르페우스」를 제르미의 작곡으로 공연했다. 이 작품은 대성공을 거둬 엄청난 반향을 일으켰다.

플라톤의 이론에 심취한 후작은 관용적 사고방식을 보였고, 유태인 부락이 많던 만토바에서는 후작이 조신을 거느리고 참석했던 라틴 연극이 공연되곤 했다.[18]

엘리사베타의 어머니는 바이에른의 마르가레테, 할머니는 호헨촐레른의 바르바라인만큼 게르만 기질을 타고 났다. 주도적인 지식인 사이에서 성장한 그녀는 조숙한 모습을 보였다. 비올란테 데 프레티스는 후작에게 이렇게 썼다.

"공주님들은 건강이 양호하고 의욕이 넘치며 대단히 조신하다는 점을 폐하께서 알게 되실 것입니다. 배우고 일하려는 욕심이 대단해 보입니다. 공주님들은 조랑말의 등과 엉덩이에 올라타고 저는 마차로 뒤를 쫓고, 말 탄 사내가 그 옆에 따라붙습니다."[19]

1488년, 그녀는 열일곱 살이 채 안 된 귀도발도와 결혼한다.[20] 엘리사베타와 귀도발도는 진정으로 서로 사랑했다. 젊고 잘생긴 데다가 관대하고, 그가 어려움 없이 주도했던 번영하는 이상향의 나라의 주인으로서 말이다. 이미 그 나라는 행복을 누리고 있었고 누구나 그 미소에 답할 듯했다. 한편, 해를 거듭할수록 더욱 긴밀한 이 결합은 완전히 공적·사적 모략에 흔들리게 된다.

그의 친구 발다사레 카스틸리오네의 말을 들어보면 귀도발도는 부친의 장점을 모두 물려받았다. 그래서 사람들은 페데리코 다 몬테펠트로가 행한 모든 위대한 행동 가운데 그 어떤 것도 그와 같은 아들을 낳은 것보다 더한 것은 없었을 것이라고 했다.[21] 그렇지만 귀도발도는 스무 살도 못 되어 통풍에 걸렸다. 그 얼마 뒤 통풍은 "세상에서 가장 잘난 몸"을 망쳐놓아, 그의 사지는 마비되고 제 발로 걷지도 움직일 수도 없었다. 무적인 아버지의 일을 물려받아 그는 나폴리 국왕, 교황과 베네치아와 피렌체에 봉사했다. 그는 가마를 타고서 군대를 지휘했고 주로 거기에서 생활했다. 그러나 그가 시도하는 것마다 그의 뜻과 어긋났다. 그는 여러 번씩 패배했다. 게다가 오르시니 당원에게 포로가 되기도 했다. 그럼에도 우르비노 궁에는 진귀한 신사와 유능한 인사가 모여들었다. 그는 그들과 더불어 살면서 가족적 친교를 유지했다. 그는 여러 나라 말을 했으며, 자신의 친절과 정신적 역량을 만물에 대한 지식에 결부시켰다. 하루의 모든 시간은 그가 참여하거나 주문하고 해설하던 물리 실험 같았으며, 정신 훈련, 즉 지적이며 철학적이고 예술적인 대화에 할애되었다. 공작은 지병 때문에 만찬을 끝낸 뒤 보통 자리를 뜨게 마련이었지만, 부인 엘리사베타 곤차가는 저녁 시간을 손님과 보내곤 했다. 그녀는 친구 시뇨리아 에밀리아 피아의 수행을 받았다. 에밀리아는 귀도발도의 이복형제의 부인으로서 활달하고 깜찍하며, 짓궂은 활력에 넘치는 여성이었다.

가무를 즐기던 재미 때문에 그 집은 "즐거운 집"이라고 불릴 정도였다. 카스틸리오네는 이렇게 말한다.[22]

"사랑하는 사람이 주는 부드러움을 그렇게 맛볼 수 있는 곳은 어디에도 없다. 어떤 사슬이 우리 모두를 사랑으로 묶고 있었던 듯하다. 우리 친구들을 지배하고 있었던 것보다 더 큰 예절바른 사랑과 조화의 정신은 결코 없었을 듯하다. 이런 사정은 가장 자유롭고 솔직한 교제를 하던 여인들도 마찬가지인 듯했다. 우리는 누구나 원하는 사람과 이야기하고, 나란히 앉아 웃고 농담할 수 있었다. 마치 자유마저도 멈칫할 만큼 공작부인에게 가장 큰 존경이 쏟아졌다. 그녀를 즐겁게 하는 것이 이 세상에서 가장 큰 기쁨이고, 그녀를 슬프게 하는 것이 가장 큰 불행이라고 생각하지 않을 사람은 아무도 없었다."

토론하고 수다 떨고, 음악을 연주하다가 지쳤을 때에는 카드놀이를 하곤 했다. 엘리사베타는 시누이 이사벨라 데스테에게 1493년의 행복했던 시절을 상기시켰다. 그때 그녀들은 함께 에카르테 카드의 가장 초기 형태로 보이는 카드놀이(스카르티노)를 하곤 했었다. 그녀는 심부름꾼에게 책뿐만 아니라 카드 두 벌을 구해다 달라고 명하곤 했다. 나중에 그녀의 남편은 그녀에게 군영 생활의 지루함을 달래고자 카드를 부쳐달라고 간청하기도 했다. 그녀는 더운 낮에는 거기에 가서 카드를 즐기곤 했다.[23]

일 폴리치아노 또한 단시短詩에서 "모든 놀이, 카드, 테이블, 장기 등이 매우 유익하므로" 배워두자고 하지 않았던가.

이런 충고에 놀랄 필요는 없다. 기독교도이자 플라톤주의자로서 철학자들은 인생을 자신 속에 잠자고 있는 모든 자질을 깨워낼 수 있도록 적응해야 할 학교 같은 것으로 생각했기 때문이다. 그것은 탁월한 자질, 즉 귀도발도와 엘리자베스가 친지들의 감탄을 자아냈고 백성과 후예까지도 감탄하게 했던, 그와 같은 예술과 거장적 솜씨와 단순성으로 실현되던 자질이다. 그것은 자기수양이다. 그런데 카드놀이는 그 놀라움과 계산, 조합과 상대방의 패배를 통해서도 태연함을 키울 진정한 훈련이기도 하다.

이런 모습이 바로 후견인으로서가 아니라 친구로서 조반니 산티의 편이었던 새로운 주군이 보여주었던 것이다.

조반니 산티의 사망

조반니 산티가 몬테펠트로 가문에 친분을 과시하기 위해 공작의 열정적 공훈을 찬미하면서 상당히 지루하게 느껴지는 기다란 운문의 연대기를 바쳤던 것은 귀도발도와 엘리사베타의 결혼식을 맞았을 때였다. 3도 음정의 24편의 노래로 구성된 이 서사시는 어쨌든 조반니 산티의 다재다능함을 보여준다. 아버지의 사업을 이어받도록 교육받은 이 중개상의 아들은 모든 예술 문제에 정통했다. 그는 자신이 어째서 우르비노 궁에서 그토록 환대받았는지를 실질적이고 지적인 정서로 이야기하고 있다.

조반니는 단테와 마찬가지로 어두운 숲에서 길을 잃고 있다고 느끼면서도 그곳으로 빠져들지 않고 벗어난다. 아폴론과 무사이[뮤즈]를 끌어내면서 그는 영생의 신전으로 향한다. 그는 거기에서 플루타르코스의 그림자에게 자신을 이끌어달라고 애원하고 중세의 혁혁한 전사들에게 자문을 구하던 끝에 결국 페데리코 공의 조상들과 이야기를 나눈다.

이 화가는 놀랍게도 화가나 조각가 대신 문인과 역사가를 중시했다. 여러 해를 바쳤을 그의 시편은 몬테펠트로 가의 인생관과 완전히 밀접함을 드러낸다. 그의 시편에서는 때때로 "자신을 반성하면서"라는 표현이 눈에 띄는데, 이는 라파엘로의 소네트에서도 다시 보인다.

조반니는 모친 엘리사베타, 누이 산타, 아내 마자 그리고 아들 라파엘로, 딸과 더불어 행복하게 살고 있었다. 그러나 1491년 가을, 죽음이 그의 가정의 행복을 무너뜨리게 된다. 그는 우선 어머니, 아내 그리고 어린 딸마저 차례로 잃었다.

쉽게 위안이 되었기 때문일까, 아니면 아들에게 어머니가 필요했기 때문일까? 아내가 죽은 몇 달 뒤인 1492년 5월 25일, 그는 피에트로 디 파르테라는 금은세공장의 딸 베르나르디나와 재혼했다.

그리고 곧바로 조반니는 칼리로 떠나 거기에서 자신이 남긴 것 가운데 가장 아름다운 프레스코를 그린다.

우르비노로 돌아온 그가 코르푸스 도미니 조합을 위해 나무 천사 상과 촛대를 금으로 장식했다는 사실이 알려져 있다. 분명 그의 아들도 벌써 그 일을 거들었을 것이다. 조반니는 아들에게 물감을 섞고 붓을 씻는 방법을 가르치거나 궁정으로 데려갔을 것이다. 어린 아들은 아버지와 친숙하던 공주가 자신을 어루만지며 환대했던 일을 생생히 기억에 담아두었을지 모른다. 또한 아버지는 그에게 1492년 한 해의 엄청난 사건에 대한 이야기도 들려주었다. 이탈리아의 중재자이자, 예술과 문학의 공공연한 후원자 로렌초 대공이 마흔넷의 나이로 세상을 떠났다. 조반니는 아들에게 로렌초 대공이 사망 당시 페리클레스의 위엄을 갖추고자 아테네 사람 같은 유언을 되뇌었다고 이야기해주지 않았을까. "어떤 시민도 상복을 입도록 하지 말라." 그는 또한 로마의 귀족이자 유명한 용병대장 파브리초 콜론나와 결혼한 귀도발도의 누이가 비토리아라는 이름의 딸을 낳았다는 이야기도 들었다. 같은 해 피에로 델라 프란체스카의 사망 소식을 접하고서 부자는「모욕 받는 그리스도」를 다시 보러 갔었고, 조반니는 훌륭한 교사로서 아이에게 원근의 대비와 청동상 같은 인물 등 그 작품의 기법적 장점을 관찰하도록 했다.(이 작품은 현재 우르비노 마르케 국립미술관에 있다.)

한편 에스파냐가 화제였다. 카스티야의 이사벨 1세와 페르난도 다라곤은 그라나다를 정벌하면서 이제 막 이베리아 반도에서 무어 족을 완전히 소탕했다. 또 아라곤 가문의 일족이 나폴리를 통치했으므로 위협적일 정도로 막강한 세력을 확보했다. 게다가 제노아의 모험가 콜럼버스가 이사벨 여왕의 자금으로 미지의 섬을 발견했다는 소식도 들려왔다. 그곳에 기묘한 용모에 부드러운 머리털과 구릿빛 피부의 주민이 살고 있다고 한다. 온화하고 느긋한 생활에 익숙하고 풍요로운 고장의 그윽한 과일과 더불어 살며, 너그럽고 수줍은 이 사람들은 에스파냐 사람을 날개 달린 짐승을 타고 채찍을 요란하게 휘두르면서 하늘에서 내려온 태양의 아들로 생각했다. 그들은 총포를 몰랐기 때문이다. 더구나 에스파냐 출신 로드리고 보르자가 교황에 선출되었다는 데에도 말이 많았다. 그의 삼촌 칼릭스투스 3세가 통치할 때부터 줄곧 부교황이자 교회 부참사였던 그는 알렉산데르 6세라는 호칭을 받았다.

이 선거 결과는 우르비노 공국에 치명적이었다. 인노켄티우스 8세와 돈독한 관계였던 줄리아노 델라 로베레 추기경은 다름 아닌 보르자의 경쟁자요 살벌한 적이기 때문이다. 조국을 잃었다는 것이 확실해지자 추기경은 곧장 프랑스로 피신해서 어린 왕에게 보호를 청한다. 그는 이내 샤를 8세가 자신의 복수에 용이한 수단임을 알아챘다. 그는 국왕의 눈에 프랑스 가문이 명목상 권리를 쥐고 있었던 나폴리 왕국의 정복이라는 환상을 심어주면서 서유럽의 신성한 황제 샤를마뉴가 성탄절 전날 밤에 바실리카 산 피에트로 대성당을 접수했던 일을 상기시켰다. 유태인이자 무어인이며, 그리스도 반대자인 교황의 경우, 그에 대한 종교회의가 소집되어 있었다. 그러나 추기경을 승리하게 했던 지원군이 밀라노에서 왔다.

레오나르도의 후견인 루도비코 스포르차는 조카 잔갈레아초의 이름을 내세워 권좌에 올랐다. 이 조카의 어린 신부 이사벨라 다라곤은 나폴리의 페르난도 1세˚의 딸로 아버지에게 파병을 간청했다. 로렌초가 살아 있을 때에는 평화가 유지되었다. 그러나 그의 아들 피에트로는 거만한 데다 격정적인 성격으로, 페르난도와 조약을 파기했다. 그러자 이내 그의 형제의 지원을 받은 루도비코와 아스카니오 스포르차 추기경, 델라 로베레 추기경은 샤를 8세에게 도움을 호소했다.

이탈리아에 먹구름이 몰려드는 동안 조반니 산티는 곤차가 가문에 그림을 그리러 만토바에 머물고 있었다. 그는 병든 몸으로 우르비노로 돌아와 몇 달을 더 앓다가 1494년 8월 1일 숨을 거두었다. 엘리사베타 곤차가가 그의 운명을 지켜보았다. 그녀는 올케 이사벨라에게 조반니

• 페란테 1세. 그의 아버지는 에스파냐 아라곤과 시칠리아, 나폴리의 왕 알폰소. 따라서 페르난도라고 부르는 것이 좋다. 나중에 프랑스인으로 나폴리 왕에 오른 페르디낭이 등장하므로 혼동을 피하기 위해 페란테로 표기하기도 한다.

산티가 "한순간도 정신을 놓지 않고 훌륭한 모습으로" 눈을 감았다고 전했다.

죽기 이틀 전 그는 형제인 신부 돈 바르톨로메오를 아들의 친권자로 지명했다. 그의 마지막 유지를 지켜, 그는 가족과 제자 에반젤리스타 다 피안 디 멜레토의 손으로, 지금도 그의 작품으로 장식된 프란체스코 회 성당에 안장되었다.

고아가 된 라파엘로, 비티의 집에 들어가다

열한 살에 부모와 누이들을 모두 잃은 라파엘로는 자신에게 별로 관심이 없던 양모에게 맡겨졌다. 양모는 자기 가족에게로 돌아가 라파엘로가 1500년까지 끌게 될 소송을 제기했다. 조반니가 죽은 지 얼마 되지도 않아 그녀는 딸을 낳았다. 어린 소년의 친권자 돈 바르톨로메오는 촛대장식이나 할 줄 알았을 뿐, 그에게 소송 건까지 안겨준 이 꼬마를 보듬어 복잡한 생활을 하고 싶어하지 않았다.

다른 대다수 천재처럼 라파엘로도 조용하고 수줍음을 타는 어린이였고 그 깊은 감수성은 거의 밖으로 드러나는 법이 없었다. 더구나 불운 때문에 과묵해진 면도 있었다. 외삼촌 시모네 차를라는 어린 라파엘로가 주변에서 찾을 수 있는 유일한 벗이었다. 시모네 삼촌은 그를 집으로 데려와 바르톨로메오의 뒤를 이어 얼마나 함께 지냈을까? 우리로서는 알 수 없다.[24]

하지만 엘리사베타 공작부인이 아이에게 관심을 두고 그를 돌보지 않았을까? 라파엘로가 아버지를 잃었을 때, 귀도발도는 그와 거의 비숫한 나이가 아니었던가? 차를라 삼촌과 함께 공작부인은 이 고아를 나중에 피렌체와 로마에서 그랬던 것처럼 보호했다. 로마에서 라파엘로는 율리우스 2세 밑에서 브라만테와 우르비노 궁의 공인된 보호를 받았던 듯하다. 라파엘로는 1508년 피렌체에서 쓴 편지에서 귀도발도의 어린 조카 프란체스코 마리아 델라 로베레와 "친하다"고 적었다.

조반니 산티가 사망하고 몇 달이 지나, 우르비노 출신의 한 화가가 볼로냐의 프란체스코 프란차의 화실을 떠나 고향으로 돌아왔다. 전업 화가인 프란차는 정직하고 진지해서 지금까지도 우리를 기분 좋게 하는 인물인데, 일기에 "1495년 4월 4일, 티모테오 비티가 떠났다. 하느님께서 그에게 기쁨과 복을 주시기를"이라고 썼다.

이 티모테오라는 사람은 당시 막 우르비노에 정착한 세련된 사내였다. 거기에서 그는 레오나르도 다 빈치가 같은 시기 밀라노에서 루도비코 일 모로 곁에서 했던 것과 같은 역할을 맡았다. 류트와 비올라에 맞춰 즉흥적으로 능숙하게 노래하던 이 재능이 풍부한 청년은 이내 궁정의 인기를 끈다.

바로 그의 화실에 라파엘로가 도제로 들어간다. 이 당시, 사부는 제자를 기숙하게 하곤 했었다〔당시 이런 기숙하는 문하생 제자를 거느린 거장의 화실이나 공방을 '보테가'라고 한다〕. 그렇게 열두 살에 라파엘로는 훈훈하고 즐거운 환경에 처하게 된다. 이런 영향과 엘리사베타 곤차가의 영향 아래 소년은 활짝 피어나 활기에 넘치고 장차 누구든지 사로잡히지 않을 수 없을 매력을 드러낸다.

티모테오 비티가 지금은 옥스퍼드에 있는 멋진 데생을 그릴 무렵, 라파엘로는 열두어 살이었을 것이다. 부자들의 손으로만 전해졌던 만큼

이 데생은 오랫동안 라파엘로의 자화상으로 여겨졌다. 그런데 이렇게 어린아이의 얼굴을 해석하고 그 비밀을 전해주려면 단지 정신적 성숙과 매우 확실한 솜씨뿐만 아니라, 그것을 관찰하고 이해하고 사랑해야 한다. 이 데생을 들여다보면 놀랍게도 비상한 매력이 솟아난다. 매끄럽고 미묘하며, 거의 여성적인 얼굴, 그리고 아직 완전히 성숙하지 않은 그 얼굴은 이미 창조적 존재의 힘과 조화를 드러낸다. 상큼한 뺨, 솔직한 입, 강렬하고 순수한 시선은 어린 시절에 꿈속에서 본 온화하면서도 강인한 천사를 연상시킨다.

바로 이것이 파리와 런던과 샹티이 박물관의 영예로운 작은 걸작을 그리게 될 화가의 얼굴이다. 즉 「기사의 꿈」, 소품 「성 게오르기우스」와 「성 미카엘」 그리고 「삼여신三女神」을.

「기사의 꿈」 또는 실생활과 내면생활

다른 예술과 마찬가지로 데생도 그 언어를 배워야 한다. 그 문법은 화가가 발전하는 데 있어서 출발점이다. 물론 천재는 언제나 스스로 표현 수단을 찾게 되지만, 선배의 성과를 고의로 무시하면서 그것을 자기 것으로 삼는 노고를 치를 수밖에 없다. 또 그렇게 하면서 그는 이 수단을 예술작품을 창조하려는 목적과 뒤섞는다.

라파엘로는 분명 부친에게서 가장 먼저 기초 훈련을 받았다. 그러나 길쭉한 얼굴을 좀 더 둥글게 하고, 엉덩이를 조금 더 풍만하게 하고, 손을 좀 더 도톰하게, 발을 더 크게 그리는 등 소년기 작품의 두드러진 특징은 티모테오 비티의 화실에서 익힌 솜씨였다.

라파엘로의 첫 번째 작품 「기사의 꿈」은 예술가 못지않게 심리학자에게도 흥미로운 문제를 제기한다. 즉 그림을 그리는 사람이라면 누구나 초벌만을 그린 '에스키스'는 대단히 암시적임을 안다. 그래서 우리는 종종 가필이라고 부르는, 거의가 수정되고 덧칠한 대가의 화폭보다 소묘를 좋아하게 된다. 그러나 이 어린 소묘화가는 밑그림을 화폭에 옮기려 하자마자 작품이 더욱 어설프고 무거워지며, 표현이 싱거워진다는 것을 간파한다.

우리는 런던에서 유화와 나란히 걸린 '기사의 꿈'의 소묘를 볼 수 있다. 여기에서 유화는 그 표현이나 주제를 다룬 시원한 수법과 명쾌한 발상에서 소묘를 훨씬 능가한다는 점이 놀랍다.

「기사의 꿈」은 모든 라파엘로 작품의 전주곡이다. 푸른 갑옷의 젊은 기사는 작은 월계수 나무 아래 붉은 방패에 기대어 잠이 들었다. 그의 오른편에서 보라와 자줏빛 옷을 걸친 검은 머리 여인이 나타나 그에게 책 한 권과 검을 선사한다. 그녀 뒤편에 뾰족한 바위산 위로 요새 같은 성채가 솟아 있고, 기사의 왼쪽에서 또 다른 금발 여인이 붉고 야한 복장을 하고 산호목걸이를 두른 채 그에게 흰 꽃다발을 건넨다. 이 인물 곁의 풍경은 다리를 가로지르는 기다란 강변 도시를 재현한다. 푸른 산은 지평선 멀리로 사라진다. 장밋빛과 푸른빛, 기사의 갑주에서 반사되는 빛과 그 초록 망토에 이르기까지 전체는 극히 개성적이면서도 그윽하게 어울린다.

이 작품은 멋지게 몽상에 잠긴 그 얼굴이 소년 화가의 순수한 얼굴을 상기시키는 청년 기사에 대한 시적 이미지로서 예술가와 관객에게 다가온다. 이 몽상은 당대의 기사도와 로마네스크의 이상을 간직하고 있다고도 하고, 깜찍하고 우아한 그 두 여인을 쾌락과 미덕의 알레고리라고도 한다. 순백의 꽃을 기사에게 건네주는 청순한 금발의 요정이 쾌락일까? 더 사실적이지만 여전히 쾌락의 자매로서, 잠든 사내의 결단을 조신하게 기다리는 듯한 또 다른 여인이 미덕일까?

우리가 알듯이 우리의 꿈은 우리 내면적 경향의 결정체이다. 이 꿈속에서 소년 화가는 바로 그 자신을 그렸다. 솜털도 나지 않은 이 탐스런 청년이 바로 라파엘로 산티다. 그는 책과 검을 들고서 언덕 위의 성에서 나온 처녀를 바라본다. 그녀는 느리지만 차분한 걸음으로 길을 내려와 그에게 다가선다. 그녀는 책과 검 가운데 무엇을 고르라고 그에게 요구하는 것일까? 아니면 군주 귀도발도 공의 모범에 따라 그를 전사이자 학자로서 거룩하게 하려는 것일까? 그렇다. 그는 선물을 받을 준비가 되어 있고 그녀를 따라 현실에 참여할 참이다. 그러나 어째서 아무런 몸짓도 취하지 않을까? 왜 그는 아직도 그녀 앞에 무릎을 꿇지 않을까? 반대편에서 부드러운 빛이 쏟아지고 그 빛에서 신성한 존재가 떨어져 나온다. 이런 출현, 그가 그리게 될 모든 금발 동정녀의 어머니가 이제 그의 곁에 있고, 그는 아무도 설명한 적이 없었지만, 그녀가 건네주는 눈부신 꽃다발의 상징적 의미를 알고 있다. 이는 예술가와 사상가, 수도사 등 내면적 인간의 상징이다. 그리스가 갈림길 앞에 선 헤라클레스의 우화를 통해 교묘하게 설명하고, 라파엘로가 자신의 삶을 통틀어 해결하려고 했던 것이 바로 이 문제이다.

　그러나 당분간 그는 선택한 것을 믿으면서 겸손하고 독실하며 성실하게 금발의 요정을 따라나설 것이다. 여전히 멀기는 하지만 보라와 자줏빛 옷을 입은 처녀가 끊임없이 자신을 따라다닌다는 것을 알아차리게 될 그날까지…. 그렇게 그 주술呪術에 떠밀려 그는 한 손으로는 검을, 다른 한 손으로 책을 잡을 것이고 금발의 여인이 앞장서 이끄는 길을 따르게 된다.

소품 3개, 그리고 전화에 싸인 이탈리아

라파엘로의 소년기와 교육에 대해 상당히 그럴듯한 가설을 끌어낼 수 있지만, 그의 초기 화폭의 연대 문제는 여전히 불확실하다.

「기사의 꿈」 이후 그는 우르비노에서 용을 죽이는 천사장 성 미카엘을 그렸다. 위대한 사제 카이프의 순교 장면을 보게 되는 단테의 「지옥」편 23, 24절을 읽은 뒤의 일이었을 듯싶다. 후경의 작은 인물들에서 금을 씌운 납빛의 무거운 제의를 걸친 위선자를 알아볼 수 있다. 천사장은 하늘에서 곧장 내려와 주저 없이 발을 뻗어 대항하려는 악마의 목을 짓밟는다. 지옥의 악귀들이 그에게 달려들고 악마는 그의 갑옷 주위로 강철 꼬리를 늘어뜨린다. 하느님의 방랑기사는 승리자의 모습이 완연하다. 장엄한 몸짓과 싸움 중에 여전히 퍼덕이는 날개의 힘은 완전히 정적인 「기사의 꿈」의 관념 이후에, 역동적 관념으로 옮겨간 소년 화가의 실력을 보여준다. 그뿐만 아니라 이 작은 화폭은 라파엘로가 피렌체로 가기 여러 해 전에 이미 피렌체 회화의 문제를 훌륭하게 숙지했음을 보여준다. 즉 그는 운동의 문제를 이해하고 있었다.

위대한 화가가 되기에 야심이나 실력 모두가 부족했던 티모테오 비티는 자신의 제자를 그 길로 가도록 부추겼을지 모른다. 운동감을 추구한 소품 「성 게오르기우스」도 같은 시기의 작품으로 보인다.

"기형적인 개 한 마리가 루이 필립의 추시계에서 곧장 튀어나온 듯이 보이는 기사를 따라가며 짖어댄다. 기사는 베르사유 궁에 서 있는, 음유시인풍의 기사 모습에 딱 알맞게 깃털 달린 투구로 머리를 꾸미고 있기 때문이다. 풍경은 온화하고 차분하다. 나무는 초록 불꽃처럼 타오른다. 그 바탕은 거대한 갈대의 잔해로 덮여 있다. 개만큼이나 괴상망측하게 앞가슴 털이 부스스한 말은 격정을 토할 듯하지만 앞으로 나아가지는 못한다. 멀리 마리토른* 같은 사람이 언덕을 힘겹게 오른다. 그런데 이 기사는 성자이다. 그의 투구 둘레에 희미한 후광이 비친다. 하지만 개는 무시무시한 모습을 보여주려 애쓰는 용이다. 그 갈대는 용의 몸속에 찔린 창이며 그 처녀는 공주다. 믿을 수 없는 일이라고 생각하지만 그뿐이다! 사람들은 얼마나 기사에 애착을 보이던가. 등자 위에 떡하니 올라앉아 순진하고 기상이 넘치는 그 청년은 빼어난 인간성으로 라파엘로가 짐승이나 괴물 대신에 보여줄 수 있는 진정 조화로운 몸짓을 형상화하고 있다."[25]

샹티이 미술관의 「삼여신」은 순수하고 현란한 그리스의 비전이다.

---

* 세르반테스의 소설 『돈키호테』에 등장하는 여인숙의 못난 하인.

"명암이 뚜렷하고 매끄러운 그 필치는 형언할 수 없이 유연하고 공기처럼 부드럽게 애무하듯 금빛으로 흘러내린다. 이 세 나신보다 더 순결한 것은 없다. 형태는 눈으로 알아보는 것이 아니라 느낌으로 감지된다. 거의 분석적이지 않고 본능적이며, 볼륨보다 윤곽, 육체에 대한 감각보다 육체에 대한 관념과 그 형태를 찾는 욕망이며, 베일을 벗은 자연 앞에서 사랑을 공정하게 배려한다. 즉 청춘의 노래, 눈에 띄게 된 숨결이다."[26]

이 미묘하고 신선한 소품들을 보면 이 청년 화가가 예술작품의 잉태에 필요한 호의적 분위기 속에서 작업했음을 알 수 있다.

라파엘로가 그 그윽한 작품을 그리고 데생을 갈고닦고, 당시 다른 청년과 마찬가지로 단테와 페트라르카를 읽고, 주변 사람의 이야기를 경청하고 있었을 때, 이탈리아는 전화에 휩싸여 있었다.

조반니 산티의 사후 한 달쯤 지난 1494년 9월, 프랑스 왕 샤를 8세는 루도비코 일 모로의 호소와 줄리아노 델라 로베레의 간청과 명예욕에 쉽게 도취해서 당시로서는 대단했고 이탈리아인이 대적할 수단이 전혀 없는 36문의 초소형 청동대포로 무장한 군대를 이끌고 주네브를 거쳐 산의 협곡을 돌파했다.

나폴리는 으뜸가는 군사력이라는 명성을 잘 활용했다. 전쟁을 막으려는 엄청난 노력 끝에, 국왕 알폰소는 최소한 적대적 상황에서 비롯된 이익이라도 활용하려 했다. 교황 알렉산데르 6세와 피에트로 데 메디치는 동맹을 맺었다. 첫 번째 회동은 제노아에서 멀지 않은 라팔로에서 이루어졌다. 나폴리 군대는 용맹스런 프랑스 군[1495년의 포르노보 전투에서의 전설적 용맹성]과 스위스 군에 완전히 괴멸되었다. 이탈리아 포로들은 학살당했다.

이 소식은 이탈리아 전역에 무시무시한 파장을 일으켰다. 여기에 뒤이어 샤를 8세는 무수한 중상모략을 꾸미고, 끔찍한 재앙을 가져오면서 거의 모든 분야의 변화를 선포하고 나섰다. 사실상 그의 행보가 곧 국가의 전복과 향토의 노략질, 도시의 약탈, 잔인한 살인의 씨앗이었을 뿐만 아니라 피비린내 나는 최신 전술과 전대미문의 질병이라는 새로운 유행을 퍼트리기도 했다. 이때부터 이탈리아의 평화와 번영을 위한 모든 수단은 원상복구 할 수 없을 만큼 황폐화했고, 또 야만족 외국군은 이탈리아를 짓밟고 다니면서 참혹하게 파괴했다.[27]

이때부터 이탈리아 전체가 "너무나 비례가 맞지 않는 사지 때문에 인간이라기보다 차라리 괴물로 보였던" 이 작고 보잘것없으며 추한 왕의 행차를 멀찌감치 물러서서 보아야 했다고 해서 놀랄 일은 아니었다. 피렌체에서 '신의 도리깨질'이라고 했던 사태가 다가왔다며 이 기회를 메디치가를 뒤집어엎는 데에 이용하면서, 사보나롤라는 그 도시에 신정神政 헌법을 부여하고 예수 그리스도를 피렌체의 왕으로 선포했다. 1494년 마지막 날, 샤를 8세는 점성술사의 조언대로 로마에 입성했다. 도시는 화려하게 치장되었다. 축제의 불꽃이 터지고 행렬이 지나는 길가에서 사람들은 "프랑스, 프랑스, 콜론나, 콜론나, 빈콜리, 빈콜리!"라고 외쳤다. 산 피에트로 인 빈콜리 추기경인 의기양양한 줄리아노 델라 로베레가 말을 타고서, 왕과 나란히 샤를 8세가 소집한 공의회에서 자신의 적대자를 체포하러 가는 길이었기 때문이다.

그러나 알렉산데르 6세는 그 이전과 이후의 교황이 그렇게 했던 식으로 행동했다. 즉 그는 산탄젤로 요새에 틀어박혀 당당하게 샤를의 나폴리 군주 등극을 인정하지 않았다. 프랑스 군이 성 앞에서 포격 준비를 하고 있었고 그의 정부와 자녀의 어머니의 집이 약탈당했어도 그는 추호의 흔들림도 없었다.[28] 능란하고 노련하며 엄청난 일꾼에, 유력하고 고귀한 세계의 사내이자, 유능한 외교관이고 보기 드문 매력의 소유자요 대응변가이기도 했던 알렉산데르 6세는 얼마 지나지 않아 측근에 농락당하는 왕에게 승리한다. 이틀 전만 해도 교황에게 저주를 퍼부었던 바로 그 사람들이 그의 실내화에 입을 맞추면서 알현하느라고 숨이 막히는 모습이다. 이런 왕의 배신에 격분한 델라 로베레 추기경은 로마를 떠났다. 알렉산데르 교황이 그 모든 경비를 지불하고 오스티 시를 그에게 주기는 했어도….

프랑스 군은 이어서 나폴리로 진군하면서 저항하는 최전선의 주민을 학살하고 나폴리 군이 자진 해산할 정도로 엄청난 공포를 퍼뜨린다. 프랑스 군은 숙소를 마련하기 위해 전방에 병참대만 보내면 되었다. 샤를 8세는 승리에 도취하여 황제의 모습으로 차려입고 나폴리로 입성한다. 그러나 이제 막 새로운 왕국의 주인이 된 샤를은 피사와 리보르노를 그에게 내주지 않았던 루도비코 일 모로가 막시밀리안 황제와 동맹을 맺었다는 소식을 들었다. 그리고 금세 이탈리아 전역이 일심동체로 침략자에 맞서 들고일어나, 이탈리아의 독립과 유럽의 균형을 편드는 연합군을 결성한다. 프랑스 왕에게 충실한 사람은 사보나롤라뿐이었다. 이런 충성심이 그가 순교당한 우선적 이유이기도 했다.

저 유명한 포르누 전투 이후 프랑스 군대가 질서정연하게 퇴각했을 때 루도비코 일 모로는 샤를 8세와 새롭게 연대하면서 친구들을 다시금 배신하고, 교황은 페루자에서 로마로 귀환했다. 교황은 샤를과의 충돌을 피하려고 우선 오르비에토로 피신했었다. 그곳은 그의 아들 에스파냐의 발랑스 추기경 체사레 보르자가 통치하고 있었다.

귀도발도의 능숙한 정치 덕분에 우르비노는 다치지 않았다. 그의 누이의 형부 줄리아노 델라 로베레가 오랫동안 세력을 유지하면서 공작 또한 걱정할 것이 없었다. 그러나 "이탈리아의 모든 불운을 연주한"[29] 추기경이 알렉산데르 6세의 외교에 굴복했으니 교회의 영지인 공국의 미래는 어찌 될 것인가?

귀도발도는 군사적 재능으로 나라를 구할 듯이 보였다. 샤를 8세는 프랑스에 있었고 교황은 단 하나의 소망을 빌었다. 즉 식스투스 4세의 사례를 따라, 교황 국가와 오르시니 가문의 영토에서 적을 제거하고서 자신의 둘째 아들 간디아 공작에게 속령을 떼어줄 수 있도록 이탈리아에서 평화를 유지하려 했다. 교황은 자신의 아들을 원정에 나서게 할 작정이었으나, 아들은 전쟁 경험이 전무했으므로 그는 귀도발도에게 그 일을 맡겼다.

젊은 우르비노 공은 곧장 이 제안을 수락하고서 로마로 화려하게 입성했다. 사흘 뒤 교황은 군기에 축복을 내렸다. 그 중 하나는 교회군의 것이었다. 다른 두 개에는 보르자의 황소가 새겨져 있었다. 교황은 군기를 교회의 기수인 자기 아들에게 보여주고 나서 두 사령관에게 그 흰 깃대를 쥐어주었다.

귀도발도는 곧바로 성 10여 군데를 정복했다. 그러나 브라치아노 함락은 더디고 사상자도 많았다. 귀도발도가 이러한 새로운 전쟁 수행 방식에 넌더리를 쳤던 것은 이해할 만하다. 또 그는 용병대장이지 잔인한 살인마의 우두머리가 아니었다. 그는 적군의 무기를 선뜻 사용하지 못했다. 이 몽상가요 철학자이자 스물네 살의 지식인은 본능적으로 피를 혐오했다. 그는 자신의 아버지가 멋진 마상시합에서 그렇게 했듯이 훌륭하게 싸우고 싶었다. 그러나 그는 사상자의 행렬을 따라 엘리사베타가 기다리는 우르비노로 치욕스런 귀향길에 올라야 했다. 그는 망설임 때문에 패했다. 공략 과정에서, 그가 트레 폰타네까지 몰아냈던 체사레는 포로가 되었어야 마땅했다. 그 얼마 뒤, 브라치아노의 수비대는 교황을 조롱하려고 광장 밖으로 목에 다음과 같은 커다란 글씨가 적힌 플래카드를 건 당나귀 한 마리를 내보냈다. "길을 비켜라, 나는 간디아 공에게 대사로 파견된 몸이시다." 그 꼬리에는 비방이 적힌 편지가 붙어 있었다. 군사적 전통에 따라 간디아는 탈주병들에게 그들이 오르시니 가에서 받은 것보다 두 배의 봉급을 주었기 때문이다.

브라치아노는 나폴리 군에 합류해 있던 프랑스 원군 덕분에 해방되었다. 불시에 공격을 받은 교황 군은 처절한 패배를 겪고 귀도발도 자신은 적의 수중에 들어갔으며, 간디아 공은 얼굴에 부상을 입고 로마로 줄행랑을 쳤다. 오르시니 가는 5만 두카토의 벌금을 조건으로 성을 되찾았다. 또 귀도발도의 몸값으로 4만 두카토를 요구했다. 델라 로베레와 공모해서 교황의 두 아들을 오르시니 가에 넘겨주었다는 의혹을 받은 귀도발도는 파면되었다. 며칠 뒤 알렉산데르 6세는 오스티 영지를 되찾았다. 사람들은 교황이 귀도발도가 자식이 없는 데다 공작령은 델라 로베레의 수중에 들어갈 것이기에, 우르비노를 제 아들에게 주려 한다고 수군대기 시작했다.

귀도발도는 수치스럽게 살아남았지만 여전히 병든 몸을 이끌고 우르비노로 돌아왔다. 거기에서 엘리사베타의 미소와 친구들과의 대화, 민중의 사랑을 되찾았다. 그는 또한 젊은 라파엘로의 그림을 보았으며, 오직 자기 집의 분위기만이 이런 젊고 봄날 같고, 영혼으로 넘치는 비전을 자유롭게 피워낼 수 있다고 이해했다. 이렇게 역경과 이미 단 한시도 쉴 틈을 주지 않는 병에도 불구하고, 그는 어쨌든 자기가 바라던 대로 하느님의 명령에 충실한 일꾼이었다.

체사레 보르자의 대두,
라파엘로는 우르비노를 떠난다

체사레 보르자*는 자신의 동생 간디아 공을 살해하고 환속했을 때〔그
는 열일곱 살에 추기경이 되었으나 이때 그 직위를 버린다〕, 귀도발도
는 그의 제재를 두려워하기 시작했다. 샤를 8세가 사망하면서 사태는
한동안 진정되었다. 델라 로베레 추기경은 프랑스의 새 국왕 루이 12세
와 사이가 좋은 편이었다. 알렉산데르 6세의 딸과 결혼했던 루이 12세
는 이혼하려 했으나, 그렇게 하자면 교황의 도움이 필요했다. 그는 샤
를 8세가 남겨놓은 과부 안 드 브르타뉴와 결혼하려 했기 때문이다. 그
는 그녀를 사랑했을 뿐만 아니라 브르타뉴를 프랑스에 완전히 합병할
흑심을 품고 있었다. 알렉산데르 6세로서는 아들 체사레를 출세시키자
면 루이 12세가 필요했다. 결국 그는 델라 로베레 추기경과 다시 화해
하고 그에게 협상을 맡겼다. 추기경은 왕이 이혼하는 대가로 체사레 보

• 1476~1507. 마키아벨리의 『군주론』의 모델이 된 인물이기도 하다. 동생 살해범이
라는 혐의에 이견도 없지 않다. 그러나 그가 동생의 암살을 공모했을 것이라는 것이
정설처럼 되어 있다.

르자가 오랫동안 로마와 파리의 분쟁지였다가 최종적으로 프랑스에 편입될 수도 있었던 아비뇽의 영지, 발랑스의 공작에 오르게 했다. 그렇게 체사레는 루이 왕과 안의 결혼을 허락하는 비밀문서와 루앙 대주교 당부아즈를 위한 추기경 모자와 "우리에게 그 누구보다 더 소중한 발랑스 공이자, 내 사랑하는 아들"이라고 쓰인 교황의 편지를 품에 안고서 떠났다.

"이렇게 쉬농 성으로 영주는 그 위대한 작위를 받으러 왔다."

엘리사베타의 오빠 만토바 후작(프란체스코 3세. 이사벨라 데스테의 남편)이 보내준 멋진 회색 점박이 말을 타고 그곳에 입성함으로써 공작령을 확보했을 뿐만 아니라, 안 드 브르타뉴 궁정에서 가장 아름다운 미인인 나바르 왕의 누이 샤를로트 달베르라는 여인도 얻었다. 줄리아노 델라 로베레는 이 대단한 결혼에 적극적으로 이바지했고 알렉산데르는 과거의 적이었던 그에게 찬사가 넘치는 편지를 썼다.

몇 달 뒤 1499년 10월 6일, 나폴리 왕국에 대한 샤를 8세의 모든 특권에다가 또 그의 할머니가 비스콘티*였던 만큼 밀라노에 대한 자신의 특권을 덧붙였던 루이 12세는 이제 "왕가의 귀한 아들"이 된 체사레 보르자를 대동하고서 이 도시로 들어왔다. 사촌 만토바 후작을 수행했던 발다사레 카스틸리오네는 나중에 귀도발도에게 이 행차에 대해 이야기했다. 눈부시게 차려입은 루이의 뒤를 황금 닫집 아래에서 당부아즈 추

* 밀라노 공의 상속녀이자 밀라노 군주 프란체스코 스포르차의 부인, 비앙카 비스콘티.

기경과 사부아 공, 줄리아노 델라 로베레와 조반니 보르자[30]가 짝을 이루고서 따랐다. 베네치아 대사들, 페라라와 발랑스 공작들, 몬페라토 [북서부, 피에몬테 지방]와 만토바 후작들이 계속 그 뒤를 이었다. 발다사레 카스틸리오네는 발랑스의 마차와 벨벳과 수단으로 화려하게 수놓인 마구馬具는 그 어느 것보다도 뛰어난 것이었으며 체사레는 "너무도 멋있었다"라고 흐뭇한 인상을 전하고 있다.

이렇게 일시적으로나마 우르비노는 한숨을 돌리고 오직 진지한 인생사, 즉 예술과 철학과 문학에 관심을 두게 된다. 그리고 매력적인 어린 라파엘로에게도 관심을 두게 되었다. 티모테오 비티가 그에게 가르쳐 줄 것이 아무것도 없다고 공언했기 때문이다. 그는 그토록 많은 화가와 조각가가 제2의 아테네를 일구고 있던 피렌체로 라파엘로를 보내야 한다고 조언했지만 라파엘로는 어리고 허약했던 데다가 그곳은 너무 멀었다. 티모테오 비티와 엘리사베타 공작부인, 차를라 외숙부는 결정을 미루고 있었다. 그들이 맡은 이 어린아이에게 그 여행은 치명적 결과를 가져올 수도 있었기 때문이다. 그들은 최악의 상황을 가정했다. 왜냐하면, 라파엘로는 그의 초기 소묘와 티모테오 비티의 소묘가 증언하듯이 감수성이 예민한 소년이었을 뿐 아니라 결국 상처를 끌어안고 있었기 때문이다.

피렌체에서 가장 명성이 자자한 화가 피에트로 바누치, 즉 페루지노가 환전상 일 캄비오의 홀을 장식하기 위해 페루자에 초대받아 왔다. 페루자는 티모테오 비티가 체류하기도 했던 몬테펠트로 가의 하궁夏宮이 있는 구비오에서 그다지 멀지 않았다. 조반니 산티는 자신의 연대기에서 페루지노를 칭송한 적이 있었고, 티모테오는 그를 볼로냐에서 만

102

났을 것이다. 라파엘로는 페루지노의 집으로 보내졌다. 라파엘로가 열여섯 살 때의 일이다.

우르비노를 떠나기 전에 그는 아마 궁전에서 회화와 조각에 대한 논쟁에 참석할 기회를 가졌던 것 같다. 누군가가 이렇게 주장했다.

"조각이 회화보다 우월합니다. 조각은 내구성이 높고 힘도 더 많이 드는데, 대리석은 확실한 솜씨를 요구하고 실수를 용납하지 않으며 수정할 수도 없습니다. 반면에 회화는 수천 번씩 고칠 수 있지요. 조각은 존재에 더 근접하지만, 회화는 외관에 더 가깝습니다."

그렇지만 물건이 아니라 예술을 이야기하자고 빈정대는 사람도 있다. 조각과 회화가 자연을 모방한다고 한 당신의 말은 분명 옳지만, 조각은 존재이고 회화는 외관이라고 하는 것은 옳지 않다. 조상彫像에는 양감이 있지만, 빛과 그림자가 없는 반면, 화가는 명암대비로 모방할 수 있다. 더구나 화가는 원근법의 위대한 조작을 활용하고, 풍경을 멀거나 가깝게 하거나, 인물을 축소해서 보여주어야 한다. 세계라는 기계는 빛나는 별들로 채워진 풍만한 하늘과 함께한다. 대지는 바다와 산, 계곡과 강으로 둘러싸이고 나무와 온갖 풀, 수많은 꽃으로 장식된, 하느님이 그려낸 거대하고 고상한 한 폭의 그림이다. 자연을 모방할 수 있는 것이 가장 위대하게 찬양받는다는 것을 어떻게 부인할까? 이러한 회화예술을 시도하는 사람이라면 누구나 알듯이 다양한 지식이 없이 이러한 모방에 이를 수 없다.

이렇게 말하는 사람도 있다.

"그래서 우리들 가운데 조정대신이라고 부르듯 완벽한 인간이라면 어린 시절부터 그림을 배워야 합니다. 나는 어디선가 그리스인이 귀족

자제에게 회화를 가르치고, 그것이 자유학예에 포함되면서 공공칙령으로서 회화에 종사하거나 가르쳐야 한다는 이야기를 읽은 적이 있습니다."

대화는 이렇게 무르익어갔다. 차례로 돌아가면서 추억을 들먹이기도 했다. 어떤 사람은 일찍이 마케도니아의 알렉산더 대왕이 당시 감탄해 마지않던 애인의 나체화를 아펠레스에게 그리도록 했다고도 했다. 그런데 알렉산더는 이 화가가 그녀에게 홀딱 반했다는 사실을 알아차리게 되었다. 그래서 대왕은 그녀를 그에게 주었다. 오직 화가만이 그런 아름다움을 알아볼 수 있다는 것을 이해하고서 말이다.

공작부인은 웃으면서 정직한 인간에게 요구되는 자질을 정의하려는 그 원래의 주제로 화제를 돌렸다. 그런 사람은 인간적이고 겸손하며 허세를 부리지 않는 사람일 것이라고 했다.

카노사 백작은 이렇게 덧붙였다.

"훌륭한 사람이 되려면 스스로 신중함과 선의, 힘과 정신력을 함양해야 합니다. 선하려고 한 유일한 자는 윤리학자이지요. 그러나 선의 이상으로, 인간의 진정 으뜸가는 자랑거리는 문인이라고 생각합니다. 사실 말이지, 프랑스인은 오직 무기의 우수함만 알고 문학을 배우지 않을 뿐더러 문인을 가장 천시하면서 모든 문인을 경멸적으로 평가합니다. 비록 그들이 누군가를 엄청나게 비아냥거리기 위해 클레르크*라고 부를지라도, 인간의 본성에서 지식보다 더 바람직하고 위대한 것은 없습니다. 지식이 좋지 않다고 말하거나 생각한다면 이는 정말 미친 짓입니

* 원래 성직자를 뜻했으나 일반적으로 지식인을 가리킨다.

다. 문인은 하느님께서 인간에게 내려준 참으로 고고한 선물이며, 문인은 인간적 위엄에 필수적입니다."[31]

엘리사베타가 이런 말을 인정했으므로 백작은 다시 계속해서

"나는 대신大臣보다 음악가였으면 좋겠소"

라고 말했다. 그러자 가스파로는 이렇게 반박했다.

"음악은 영혼을 나약하게 하지요."

백작은 이렇게 답했다.

"아닙니다. 음악은 신성합니다. 현명한 철학자의 견해에 따르자면 세계는 음악으로 구성되고 하늘은 움직이면서 조화를 들려주지요. 우리의 영혼 자체도 그렇게 구성되었습니다. 말하자면 음악으로 생기를 얻지요. 플라톤과 아리스토텔레스가 인격적인 사람은 음악가이기도 하다고 생각했다고 들었습니다. 그들은 여러 이유로, 음악이 우리에게 끼친 영향은 대단하므로 어려서부터 그것을 배워야 한다는 것을 입증했습니다. 음악은 우리에게 진실을 향하는 습관을 키워주기 때문입니다. 신체 단련이 신체를 더욱 가볍게 해주듯이, 영혼을 더욱 유연하게 하는 습관 말입니다."[32]

라파엘로는 우수한 사람들과 더불어 어린 시절을 보내는 드문 특권을 누렸다. 무시할 수 없는 지위로서나 정신적으로도 매우 우수한! 우르비노에서 이러한 두 가지 우수성이 만났을 때에, 그 우수성은 인간을 하찮은 일상사에서 벗어나 그들이 건드리는 모든 것을 아름답게 만들고, 가장 평범한 생활을 동화 같은 것으로 만든다고 하지 않을 수 없다.

가령 우수한 사람들이 라파엘로를 보호한다면 이는 사람들이 이미 그 천재성을 예감한 아주 어리고 재능 있는 화가이기 때문만이 아니라,

그 사회적 지위가 어떤 것이든 간에, 우애에 예민한 사람들의 마음을 열게 하는 매력을 타고났기 때문이다.

그의 어린 시절의 초상을 들여다보면 우리는 이야기할 때의 그 표정의 움직임과 눈빛, 그윽한 미소를 그려보게 된다. 고아였지만 라파엘로는 소년기에 미켈란젤로처럼 지독한 고독을 겪지 않았다. 미켈란젤로는 메디치가에서 거장들만 보았고 자신에게 친절했던 귀도발도의 조카 딸 비토리아 콜론나처럼 빼어난 여인[그녀와는 편안한 친구 관계였다]이나 토마소 데 카발리에리 같은 청년과 만년에야 친해졌을 뿐 같은 신분의 사람과 전혀 우애롭지 못했다.

라파엘로가 지금은 상트페테르부르크에 있는 겨울 풍경화에 소품 「코네스타빌레의 마돈나」라는 매혹적인 동정녀를 그린 것은 우르비노를 떠나기 이전이었을지 모른다.[33] 페루지노 스타일을 전혀 찾아볼 수 없는 이 작품은 프란차의 단순하고 솔직한 부드러움과 티모테오 비티를 연상하게 하고, 우리가 앞에서 이야기했던 네 작품과 다른 상당히 상큼하고 미묘한 신선함을 자극한다.

루도비코 다 카노사의 말대로라면, 하느님 자신이 창조하신 이 예술의 모든 자원을 배우려고 열망하면서 페루자로 떠날 때 라파엘로는 즐거움과 호기심에 들떴으면서도 가벼운 두려움도 없지 않았을 것이다.

「기사의 꿈」은 누구나 겪는 청소년기의 심리적 갈등을 우의적으로 표현하였다.
매우 솔직하고 단순하게 구분되는 멀리 그윽하게 펼쳐지는 풍경도 이런 전경의 사건을
차분하게 받쳐준다. 이 구도 속에서 전통적인 갈등마저 평온하게 느껴지는데,
고요함을 좋아하는 화가의 기질이 잘 엿보인다.

제2장
페루자

그 언어를 이해하지 못한다면
눈과 귀는 사람에게 고약한 증거일 뿐이다.
— 헤라클레이토스

어린 아기 라파엘로와 그 어머니. 조반니 산티가 자기 집 벽에 프레스코로 그려놓았다.
1900년 당시 촬영 사진을 사진요판으로 복제한 것이다.

삶의 위기

만약 라파엘로가 1499년에 죽었더라면 미술의 역사에서 이 천재 소년이 화제가 되었을지 모른다. 그러나 그가 스무 살이던 1503년에 죽었더라면, 페루지노 화파에서 출발했던 그는 자기의 모든 재능을 잃고, 신통치 않은 개성을 보여주는 데 그친 재간 있는 모방자라고나 평가받았을지 모른다. 1504년, 바로 이 해에 그는 가장 순수한 걸작을 창조하는 거장이 된다.

우르비노를 떠날 때 라파엘로는 이미 파올로 우첼로, 피에로 델라 프란체스카, 만테냐 등 원숙한 화가의 성과를 알고 있었다. 그의 소품 「기사의 꿈」과 「삼여신」은 대작의 경향을 보여주었다. 그 신선하고 순수하며 단순한 인물상은 오늘날에도 여전히 우리를 매혹한다. 페루자에서 보낸 4년간 그린 것으로 추정되는 그의 작품은 작은 채색삽화인데, 수줍은 발상과 섬세한 솜씨를 보여주지만 개성적 표현이라고 할 만한 것은 없다. 그렇다면 베를린에 있는 「마돈나 솔리」에서 성모의 무릎 위로 번민하는 눈길을 돌리는 아기 예수의 감동은 뭐라고 해야 할까?

베를린의 세 점의 성모상이든 브레시아의 예수든 베르가모의 성 세바스티아누스든 어떤 작품에서도 매혹에 빠진 어제와 내일의 마술사를 상기시키지 않는 것이 없다. 두 점의 작품에서 그의 발전을 더듬어볼 수 있다. 바티칸 소장품 「동정녀 대관식」과 1500년에서 1501년 사이에 가바리 데 치타 디 카스텔로 가문을 위해 그렸을 「십자고상」이 그것이다. 이 두 번째 작품에서 세례 요한은 「기사의 꿈」과 같은 여성적 면모에 발이 아주 크지만, 라파엘로는 이미 그리스도를 둘러싼 천사의 율동을 통해서 페루지노의 균형을 깬다. 바사리는 이렇게 말한다.

"창작이 아닌 그의 모사화는 스승의 원작과 구별하기 어렵고 라파엘로와 피에트로의 습작은 확실하게 구별되지도 않는다."

라파엘로가 이렇게 갑자기 자기의 힘과 참신성과 개성까지 잃게 된 것은 대체 어찌 된 일일까?

라파엘로, 페루자에 도착하다

그는 유년기를 평화롭고 부지런한 고장, 예술적이며 허세가 없는 고상한 문화 중심지에서 보냈고 그의 감성은 거기에 단단히 묶여 있었다. 사람들은 이 청년 주변의 전쟁과 소요와 반란에 대해 이야기했지만 그것이 무엇이었는지 알지 못했다.

이탈리아에서 가장 피비린내 나는 도시에 속하던 페루자는 당시 우르비노와 완전히 대조적이었다. 그 지방 속담은 이렇게 말하지 않던가. "페루자 주민은 천사일까 악마일까?"

1499년 가을, 라파엘로가 구비오에서 페루자로 말을 타고 올 때 그는 도시를 둘러싼 산을 바라보게 되었다. 그 산은 완만한 경사에 아펜니노의 두 산줄기를 결합하는 듯했고, 그 다양한 경사와 꽃과 과일과 나뭇잎이 무성하고, 운하의 맑은 물이 적시는 풍성한 정원들로 쪼개져 있었다. 그의 눈길은 여전히 어린 느릅나무에 걸린 자줏빛 포도 잎사귀들과 은은한 빛이 멋지게 온화한 하늘과 어울리는 올리브나무, 그토록 즐겁게 그리게 될 물푸레나무와 포플러, 개울가의 사시나무에서 떨어지지 않았다. 그는 말을 세우고 버려진 집을 바라보다가, 페루자로 더 다가설수록 불에 타 파괴된 농가를 주시한다. 그러나 도시를 둘러싼 완강한 성벽과 그 벽 위로 네모난 망루와 밀착된 채 삐죽 솟은 종루에 눈길을 빼앗긴다. 태양은 에트루리아 양식의 거대한 주추와 로마네스크 시대의 돌, 고딕 종루의 장밋빛 벽돌을 눈부신 마술로써 멋지게 감쌌다. 이 청년은 하늘을 찌를 듯이 높이 솟은 이 도시를 바라보면서 거의 전율할 만큼 경탄한다. 무언가 새로운 것이 그 앞에 제시된다. 무언가 거칠고 요란하며, 어쩌면 도망쳐버리는 것이 낫겠다고 생각했을 그 무엇인가…. 그는 티모테오 비티가 늘 벤티볼리오 가의 후견을 받던 프란차[1450~1517]가 극히 소중히 여겨왔던 볼로냐에 대해 말을 아꼈던 것을 기억한다. 티모테오는 그에게 이런 차이에서 페루자가 볼로냐와 비슷했고 페루자 독재자 발리오니 가는 자기 영예에 봉사하는 예술에나 관심을 두었다고 하지 않았던가. 산에서 불어오는 부드러운 바람이 풍경에 활기를 불어넣고 잎사귀의 떨림은 새들의 노래에 뒤섞이고 있었다.

라파엘로는 갈 길을 따라 꼬부랑 언덕을 넘어갔다. 그렇지만 군주들이 서로 다른 기질을 지닌 반면, 이 거대한 요새 도시의 성벽에 갇힌 사람들은 우르비노 주민을 닮았을 것이다. 그런데 페루지노는 수수께끼 같은 레오나르도 다 빈치의 동반자인 위대한 베로키오의 제자 아니던가? 그는 예술가의 경쟁이 치열했던 피렌체를 다녀왔었고, 당시의 새로운 회화적 경향을 알고 있었다. 즉 보티첼리, 필리피노 리피의 그림 등 피렌체 사람들이 우르비노에 들렀을 때 그 기이한 아름다움을 이야기하던 것을 알았다. 그는 그즈음 막 사망했던 플라톤파의 거두 마르실리오 피치노를 알지 않았을까? 그렇다. 페루지노는 완전히 태평한 언어로써 무르익은 정신과 신의 비밀을 벗겨냈던 그 사람을 알고 있었다. 페루지노는 플라톤주의자이자 로렌초 대공의 친구 교황 인노켄티우스 8세의 화가 아니던가? 청년 라파엘로의 가슴이 더는 두근대지 않았을 망정, 그의 정신의 북소리는 이 도시에 울려 퍼지고 있었다. 얼마나 많은 것을 배우고 접하고 알게 될 것인가!

그는 도시의 열다섯 개의 문 가운데 하나를 통해, 격자로 막힌 창에 홍예교로 마감한 높은 집들이 늘어선 골목을 빠져나간다. 거기에서 너덧 세기 동안 수차례 모습을 바꿔온 무니치피오 광장이 나타나고 그 광장 복판에 아름다운 분수를 둘러싸고 가파른 경사를 이루면서 시청과 대주교관, 대성당과 또 기다란 미늘창으로 무장한 병사들이 문을 지키는 오랜 궁전이 펼쳐진다. 그는 어떤 사다리 공격도 견뎌낼 만한 고딕 창살의 세련된 창문들이 맞배지붕 위로 솟은 육중한 정방형 시청사에 눈길을 던진다. 그는 세 개의 수반으로 구성된 분수로 다가간다. 청동으로 만든 분수 맨 꼭대기에는 요정 셋이 왕관처럼 올려져 있다. 조반니 피사노의 입상이 중간 것을 장식하고, 물을 뿜어내는 맨 아래 것은 아르놀로 디 캄비오의 부조 25점으로 구성되었다. 그는 다른 길도 거닐고, 산 피에트로 인 카시나테 대성당 종루를 올려다본다. 이 중세 도시에 천 년도 더 된 바실리카 대성당이 있다는 것은 얼마나 놀라운가!

마침내 산 프란체스코 광장에 이르러 그는 청빈 수도회 성당의 정원과 피렌체 사람 아고스티노 디 두초의 최근작 「성 베르나르디노의 연설」을 둘러본다. 여행자의 눈은 곧바로 그 전체적으로 어울린 배치에 매혹된다. 이 그리스 식 삼층 박공과 로마 식 홍예틀, 상인방을 가로질러 올린 유연하게 겹치는 두 문, 다채색 조각, 대리석과 사암砂巖과 테라코타는 붉은 노을에 더욱 진해진 미묘한 장밋빛 합주를 빚어낸다. 뭐니 뭐니 해도 사람이 붐비는 이 도시에서 왜 행복하게 살 수 없을까? 사람들은 적대적인 눈빛으로 바라보지 않는데, 어째서 모두 무장을 하고 있을까? (…) 게다가 그 성당마다, 움브리아파의 옛 성화聖畵로 그득하지 않던가? 기쁨에 충만한 마음으로 거기에서 이야기를 빚어내는 힘을 느낄 때, 오래된 것을 찬미한다는 것은 뿌듯하다.

그러나 황혼이 지고 그가 길을 묻자 사람들은 비아 델리초사를 가리켜준다. 얼마 뒤 그는 피에트로 페루지노의 집 앞에 선다. 라파엘로는 오십 줄에 접어든 한 남자를 알아본다. 뚱뚱하고 강인하며, 땅딸막하고 두 다리가 튼튼하며, 얼굴은 잿빛 곱슬머리에 덮여 거의 무뚝뚝해 보이는 사람이다. 어떤 사람이 한 도시의 관상을 띨 수 있다고 한다면 그 도시가 바로 페루자일 것이리라. 그러나 움푹한 눈과 꿰뚫어보는 시선은 어린 여행자의 눈에 생기가 돌게 한다. 라파엘로는 이 사람이 바로 스승임을 간파한다.

페루지노

그는 거물 화가였다. 그는 단김에 도취된 듯, 정신을 번쩍 차리게 하는 듯한 그 시선, "선선線의 애가哀歌"[1]로서 화폭을 눈에 들게 하는 그 균형을 알아보았다. 특히 그는 피렌체 파치 예배당의 「십자고상」이나, 부드러운 몸매의 젊은 무용수가 매력적이며 우아한 모습으로 성자의 순교를 재현한 루브르의 「성 세바스티아누스」를 볼 때, 결코 잊을 수 없는 움브리아 풍경을 그렸었다.

페루지노는 1446년 치타 델라 피에베에서 태어났다. 그가 정력적인 베로키오의 제자였는지 확실한 근거는 없어 알 수 없지만, 그의 그림 어디에도 그런 구석은 볼 수 없다. 베로키오의 작품은 레오나르도와 마찬가지로 극적 성격이 강하다. 그러나 페루지노의 최상급 작품에서 목가적 세계나 심지어 제대로 균형 잡힌 "발레" 같은 세계를 볼 수 있다.

1481년 식스투스 4세의 부름을 받아 로마로 간 그는 그곳에서 보티첼리, 시뇨렐리, 기를란다요와 함께 시스티나 예배당에서 작업했다. 페루지노는 곧바로 균제와 인물을 두드러지게 하는 교묘한 수법에 따

117

른 보다 폭넓은 스타일로 두각을 보였다. 시스티나 예배당 장식화에서 그의 비중은 컸다. 미켈란젤로의 「최후의 심판」을 둘러싸는 하단 벽면을 그가 그렸다. 두 개의 화면으로 이어진 이 벽화에 그는 강에서 구출된 모세와 예수의 탄생을 그렸고 그 위로 궁륭의 반통형 정점의 프레스코에 「동정녀 승천도」를 그렸다.

그 네 번째 그림, 「열쇠를 받는 성 베드로」는 그가 장식의 규모와 공간감과 자세의 완벽한 위엄에서 기를란다요에 필적함을 보여준다.

그 오른쪽으로 사제 두 사람에 이어 자신을 그려 넣었다. 부스스한 머리와 검은 벨벳 베레모를 쓴 강하고 각이 진 그의 두상은 불현듯 바사리가 썼던 "자줏빛 반암斑岩"이라는 표현을 떠오르게 한다. 그 머리는 고약한 자존심을 드러낸다. 강직한 미켈란젤로를 비웃던 사람의 모습이다. 미켈란젤로는 아무튼 그를 얼간이로 거칠게 몰아붙여 보복했다. 그는 프라 안젤리코가 착수했던 오르비에토 대성당 부속 예배당의 벽화를 미완으로 팽개칠 정도로 돈벌이에 극성스러웠다. 그는 지불하기 어려울 만큼 많은 대금을 요구했다. 그러니 박수를 쳐도 좋을 거절이었던 셈이다. 그렇게 했기 때문에 예배당 일은 루카 시뇨렐리에게 넘어갔다. 그가 루브르 소장의 「두 성자와 두 천사에 둘러싸인 성모」를 템페라*로 그린 것은 바티칸에 머물 때였을 것이다. 반면에 그는 완숙기에 대부분의 작품을 화폭 위에 유화로 그렸다. 이 작품은 교묘하고 엄격한 균제로서 '톤도*'의 완벽한 한 전형이다. 거기에서 이미 온화한

• 나무판자 위에 유채물감으로 그린 그림.
• 메달 형태의 둥근 그림이나 부조.

몽상적 표현과 상당히 부드럽고 자비로운 자세를 시도했다. 이는 곧 이 거장의 신앙심에 넘치는 수많은 이미지 속에서 상투화한다. 감칠맛 나는 것은 인물과 풍경을 적시는 빛과 투명한 대기의 순수성이다. 이런 빛의 타고난 자질은 1493년에 시작해서 1496년에 완성된 파치, '산타 마리아 막달레나' 성당의 대형 프레스코에서 충만하게 드러난다.

페루지노는 여기에서 예술의 정점에 이르며, 차츰 모든 외적 감정을 덜어내고 몸짓을 억제하면서 그 감정을 자세와 시선에 집중시킨다. 외침이나 한탄은 없다. 피렌체 화가들과 시뇨렐리가 감동에 겨워하고, 번번이 사람을 사로잡았던 것 같은 비극적 몸짓은 사라졌다. 부동의 얼굴 위에서 눈물은 고요하게 흘러내리고 온화하게 드러난 풍경은 평화로운 호수의 거울에 비친 하늘의 반사와 또 양초불빛에 그슬린 듯이 언덕 위로 솟은 가냘픈 나무들과 더불어 막달라 마리아 곁에서 무릎 꿇고 명상하는 사람을 감싼다.[2]

1499년의 그 가을, 라파엘로가 자기 집에 들어오던 날, 페루지노는 환전상 조합 건물 '일 캄비오'의 장식을 주문받고 페루자에 이제 막 도착했을 때였다. 그러나 이미 조수들이 차지하고 있던 그의 화실은 작품으로 가득했다. 방심 상태의 그윽하며, 오늘날에도 여전히 눈길을 끌 정도로 세련된 전형을 보여주는 그의 성모상은 직물의 밑그림으로 사용될 준비를 할 정도로 엄청난 성공을 거두었다. 페루지노와 그의 정신적 후계자인 귀도 레니는 예술과 그리스도의 교활한 적인 성상 거래의 진정한 시조들이다.

페루자의 진홍빛 결혼식

페루지노의 화실에는 신통치 않은 도제들뿐이었다. 그들의 작품은 이 탈리아 어느 도시에서나 볼 수 있지만, 그 중 어느 제자도 미술사에 흥 미로운 자취를 남기지 못했다. 그의 마음에 들려면 그와 똑같이 빠르게 그려야 했다. 이내 이 어린 소년이 그 아버지의 시에서 말했듯이 가장 훌륭한 도제가 되었다. 그는 라파엘로를 그렇게 이용했다. 라파엘로는 자신의 약점을 모르지 않을 만큼 또 위대한 탐구자처럼 오직 그것만 알 정도로 너무나 똑똑했다. 그런데다가 그는 절대적 복종이란 마음에서 우러나야 힘이 된다고 이해할 만큼 통찰력이 뛰어났다. 그는 모든 개인 적 시도를 제쳐두고 진심으로 복종했다. 그는 자신의 사부를 모방하지 않고 능가할 수 있게 될 날이 되어서야 그를 평가하게 된다. 그는 사부 에게서 건축과 인물, 건축과 풍경을 그 이전 어떤 화가도 그렇게 하지 못한 수법으로 긴밀히 결합하는 비밀을 물려받았다는 데에 매우 흡족 해했다.

환전상 조합 건물에서 자신의 스승과 도제들과 어울려 작업하면서 라파엘로는 동료의 이야기를 들을 수 있었다. 그는 그제야 페루자 길가에 불탄 집들이 왜 그렇게 많은지 알게 된다. 그 도시에서의 오디 가문과 발리오니 가문의 증오에 대해 들었기 때문이다.

옛날에 대성당과 시청, 그 세 개의 수반과 그 돌에 핀 꽃무늬 암술의 끝을 닮은 아름다운 분수를 짓던 좋았던 시절에, 이 도시는 교황령에 속하지 않은 번영하는 공화국이었다. 그러나 머지않아 도시는 숱한 다른 도시와 마찬가지로 용병대장에서 순식간에 독재자로 변한 포르테브라초에게 정복되었다. 요새를 차지한 뒤 그는 온건책을 썼다. 그는 이어서 교황의 가신으로서 경의를 표한다는 구실을 내세워 군대를 끌고 로마로 가서 그곳을 접수했다. 그러나 이내 또 다른 용병대장 스포르차가 그를 쫓아냈다. 사람들은 포르테브라초가 악하며 신성모독을 그치지 않았다고 이야기하곤 했다. 어느 날, 그는 수도사들이 시편을 노래하는 것을 듣고서 용병의 환호를 받으며 망루 위에서 그들을 떨어뜨렸다. 그러나 그 자신 또한 결국 부상당해 패배에 모욕을 느낀 뒤 간호와 음식을 거절했고, 이전에 살아왔던 대로 불신자로서 사망했다.

발리오니 가문이 그 뒤를 이었다. 이 가문은 허리에 검을 차고 태어났다. 유명한 용병 가문으로서 발리오니는 몬테펠트로 가와 마찬가지로 영토를 분명히 했다. 하지만 그들은 그 도시 바깥으로 세력을 넓히지 못했다. 그들은 정신적 품위와 귀족적 권위를 행사하지 않고 공포정치로 군림했다.

그들을 미워했던 사람들은 누구나 막강한 오디 가문 편에 섰다. 여러 해 동안 사람들은 시내에서 싸웠다. 각 집안은 요새가 되었고, 길은 함정이고 교차로는 전장이 되었다. 결국 오디 가는 이웃 아시시로 쫓겨났다. 페루자의 주인이 된 귀도 발리오니는 가문의 수장으로서, 기적을 일으키고 예언을 내린다고 하는 도미니쿠스회의 콜롬바 다 리에티 수녀의 협조를 구하게 된다. 그러나 이 수녀는 그에게 왕관을 예언하기는커녕 천벌을 받기 싫다면 평화를 지키라고 조언했다. 귀도는 듣는 척하기는 했지만 싸움을 재개했다. 1494년과 95년 사이에 샤를 8세가 로마로 진군할 당시, 발리오니와 오디 두 가문은 불행한 처지로 되돌아가게 되는데, 이판사판으로 농부들이 양측 전사들을 학살했던 페루자와 아시시에서 참혹한 전쟁을 벌였다.

나폴리에서 되돌아온 샤를 8세를 피해 교황 알렉산데르 6세는 페루자로 건너왔다. 귀도 발리오니에게 영접을 받은 교황은 그에게 가문의 모든 사람을 참석시킨 마상시합을 조직하라고 제안했다. 그러나 병사의 호위를 붙여 교황을 뒤쫓을 만큼 의심이 많은 발리오니는 가장 멋진 구경거리는 광장에서 페루자의 모든 군사들의 열병식을 보는 것이라고 했다. 이 전갈을 전한 신하는 보르자의 군대에 비유하면서, 황금 들판에서 여우가 거대한 짐승의 뿔이 달린 황소에 쫓겼다고 덧붙였다.

그러나 오디 가문의 최후의 공격 소식이 이 이방인〔교황〕을 즐겁게 했다. 페루자 시내에 심어두었던 내통자 덕분에 오디 가문의 사람들이 밤에 도시로 잠입했다. 그들은 들키지 않고 시청 광장을 점거하고자 다리 위에 있었다. 각 가로의 통로마다 쇠사슬로 차단되었기 때문에, 말을 통과시키려고 모든 쇠사슬 자물쇠를 망치로 부수는 사람이 무리의 앞장을 섰다. 그렇게 광장으로 통하는 것을 뚫는 일만 남았었다. 주민은 벌써 무장하라는 호소를 듣고 있었다. 자기 뒤로 몰려든 군중에 둘러싸여 옴짝달싹 못 하게 된, 사슬을 끊는 사내는 팔을 들어 사슬을 후려칠 수 없게 되자, 이렇게 소리쳤다. "뒤로 좀 물러들 나시오!" 이 "뒤로"라는 말 한마디가 대공황을 초래했다. 즉 후퇴하라는 말로 오인되었다. 바로 이렇게 오디 가의 계획은 수포로 돌아갔다.[3]

불과 얼마 뒤 귀도와 리돌포 발리오니 형제는 콜롬바 다 리에티 수녀의 압력으로 추방자의 귀환을 허가했다. 그들은 다시는 유배당하지 않겠다고 작심하고 쑥스러워하면서 귀가했다. 이런 관대함에도 페루자에 평화가 다시 오지 않았다. 독재자 가문 내부의 불화 때문이다.

분위기는 무거웠다. 오직 하느님만이, "미덕"과 입법자와 고대 전사를 그리는 동안, 이 어두운 궁전에서 무엇이 준비되고 있었는지 알았다. 페루지노는 종종 그릴 인물에 대한 정보를 주는 그 지역 시인을 대동하고서 능청맞을 정도로 확실하게, 누마 폼필리우스의 의상과 레오니다스의 검, 스키피오의 갑옷과 페리클레스의 머리 모양을 묘사하곤 했다. 청년 화가들은 그의 조언을 경청했고 까다로운 부분을 진득하게 그려나가곤 했다.

그 무렵 시청 광장에서 어린 아스토레 발리오니와 라비니아 콜론나의 결혼식에 맞춰 기념문을 세우고 있었다. 푸른 화환을 늘어뜨리고 집집마다 벽을 장식했다. 귀도와 리돌포 발리오니는 자기들에 대한 음모가 꾸며지고 있다는 것을 전혀 눈치 채지 못했다. 그들의 조카 그리포네는 페루자와 마찬가지로 교황 속령인 이웃 카메리노 독재자의 지원하에 방면되지 않은 추방자들과 은밀하게 속삭이고 있었다. 위험을 예감한 리돌포의 아들이 삼촌에게 자신이 음모자들의 두목을 죽이도록 허락해달라고 간청했다. 그러나 귀도는 살인을 원하지 않았고 특히 아스토레의 결혼식 전야였던 만큼, 음모자들이 무장해제하리라 믿고서 그들을 관대하게 결혼식에 초대했다. 축제는 시작되었다. 어머니 아탈 란타와 부인 제노비아의 영향 때문에 그리포네는 품었던 계획을 실행에 옮기지 못하고 망설였다.

이렇게 해서 결국 카메리노의 독재자가 게임의 주도권을 쥐게 된다. 그는 그리포네를 감시하게 했고, 제노비아를 귀도의 아들인 잔파올로 발리오니와 춤을 추게 했다. 그들은 아주 잘 어울리는 모습이었는데 이상하게도 춤을 끝내지 않고 질질 끌었다. 그리포네는 난폭했고 폭군처럼 질투심도 많았다. 카메리노의 독재자는 선동하면서 음모자들에게 언질을 주었다. 즉 그리포네가 야심을 채우고 복수를 원한다면 그가 도시의 주인이 될 것이라고. 그는 그렇게 하도록 한다. 카메리노 용병대장의 군대는 그의 휘하에 있다. 귀도와 리돌피, 그 아들들은 축제의 즐거움에 젖어 역도逆徒의 마음을 샀다고 믿는다. 그리포네가 어머니나 아내의 불신을 사지 않는 만큼 조국은 수호된다. 모든 사전 조치가 취해졌다. 각 음모에 편든 사람은 하인으로 변장한 용병을 제외하고서도 열다섯 명씩이나 되었다. 그리포네가 더 오랫동안 우롱당하고나 있을 것인가? 그가 신호를 내리기만 한다면 그는 내일 당장 페루자의 주인이 될 것 아닌가? 다른 역도들은 오직 한 가지, 발리오니 가문에 대한 복수만 고집했다. 주군을 비난하는 민중은 전혀 방어하지 않을 것이다. 그리포네는 특히 잔파올로를 제거한다는 데에 동의한다.

한밤에 시청 주변의 주민들은 요란한 소리에 갑자기 잠이 깼다. 계략으로는 들어올 수 없는 궁전의 문을 파벽추破壁錘[벽을 부수는 철퇴]로 부수는 소리였다. 고함도 들렸다. 겁에 질린 주민들은 집에 바리케이드를 쳤다. 날이 밝고 주민들이 거리로 뛰쳐나오자, 그들은 귀도 발리오니와 라비니아의 새신랑 아스토레의 시체와 암살되기 전에 용감하게 저항했던 수많은 투사의 시체를 보았다.

그리포네는 이제 도시의 주인이 되었으나 자신의 어머니와 부인은 잔파올로와 자녀, 몇몇 식솔과 함께 도피했다. 그는 곧바로 말에 올라 그들을 추격하기 시작한다. 그는 두 여자가 어머니의 별장으로 도망쳤다는 것을 잘 알았다. 어쨌든 이 도피는 그에게 치욕스러운 일이다. 그는 도망자를 찾아냈다. 별장의 문과 창문에 바리케이드가 쳐졌고 어머니의 하녀가 감시하고 있었다. 그가 말에서 내려서기 전에 아탈란타는 발코니에 모습을 드러낸다. 그녀가 몇 걸음 앞으로 나서자, 그리포네는 어머니의 그토록 아름다운 모습을 본 적이 없다고 생각했다. 어쨌건 어머니가 말문을 열기도 전에 그는 자신을 저주할 줄 알고 있었다. 그녀는 그렇게 했고 그에게 자기 거처의 문지방을 넘지 말라고 했다.

순순히 물러나면서 그리포네는 갑자기 분이 사그라지는 것을 느꼈다. 그는 감쪽같이 어머니를 속여 용서를 비는 척하기로 하고 페루자로 되돌아온다. 그가 없는 동안에 역도들도 각자의 부모를 찾았다. 그러나 도시를 떠나라고 울며 애원하는 데에 놀랄 뿐이다. 이런 반대에 격분한 그리포네 도당은 험담으로 일관한다. 카메리노의 독재자는 과업에 만족해서 집으로 돌아간다. 그리포네가 얼마나 잘 해결하던가!

그러나 발리오니 가문은 대장을 잃지 않았으므로 잔파올로의 지휘 하에 재결집한다. 바로 그다음 날, 잔파올로는 싸우지도 않고서 페루자의 성문을 점령한다. 역도에게 위협받던 가족들이 그의 주변에 몰려들었다. 그리포네 무리의 태도에 불안해하던 주민들은 거리로 나와 잔파올로의 승리를 거든다. 그리포네는 용감하게 싸운다. 결국 산 에르콜라노 성당 앞에서 그는 잔파올로의 수중에 떨어지고 그 부하에게 항복한다. 칼에 찔린 그는 성당 계단 위로 쓰러진다. 누구도 그에게 선뜻 최후의 일격을 가하지도 도와주지도 못한다.

라파엘로는 페루지노의 집을 나서 화실 동료와 함께, 이제는 잔파올로의 도당이 차지한 시청 광장을 걱정스러워하면서도 호기심에 찬 채 배회했다. 수백 개의 양초가 밝혀진 대성당에서 그는 망자들에 대한 뜨거운 연도煉禱 소리를 듣는다. 개선문은 여전히 서 있었지만, 장미 화환의 꽃잎은 떨어지고 그 붉은 꽃잎 또한 굳은 핏빛을 띠었고, 아무도 난간의 양탄자를 거두어들이려 꿈도 꾸지 못했다. 라파엘로는 주민들이 눈에 띄게 즐거운 표성으로 허공에 떠도는 피 냄새와 대성당에서 피어나는 향을 음미하는 모습을 보고 놀랐다. 도시가 비록 잔파올로 도당에게 일시적으로 장악되었고 늙은 귀도의 아들은 제단 앞 영구대 위에 누워 있기는 하지만, 가슴은 찢어질 듯하면서도 눈은 그 구경거리를 즐기는 것을 알 수 있었다. 결국 민중은 독재자처럼 목을 조르려고 자진해서 나서는 사람들을 보면서도 분노하지 않았다. 갑자기 라파엘로는 사람들이 공손하게 물러나는 것을 보았다. 그리포네 가의 하인을 앞세운 두 여인이 군중에 눈길 한번 주지 않고서 앞으로 나섰다. 사십대로 보이는 여인은 젊은 여인을 부축하고 있었다. 즉 그리포네의 어머니와 아내가 산 에르콜라노 성당을 찾은 것이다. 아무도 그들 앞을 가로막지 않았지만 몇몇이 그 뒤를 따랐다. 두 여인은 잔파올로에게 어떤 저주를 퍼부을 것인가?

계단에 엎드린 채 그리포네는 몇 시간째 신음하고 있었다. 아들이 지켜보는 가운데 아탈란타는 회색 베일을 두른 몸을 치켜세운 채 휘청거

126

리는 며느리의 손을 잡고서 꿋꿋하게 그녀를 이끈다. 그리포네는 눈을 뜨고 실신했던 것을 알게 되지만 어째서 잔파올로가 자신을 죽이지 않았는지 이해하지 못한다. 자기가 승리자라면 그렇게 했을 텐데 말이다.

군중은 침묵하며 숨을 헐떡인다. 아탈란타는 이 다 죽어가는 사내 앞에 무릎을 꿇어 그의 손을 잡고 탄식하면서도 그 목소리는 분노와 증오를 전혀 드러내지 않는다. 그리포네는 암살자의 용서를 구한다. 그녀도 아들의 배신을 용서하려고 한다. 그렇지만 그리포네는 그 앞에 엎어져 몸을 뒤흔들며 오열하고, 실수를 후회하며 죽어가는 자신을 슬퍼하는 제노비아를 본다. 아탈란타는 정신을 차리고 아들에게 몸을 기울여 귀에다 몇 마디 중얼거린다. 그렇게 그리포네는 최후의 안간힘을 쓰면서 살인자를 용서하겠노라고 외친다. 아탈란타의 얼굴에는 초인적인 희열이 퍼진다. 그녀는 아들의 이마에 입 맞추고 성호를 그어 축복을 내린다. 마침내 그리포네는 평화롭게 죽게 되었다. 그가 눈을 감자 몸이 갑작스런 경련을 일으킨다. 그리고 끝이다.

구경거리를 기다리던 군중은 눈물을 쏟으며 감동에 휩싸인다.[4]

왜 아탈란타는 아들의 기억을 영원히 간직할 그림을 라파엘로에게 맡겼을까? 페루지노와 또 서둘러 페루자에 온 핀투리키오 같은 명성이 자자한 화가들이 있는데 말이다. 이때 라파엘로는 아탈란타를 만나 한 사람의 어머니 마음에 새길 봉사를 하게 되었는데 어찌 받아들이지 않을 수 있으랴.

나는 이렇게 상상해본다. 즉 아탈란타는 긴장과 고통과 신체적 피로에 지쳐, 성당 계단에서 울먹이고 있었다. 라파엘로는 동정심으로 그녀에게 귀 기울이고 그녀를 일으켜 세워 집으로 돌아가도록 부축한다. 귀가한 아탈란타는 그 청년을 기억해내고 그가 유명한 페루지노의 고아 제자라는 것을 알게 된다. 그녀는 잊지 않을 것이다. 라파엘로도 마찬가지다. 바로 아탈란타의 고통은 「하관」에서 기절한 동정녀로서 영예롭게 승화된다.

'캄비오' 성 작업과 보르자의 로마뉴 침공

이렇게 라파엘로는 어째서 페루자 주민이 두 가지 의미로 해석되는 동정녀 상과 우아한 천사 상에 찬사를 보내는지 이해할 수 있었다. 또 피에로 델라 프란체스카의 튼튼한 인물상을 머릿속으로 비교해보면서, 아버지가 환상을 일으키는 우연한 표현을 배제하고서 정성을 다해 그리곤 했던 윤곽이 뚜렷한 동정녀를 꿈꾼다.

'캄비오'의 그림은 빠르게 진행되었다. 작품이 완성되자 모든 시민이 그것을 보러 왔다. 그 작품은 그를 신동이라고 칭송할 만한 것이었다. 이 작품은 조각되고 모형으로 제작된 나무 액자에 끼워진다. 거기에 페루자의 그리푸스°와 정의의 여신 테미스의 저울과 메르쿠리우스의 지팡이가 등장한다.

근거는 없지만 종종 가장 성공적인, 말하자면 가장 매력적인 인물을 라파엘로가 그린 것으로 추정한다.

• 그리스 신화의 독수리 날개가 달린 사자.

129

환전상 조합 작업 이후, 페루지노는 기법과 표현 수단을 자신하면서 그것을 무한정 되풀이한다. "인물들은 무심히 상투적으로, 한쪽 다리를 들고 다른 쪽 다리에 전신을 의지한 무기력한 자세로 내면의 몽상에 잠긴 채, 말도 없고 활력도 없는 군상이다. 마치 늦가의 우울한 두루미 같은 모습이다. 이것이 바로 독실한 명상에 잠기거나 고상한 묵상에 빠진 회개하는 분위기다. 눈꺼풀은 꿈꾸는 듯 무겁게 눈을 가리지만, 시선은 황홀경에 젖거나 부드러움에 젖었다. 온화하지만 애교스럽고, 경건하기보다 독실한 척하는 인물이다."[5]

페루지노에게 어떤 도움이 되었는 지 라파엘로는 상당한 독립성을 누렸던 듯하다. 왜냐하면, 1500년 12월 10일, 그는 아버지의 제자 에반젤리스타 디 피안 디 멜레토와 함께 치타 디 카스텔로의 산타고스디노 예배당을 위한 「성 니콜라스 톨렌티노」의 주문을 따냈기 때문이다. 1501년 9월 13일 두 화가는 적절한 보상을 받았다고 발표한다.[6]

이 그림은 1789년 지진에 훼손되었다가 후에 피우스 6세가 매입했다. 그의 명령에 따라 보존된 부분은 다듬어지고 틀에 끼워졌지만, 훗날 혁명의 와중에 또다시 분실되었다.

이듬해 라파엘로는 우르비노 가문과 동맹한 치타 디 카스텔로의 가바리 가문을 위해 지금은 런던에 있는 「십자고상」을 그린다. 이 작품은 더욱 미묘한 색조와 젊은 시절 페루지노의 붓을 알아보게 하면서도 스승의 것과 기묘하게 달라 보인다. 그러나 라파엘로는 모방에 사로잡히고 감염되어 달콤해지는 큰 위험에 처한다.

그사이 주변이 술렁대기 시작한다. 잔파올로 발리오니가 이제 막 페루자의 주인이 되었을 때, 교황청 총사령관이자 교회장관 체사레 보르자는 원정 중이었다. 아들에게 속령을 하나 떼어주려는 욕심에서 알렉산데르 6세는 식스투스 4세와 똑같이 로마뉴 땅을 주시한다. 교황은 물론 그 나라의 주인이 아니었다. 그 영지 곳곳에서 상속권을 다투었을 뿐이다. 발리오니 가문은 페루자에서, 만프레디 가는 파엔차에서, 리아리오 가는 포를리와 이몰라에서, 벤티볼리오 가는 볼로냐에서, 바라노 가는 카메리노에서 각자 독립 군주 행세를 하고 있었고 또 튼튼한 성과 요새화된 도시에 진을 치고서 조공을 바치지 않고 버텼다.

이는 바로 알렉산데르 6세에게 좋은 구실이었다. 여러 영주가 그에게 유리한 증언을 내놓았다. 밀라노 공국은 교황 사무실에 4만5천 두카토를 빌려주었고, 그에 대해 줄리아노 델라 로베레와 보르자 추기경이 보증을 섰다. 델라 로베레 추기경은 조카 프란체스코 마리아를 교황의 조카딸 안젤라 보르자와 결혼시켜 사촌 리아리오에게 그들의 운명을 맡겼다. 그는 그렇게 해서 우르비노 공국을 지킬 수 있었다고 믿으면서 비록 적이지만 알렉산데르 6세를 지지했다. 체사레는 모든 이탈리아인의 적대관계를 해소하려고 루이 12세의 이름으로 이 원정에 나섰다. 그는 루이 12세와 함께 프랑스 승리의 무기인 탁월한 포병 외에 창기병 백 명과 스위스와 가스코뉴 병사 사천 명을 거느렸다. 체사레는 우선 리아리오의 영지 포를리를 공격했다. 식스투스 4세의 며느리 카테리나 스포르차가 꿋꿋하게 저항했지만 포를리는 함락되었다. 그러자 군소 영주들이 체사레 편에 가담했다. 발리오니는 그에게 달려가 보병대를 급조해주고 안전망을 확보한 다음, 카메리노의 독재자로서 결혼식 날 역모를 꾸몄던 줄리오 체사레 바라노에게 복수하길 바랐다.

두 차례 원정에서, 체사레는 파노, 페사로, 파엔차를 점령했다. 이런 신속한 승리는 군대 덕분만은 아니었다. 몇 해 전 여전히 추기경이던 오르비에토의 군주는 주민을 보호하려고 우선 칙령을 공포하고 그 준수를 다짐했다. 그는 관리들을 "내 귀한 친구"라고 부르면서 이런 말로 끝을 맺곤 했다.

"내게 여러분의 관례와 위상과 특권을 욕보이게 하는 일이 생긴다면, 그에 연관되어 이익을 보는 누군가의 함정에 빠졌기 때문이라고 생각하십시오. 나도 인간이고 속기 쉽고, 잘못을 저지를 수 있기 때문입니다."[7]

이런 태도에서 그의 정치적 수완을 확인할 수 있다. 어떤 도시에 들어섰을 때, 그는 언제나 약탈을 일삼던 도시를 오합지졸의 손에 맡기거나 주민에게 배상을 강요하는 대신 그 권리와 신병과 재산을 극히 존중했다. 또 군사에게 엄격한 규율을 부과하곤 했다. 그는 리미니에서 가스코뉴 사람과 피에몬테 사람에게 가슴에 도적이라고 쓴 글자판을 들고 있게 했다. 마키아벨리는 체사레가 정복에서 얻은 재산을 안전하게 확보하는 최상의 방법은 백성과 화해하는 것이라고 하는 말을 들었다고 했다. 체사레는 복수에 무자비했어도 가치 있는 사람을 알아볼 줄 아는 감각이 있는, 자유분방한 사람으로 인정받았다.

그는 수도로 삼은 체세나에서 금세 인기를 끌었다. 그는 성탄절과 사육제 때 마상시합을 조직하고 민중 놀이에 가담하기도 했다. 그는 철근이나 쇠로 엮은 동아줄을 꺾는 등, 로마뉴 지방의 천하장사와 힘을 겨루기도 했다. 또 가능한 때마다 세금을 가볍게 함으로써 농민들의 인기를 얻었다. 그는 법률을 개정하고, 체세나에 로마를 모범으로 삼아 항소원[법원의 일종]과 대학을 설립하고 행정과 사법 제도를 정비했다. 발랑스, 로마뉴 공국의 모든 신민은 이제는 자신들이 임의적인 희생자가 아니라 모두에게 공평한 법이 따르는 것으로 알았다. 공작의 가장 흥미로운 개혁은 민병 징집이었다. 용병과 외국인의 지원에서 독립하고자 했던 체사레는 가정마다 한 사람씩 징병하라는 칙령을 내렸다. 로마뉴 민중은 그를 위해 싸울 준비가 되어 있었다.

이렇게 체사레는 백성을 무장시키고 전투에 참여시킬 만큼 그들을 대담하게 신뢰했던 이탈리아 최초의 군주였다.

그러나 페루자의 청년 화가들의 눈에 그와 레오나르도 다 빈치의 친분은 후광으로 비쳤다. 레오나르도는 그를 위해서 체세나와 안코나 다음으로 훌륭한 항구로 여겨지고 기술자의 작품으로 생각되는 포르토 체세나티고의 운하를 설계했다. 체사레는 게다가 자기 곁에 그의 힘과 덕과 지혜를 칭송하는 문인들과 또 작품으로서가 아니라 미켈란젤로의 코를 부러뜨려 더 유명했던 조각가 토리자노를 거느렸다.[이 자세한 일화는 조반니 파피니, 『미켈란젤로 부오나로티』를 참조.]

이미 페루자 주민은 동요했다. 또 잔파올로 발리오니는 먼 곳에서 피옴비노와 싸우는 체사레와 맞서려면 다른 용병대장들과 연대하는 것이 낫지 않을까 자문했다.

밀라노 정복자 루이 12세는 나폴리 행군을 결정했다. 그렇지만 페르난도 다라곤의 반대에 부딪혀 왕국을 점령할 수 없게 되자 그는 그곳을 나눠 갖자는 밀약을 맺었다. 나폴리 국왕 페데리코는 프랑스에 대항할 에스파냐의 사촌에게 원군을 청했다. 그라나다의 정복자 곤살베스 데 코르도바는 독실한 가톨릭 국왕의 장군으로 신앙심을 내세워 달려왔다. 그는 이어서 나폴리 전 지역을 점령하고 그것을 프랑스 군에 넘겨주었다. 페데리코는 충실한 동맹자 콜론나 가문의 지원을 받아 요새 도시 카푸아에서 저항을 시도했다. 하지만 헛수고였다. 공략은 참혹했다. 능욕을 피하려고 여성들은 벽 위에서 몸을 던지거나 강물로 뛰어들었다. 사천이 넘는 남자가 사망했고 생존자는 노예로 팔렸다. 온 이탈리아가 이 소식에 치를 떨었다. 승리자는 마치 터키인처럼 행동했다. 비록 이 만행의 책임자는 사령관 산세베리노였지만, 비난은 체사레에게 돌아갔다.

이런 엄청난 비난을 받은 것이 분하지 않았을까? 왜냐하면, 정복된 도시들은 그의 관용과 훌륭한 행정제도를 누리게 될 텐데 말이다.

루이 12세는 그의 봉사에 대해 열렬한 감사의 편지를 썼고, 페르난도 엘 가톨리코는 그에게 안드리아 공작 작위를 주었다. 교황은 콜론나 가의 재산을 차지했다. 카푸아 함락 이틀 뒤, 그는 카스텔곤돌포와 이웃 성들로 재산을 접수하러 갔다. 그는 로마뉴에서 체사레처럼 환호와 불꽃 세례를 받으며 개선했다.

몇 달 뒤 교황의 딸 루크레치아는 알폰소 데스테와 세 번째로 결혼했다. 페라라 공국은 베네치아와 로마뉴 사이에서 체사레로서는 대단히 소중한 동맹자였고, 그곳을 지배하는 독재자들 또한 여전히 자신들을 기다리던 운명을 예감하기 시작했다.

한편 잔파올로 발리오니는 신중하게 처신했다. 그는 가문을 이끌고 귀도발도가 궁을 내준 우르비노로 가서 루크레치아를 축하했다. 엘리사베타의 오빠 만토바 후작은 알폰소의 누이 이사벨라 데스테와 혼인했었다. 그뿐만 아니라 모든 정치적 고려를 넘어서 엘리사베타는 루크레치아가 환대받기 바랐다. 에밀리아 피아를 대동하고 그녀는 페라라로 갔다.

이 결혼식은 그 호사 때문에 유명했다. 이사벨라 데스테와 루크레치아는 사치를 다투었다. "그토록 아름다운 눈부신 마돈나"[8] 우르비노 공작부인은 루크레치아를 영접하면서 금사金絲로 천문도를 수놓은 검은 벨벳드레스를 입었다.

이 결혼으로 왕족 가문을 자처했던 보르자 가문은 결국 군주의 반열에 오른다. 체사레는 지롤라모 리아리오가 그랬듯이 교황의 사생아가 아니었다. 더구나 그는 프랑스에서 발랑스 공이자 에스파냐에서 안드리아 공이며, 이탈리아에서 로마뉴 공이고, 나바라 왕과 또 프랑스 왕의 막강한 동맹자 페라라 공의 처남이 되었다. 그는 찬양자로부터 피렌체를 수도로 삼게 될 왕국의 다음 군주로 여겨졌다.

체사레는 로마를 떠나 6월 15일에 스폴레토에 당도했다. 이번에 그의 주목적은 카메리노였다. 그러나 그사이 줄리오 체사레 바라노는 자기 도시의 방어망을 여유 있게 구축했다. 체사레는 감사의 답을 겸해, 귀도발도에게 우르비노 영토 내의 도시 카글리를 통과하게 해달라고 부탁하면서 자기 휘하 장수에게 천 명의 장정을 보내달라고 했다. 그가 개입을 망설이던 피렌체 사람들을 저지하는 데 도움이 되도록 말이다. 귀도발도는 피렌체의 후견자인 프랑스 왕과 다투고 싶지 않았고, 다른 한편 왕의 피보호자인 체사레를 신중하게 상대하려 했다.

따라서 그는 군대 파견은 거부했지만 1천 두카토 정도의 원정 경비를 부담했다. 그리고 우정의 표시로서 발랑스 공에게 멋진 파발마를 보냈다.

페루자에서 이 사건은 잔파올로 발리오니의 적들에 의해 가까스로 위장되어 환영받는 듯했다. 그들은 카메리노가 정복되고 체사레가 지체 없이 그들의 도시를 접수해서 속령으로 삼을 경우를 따져보았다. 그가 다른 데에서 했던 대로 자신들에게 고유 권한을 돌려주리라고 기대했기 때문이었다.

델라 로베레의 화가 페루지노는 체사레의 출현을 두려워할 특별한 이유가 있었을까. 그를 따라 베로키오 화실의 옛 동료 레오나르도가 오게 될까봐? 정복 이후의 소요가 지기 그림의 거래에 불리할 수 있지 않을까 걱정했을까? 알 수 없는 노릇이다. 다만 1502년 여름에 그가 페루자를 떠나 피렌체로 갔다는 사실은 분명하다.

동화 화가 핀투리키오

페루지노가 부재중에 화실을 맡기려고 핀투리키오를 페루자로 불러 들였다는 말이 사실일까?

그럴 수 있다. 그러나 핀투리키오는 페루자와 동시에 무니치피오 수도원장에 임명되었다.〔당시 화가들 가운데 프라 안젤리코, 프라 바르톨로메오처럼 수도사가 여럿이었다.〕 그는 당시 보르자와 발리오니 가문 양측 모두에게 보호받았던 듯하다.

핀투리키오의 본명은 베르나르디노 베티. 1454년 페루자에서 태어났다. 그는 그 도시 교외에 땅을 갖고 있었다. 왜냐하면, 그는 발랑스 공에게 자신의 농장에 상당히 중요한 수원지를 얻을 수 있게 해달라고 청원했었기 때문이다. 공은 그 요구를 곧장 수용하면서 항상 화가인 그의 "미덕"을 좋아했었으니 "자기에게 다시 봉사해달라고" 청했다.

핀투리키오는 회화의 역사에서 중상받은 인물이다. 오랫동안 사람들은 그를 페루지노의 딱한 모방자로 보았다. 보르자의 아파트가 정비되고 일반에 공개되고 나서야 사람들은 그를 정당하게 대우했다.

이 사람은 귀가 먹고, 추하고 기형이었지만 정신만큼은 젊었다. 또 부부생활에 환멸을 느꼈지만 말년까지 매혹적 시각을 잃지 않았다. 그는 종종 좋아하는 인물들을 반복해 그렸다. 그때마다 그들이 자신의 붓에 순종하는 데에 만족해했다.

그들은 한결같이 매력적으로 닮았다. 우리는 그들에게 행복을 느낀다. 그토록 사랑스럽고 잘 차려입고, 명랑하고 사랑 받길 원하며 결코 악행을 저지를 수 없는 존재들이다. 어떤 주제에 돌입하게 되면 그는 만테냐, 피에로 델라 프란체스카 그리고 피렌체 화가들처럼, 극적 장면을 그리는 대신 이야기를 지어낸다. 바로 그것이 에네아 실비오 피콜로미니 추기경(나중에 교황 피우스 2세가 된다)과 율리시즈 또는 성녀 엘리사베타의 모험담이다. 그는 우리를 항상 정의와 인간과 진실이 승리하는 동화의 나라로 이끈다. 그는 우리가 어려서부터 좋아하는 이런 비현실적인 나라로 인물들을 끌어들인다. 그래서 원근과 구성 문제가 우리가 눈치 채지 못할 만큼 능란하게 해결된 그런 자리에서조차 우리는 그 모든 아름다운 이야기는 물론이고, 은연중 떠오르는 음악적 주제까지 느낀다.

리샤르 뮈테르는 『회화의 역사』를 쓰면서 핀투리키오가 사보나롤라를 화형시킨 교황의 화가가 되는 비굴함을 택했다고 맹렬히 비난한다. 우리가 알기에 사보나롤라는 무엇보다도 선동 정치와 또 메디치 가문이 시도하던 귀족의 적인 공화파 "폭도"의 희생자였다. 도미니쿠스회 수도사로 첫번째 종교재판관 토르크마다를 비난했던 알렉산데르 6세는 지나치게 타협적이었다. 또 뭐라고 하든, 지나치게 이탈리아 사람 이상으로 이탈리아에 동화된 세속적 군주였으므로 주위 사람들이 노골

적으로 비웃는 것을 얼버무릴 정도로, 이 수도사의 맹렬함을 이해하지
못했다.

샘이 나도록 은밀한 보르자의 아파트는 레오 13세 시대까지 경이로
운 것으로 넘치는 바티칸 전체에서도 가장 세련된 미술관이었다. 야한
황금과 연한 남색으로 덮인 궁륭과 벽을 따라 부푼 의상 속에 허약해
보이며 조각된 갑옷과 금으로 수놓은 외투를 걸친 공상적 인물상이 움
브리아 풍경의 청명한 지평 위를 거닐고 있다.

하느님의 이름이 새겨진 석관 위로 후광에 싸여 솟아오른 그리스도
의 부활에서, 잠든 병사들이 깨어난다. 또 그 뒤를 이어 알렉산데르 6
세가 흰 수단繡緞 제의를 걸치고, 가발 위에 삼중관을 쓰고서 무릎을
꿇고 있다. 초상은, 눈가에 주름이 잡히고 높고 부러진 매부리코에, 튀
어나온 광대뼈와 화색이 도는 뺨 등 교황의 정력적인 모습을 생생히 전
하면서, 특히 어른 아이를 막론하고 사람의 마음을 사로잡는 위엄에 찬
희귀한 매력을 보여준다. 이 초상은 흠잡을 데 없는 증언이다. 그것을
보면, 우리는 이 교황에 대한 기억과 관련된 모든 전설적인 악행이 나
중에 에스파냐 사람과 결부된 증오의 소산임을 확신할 수 있다. 그 전
설은 그의 의전장이던 북유럽 사람 부르샤르가 사건을 편파적으로 전
한 데에서 비롯했다.

이 초상은 천재적 채색삽화가로서 핀투리키오가 뛰어난 초상화가였
으며, 또 그렇게 되고자 했던 그가 한 인간을 육신이 있는 존재로 보고,
그 사람의 비밀을 찾아낼 줄 알았다는 극히 희귀한 면을 보여준다.

교황의 즉위식이 있던 1492년에 착수된 보르자 아파트는 1494년에
이미 완공 상태였다. 물론 이 작품이 완성되고 나서 사람들은 그를 "귀

머거리"라는 별명 대신 '야하게 그리는 화가' 라는 뜻으로 핀투리키오라고 부르게 된다. 그렇지만 당시에 그 어원인 동사가 요즘처럼 "야하게 더덕더덕 칠한다"는 경멸적 의미를 띤 것인지는 불확실하다.

알렉산데르 6세는 화가에게 만족한 나머지 그에게 키우시 부근 땅을 양도했다. 핀투리키오는 다시 한 번 산탄젤로 성안에 교황의 일대기로 장식화를 그렸다. 이 연작 벽화에서 샤를 8세의 세 가지 굴욕적인 장면이 등장한다. 교황 앞에 무릎 꿇고 있는 모습과, 성 바깥으로 성 바울의 발판을 들고 따르는 모습, 그리고 체사레를 나폴리로 수행하고 있는 모습이다.

페루자를 찾기 진에 핀투리키오는 스펠로에 머물렀다. 거기에서 대성당에 「수태고지」, 「목동의 경배」, 「동방박사에 둘러싸인 예수」라는 세 점의 그윽한 프레스코를 그렸다.

이렇게 핀투리키오는 페루자에서 페루지노 대신 활약했다. 페루지노를 비방하고 수다쟁이보다 우월한 이 귀머거리의 뛰어난 인간성을 라파엘로는 예민하게 받아들였다. 또 그의 작품의 순수한 참신성과 솔직함에 감동받았던 듯하다. 이 무렵의 작품인 「솔리의 동정녀」와 「도타레비의 동정녀」9는 핀투리키오의 밑그림을 원본대로 차용했다. 그렇지만 이것들이 정말로 라파엘로의 것이라고 누가 증명할 수 있을까?

1502년 페루자에서 피콜로미니 추기경이 핀투리키오에게 시에나 대성당 도서실의 프레스코 벽화를 주문한다. 항상 오보誤報에 물든 바사리에 따르면, 핀투리키오는 라파엘로에게 그 몇 점의 프레스코 밑그림을 그리게 했을 수도 있고 또 조수로서 그를 시에나로 데려갔을지도 모른다. 아무튼 핀투리키오가 피콜로미니 추기경의 일대기를 1505년에 착수했으며, 1508년 가을 시에나를 떠나 라파엘로와 동시에 율리우스 2세의 부름으로 로마로 간 것은 사실이다.

사람들은 이 화려함에만 관심을 돌리고, 핀투리키오가 시에나의 황홀한 채색수사본보다 훨씬 뛰어난 보르자와 스펠로 아파트 벽화를 그렸다는 사실은 잊고 있다.

코라도 리치는 엄격한 논지로, 가령 라파엘로가 1502년경에 페루자에서 핀투리키오를 알았으려면, 그는 그와 함께 시에나에 체류할 수 없었다는 사실을 명쾌하게 증명했다. 즉 그의 것으로 간주하는 시에나 도서실 벽화를 위한 소묘 가운데 하나는 핀투리키오가 손질했을 것이고 다른 것들은(옥스퍼드 소장품과 페루자에 있는 발데스키 백작 소장품) 프레스코에 대한 자유로운 모작으로서 간주할 수 있다.

아시시의 분위기와 조토

페루자 체류 이후 곧바로 그려진 라파엘로의 초상을 티모테오 비티의 초상과 비교해보면, 라파엘로가 자기 눈앞과 주변에서 벌어졌던 모든 것에 참여했다는 사실을 알 수 있다. 우르비노의 분위기, 엘리사베타 곤차가의 미소, 티모테오 비티의 격려는 바로 그에게 가장 필요했던 때에 부족했던 것이다. 그렇게 광채 나는 시선은 어두워지고 우울한 표정은 그가 그린 자화상을 볼 때 완연히 두드러진다.

그는 시간이 날 때마다 성곽을 나와 농촌을 거닐고 그 위에서 내려다보이는 아시시를 찾곤 했다.

그는 따스한 빛에 젖은 쾌청한 농촌을 돌아다니다 오는 길에 호전적이고 무서운 페루자를 느끼면서, 단테의 시구를 떠올렸을지 모른다.

"작은 길이 이토록 가파르다니!"

그리고 주위에서 푸른 산과 어린 느릅나무와 물푸레나무, 아시시의 프란체스코가 그 모든 오솔길을 배회했던 땅을 주시하곤 했다. 프란체스코는 페루자에서 죄수로 갇혀 있었다. 그러나 트라시메노 호숫가에서 그는 물고기에게 말을 걸었고, 저 너머 언덕 위에서 새에게 설교했었다. 그러자 조금씩 사람들이 그에게 다가왔다. 그들은 그와 더불어 우리 형제인 해와 우리 자매인 달을 노래하기 시작했다. 거칠고 난폭한 페루자 앞에서 프란체스코는 사랑의 부드러움을 설파했다. 라파엘로는 나직한 목소리로 「천국」편의 구절을 중얼거렸다.

"성 우발도의 거처였던 언덕에서 떨어져 내리는 이 물결과 또 토피노 계곡 사이로 바람의 행보를 따라 페루자로, 태양의 문을 향해, 열기와 한기를 전하는 산자락은 비옥한 비탈이라네. 경사가 아주 완만한 이 산자락에서 지금 나를 적시는 바로 그 태양이 세상에 나왔다네(그는 천국에 있다). 그 태양은 때때로 갠지스 강에서 솟아나는 듯하네. 여기 머무는 날에 대해 이야기하려면 아시시라 부르지 말고 대신 꼭 오리엔트라는 이름으로 붙여주시길…."

단테는 처음으로 프란체스코와 '청빈의 우상'의 신비스런 결혼을 이야기했었다.

"그 아버지가 싫어했지만, 그 풋내기 총각은 이 여인을 사랑했네. 사내들은 '죽음의 우상'과 마찬가지로 그녀에게 절대 쾌락의 문을 열지 않았다네. 천백 년 이상 동안 그 前 남편을 잃고 과부로 지낸 그녀는 그때까지 고독과 어둠 속에서 살아왔네…. 그들의 어울림과 부드러운 시선은 그들에게 성스런 소명을 솟아나게 했네. 그들의 모범에 감명한 경외로운 베르나르도는 맨 먼저 신을 벗고 그토록 달콤한 행복을 향해 달리고, 너무 늦게 달려왔다고 자책하네. 미지의 부, 풍부한 선행이여! 에지디오[거지의 수호성자]도 신을 벗고, 실베스트르(반인반마)는 신랑의 뒤를 이어 신을 벗었네. 신부는 얼마나 매력적이던가! 사제와 스승은 이 여인과 함께 떠나네. 그리고 이들과 함께, 소박한 끈으로 서로의 몸을 묶은 사람들이 온 가족과 함께 떠난다네."[10]

그 대담성과 넝백한 이단성에도 교회는 14세기부터 『신곡』을 인정했다. 이 작품은 단테의 지식이 총동원되고, 상상에 취해 이미지의 의미를 이해하려고도 하지 않은 채 열렬하게 낭송된 경이로운 시였을 뿐 아니라, 무엇보다도 성스럽고 교훈적인 책이었다. 독자는 구세주인 아기 예수의 탄생을 예고했던 비르길리우스가 자신에게 내밀던 손을 붙잡고 시인을 모방했을 뿐이었고, 지상의 중심의 정점인 「지옥」편을 지나, 베아트리체 앞에서 자신의 신성한 영혼을 찾게 될 「천국」편에 이르고자 「연옥」편을 읽을 뿐이었다.

이 시대의 신앙을 보다 잘 이해하려면, 그리스도가 법과 예언자들을 없애려고 왔었다면, 오르페우스의 노래*와 플라톤의 예언을 성취하려고 왔던 것인지 상기해보아야 할 것이다. 그는 두 그리스 사람을 대신했던 것이 아니라, 단지 그들보다 더 위대한 "하늘의 신"이었다.[11] 신화는 수사학적 시험이 아니라 복음성자 못지않게 살아 있는 것이었다. 「천국」편의 도입부에서 단테는 아폴론에게 자신의 시도를 지지해달라고 겸손하게 청하면서 그 신을 "아버지"라고 부른다. 단테와 비르길리우스를 인도하는 천사는 그들을 연옥으로 데려갔을 때, 마치 오르페우스를 지옥으로 끌고 갔던 천사처럼 행동한다. 천사는 이렇게 말한다. "들어가시오, 하지만 뒤돌아보는 사람은 밖으로 되돌아가게 될 것을 알아야 하오."

그런데 라파엘로의 시대에 성 프란체스코보다 더 큰 영향력을 행사했던 인물은 그를 고무했던 조아키노 다 피오레*인데, 그는 단테가 이렇게 말하는 성 보나벤투라 곁에 있던 이교도였다.

"자, 여기, 내 곁의 눈부신 자리에, 예언자 정신을 타고난 칼라브리아 (서남부 이탈리아)의 수도원장이 있다네."[12]

1207년경에 사망한 조아키노 다 피오레는 세례 요한 같은 예언자로서 일종의 역사철학인 자신의 관점을 글로 썼다. 인간의 삶은 세 시기로 구분된다. 그 첫 번째는 성부聖父에 속하며 인간은 법의 엄격성에 따라 그에 복종하는 하인으로 산다. 이때 쐐기풀이 활짝 피어난다. 두 번째 시기는 하느님의 아들에 속한다. 인간은 은총의 통치 하에 자식의 복종 속에 산다. 이때는 장미가 피어난다. 세 번째 시기는 성령의 시기가 된다. 인간은 더 이상 하인이나 자식의 복종 속에서가 아니라 사랑과 자유의 충만 속에서 살아갈 것이다. 이때는 백합이 활짝 핀다.

• 기원전 6세기경부터 그리스에 널리 보급되었다는 노래.
• 이탈리아 신비주의자. 1130~1145년경. 시토회 수도원장

요아킴은 말하기를, 아들의 제국은 1260년에 끝나게 될 12세기 반 동안이며 또 이 연대에 민중은 성령의 제국 속으로 들어간다. 그는 덧붙이기를, 의식에서와 동시에 종교적·세속적 제도에서도 신약성서가 구약성서를 대신하게 됨을 알렸던 것 같은 변화와 진보가 찾아오는 것을 보게 된다. 마찬가지로 인간은 세 단계를 거치는데, 성부의 제국에서 인간은 육욕적이며, 아들의 제국에서는 영적인 동시에 육욕적이며, 또 성령의 제국에서는 완전히 영적인 존재이다. 이 세 가지 사회에서 우위는 차례로 전사, 세속 성직자, 수도사 순이다.

　이러한 교리는 교회가 이단으로 경종을 울렸던 요아킴주의자라 불렸던 수많은 사도를 만들어냈다. 히지만 소용이 없었다. 더욱 많은 사람들이 단테를 읽게 됨에 따라, 그들 모두가 이단자를 경배하게 된다. 니콜라우스 5세 이후 그들의 개인적 자세나 세속 군주로서의 자세가 어떤 것이거나 간에, 교황들은 조아키노 다 피오레의 예언을 인정하는 편이었고 또 정신의 시대가 막을 올리는 듯했다. 더는 이단이 없는 경이로운 시대가 바로 이때인 셈이다. 왜냐하면, 초기의 기독정신으로 되돌아온 교회는 어떤 형태로든 성령에 봉사하는 자는 그리스도에 봉사하고 교회가 곧 그리스도의 아내라는 것을 이해하게 된다.

　사실상 도처에서, 특히 성 프란체스코의 나라에서, 사람들은 조아키노 다 피오레의 예언을 믿고 있었다. 그래서 샤를 8세와 루이 11세의 피비린내 나는 원정이 오리엔트에서 터키의 원정과 마찬가지로, 살인과 강간과 약탈과 노예매매를 자행하면서 거기에서 악의 정신의 동반자를 보았던 사람들에게 치를 떨게 했다. 그의 예언을 보다 폭넓은 수법으로 해석하면서 조아키노에게 개종한 고통받은 사람들이 그토록 많았던 만큼, 그의 저작은 베네치아에서 속속 인쇄된다(1517년). 철학자의 관념에서 스스로를 고양할 수 없던 신비주의자에게, 조아키노 다 피오레는 커다란 위안이었지만 그를 믿었던 철학자 또한 많았다.

이 조아키노의 가르침을 연상시키는 듯하고, 신성한 그림 곳곳에서, 사람들은 상징적 꽃과 장미로 둘러싸인 동정녀를 보고 또 천사가 건네주는 백합을 쥐고 있었다. 장미는 사랑의 상징일 뿐만 아니라 우아의 상징이었고, 백합은 순결의 상징만이 아니라 성령이 승리하는 상징이었다. 라파엘로가 「대관식」에서 동정녀의 무덤 위로 활짝 피어난 꽃을 그렸을 때 꿈꾸던 것이 바로 이 백합 아닐까? 그는 지고의 선물로 평가되고 영웅성에 결부되던 그 자질 즉 선善을 고양하려 하지 않았을까? 우리는 귀도발도와 엘리사베타 다 몬테펠트로가 그들의 교육만이 아니라 선의로도 두드러졌다고 알고 있다. 구치아르디니는 모친을 이렇게 말했다. "그녀는 성녀처럼 살고 죽은 그런 선의와 함께했습니다." 또 "많은 배은망덕을 저질렀다고 해서 선행을 못 하지 않습니다. 선행이란 그 자체로서 관대하고 신성합니다. 게다가 선행을 하는 동안 그 감사의 마음이 다른 사람의 모든 망덕을 보상하는 것을 보게 됩니다." 또 "선한 군주는—이런 선행 곁에서 다른 모든 것은 덧없지만—누구에게도 잘못을 하지 않고 또 가능한 한 모든 사람을 돕습니다." 바로 이것이 마키아벨리보다 더 음흉하다고 여겨졌고 로마 약탈과 피렌체 함락에서 살아남은 사람들에게 무릎과 척추를 부러뜨리는 기술을 가르쳤던 사람의 입에서 나온 격언이다.

라파엘로는 성 프란체스코의 도시를 지나면서, 민중 광장에 여섯 개의 코린트 열주 위로 삼각 박공을 올린 미네르바 성당의 주랑에 감탄했다. 이것이 그가 처음 본 로마의 기념비적 건물이었다. 그것은 그의 눈길을 끌 만큼 훌륭했다. 그러나 안타깝게도 그를 또 다른 예술의 성소 프란체스코 성당 내진으로 이끌 신비한 힘은 작용하지 않았다.

바로 이 고딕 스타일에 가까운 성당에서 회화는 모든 기적이 그렇듯이 설명할 수 없는 기적을 통해 되살아났다. 아리스토텔레스가 정신적 고상함이 부족하다며 아테네 화가 아펠레스를 반박한 뒤로 거의 이천 년 가까이 회화는 자연 대신 거장을 모방하는 데에 머물러 있었다.

수 세기 동안 그리스 회화는 회화보다 더 내구성이 강하고 화려한 기법인 모자이크로 대체되었다. 비잔티움은 모자이크를 완전하게 만들었고, 아랍인은 더욱 화려한 피를 수혈하면서 그것을 비잔티움에서 다시 취했다. 가난한 교회에서나 모자이크 작가를 고용하지 못하고 화가에게 벽장식을 맡기곤 했다. 또 화가는 의식적으로 모자이크를 모방했다. 바탕에 콘스탄티노플에 어울리는 위계적 형상을 냉정하게 그리면서.

프란체스코 회원들은 성당 장식을 위해 모자이크 화가 치마부에게 일을 맡겼는데, 그는 우리가 근대회화의 아버지라고 부르는 반면에 당시에는 위대한 비잔티움 거장 가운데 제일 꼴찌였다. 그의 재능의 한계를 이해하려면, 피사 대성당 내진에 그리스도를 재현한 모자이크를 보는 것으로 족하다. 거기에서 그리스도는 장의자 위에 앉아, 마치 궁궐 속에서 오합지졸이나 민중의 침입을 걱정하는 불안하고 신경질적인 아시아의 전제군주처럼 묘사되었다.

그런데 조토는 누구였던가? 그는 어디에서 왔던가? 그의 선생은 누구였나? 우리로서는 알 수가 없다. 바사리는 사람들이 이야기하는 라파엘로 시대의 전설을 전해준다. 치마부에는 어느 날, 석탄 조각으로 돌 위에 양떼를 그리는 어린 목동을 만났다고 한다. 이 어린이의 재능에 놀란 치마부에는 그의 아버지에게 아이를 인도받아 그림을 가르쳤다고 한다.

습기로 지금처럼 얼룩이 지지 않았던, 금을 사용하지 않은 프레스코 벽화들 앞에서, 라파엘로는 성 프란체스코의 혼이 조토의 혼을 깨우고 영감을 주었다고 이해했다. 조토는 물론 성 프란체스코에 대한 열렬한 찬미자이자 평신도 회원이었고, 사람들이 조토의 영감에 취한 인물로 생각했던 단테의 우정 어린 도움을 받았다. 그러나 가장 온전하고 순수하며 헌신적인 우정은 신성한 열정과 어우러졌던 만큼 그가 거의 꺼져갈 때에도 그를 소생시켰다. 그렇지만 그 우정이 정신의 용광로에 불꽃을 지피지는 못했다.

조토는 일찍이 어떤 모범이나 전통도 존재하지 않았던 임무 앞에 서 있었다. 오직 그의 영혼과 정신에서 성 프란체스코의 일대기가 튀어나왔다. 그는 혈기로 넘치는 기질까지도 인물들 속에 불어넣었다.

피에로 델라 프란체스카의 청동빛 인물상을 보았던 페루지노와 핀투리키오의 제자로서 청년 라파엘로는 이 프레스코들이 묘사와 원근이 부족하다는 것을 알았지만, 자신이 그때까지 보아왔던 모든 것을 능가한다는 것도 알았다.

무엇보다 일화의 진정성과, 극적 감각과, 거기에 실린 열정 또는 장면마다 넘치는 청명함이 그로서는 충격이었다. 페루지노의 나른한 인물이나 핀투리키오의 방랑기사와 얼마나 대조되는 인물들인가. 특히 구성 감각과 세부의 선택, 밝은 색채의 조화, 리듬을 솟아나게 하는 균형의 파괴에 사로잡혔다. 이제 그는 그 단 하나의 벽면만으로도 스승들의 모든 작품보다 훌륭한 시적 감흥과 비장감이 담길 수 있음을 알게 되었다.

그러나 밤은 깊어간다. 왜냐하면, 프레스코는 차츰 희미하게 변색되고, 또 라파엘로는 여태 치마부에, 시모네 멤미, 피에트로 로렌체티의 작품을 정확하게 보지 못했기 때문이다. 그는 아시시로 행운의 길을 다시 찾을 것이다.

귀도발도의 환란

페루자로 돌아온 라파엘로는 거기에서 놀라운 소식을 들었다. 발랑스 공이 카메리노 공략을 포기하고 귀도발도가 은밀하게 줄리오 체사레 바라노를 지원했다는 것을 평계 삼아 우르비노 공국에 달려들었다는 것이다.

1502년 6월 20일 저녁 8시, 우르비노에서 2킬로미터 떨어진 초콜란 티의 자신의 별장에서 귀도발도는 조용히 저녁을 들고 있다가 이상한 소식을 갖고 황급히 달려온 신하를 만났다. 즉 체사레 보르자가 방금 전 사방에서 일시에 공국을 침략했다는 것이다.

귀도발도는 체사레에 저항할 수 없었다. 그는 동맹군으로서가 아니 라 교황의 요청에 따라 그에게 포병대를 빌려주었기 때문이다. 자기가 농락당했다는 것을 깨달은 그는 말을 몰아 우르비노로 돌아왔다. 그러 나 또 다른 소식이 그를 기다리고 있었다. 칼리에 당도한 체사레가 그 곳의 주군임을 선포했으며 또 이튿날이면 도착할 우르비노로 행군 중 이라는 것이었다. 그와 동시에 산 마르티노 공화국에서 급파한 사자는

151

로마뉴에서 온 군대가 북쪽의 계곡과 통로를 점령하려고 전진 중이라고 했다. 결국 귀도발도는 포위되었다.

궁전으로 달려온 귀족들은 공에게 피신하라고 재촉했다. 최근에 함락된 카푸아에 퍼진 공포에도 불구하고 사람들은 체사레가 항상 주민들에게 관대했다는 점을 기억했다. 침략자에게 문을 열어주면서, 우르비노는 어쩌면 약탈을 피할 수 있을지 모른다. 그러나 귀도발도는 여전히 요새 여러 곳을 장악하고 있었으므로 가문의 본거지인 옛 백령伯領 몬테펠트로의 수도 산 레오로 피신했다.

공작은 도피를 감수한다. 변함없는 충성심을 확언하는 봉신들과 작별한 그는 한밤에 말을 타고 조카를 데리고 떠났다. 조카 프란체스코 마리아 델라 로베레는 열세 살로, 불과 몇 개월 전에 교황이 그와 안젤라 보르자의 약혼식 때 로마 총통으로 임명했던 시니갈리아 영주였다. 다행스럽게도 엘리사베타는 아직 우르비노로 귀환하지 않았다. 페라라로 루크레차 보르자를 배웅했던 그녀는 만토바로 이사벨라 데스테를 따라 오빠 곁에 가 있었다.

귀도발도가 산 레오에 다가설 즈음 우르비노 주민 한 사람이 그들의 이름을 불러대며 급히 달려왔다. 그는 공작에게 목동으로 위장한 적군을 보았음을 알려주었고 또 그의 곁에도 공작이 올 수 있다고 의심되는 길목마다 배치했던 목동으로 분장한 사람들이 서 있었다. 이렇게 밤새 여러 위장군이 서로 감시하고 있었다. 반격에 대한 능숙함 덕분에 체사레가 꾸민 간계는 실패로 돌아갔지만, 공과 그 식솔을 붙잡으라는 명령이 떨어졌음은 물론이다. 새벽에 소규모 부대가 몬테 코피올로 성을 접수했다. 귀도발도는 거기에서 자기가 포위되었으므로 변장하고 도망쳐

야만 적을 피할 수 있다는 것도 알았다. 프란체스코 마리아를 결코 위험에 빠뜨리지 않게 하려고 귀도발도는 그를 충신들과 함께 델라 로베레 추기경이 머물고 있는 사보네로 보내기로 결정한다.

포로가 될 뻔했던 수많은 모험을 거쳐 공작은 마침내 라벤나에 도착했다. 귀도발도는 충복 카텔란 덕분에 복병을 피했다. 이 신하는 자신이 공이라고 외치고서 교살당했다.

귀도발도는 베네치아 공국의 땅 라벤나에서 만토바로 건너가, 포르토 정원에서 이사벨라 데스테와 한가롭게 지내고 있던 엘리사베타를 찾았다. 공의 출현과 그의 모험담은 이 두 여인을 경악하게 했다. 이사벨라는 다른 가족과 마찬가지로 예리한 현실감을 갖고 있었으므로, 이 피난민에게 관용을 베풀다가 자기 남편에게 위험이 닥치지 않을까 염려했다. 그러나 후작은 분노한 나머지 보르자의 다음 희생자가 될지도 모르지만, "검과 칼로 이탈리아를 구하겠노라"고 하면서 체사레에 맞서 싸울 것을 천명했다.

고집스런 루이 12세는 곤살베스 코르도바가 프랑스 군을 몰아냈던 나폴리 왕국을 다시 한 번 재정복하러 밀라노로 건너왔다. 프란체스코 곤차가는 귀도발도를 동행하고서, 왕과 줄리아노 델라 로베레 추기경 사이에 초래되었던 반목에 심각하게 연루된 매부의 입장을 두둔하고자 그리로 왔다.

우르비노의 주인인 된 체사레는 몬테펠트로 가의 유명한 도서관 장서와, 고대 유물, 양탄자, 회화작품, 황금과 은 식기를 로마로 보냈다. 그 보물을 가득 실은 노새 행렬이 우르비노를 떠났다. 체사레는 친구들에게도 선물을 했고, 이사벨라 데스테에게도 그녀를 흡족하게 한 골동

품을 지체 없이 보냈다. 호사와 예술가 후견인 행세를 그토록 좋아하던 이 대부인은 선물만이 아니라 올케이자 친구인 엘리사베타의 전리품을 받아들였을 뿐 아니라 그것을 간직했다.

공작의 피신을 도운 귀도발도의 친척 두 사람을 참수한 다음 체사레는 자신의 정복지를 수호하기 위해 밀라노로 루이 12세를 찾았다.

그는 자신의 매부 알폰소 데스테를 대동하여 도착했고, 루이 12세는 곧바로 그를 반색하면서 궁전으로 안내하고 친히 이 새로운 우르비노 공을 위한 만찬을 베풀고, 또 서너 차례 야회에 그를 찾아가는가 하면, 심지어 잠옷 바람으로 침소까지 그를 찾기도 했다. 그는 자신의 대부에게 자신의 집사와 하인을 제공했고 또 자신의 내의와 의복을 입으시라고 청하는가 하면, 그가 필요한 것이 있을 경우 다른 이를 찾지 마시고, 왕의 의전실장과 마차와 말을 당신의 것처럼 애용해달라고 덧붙였다. 이사벨라 데스테에게 그 상세한 정황을 전했던 니콜로 다 코레조는 이렇게 말했다. "한마디로 아들이나 형제에게도 그렇게 더 잘하지 못할 것이다."[13]

루이 12세가 밀라노를 떠났을 때 만토바 후작과 발랑스 공은 다시 화해했다.

귀도발도는 자기 나라를 영원히 잃었다는 기분으로 만토바로 돌아왔다. 그러나 혼자 나타나는 것은 위험천만했다. 우르비노 사람들은 체사레가 나타났을 때 복종하기는 했지만 그에게도 여전히 충직했다. 그래서 사람들은 귀도발도에게 추기경의 모자를 씌워줄 생각을 했다. 만토바 궁정은 이를 이의 없이 받아들였다. 왜냐하면, 체사레가 후작에게 샤를로트 달브레[1500년 체사레와 결혼한 프랑스 여인. 과부가 되어 독실한 생활을 한 것으로 유명하다]가 이제 막 낳은 딸을 그의 아들과 약혼시키자고 제의했기 때문이다. 귀도발도와 엘리사베타에게는 자식이 없었다. 통풍을 앓던 귀도발도는 자식을 낳을 수 없었다. 이는 세상이 다 아는 사실이었다. 따라서 그 결혼은 실현되지 못하고 취소될 수밖에 없었고, 엘리사베타는 프랑스 영주와 결혼하게 될 것이고, 체사레는 계속 우르비노의 주인 자리를 지킬 것이다.

귀도발도는 받아들였을지 모르지만 부인의 의견을 묻지는 않았다. 엘리사베타는 결코 남편을 포기하지 않겠노라고 공언했고, 유배지로 그를 따라가겠다는 결심을 굳혔다. 그러나 그녀는 "오빠를 위해 그를 지키다가 병원에서 죽어가야 했다."

9월 9일 귀도발도와 엘리사베타는 베네치아 피난길에 올랐다. 거기에서 그들은 벨리니가 초상을 그렸던 양피처럼 주름이 가득한 총독, 레오나르도 로레단의 성대한 영접을 받았다.

이렇게 난공불락의 산 레오 요새의 지배자는 군대도 없이 찾아와, 자신의 옛 군주에게 문안을 드리게 되었다. 그는 이렇게 말했다.

"제가 산 레오를 되찾는 데에 필요한 만반의 준비가 되었음을 의심치 말아주시오."

귀도발도는 대답했다.

"아이고, 당신이 바로 그곳을 잃게 하지 않으셨소!"[14]

우르비노는 정복되었고, 체사레는 7월에 카메리노를 차지했다. 줄리오 체사레 발라노와 그의 아들들도 3개월의 수감 생활이 끝난 뒤 모두 교수형을 당했다. 이렇게 잔파올로 발리오니는 완전히 복수를 당했다. 그러나 그가 복수를 당했다면, 그 복수자는 카메리노의 독재자보다 그에게 훨씬 더 위험했다. 그는 물론이고 또 쫓겨나지 않았던 다른 이들에게도 마찬가지였다. 그렇게 신속하게 그는 용병들과 체사레의 장교들로 페루자 부근 마지오네에서 연합군을 결성했다.

이 소식을 우르비노 공국에서 알게 되자마자 반란이 일어났다. 산 레오에서 시작된 봉기는 며칠 만에 도시와 마을과 성들에서 성공을 거두었다. 귀도발도는 그 소식을 10월 7일 베네치아에서 들었다. 그는 정확한 사정도 모른 채, 만약 우르비노 시민들이 독재자를 쫓아낼 준비가 되었다면 그들 품으로 돌아가는 것을 자신의 의무라 여기고서 여전히 로마 총독부인인 누이의 손에 있던 시니갈리아를 향해 배에 올랐다. 그는 이미 몬테펠트로 가의 독수리 깃발이 나부끼던 산 레오를 거쳐 이튿날 곧장 우르비노로 들어갔다.

전 주민이 환호하며 그를 맞으러 나왔다. 그는 곧바로 주교가 은총의 행위로써 교부의 우두머리로서 '테 데움'〔가톨릭 성모 찬송가〕을 노래하기 위해 기다리고 있는 대성당으로 갔다. 그러나 그는 모든 보물이 털린 궁전을 되찾자마자, 통풍이 도져 자리에 누울 수밖에 없었다. 우르비노 시민들은 궁전으로 몰려와 공작의 침대 앞에서, 밤낮 없이 줄을 서고 그의 손에 입을 맞추고, 그의 옷을 만지고, 그에게 자신들의 불행을 토로하고 다시금 충성을 맹세했다.

체사레는 공국을 잃었다는 소식을 조용히 듣고 있었다. 그는 프랑스에서 온 편지를 받았다. 루이 12세는 그에게 새로운 군대를 제공하겠노라고 약속했다. 체사레는 스위스 군 1500명을 징집하고, 자신이 장악한 나라들에서 징발된 모든 사람에게 자기 금고에서 봉급을 주게 했다. 그의 파발마들이 로마, 페라라, 프랑스로 달려갔다.

피렌체는 발랑스 공국 연합에 왕관을 바치게 되어 있다는 것을 모르지 않았다. 지금까지 피렌체는 루이 12세의 보호를 받았지만, 체사레가 우르비노를 차지하면서 위협이 더욱 커가기만 한다는 것을 알면서, 피렌체는 마지오네에서 연합군을 이룬 용병대 및 체사레와 개전할 수도 있는 싸움에서 중립을 얻어내기 위해 발랑스 공에게 대사를 보냈다. 피렌체는 또한 체사레의 속셈과 그의 실력을 알아내고자 마키아벨리를 이용할 생각이었다. 이 까다로운 임무를 수행하려고 마키아벨리는 체사레의 모든 원정지를 따라다녔고 또 그렇게 해서 가장 생생한 방식으로 사건의 전개를 우리에게 이야기해주게 되었다.〔『군주론』의 소재가 되었다는 말이다.〕

우르비노를 잃고 또 연합군이 그에 맞서는 데에도 불구하고 체사레는 실망하지 않았다. 교황과 프랑스 왕이 그의 곁에 있지 않던가? 그는 용병대장들과 개별적으로 협상하고 또 그들 각자는 다른 이들 모르게 은총을 입고 있다고 믿게 된다. 체사레는 그들을 가리켜 "이 파산자 집단"이라고 마키아벨리에게 경멸적으로 말했다.

시니갈리아의 함정에서 그들을 교살하기에 앞서 그는 다른 나라들을 하나로 묶고, 토스카나의 관문을 지킬 수 있게 할 자기 건축물의 관건이 될 우르비노를 정복하자면 그들이 필요했다.

귀도발도는 우르비노가 흥정의 패라는 사실을 알았다. 그는 봉신들을 불러 모아 상황을 솔직하게 털어놓았다. 즉 자신은 혼자서 교황과 체사레와 프랑스에 대적하고 있다고…. 우방인 줄 알았던 피렌체와 베네치아 공화국도 중립을 내세우며 그를 포기했다. 싸울 수밖에 없을까? "물론 죽을 때까지" 싸워야 한다. 체사레의 군대를 그렇게 쉽게 물리친 병사들은 너나없이 열의에 넘쳤다. 체사레의 운명이 다하게 될 몬테펠트로 가라는 암초는 정말이지 뜻밖의 장애물이었다. 체사레는 로마뉴 주민을 독재자로부터 해방시켰던 동안만은 그 고유한 자유를 돌려주었으며, 법률을 제정하고, 조직을 정비하고, 일종의 상호부금 기구인 몬테 디 피에테[1462년, 페루자]를 창설함으로써 주민의 환대를 받았다. 그러나 이탈리아의 어떤 나라도 이 이상향 같은 작은 공국보다 더 지혜롭게 질서를 유지하지는 못했다.[15]

발랑스 공은 우르비노의 부인들이 귀도발도에게 진주와 보석과 금붙이와 은붙이를 제공함으로써 저항군을 조직하게 했다는 사실을 들은 뒤, 공작의 인기가 이차 원정에 커다란 장애가 되겠다고 알아채고서 협상에 나서기로 했다. 그는 귀도발도에게 다음과 같은 제안을 사자 편에 보냈다. 즉 과거는 완전히 잊고, 주민은 전쟁을 걱정하지 않아도 되며, 귀도발도는 산 레오를 비롯한 네 채의 성을 보전하도록 하자고.

항상 병상에 누워 있던 귀도발도 또한 강자에게 양보할 수밖에 없는 현실을 이해했다. 그는 자기 식으로 체사레를 농락하는 방식을 완전히 포기하지 않은 채 양보했는데, 바로 이것이 마키아벨리를 매혹시킨 반격이다. 당시 도시마다 요새화한 성이 있었지만 이것은 도시에 군림하면서도 방어에는 상당히 취약했다. 귀도발도는 이 성들을 부숴버리기로 작정했다. 그는 군주를 위한 최상의 요새는 그 인민의 사랑이며, 반면에 찬탈자는 그렇지 못하다는 데에 크게 당황할 수밖에 없으리라고 계산했다.

우르비노 시민들은 성채로 몰려들어와 단 며칠 만에, 그 여러 세대에 걸친 훌륭한 돌과 작품을 무너뜨렸다. 물론 귀도발도는 자신의 성채를 파괴하게 하지는 않았다. 그는 거기에 자신의 대포와 체사레가 아직까지 궁전에 남겨두었던 것을 설치했고, 이어서 주민에게 눈물로 작별을 고한 뒤 치타 델 카스텔로로 향했다. 그가 우르비노에 머물렀던 시간은 딱 두 달간이었다.

거기, 치타 델 카스텔로에서 귀도발도는 통풍에 신음하면서 사건 소식을 들었다. 누이의 속령 시니갈리아가 용병대에 넘어가 소라 공작부인은 피신하고, 체사레는 용병대장들을 시니갈리아에 입성한 직후에 교살해버렸다는 것이다. 그들 중에는 잔파올로 발리오니의 경고를 무시하고 체사레의 초대에 응했던 치타 델 카스텔로의 독재자 비텔로초도 있었는데, 용병대장들과 연대했던 귀도발도는 발랑스 공에게 붙잡힐까봐 당황했다. 그는 토스카나를 가로질러 루카에 있는 친구들에게 도피했다. 이어서 엄청난 우회로를 돌아 1503년에 엘리사베타가 기다리고 있는 베네치아에 도착했다.

곤돌라를 내려서 힘겹게 산 마르코 광장의 흰 대리석 계단에 그가 발을 내딛었을 때 엄청난 군중이 부두로 몰려들었다. 사누토의 팔에 기대어 그는 참사회실로 가서 총독 곁에 자리 잡았다. 의원들은 그의 사연을 들려달라고 청했다. 그래서 그는 먼 길을 걸어왔다며, 길가의 함정과, 아페닌 산맥의 겨울밤과, 방책마다 횃불을 들고 기다리던 경찰과, 은밀한 보호를 받았던 기적에 관해 말했다. 총독은 그토록 수많은 역경을 헤쳐나온 것을 축하하면서 "난파를 피했던 사람이 자신의 아들이었다면 더욱 기뻤을 것"이라고 했다.

곤돌라까지 걸어서 되돌아가는 길에도 도착할 때처럼 의식이 거행되었다. 민중의 인사를 받은 귀도발도는 운하를 건너 금화 100스쿠디짜리 저택에서 엘리사베타와 함께 지내게 될 카날레조로 갔다.[16] 체사레가 풀어놓은 경찰의 추적을 받으며 귀도발도가 헤매던 동안, 이사벨라 데스테는 체사레에게 이런 편지를 띄웠다.

"각하께서 제게 정감 어린 서신으로 알려주신 데에는 상당한 진전이 있습니다. 각하께서는 훌륭한 저의 남편과 또 각하와의 교감과 선의에 합당한 즐거움과 만족을 주셨습니다. 이렇게 남편과 제 이름으로써, 우리는 각하의 안녕과 번영을 축원합니다. 아울러 저희는 간절히 바라 마지않는 각하의 성공을 훤히 알 수 있도록 해주신 소식에 감사드립니다. 저희 자신처럼 각하께서도 사랑하시는 저희는 종종 각하의 성공과 가일층하는 행복의 기쁨을 희구할 수 있도록, 각하의 동정에 대한 소식을 접하길 바라기 때문입니다…."

사건의 반전

언제나처럼 명료하게 구치아르디니는 "교황은 결코 자신이 말했던 대로 하지 않았고, 발랑스 공은 자신이 저지른 것을 결코 말하지 않았다"고 했다. 시니갈리아를 성공적으로 접수한 다음 체사레는 곧장 페루자로 행군했다. 잔파올로 발리오니는 그곳에서 시에나의 판돌포 페트루치에게로 피신했다.

1503년 1월 6일, 페루자는 복종을 맹세한다. 이때 라파엘로는 레오나르도의 후견인이자 우르비노의 찬탈자 발랑스 공을 만났다. 그러나 번민하는 듯하면서도 지적인 눈과, 가늘고 잔인하고도 고운 손을 보여주는, 지금은 로트쉴드 소장품인 체사레의 초상을 완성하지는 못했다.

1월 10일 마키아벨리는 결국 체사레가 몹쓸 재난을 일으킬 수도 있는 판돌포 페트루치를 시에나에서 추방하게 될 최종적 시도를 확인했다고 피렌체에 알려주었다. 그는 시에나를 차지할 의도는 아니었다. 왜냐하면, "그 누추한 집 주인 프랑스 왕의 비위를 거스르고 싶지 않았기"[17] 때문이다. 사실 루이 12세는 자신의 군대가 또다시 나폴리 지방에서 퇴각했지만, 가까운 대부가 거두고 있는 연이은 성공에 불쾌해하는 듯했다.

그러나 알렉산데르 6세는 황급히 체사레를 로마로 소환했다. 오르시니 가문을 쫓아내라는 것이었다. 5월에 루이 12세 군대는 가릴리아노 해변에서 대패했고, 곤살베스 데 코르도바는 나폴리로 개선했다. 프랑스로서는 이렇게 해서 결국 나폴리 왕국을 상실했다. 바로 이 전투 중에 피에트로 데 메디치가 익사했다. 그 뒤를 이어 전면에 나서게 될 그의 동생, 추기경 조반니가 가문의 수장이 되었다.

8월에 교황이 사망했고 고통에 빠진 체사레가 그의 부친의 뒤를 따랐다는 소식이 퍼졌다.

알렉산데르 6세가 말라리아로 죽었다고 하는 이도 있지만 다른 여러 사람들은 그가 독살되었다고 생각한다. 확실한 것은 동거인 대다수가 아드리안 데 코르네토 추기경이 베푼 만찬에 참석했는데 이때 병에 걸렸다는 것이고, 그 뒤 레오 10세가 알렉산데르를 독살했다는 이유로 아드리안 데 코르네토의 직위를 박탈했다는 사실이다.[18]

알렉산데르 교황이 병에 걸리기 전날 밤, 대단히 뚱뚱했던 교황의 수호 기도(명복을 비는 기도)를 청했던 친척 어른의 매장을 지켜보면서 그는 비만인 사람들에게 지금은 꽤 고약한 철이라고 우울한 어조로 말했었다. 그때 막 올빼미 한 마리가 그의 발치로 날아들자 그는 "불길한 징조야, 불길한 징조…"라고 외쳤다.

교황 알렉산데르는 영광과 행복의 절정에서 죽어갔다. 그의 활동과 행실이 보여주듯이 그는 대단한 판단력과 어마어마한 용기를 지닌 대단히 유능한 인간이었다고 인정해야 한다. 그렇지만 그는 육체와 영혼의 온갖 사악으로 가득했고, 양성을 가리지 않고 극도로 음탕했다. 그의 야심은 끝이 없어, 더 많이 얻고 막강해질수록 더욱 커져만 갔다. 그 자신이 프랑스와 에스파냐의 전쟁을 중재할 정도였다.[19]

교황의 사망과 체사레의 와병 소식을 접하자마자 군중은 병사들에게 달려들어 자신들이 겪어야 했던 것에 대한 앙갚음으로 거의 미친 듯이 그들의 목을 졸랐다. 화해정신의 표시였던 장관은 도망칠 수 있었지만 그의 보좌관은 살해당했다. 도처에서 "펠트로 만세, 귀도 만세" 하는 외침이 터져나왔다.

8월 27일 공작은 카스틸리오네가 『조신朝臣』을 쓰면서 우리에게 묘사했던 휴머니스트 오타비아노 프레고소의 지휘 아래, 성공적으로 발랑스 공의 군대에 저항했던 산 레오로 도착했다.

그다음 날 귀도발도는 우르비노로 입성했다. 모든 주민이 그를 보러 달려나왔고, 어린이들은 '테 데움'을 부르면서 올리브나무 가지를 흔들었고 남녀노소 누구나 기쁨의 눈물을 흘렸다. 노안으로 거의 눈이 먼 팔십 줄의 노인들도 그 앞으로 나서서 이렇게 외쳤다. "주군 폐하, 당신을 만질 수 있게 좀 기다려주시구려!" 어떤 사람은 그에게 축복을 내려달라며 아들을 데려왔고, 또 다른 사람은 가장 단단한 대리석조차 눈물을 흘리게 할 정도로 하소연했다.

공작은 친구들에 둘러싸인 채 마침내 궁전에 귀환하고, 그 앞에서 가장 아름답게 차려입고 도열한 아낙네들을 보았다. 궁전을 나선 귀족과 부르주아와 아낙네들은 북소리에 맞춰 길을 가로지르며 노래하면서 축제가 완성되는 장터로 몰려들었다.

산탄젤로의 성주이자, 만이천 명의 군사의 대장이며 에스파냐 추기경들과 프랑스 국왕의 지지를 받는 체사레는 여전히 두려운 인물이었고 또 루이 12세의 사람인 당부아즈 추기경이 산 피에트로의 옥좌에 오른다 해도 사정은 마찬가지일듯이 보였다. 그의 신조는 "오 체사레, 오 니엔테*"이었고 또 그의 깃발들은 아직도 그에게 충직한 로마뉴의 모든 도시에 나부끼고 있었다. 그렇지만 로마에 당부아즈 추기경이, 밀라노에 루이 12세가 있듯이, 이탈리아의 안주인은 프랑스였다. 이내 추기경단의 여론도 갈라지기 시작했다. 루이 12세와 으르렁거린 줄리아노 델라 로베레 추기경은 위험스런 경쟁자로 보였다. 에스파냐 추기경들 덕분에 핀투리키오에게 시에나의 프레스코를 주문했던 피콜로미니 추기경이 교황으로 선출되었다. 그는 비오 3세라는 이름을 얻었고 또 체사레의 나라들을 옥새를 찍어 인준하고, 그에게 교회의 행정관이라는 호칭을 내렸다. 이는 아주 짧은 유예 기간이었던 셈이다. 그로부터 25일 뒤에 교황이 사망했기 때문이다. 그가 독살되었다는 소문이 나돌았다.

10월 27일 체사레는 산탄젤로 성주로서, 에스파냐 추기경들과 함께 그곳을 떠나 줄리아노 델라 로베레와 재회한다. 에스파냐 추기경들은 그에게 표를 던지게 될 것이고 또 줄리아노는 엄숙하게 체사레의 교회 행정관직을 인준하는 데에 참여한다. 그의 로마뉴 영지에 관한 한 우르비노는 이제 문제가 아니었다.

그 이틀 뒤, 교황선출회의가 소집되었다. 이는 유례없이 짧았다. 11

• "체사레이든가 아무것도 아니든가"라는 이 말은 어떤 대가를 치르더라도 절대권력을 장악하려는 의지를 뜻한다.

월 1일 체사레의 지지 덕분에 델라 로베레 추기경이 교황에 선출되어 율리우스 2세라는 호칭을 얻었다.

고양이와 생쥐의 게임은 이렇게 시작되었다. 율리우스 2세는 발랑스 공에게 수많은 시종을 붙여 바티칸에 정착시켰다. 새 교황은 매일 저녁 그를 자신의 처소로 초대했고 정답게 담소했다. 율리우스 2세는 체사레의 결혼을 축하하는 것은 물론이고 그가 자기 영광의 수단이었다는 점을 상기시켰고 또 이미 만토바 상속자의 약혼녀였던 체사레의 딸, 루이사를 귀도발도의 상속자인 자신의 조카 프란체스코 마리아와 결혼시키자고 제안했다. "이 새 교황에게 지켜야 할 약속이 꽤나 많았다"라고 마키아벨리는 썼다. 그러나 이 피렌체 사람을 경악하게 했던 것은 오만에 눈이 먼 체사레의 모습이다. 즉, "그는 자신보다 타인의 말이 더 값지다고 생각한다. 나는 이에 관한 그의 현재의 입장을 여러분에게 밝힐 수도 없거니와 그 결과가 어떨지 확실하게 지적할 수도 없다."

종말이 다가오고 있었다.

우선 율리우스 2세는 우르비노 공작을 바티칸으로 불러들여 성대하게 맞이했다. 귀도발도는 병든 몸으로, 말안장 위에서 상을 찌푸리고서, 로마의 거리에서 개선 행진을 해야 했다. 그는 우르비노 공작이었을 뿐만 아니라 베네치아 공국의 평화에 봉사한 소중한 동맹자였다. 추기경들에 둘러싸여 교황은 몸소 바티칸의 층계에서 그를 기다렸다. 귀도발도는 율리우스 2세를 알아보고서 그가 지난해에 추방되어 베네치아에서 총독 로레단의 영접을 받았던 때와 똑같이 우울하고 오만하며, 초연하고 거의 씁쓸한 웃음을 지었을 듯하다. 그는 율리우스 2세가 잔치를 베푼 까닭은 보르자 가문에 대한 델라 로베레의 승리를 자축하는 것이라는 점을 잘 알았다. 그는 몬테펠트로 가문의 일원이었으니, 바라는 것은 오직 하나 즉 조상이 수집한 장서를 되찾는 일이었다.

그러나 체사레가 같은 궁에서 기거했을 때 귀도발도에게 만나자고 제의했지만 그는 거절했다. 어느 날 귀도발도는 교황의 아파트에서, 침상에 누워 통풍으로 신음하고 있던 중 발랑스 공이 작은 봉을 손에 들고 들어서는 것을 보았다. 귀도발도는 그 얇은 입술을 깨물고 자신에게서 나라와 여자와 삶을 강탈하려던 사람이 자신 앞에 무릎을 꿇고 있는 것을 보면서 신체의 고통과 충격을 이겨내려 애썼다.

천성이 예의바른 그는 급히 몸을 일으켜 체사레 앞으로 몇 발자국 나아가 그를 일으켜 세웠다. 발랑스 공은 과기의 용서를 빌며 겸손하게 탄식했고, 청춘과 미숙함과 불충한 조언에 따랐던 것을 후회했으며, 자신의 기억을 저주하면서 알렉산데르 교황의 잔인성까지 언급하고 나서 이렇게 정당화했다. 자신이 로마뉴에서 독재자의 족쇄에 묶여 있던 도시들을 해방시키지 않았느냐고. 또한 그 도시들이 역경 속에서도 충성하지 않았냐고. 우르비노 공격은 잘못된 조언 때문이며, 그 주민의 공작에 대한 애착을 알지 못했기 때문이지만, 이제는 잘못을 고칠 준비가 되어 있고 또 장서, 고대 유물, 가구 등 모든 약탈물을 돌려주겠다고. 그러나 그가 당부아즈 추기경에게 건네준 트로이 전쟁을 재현한 양탄자 몇 점과, 이사벨라 데스테에게 보낸 입상들은 누락되었다. 결국 그는 자기 적의 뜻에 따르게 되었다.

이런 장면에 지친 귀도발도는 관대하게 듣기만 하면서 그에게 율리우스 2세와의 중재를 약속하고 돌려보냈다.[20]

교황은 체사레의 처신을 훤히 간파했던 반면, 분명 이상하고 소심해 보였을 우르비노 공의 처신은 전혀 이해할 수 없었다. 그러나 로마로 달려온 손님 가운데 귀도발도의 자세를 깊이 존경했던 만토바의 한 젊은 청년이 그와 연결되고 또 몇 달 뒤 그가 우르비노로 귀향할 때 그를 따라갔다. 바로 이 청년이 『조신』이라는 자신의 책에서 귀도발도와 엘리사베타를 영원히 기억하게 한 인물이다. 우르비노에서 그는 자기보다 어린 화가 한 사람을 만나는데, 둘은 죽을 때까지 지속되는 우정을 쌓게 되고 또 루브르에 그 감탄할 증언이 남겨지게 된다. 라파엘로 산티가 그린 「발다사레 카스틸리오네 초상」이 그 작품이다.

율리우스 2세는 자신이 로마뉴에서 무모했다는 점을 인정하는 척하고서 체사레를 다시 풀어놓는다. 이미 베네치아 군대가 파병된 도시들의 항복을 받아내라고 하면서.

이렇게 약속하고 또 회복한 체사레는 교황에게 진중하게 하직하고 로마뉴 땅으로 길을 재촉한다. 오스티에서 교황의 사람들이 그에게 로마로 회군하라고 명한다. 위험을 감지한 그는 나폴리로 향하는 배에 올라 그곳에서 어린 동생 스킬라체 왕자를 찾았다. 그는 부왕 곤살베스 데 코르도바의 영접을 받았다. 그러나 그가 그곳을 떠나 로마뉴로 가려 할 때, 곤살베스는 그를 붙잡아 감옥에 처넣은 다음 에스파냐로 보냈다. 에스파냐 추기경들과 누이 루크레치아의 개입에도 그는 요새에 갇힌 신세가 된다. 그러나 그는 도망쳐나와 매부 나바로 왕의 곁으로 피신했다. 나바로 왕은 그를 자기 군 총사령관에 임명하고 또 그에게 반역자인, 페르난도 엘 카톨리코의 지지를 받는 레린스 백작의 진압에 나서게 했다. 체사레는 이 전쟁에서 사망했다. 루이 12세는 옛 대부를 포기했고 또 그가 발랑스 공작령으로 귀환하는 것마저 거부했었다.

체사레 보르자는 이렇게 죽어갔다. 그의 로마뉴 치세는 4년간이었지만 농부들은 끔찍한 독재자가 되돌아오는 것을 감수해야 하는 악몽 같은 날들 속에서, 오랫동안 그 시절을 그리워했다. 그의 이름은 로마뉴 전통 속에서 여전히 생생하게 살아 있다.

당대의 가장 간교하다고 여겨졌던 인물을 웃음거리로 만든 뒤 율리우스 2세의 평판은 자자해졌다. 그는 두려움의 대상이었다. 마치 두려운 대상을 항상 찬양하는 약자들이 그렇듯이.

라파엘로는 페루자에서 이 모든 사건이 자신의 삶을 바꿔놓으리라는 점을 의심치 않았다. 어쨌든 이제 그는 군주든 교황이든 독재자의 약속과 맹세의 대가가 무엇인지 알게 되었다. 그는 차츰 귀도발도와 엘리사베타의 모험을 따르게 된다. 그는 흡족할 때 그들을 사랑했고, 불행할 때 그들의 위대함을 알았고, 영예를 누릴 때 더 위대함을 알았다. 바로 그들이 가까이서나 멀리서나 정치적 사건에 대해 항상 보여주었던 이상한 초연함을 자신에게 가르쳐주었고, 훗날 교황이나 추기경을 마찬가지로 대하고 또 그들에게 경우에 따라 솔직하게 진실을 말하도록 했던 의연함을 가르쳐주었다.

동정녀의 결혼식

라파엘로는 치타 델 카스텔로에 친구와 칭송자들이 있었다. 귀도발도의 친구와 칭송자들은 물론이고. 그는 이 도시 성당들에 지금은 유실된 「성 니콜라 다 톨렌티노*의 개선」과 런던에 있는 「십자고상」을 그렸고 또 체사레의 몰락 이후, 성 프란체스코 성당을 위해 필리포 델리 알베치니라는 사람의 새로운 주문도 받았다.

그가 그린 걸작을 기다리게 했던 것은 아무것도 없었다. 세련된 재능을 타고난 작곡가로서 어린 모차르트가 기다려야 했던 것이 아무것도 없었던 것처럼, 「감옥에서의 탈출」, 「동정녀의 결혼식」은 오늘날에도 여전히, 라파엘로를 전혀 좋아하지 않는 수많은 탐미주의자의 동의를 얻어낸다.

라파엘로의 적들은 몇 해 전의 모차르트와 마찬가지로 그의 최초의

• 1245~1305. 성 아우구스티누스 은자회의 수도사였다. 천사들의 연주회를 매일 밤 들었다는 전설의 주인공이다. 페루지노가 그린 초상이 남아 있다.

걸작이, 마치 다른 작품을 폄하하려고 하듯이, 캉[프랑스 노르망디]에서 발견된 페루지노 작품의 모사일 뿐이라고 주장하길 좋아한다.

어쨌든 그 작품들에 공통점이 있다. 즉 신전과 광장과 두 개의 행렬이 담긴 주제가 그렇다. 그리고 그 작품들은 보들레르의 시 한 수가 조제 마리아 드 헤레디아*의 것과 같은 것일 수 없는 만큼이나 서로 다르다.

버렌슨은 캉 미술관의 「결혼식」*이 페루지노의 것이 아니라는 점을 입증했고, 이는 확실해 보인다. 그러나 그는 그것을 라파엘로 작품을 스파냐가 각색한 것으로 보려고 한다. 우리는 페루지노가 시스티나 예배당에 「성 베드로에게 맡긴 열쇠」라는 프레스코 벽화를 그렸다는 사실을 잊고 있다. 이 작품은 캉의 작품 속의 신전과 두 행렬과 같은 구성이지만 그 행렬은 사람들의 행렬일 뿐이다. 라파엘로가 페루지노를 모사했다는 주장은 페루지노 화실에서 그린 조잡한 작품을 라파엘로의 「결혼식」의 모사라고 주장하는 것과 마찬가지로 과장된 것이다.

화가가 다뤄야 했던 전설은 무엇이었을까?

최초의 복음서 저자 야곱은 마리아의 탄생을 이야기하고 난 뒤, 여러 사람들이 동정녀와 결혼하기 바랐다고 말한다. 예언자 즈가리야는 그들을 진정시키려고 천사의 명령대로, 모든 총각을 불러 모아 각자 막대기 한 자루씩을 가져오라고 했다. 하느님은 당신이 선택할 자를 기호로 알려줄 것이기 때문이다. 요셉은 막대기를 들고 있는 사람들 앞에 자기

• 1842~1905. 쿠바 출신 프랑스 시인. 주로 장시를 즐겼다.
• 이탈리아어 그대로 스포찰리초라고 고유명사처럼 통하기도 한다.

도구를 팽개치고 대사제 아비아타르 곁으로 갔다. 대사제는 그 막대들을 집어 들고 신전으로 들어가 기도를 마치고 나온 다음, 하느님의 표시를 드러내는 것은 아무것도 보여주지 않은 채 그들에게 돌려주었다. 요셉은 그 막대기를 맨 나중에 받았는데, 그러자 비둘기 한 마리가 그의 머리 위에 날아와 앉았다. 그러고 나서 즈가리야가 그에게 "하느님께서 자네를 동정녀의 신랑으로 택하셨네, 그녀를 취하시게"라고 말했다. 화가 난 대사제의 아들은 요셉을 때리려 하면서 그의 막대기를 부러뜨렸다.

요셉은 라트란, 산탐브로조, 밀라노, 아를 등의 석관에서 청년으로 재현되었고, 또 산타 마리아 마조레의 모자이크에서는 정력에 넘치는 모습이다. 야만족의 시대에 그는 초췌한 늙은이로 재현되었고, 중세의 성상작가들은 우스꽝스러운 몸짓과 과장이 심한 바로크 스타일에 따른 자세로 괴로워하고 병든 모습으로 구석 자리에 표현했다.

아레나 예배당[파도바에 있는 스크로베니 성당 구내] 프레스코에서, 조토는 비둘기가 백합 위로 날아오르는 가운데 요셉을 대사제가 건네준 반지를 마리아의 손가락에 끼워주는 근엄한 노인으로 그렸다. 요셉의 뒤에서 대사제의 아들이 앞으로 나서면서 그를 때리려고 팔을 치켜들고 또 이 앙심을 품은 젊은이에 이어, 일군의 청혼자와 낙방자가 무릎으로 막대를 분지르는 모습이다.

이 장면은 14세기 작품들에서도 변함이 없었고 그 주제는 15세기 이탈리아 미술의 자연주의 시대까지 한결같았다. 하지만 그 장면은 더욱 사실적인 것이 된다. 로렌초 다 비테르보는 요셉의 동료들이 토하는 분노와 조롱과 앙심을 격렬하게 옮겼다. 이 주제는 종교적인 성격을 상실하고 역사적인 것이 된다. 도메니코 기를란다요는 산타 마리아 노벨라에서, 시기하는 자들이 요셉에게 욕설을 퍼붓고 때리는 모습으로 그렸지만, 모든 상징성이 함축된 비둘기는 없다.[21]

라파엘로는 이 진부한 주제를 어떻게 다루게 될까?

그 이야기는 갑자기 처음 듣듯이 신선하다. 약간 우수에 젖은 신랑의 표정과 차분하면서도 겸연쩍어하는 태도는 동정녀의 느린 동작과 조신하며 겸손한 자태와 대비되어, 더는 우리가 좋아하는 은총 어린 일화 앞에 있는 것이 아니라 신성한 사건 앞에 서는 듯하다. 그는 그 장면을 위대하게 복권시킨다. 또 거기에 조토 이후 선배들의 것과 다른 충만함을 부여한다.

라파엘로는 꽃이 핀 막대기로 비둘기를 대신하는 그 전설을 선택했다. 이는 요아킴 다 피오레에 따르면 정신적 지배의 상징인 흰 꽃으로, 「기사의 꿈」에서 명상적 삶을 담았던 바로 그 백합이다. 조연 다섯 사람은 침울한 표정으로 막대기를 들고 있다. 무릎으로 자기 막대기를 꺾는 청년은 기꺼이 단념하는 모습이다. 동정녀를 따르는 다섯 처녀도 신성한 비극의 서막을 관람하고 있다고 느끼는 듯하다.

페루지노가 아니라 핀투리키오를 상기시키는 유일한 것은 후경에, 마리아 뒤에서 푸른 베일을 쓰고 있는 처녀. 마리아를 따르는 금발 처녀의 경우 그녀는 「기사의 꿈」에 등장하는 금발 요정보다 부쩍 성숙한 언니의 모습이다.

라파엘로는 다루는 것마다 모차르트처럼 젊고 생기 넘치는 것으로 만들고 매 순간 세상을 처녀 같은 눈부심 속에서 재창조한다. 이를테면 프리미티브 화가들이 신성을 지상에 내려오게 했다면, 라파엘로는 지상의 것을 신성으로 옮겨놓는다. 그 반열을 알려주는 것은 신성의 표시가 아니다. 그 지고함이 이 인물들의 내적 자세에서 솟아난다.

여기에서 라파엘로가 우리를 끄는 매력이라고 할 여러 존재의 이러한 융합은 확고하다. 요셉과 마리아 사이에서 눈에 보이지 않는 신비한 관계가 형성된다.

다섯 처녀와 다섯 총각은 어쨌든 총각들이 실망감을 떨쳐버리지 못하더라도, 이러한 영적 결합을 의식하고는 있다. 또 관객은 이러한 종합적 작품 앞에 있다는 것을 이해한다. 거기에서 예술이라는 신체에 예술혼이 깃든다. 레오나르도 다 빈치처럼 이야기하자면 우리는 물질과 정신의 결합을 보고 있다.

가령 핀투리키오가 그리는 것이 무엇이나 동화가 된다고 한다면, 라파엘로는 원칙은 마찬가지이지만 보다 높은 수준에서, 그가 그린 모든 것을 서정시로 옮겨놓는다. 그들 이전에 그리고 이후에 그 누구도 코로가 나타날 때까지 이런 생동하는 화면을 되찾지 못하리라. 우리는 이 신전 앞에서 건축으로 변형된 음악을 생각하고, 봄날 아침의 신선한 대기를 느낀다.

이 그림에서 라파엘로는 공간에 내재된 과학을 폭로하고, 이미 구성 예술에서 거장임을 보여준다. 페루지노와 핀투리키오의 특이한 균제가 여전하지만 그것은 대조에 의해 파괴된다. 바로 이것이 이 작품의 경쾌한 조화를 설명해준다.

「결혼식」은 그가 시달렸던 지적 고뇌와 주변의 정치적 투쟁에 대한 라파엘로의 답이다. 그러나 이 답을 내놓기 위해서, 그는 공동의 불안을 겪어야 했고 페루지노의 임의성에 따라야 했으며, 핀투리키오의 동

화를 붙잡아야 했고 특히 조토를 보고, 사랑하고, 이해하기 위해 아시
시까지 갔어야 했다.

그리고 만족스러워했던 이 그림을 끝낸 1504년, 그는 신전 박공에
'우르비노 사람 라파엘로' 라고 서명했다.

1504년 우르비노로 돌아온 라파엘로

소년기에 우르비노를 떠났던 라파엘로는 인간에 대한 묵직한 경험을 쌓고서 그곳으로 되돌아온다.

그는 그곳에서 시모네 차를라 삼촌, 티모테오 비티 선생님과 공작부인 등 사랑하는 모든 이들과 재회의 기쁨을 나눈다. 사람들은 그들이 겪은 수모를 들려준다. 그는 엘리사베타가 조직했던 이상한 놀이에 참석했지 싶다. 그녀는 궁전에서 귀도발도와 그녀가 시달려야 했던 슬픈 사건을 재현하게 했다. 1504년 2월 19일, 사육제 기간에 다음과 같은 긴 제목의 연극공연이 있었다. 「발랑스 공과 알렉산데르 6세의 드라마, 그들이 우르비노 공국을 제거할 계획을 세웠을 때, 그들이 루크레치아 부인을 페라라로 보냈을 때, 그들이 우르비노 공작부인을 결혼식에 초대했을 때, 그들이 나라를 집어삼키러 왔을 때, 우르비노 공이 처음으로 돌아오고 또다시 떠났을 때, 그들이 비텔로초와 다른 영주들을 교살했을 때, 알렉산데르 교황이 죽고서 우르비노 공이 귀환했을 때」.

9월에 귀도발도는 마침내 젊은 누이 프란체스코 마리아 델라 로베레 공작의 소라 공녀와 발다사례 카스틸리오네와 함께 궁전에 정착한다.

그사이 그는 우르비노로 체사레와 율리우스 2세에게서 되찾은 장서와 보물의 일부를 되돌려 보냈다.

그 유배 기간에 귀도발도와 엘리사베타는 심지어 친지로부터도 배반과 변절과 비열함을 체험했고, 모든 상황을 거치면서도 인간의 위엄을 순결하게 지킨 몇몇 우인도 얻었는데 이는 그의 유일한 수확이었다. 벰보는 이렇게 전한다.

"귀도발도는 베네치아에 인간성과 훌륭한 지식과 특유의 신중함을 뛰어넘는 정신력으로 고상한 평판을 남겼다."

우르비노에서 라파엘로는 피렌체 망명객들과 조우한다. 옛 친구를 따라온 줄리아노 데 메디치와, 아직 젊은 비비에나 대법관과 「칼랑드리아」라는 이탈리아어로 처음 극을 쓴 작가 벰보와, 체사레 보르자에게 대항한 유일한 장수라고 누구나 생각하고 있었던 인문주의자 오타비아노 프레고소가 그들이다.

사람들이 근거도 없이 불신자 취급했던 이들은 귀도발도나 엘리사베타와 마찬가지로 확고한 플라톤주의자이자 기독교도였다.

바로 이 시절에 라파엘로는 왕에게 바친 최초의 유화 한 폭을 그렸다. 귀도발도의 자세에 대해 그가 표명했던 감탄을 증언하고자, 헨리 7세는 가터 기사단의 기사 작위를 만들었다. 귀도발도는 기사단의 위상에 따라, 자신이 기사로 지명된 그 해를 넘기지 않고 영국에 대사를 파견해야 했다. 어느 누구도 그의 새로운 친구 카스틸리오네만큼 이 임무에 걸맞지 못했기 때문에 그는 라파엘로에게 카스틸리오네가 헨리 7세에게 전달할 「성 게오르기우스」을 그려달라고 주문했다. 이 작품은 현재 상트페테르부르크 있다. 성자는 왼쪽 다리에 다음과 같은 글이 적힌 띠를 두르고 있다. "기사단 첫 번째 맹세. 즉 사념邪念을 품은 자에게 화 있을진저." 이는 카스틸리오네와 라파엘로의 이름이 처음으로 합해진 때였다.

그러나 우르비노에 청년 화가가 지적으로 성장하는 데 도움이 된 엘리트가 있었지만, 그의 예술을 심화시키는 데 도움을 줄 만한 화가는 없었다. 피렌체 회화의 모작들을 보면서 그는 그 도시에 없는 것이 무엇인지 알았다. 즉 해부학 연구와 운동감이다. 그런데 그런 연구를 할 수 있는 곳은 피렌체뿐이다. 체사레가 몰락하고 나서 레오나르도 다빈치가 자리 잡은 곳이 피렌체 아니었던가? 그곳이야말로 이탈리아의 위대한 화가와 조각가들이 살고 있던 곳이 아니던가? 총기와 학문에 대한 사랑으로 돋보이던 줄리아노 데 메디치 자신도 그와 그 형제를 추방했던 이 도시가 선택받은 땅이라고 말하곤 하지 않았던가?

라파엘로가 떠나는 것이 확실해지자, 공작은 누이에게 그녀와 절친한 소데리니 행정관에게 편지를 쓰라고 부탁했다. 이 편지로 이 젊은 화가가 우르비노 궁정에서 얼마나 따뜻한 성원을 받았는지 알 수 있다.

"이 편지를 지닌 사람은 우르비노의 화가 라파엘로입니다. 그는 자기 직분에 훌륭한 재능을 지녔으며, 연구를 위해 피렌체에서 한동안 머물기로 했습니다. 탁월한 분이신 그의 부친은 제 친구였고, 또 그 아들은 훌륭하게 성장했을 뿐만 아니라 겸손하기도 해서, 저는 이 아이를 매우 아끼고, 완벽한 화가가 되기를 바란답니다. 저는 이 아이를 진심으로 각하께 추천합니다. 바라건대 저에 대한 사랑으로, 어떤 상황에서나 도움과 보호를 베푸시길 간청합니다."

조반니 델라 로베레

로마 총독부인

우르비노, 1504년 10월 1일

내면의 고독과, 살인과 복수와 전쟁의 소란으로 점철된 몇 해를 페루자에서 보낸 뒤, 라파엘로는 자신이 틀리지 않았음을 알고 기뻐했다. 우르비노가 자기 고향일 뿐 아니라 자신이 택한 조국이라는 사실을.

궁전에 있었을 때 그는 그 남녀가 다양한 예술과 철학 문제를 토론하는 것을 듣곤 했다. 그는 그들이 통념적 사실에 대해 수천 가지 이의를 제기하고, 그것을 세련되게 분석하고, 웃으면서 의심을 내놓고, 자명한 듯했던 대답에서 반대급부를 찾아내는 것을 듣곤 했는데, 이 모든 것은 그저 선의에서 나오는 것이었다. 왜냐하면, 사람들이 대화를 즐기려 하고 능숙한 대화법으로 상대방을 이기려고 할 때면, 엘리사베타가 개입하고 웃으면서 그 대화를 자신의 주된 테마로 되돌려놓곤 했기 때문이다. 라파엘로는 카스틸리오네의 말을 반복했었다. "이런 군주와 이런 여인과 사귀면서 살았던 사람들은 얼마나 운이 좋았던 것일까!"라고.

이 사람들이 더불어 살았던 순수함이 무엇일까? 그들의 확고한 행적과 역경을 태연하게 이겨낸 자세였고, 그 삶이 과거의 삶의 연장이자 미래의 삶의 서곡이었다는 점이다.

라파엘로의 고향집. 1900년 당시 촬영한 사진을 사진요판으로 복제한 것이다.

제3장

피렌체

우리는 아테네가 야만족에게 파괴되고 점령당했다고 믿지 않았다.
아테네는 그 땅 그 보따리와 함께 피렌체로 이주했다.
그렇게 해서 피렌체가 그것을 완전히 흡수했다고 생각했다.

— 폴리차노, 오페라, 리옹 1533.

「카사 콜론나의 동정녀」의 판화. 종교적 주제를 세속적으로 접근하려는 시도를 보여준다. 동정녀는 여염집 아낙네의 모습이고 아기 예수는 에로스에 가깝게 짓궂은 몸짓이다. 아기 예수를 무릎에 올린 채 독서하는 동정녀라는 발상은 예외적이다. 성경을 가리키는 책은 원래 수태고지도에서 등장하는 소품이다.

아테네, 피렌체, 파리

아테네, 피렌체, 파리라는 세 도시는 세계의 불꽃이었다. 바로 이곳에서 한때 강림했던 성령이 세상에 살아 숨 쉬고, 오직 그곳에서만 개인의 존엄성을 깨닫게 해줄 철학과 예술의 어머니인 자유가 태어났다. 즉 진보 의식이다.

인도, 바빌로니아, 이집트, 그리고 기독교적 중세에서는 그 신에 바치고 사로잡힌 영혼의 희열을 알았듯이 개인을 포기하는 것이야말로 인간에게 내려진 최상의 축복이었다. 이러한 개인의 포기 때문에 발전하기 거의 어려운 문명과 예술을 낳았다. 그러한 포기로써 별다른 암중모색도 없이 완벽한 표현을 획득했기 때문이다. 아테네 문명은 바빌로니아와 테베와 크레테*라는 필수적 조건에서 만개했고, 피렌체가 그 절정에 이르는 데에는 비잔티움과 중세와 십자군 원정이 필요했으며, 파리 또한 19세기에 개신교 정신과 예수회에 의지해 자신을 찾았다.

• 테베는 고대 아테네의 도시. 크레테는 문화 중심이던 에게 해의 섬.

진보 관념의 역사를 이야기하려면 인류의 정신사를 이야기해야 한다. 플라톤은 진리라는 말이 그리스에서 신의 달리기를 뜻한다고 했다.[1] 아테네 사람들이 모든 분야에서 시도했던 것이 바로 이러한 경주였다. 이러한 영혼의 끝과 세계의 끝, 또 하늘의 끝으로 가는 여로에서 그들은 철학과 과학, 음악과 문학, 그리고 예술을 만났다. 아테네 사람들은 이 여로를 주목했다. 그 길을 가면서 인간은 각자 다른 누더기를 걸친 채, 여기저기 또 다른 영혼과 하느님의 목소리와 접촉하려 애쓰는 것을 보게 되고 이런 발견에서 보편적 우애의 감정이 태어난다고 한다.

아테네 사람인 소크라테스는 아테네나 그리스 사람에게 자신을 바치지 않았다. 즉 그는 최초의 세계시민이다. 어느 날 한 제자가 냉소주의 철학파의 창시자 안티스테네스(기원전 444~365)의 어머니가 이방인이라고 힐난하는 것을 듣고서 이렇게 대꾸했다.

"잘난 척하려고, 자기네 아테네 사람의 장점을 강변하는 사람은 토종 메뚜기나 달팽이가 텃세를 부리는 것이나 다름없지."[2]

소크라테스는 이상적 현자가 되었다. 그로부터 스토아 철학자와 기독교 성자가 뒤를 잇는다.

시인들은 아테네 사람들 못지않게 현실에 순응한다. 아이스퀼로스가 쓴 『오레스테스』 삼부작이 무엇이던가?

자기 어머니를 살해한 아들과 아버지를 죽인 아들의 참회록이자 고통으로 정화된 범죄자를 알고 그를 에우메니데스〔복수의 여신〕 족에서 구해내는 아폴론과 팔라스-아테네라는 '젊은 신'에 대한 변호이다. 팔라스-아테네는 이렇게 말한다.

"나는 목동이 양떼를 사랑하듯이 인간을 사랑한다."[3]

아테네의 국부 테세우스는 눈이 먼 채 딸 안티고네의 부축을 받은 근친상간자 오이디푸스를 만났을 때 어떤 식으로 행동했던가? 그에게 관대하지 않았던가. 눈이 먼 아버지의 충실한 동반자 안티고네는 오빠〔폴리네이케스〕에게 매장을 금지한 크레온 왕의 명령을 무시한다. 산 채로 매장되는 벌을 받은 그녀는 "쓰이지 않고, 지울 수도 없는 그 법"에 복종할 것을 맹세한다. 왕이 "네가 모든 테베 사람보다 더 통찰력이 뛰어나다고 생각하느냐?"라고 묻자, 그녀는 독재자에게 억압받는 모든 사람의 영원한 답을 내놓게 된다.

"그들은 나와 마찬가지로 봅니다. 그러나 그들은 당신 앞에서 참을 뿐입니다."[4]

필로크테테스*는 누구인가? 어떤 어른에게서 영웅주의로 채색된 간계와 위선에 대한 충고를 듣는 청년이다. 목적이 이뤄지려는 순간 청년은 정신을 차리고 이렇게 말한다.

"나는 부끄러운 행동을 했어요, 그것을 고치렵니다."

또 율리시즈가 그리스 군대로 위협하자 청년은 이렇게 대답한다.

"내가 정당하니, 네가 말하는 겁 따위는 중요치 않다."[5]

이런 것이 아테네 시가 신의 경주에 민중을 동참시키려고 내놓은 극정신이다.

그러나 아테네에 맞서, 개인주의적이고 민주주의적이며 지적 쾌락을 악착같이 추구한 이오니아 사람은 그 법이 라코니아*에 이방인의 정착

• 서사시 『일리아드』에 등장하는 트로이 원정의 영웅.
• 수도가 스파르타이던 고대 그리스의 지방.

을 막고, 스파르타 사람이 조국을 떠나지 않게 했던 견고한 나라를 세웠다. 집단주의적이며 보수적인 이 도시국가에서 관념은 항상 무시되었다. 폭력이 난무했으며, 팔라스-아테네를 증오했다. 스파르타는 엄청난 위험에서도 허리띠를 매주며 "살아 돌아오너라. 그리고 너 자신을 이기고 돌아오너라"라는 어머니의 꿋꿋한 다짐을 듣곤 했던 잘 훈련된 병사들의 나라였지만, 그리스를 구한 것은 아테네였던 만큼, 그들을 증오할 수밖에 없었다.

우리는 살라미스 섬에서 벌어졌던 분쟁을 기억한다. 테미스토클레스는 스파르타 범선 함장 유리비아드에게, 적이 함선들을 넓게 전개할 자리를 찾지 못할 만큼 좋은 자리를 포기한다는 것은 미친 짓이라고 설명하자, 그와는 의견이 다른 유리비아드는 자제심을 잃고서 테미스토클레스에게 곤봉을 치켜들었다. 이 아테네 사람은 냉정하게 "쳐봐, 하지만 듣기는 해봐"라고 대꾸했다.

살라미스, 오를레앙*, 발미*에서는 수 세기 차이가 나지만 같은 기적이 반복된다.

자신의 비극 속에서 "페르시아"의 승리를 노래했던 아이스퀼로스는 살라미스 해전에서 싸웠다. 아직 젊던 소포클레스는 전사들을 환영하는 청년들과 춤을 추었고, 유리피데스는 승전한 당일에 태어났다.

아낙사고라스라던가 아르스티드를 연금시키고, 소크라테스에게 독

• 순결한 처녀 잔 다르크가 영국군에 기적적 승리를 이끌어낸 프랑스 중부 도시.
• 프랑스 중동부 마른 강변의 마을. 이곳에서 뒤무리에즈 장군이 이끄는 혁명군이 1792년 9월 20일 프러시아 군에 대첩을 거두었다. 이때 종군했던 괴테가 이날부터 세계사의 새 장이 열렸다는 말을 남겨 더욱 유명해진 곳이다.

약을 마시게 했지만 얼마 되지 않아 소크라테스를 죽인 사람을 처벌하고, 유배자를 다시 불러들였을 때 분명하듯이, 스파르타 정신은 때때로 아테네를 덮치기도 했다.

피렌체는 바로 신의 경주라는 거대한 모험 과정에서 일어선 이러한 아테네를 사랑하고 이해했다. 피렌체는 마치 자매처럼 아테네를 닮았고 이러한 닮음을 자랑스러워했다. 어떤 예술가는 혼란기에 비생산적이며, 작품을 창조하려면 관대한 군주가 챙겨주는 지원금과 외적 평화가 필요하다고 했던가? 물론 아우구스투스 시대와 루이 14세 시대를 열었던 이들 모두가 스파르타를 칭송했다. 코르네유, 파스칼, 라 브뤼예르 그리고 라 퐁텐은 왕과 무슨 관계였던가? 몰리에르는 자기 극본을 하인에게 읽어주었고 왕을 위해 발레 작품을 지었다. 회의적인 사람은 얼마나 라 브뤼예르와 라 퐁텐, 페늘롱과 보방을 애독하던가?

로마의 박물학자 플리니우스는 아우구스투스 황제 시대를 이렇게 증언한다.

"옛날에 그 많은 사람과 마찬가지로 왕국들로 분할되어 불화로 넘치던 세상에서, 많은 사람이 그토록 찾아내기 어려운 것을 탐구하는 데 몰두했다는 점, 전쟁이나 역모나 어떤 종류의 약탈자도 그것을 방해하거나 그 추세를 가로막지 못했다는 점이 극히 놀랍다. 이런 것이 그들이 한 번도 가본 적이 없었던 곳과 어떤 장소를 책의 도움으로 현지인의 지식보다 더 많이 훌륭하게 배운다는 것도 놀랍다. 반대로 요즘 같은 태평성대에, 자연의 산물과 예술의 번영을 누리는 군주 하에서도, 기존의 발견에 덧붙이는 것이 있기는커녕 고대의 지식수준에도 미치지 못한다. 옛날이라고 더 큰 보상이 따랐던 것도 아니다. 권력이 여럿으로 쪼개져 있었기 때문이다. 그런데도 많은 사람이 자연의 비밀을 파헤쳤다. 번영에 유익한 만족만을 알았다. 보상이 아니라 세태가 타락했다."

페리클레스 시대는 메디치 시대라든가 바르비종 화파 시대와 마찬가지로 혼란기였다. 라파엘로는 「동정녀의 결혼식」을 그렸을 때, 자신이 그 작품을 완성하기 전에 페루자가 함락되었는지 아닌지 알지 못했다. 부르봉과 프룬트스페르크의 기마병이 피렌체로 쳐들어갔을 때, 안드레아 델 사르토는 산 살비 수도원에서 걸작 「최후의 만찬」을 그리고 있었다. 괴테는 보나파르트가 독일을 침공 중일 때 『선택적 우애』를 쓰고 있었다. 도미에, 들라크루아, 리하르트 바그너는 7월과 2월 혁명에 참가했고, 그때 퐁텐블로 숲으로 피난한 바르비종 화가들은 소요와 재난에도 파리 시민도 모르게, 그 뒤 100년간 파리를 세계의 예술적 수도로 만들게 될 회화를 혁신했다.

아테네 사람이 누구던가? 상인이다. 피렌체 사람도 상인이다. 사람들은 상인이 인색하다고 믿는다. 그러나 청년 한 사람에게 그리스어를 배우도록 하려고 비잔티움으로 유학 보내거나, 철학 수강료를 치러야 하거나, 그림을 사들여야 할 때, 상인들은 인색하기는커녕 작품을 받으면서 적정 가격보다 더 치르곤 했다는 수많은 사례가 있다. 그들은 실질적인 귀족으로서 사실상 자유로운 모든 민중과 마찬가지로 영성靈性의 우위를 이해했다.

아테네가 페리클레스에게 주어졌듯이 어느 날 피렌체가 메디치가에 바쳐졌다면, 이는 가장 유능한 후손이 피렌체를 찬미했기 때문이다. 피에로 데 메디치, 그의 부친이 부른 대로 이 '미치광이'가 자신에게 맡긴 권력을 독차지하려고 했을 때, 피렌체는 그를 쫓아냈다. 1530년 교황과 황제의 군대에 점령당했을 때 피렌체는 영원히 꺾여버렸다. 아테네도 피렌체도 자유를 잃는다는 것은 그 혼을 잃는다는 것을 뜻했다.

예술이 소금과 빵만큼 필수불가결하고, 사람들은 자신들이 원하는 모든 것을 대담하게 시도하고, 정파들이 싸움으로 세월을 보내고, 심지어 페리클레스와 로렌초 대공의 손에 들어갔을 때조차 그 도시들의 정부는 불안정했다. 조각가, 화가, 음악가, 철학자, 문인 집단만이 세계의 면모를 일신한 것이 아니다. 승승장구하는 스파르타 앞에서 영성의 개념을 온전히 지키면서 작품을 창조한 주인공은 가볍고 감각적이며 냉소적이고 논쟁적이지만, 까다로운 귀와 크게 뜬 눈으로, 시와 위대성에 대한 감각을 지닌 정감이 풍부하고 세련된 이 고상한 인간들이다.

레오나르도와 미켈란젤로

사람, 사물, 자연 그 모든 것이 새로웠다. 삼나무가 토스카나 풍경을 압도한다. 북풍이 불고 올리브나무가 떨 때, 오직 이 나무만이 대지에 확고히 뿌리내리고, 누구도 물리칠 수 없고, 아무런 두려움도 모른 채 자연의 힘에 도전하는 듯하다. 가을이면 포도밭으로 뒤덮인 토스카나 지방의 계곡은 움브리아 지방보다 덜 투명하지만, 언덕과 총안銃眼이 붙은 옛 성과, 우뚝 솟은 종각과, 수도원을 황금빛 후광으로 적시는 뜨거운 빛을 반영하는 모습이다. 여기저기에 활짝 열린 창문은 커다란 보랏빛 구멍 같아 보인다.

갑자기 그는 계곡 속에 잠긴 피렌체를 발견했다. 푸르스름한 안개가 그것을 덮고 있었다. 그는 우선 하나뿐인 곡선인 브루넬레스코의 원개 圓蓋와, 조토의 엷은 보랏빛의 정방형 종루에 눈을 돌렸다가 이내 뚜렷한 선과, 붉은 기와와, 벽과, 서로 겹치는 탑과 종각에 눈을 던졌다.

도시는 거의 오늘날과 같았으리라. 대성당 광장과 시뇨리아 광장은 피렌체 생활의 두 중심지로서 거의 달라진 것이 없다. 피렌체 건축가의 영광인 메디치 궁과 피티 궁, 루첼라이 궁은 완공되어 있었다. 다만 스트로치 궁의 배내기만 미완 상태였다.

그러나 당시 피렌체는 골목과 성당, 수도원, 궁전, 그리고 입상과 항아리와 희귀한 식물이 자리 잡은 거대한 정원이 딸린 수많은 장원에 둘러싸여 있었다.

대리석이나 무쇠난간으로 둘러싸인 이런 사저私邸에서 기악과 성악 연주회가 개최되었다. 바로 거기에서 피렌체 주부와 자녀는 여름을 보내고, 주말에는 남자들이 합세하곤 했다. 빈번하게 축제가 열리고, 약혼식과 결혼식과 세례식을 치르기도 했다. 시내보다 넓은 집과 넉넉한 정원은 더 커다란 여유를 보장해주었다.

그러나 라파엘로는 "재치 있고, 까다롭고, 신랄하며, 세련된 감각에, 건강한 몸짓으로 서둘러 걷지 않고, 도시적 세련과 시적 취향에 따라 자연스럽게 말하는" 피렌체 민중에 놀랐을지 모른다. 즉 그들은 그토록 타고난 귀족적 면모를 보여주는데, 늙은 코시모 데 메디치는 단지 붉은 천 2온느*로 신사의 풍모를 갖추곤 했고, 시샘이 날 만큼 민주적이어서, 아리스토파네스 시대처럼 부자들을 부인하고, 정치적으로 훈련되어 문자조차 모르는 소모梳毛직공도 여러 사람의 생활을 지휘할 수 있고, 새로운 것과 관련된 법을 이웃 환자처럼 고칠 수 있었다. 민중의 생활은 빠듯하다.

누구나 '내로라하는 구두쇠'이고, 비평가이자, 준엄하다. "정신은 항상 살아 움직인다."[6]

---

* 길이의 단위. 1온느는 1.118미터다.

15세기 말과 16세기 초에, 피렌체가 이탈리아의 예술 운동을 주도한다. 모두가 달려오는 그곳은 새로운 사상이 시작되는 용광로였다.

피렌체는 그렇게 절정에 달해 있었다. 1502년 소데리니는 행정관*에 임명된다. 그는 장차 추기경이 될 동생 볼테라 주교[프란체스코 소데리니]와 함께, 체사레 보르자가 피렌체 공화국을 존중한다는 조건을 루이 12세로부터 얻어내고서 코시모와 로렌초 대공의 역할을 떠맡았다. 사보나롤라에 대항하는 메디치 도당과 공화파의 지지로 권력을 쥔 그는 얼마 뒤 사보나롤라 측을 안심시키고 당파를 초월하여 중재자 역할을 맡았다. 메디치가의 전통을 유지시키려 해서든 예술을 사랑해서든, 아마도 그 모두 때문이었든지 간에, 그는 코시모나 로렌초를 존경하는 만큼 자신을 존경하지는 않았던 예술가들의 후견인을 자처했다. 그는 40년 전에 아고스티노 디 두초가 산 베르나르도 예배당 축조를 맡아 페루자로 떠나는 바람에 미켈란젤로에게 양보한 저 유명한 대리석 덩어리를 맡겼다.

아고스티노가 예언자 상을 조각하다 그만둔 바로 이 대리석으로 미켈란젤로는 거대한 다윗 상을 세웠다. 바사리는 소데리니가 그 상을 보러왔다가 자기 안목을 과시하려고 코가 두껍다고 트집을 잡았다고 전한다. 미켈란젤로는 비계飛階 위로 올라가 대리석 몇 조각을 건드리고, 슬쩍 끌을 놀려 대리석 가루를 긁어내렸다. 하지만 코는 건드리지 않고서 예전대로 내버려두었다. 그는 총독을 향해서 "이제 좀 보시지요"라

---

* 공팔로니에레. 도시국가의 행정수반 권력을 거의 독점적으로 행사했으므로 총독이라고 해도 무방하다.

고 말했다. 소데리니는 "훨씬 많이 마음에 듭니다. 생명을 불어넣으셨습니다"라고 답했다.

이 일화를 바사리가 꾸며내지 않았다면, 이 문제의 돌덩어리 때문에 미켈란젤로는 그것을 조각하고 싶다고 공언했을 레오나르도의 기분을 상하게 했을 듯하다. 소데리니는 드러내놓고 미켈란젤로 편을 들었던 듯하고, 레오나르도를 피렌체에 잡아둘 줄도 몰랐다. 그는 소라 공작부인이 강력하게 청탁했지만 라파엘로에게 아무 일도 맡기지 않았다.

유명한 예술가를 그렇게 많이 그러모은 도시는 어디에도 없었다. 이때는 기를란다요가 사망한 지 10년 뒤였다. 이때 신경질이 대단했지만 아무튼 위대한 거장 가운데 가장 장수했던 훌륭하고 모범적인 화가 필리피노 리피가 막 숨을 거두었다. 2년 전에 레오나르도가 일감도 없이 피렌체에 다시 정착했다는 소식을 접한 리피는 성모 마리아 종복회• 수도원장을 찾아가 누구도 레오나르도와 견줄 수는 없다고 하면서 산타 눈치아타 성당 내진에 걸 회화를 그에게 양보했었다. 바로 이런 관용 덕분에 「성 안나」(성모자와 성 안나)를 볼 수 있게 되었다.

보티첼리는 살아 있었다. 그는 사보나롤라가 처형되고 나서 병상에서 신음하면서 최후의 성모상을 그리고 있었다. 피에로 디 코시모는 언제나 환상적이지만, 성모를 민중의 여인으로, 베누스를 꽃이 만발한 그윽한 초원에 누운 부르주아 여인으로 그렸다. 거대한 공방의 거장으로서 페루지노는 손을 휘젓고 다니면서 제작을 지휘하고, 해부학을 공부하느라고 허송세월하는 멍텅구리들을 노골적으로 조롱하곤 했다. 베로

• 1223년 이탈리아에 설립된 수도회.

193

키오의 친구 로렌초 디 크레디는 푸릇한 화폭에, 잘 다듬어지고 기하학적이며 빛으로 넘치는 풍경과, 아름답지는 않지만 바라보는 사람마다 저절로 '아베 마리아'를 중얼거리게 될 만큼 우아한 성모상과, 통통하고 기형적으로 큰 머리에, 동정녀의 가느다란 손과 대조되는 토실토실한 손을 지닌 어린아이를 그리고 있었다.

이런 화가들과 나중에 대부분이 유명해진 수많은 조수 곁에서 새로운 세대가 부상했다. 프라 바르톨로메오, 알베르티넬리, 프란차비조가 그들이다. 라파엘로는 마사초의 벽화를 모사했고, 그를 뒤이어 르네상스 최후의 거장이 될 안드레아 델 사르토라는 열여덟 살 난 청년을 만나게 된다.

레오나르도가 도착하면서 피렌체는 각자 레오나르도와 미켈란젤로를 편드는 두 패로 갈렸다. 봄에 다윗 상을 시뇨리아 궁 앞에 세우면서, 미켈란젤로의 적들은 돌팔매질을 해댔다. 심지어 수비대까지 공격해서 그중 여덟 명은 감옥에 들어갔다.

레오나르도에게 큰 일감을 맡기지 않은 데에 반대하는 여론에 굴복한 소데리니는 앙기아리 승전을 기념할 대회의실의 빈 벽을 그리도록 제안했다. 흔히 그의 친구인 밀라노 사람에 대한 피렌체 사람의 승리를 그리라며 모욕감을 주었다는 이야기도 있다. 그러나 앙기아리 전투에서 피렌체 군의 대장은 루도비코 스포르차의 아버지 프란체스코 스포르차였으며, 밀라노 공은 바로 스포르차 손에 그 후손이 몰락하는 비스콘디 가문 사람이었다. 따라서 이는 레오나르도에 대한 소데리니의 불순한 시도였다.

그러나 어쨌든 그 주제는 화가의 열정을 달아오르게 할 만했다. 거기에는 군기를 서로 다투는 기사 집단이 등장한다. 루도비코 일 모로가 자기 아버지이자 앙기아리의 승리자 프란체스코 스포르차를 추도하려 고 맡긴 이 기념비적 작업에서, 레오나르도는 말을 그린 수많은 습작을 남겼다. 기마석고상 모델은 막시밀리안 황제와 비앙카 스포르차의 결 혼식 때 인민광장에 서 있었다. 그 석고상은 1499년에 루이 12세가 밀 라노에 입성했을 때, 프랑스 궁수들이 재미 삼아 파괴했다고 전해진다.

레오나르도는 앙기아리 전투의 프레스코를 비망록으로 남겨 연계된 여러 집단을 담아야 하는 복잡한 이 작업을 화제로 올리고 있다. 우리 에게 전해지는 그 모사화는 격렬하게 뒤얽힌 단 하나의 기사 군상만을 보여준다. 루벤스가 모사한 이 그림은 에델링크가 판각했지만 우리는 루벤스가 성실한 모사화가였는지는 알 수 없다.

피렌체 사람들은 이 작품에 어리둥절해했고, 그때까지 미묘한 그림 을 그려왔던 이 화가가 날뛰는 전사들을 재현하리라고 누구도 생각하 지 못했다.

그에 대한 칭송을 들은 미켈란젤로는 자신이 알고 있던 것을 보여주 겠노라고 작정했다. 그가 친구를 끌어들였을까, 아니면 직접 소데리니 를 찾아갔을까? 알 수 없는 노릇이다. 1504년 8월 소데리니가 그에게 대회의실의 또 다른 벽면을 그려달라고 제안한 것은 분명하다.

미켈란젤로가 거칠게 모욕했던 레오나르도에게 이는 상당한 공격이 었다. 어느 날 무릎까지 내려오는 장밋빛 코트를 걸치고 레오나르도가 친구와 함께 피렌체 거리를 산책하다가, 산타 트리니타 근처에서 시민 몇이 단테의 시를 놓고 논쟁하는 자리에 걸음을 멈추었다. 레오나르도 를 알아본 그들은 그 의미를 밝혀달라고 청했다. 바로 그때 미켈란젤로가 지나갔다. 이 대담한 경쟁자와 대화하고 싶었던 레오나르도는 그들에게 "미켈란젤로가 여러분이 말하는 구절을 설명해주겠지요"라고 말했다. 그가 자신을 조롱하려 했다고 생각한 미켈란젤로는 신랄하게 응대했다.

"선생께서 직접 설명하시지요, 청동기마상을, 주물을 뜰 줄도 모르시면서 염치없이 끼어들지 않으셨던가요."

그러고는 휑하니 제 갈 길을 갔다. 레오나르도는 얼굴을 붉혔다.

미켈란젤로는 여전히 분을 삭이지 못한 채 그에게 상처를 주려는 불같은 성미로 외쳤다.

"또 그런 작품을 선생님께서 할 수 있다고 했던 자들이 바로 이 내시 같은 밀라노 놈들 아닙니까!"

당대인 누군가가 전한 낯 뜨거운 장면이다.

레오나르도는 오십대였다. 그는 대단히 잘생겼고 항상 그를 존경하며 그의 다방면에 걸친 천재성과 너그러운 성격에 감탄하는 청년들과 함께 다녔다. 그는 당시 피렌체에서 살라이노•와 함께 지냈다. 아주 미남 청년인 그가 땋은 금발머리는 금빛으로 반짝이는 천사의 머릿결을 그릴 때 모델이 되었다. 다른 많은 사람과 마찬가지로 살라이노는 언제나 그에게 충실했다. 레오나르도는 그에게 밀라노 근교의 자기 소유 정원을 유증했다.

당시 미켈란젤로는 서른 살이었다. 그는 레오나르도처럼 잘생기지도

• 앙드레 드 헤베시, 『레오나르도 다 빈치의 방랑』(글항아리, 2008) 참조. 살라이노는 열 살 때 다 빈치 공방에 문하생으로 들어왔고 거장이 사망할 때까지 함께 살았다. 짓궂은 면이 있어 이 이름은 "악동"을 뜻한다.

우아하지도 않았다. 신경쇠약에 격렬하며 우월감과 자부심으로 넘치던 그는 당시 예술가 부류로서는 보기 드물게 "내게 더 즐거운 것일수록 내게 더 해롭지!"라고 할 만큼 고뇌에 젖어 있었다. 호전적이던 그에게 친구는 없었다. 사람들은 이미 그를 두려워했다.

미켈란젤로가 레오나르도를 경쟁자로만 보았다는 것은 얼마나 착오일까? 어떻게 그가 느긋함 이면에 숨겨진 집념과 관대한 정신을 이해하지 못할까? 결국 레오나르도 같은 사람만이 미켈란젤로의 고독과 천재성을 이해할 수 있지 않을까? 그러나 두 사람을 친하게 했을 수도 있던 것이 바로 그들을 소원하게 한 원인이다. 레오나르도가 플라톤 철학을 가르치기도 하면서 완전히 주도했던 미남 청년들도 원인이었을 듯하다. 레오나르도는 당대인이 "마술사"라고 부를 정도로 그 신비한 능력을 인정받았다. 그가 프랑스로 갔을 때 프랑수아 1세는 그를 '아버지'라고 불렀다. 하기야 왕은 교수형을 막지 못한 상블랑세*를 그렇게 부르기도 했다.

미켈란젤로는 먼 훗날, 프렌체스코 스포르차의 기념비 건에서 레오나르도에게 가했던 모욕을 기억하지 않을 수 없었을 듯하다. 레오나르도보다 훨씬 더 유리하게 오래 살았지만, 그는 메디치 예배당은 물론이요, 율리우스 2세의 무덤이나 산 로렌초 성당 정면도, 시에나 대성당입상도 마무리하지 못하고 있었으니까.

레오나르도가 채색화를 그리는 동안 미켈란젤로는 소묘에 열중했다.

• 1445~1527. 은행가 출신으로 샤를 8세, 루이 12세, 프랑수아 1세 치세기에 재정총감을 지냈다. 루이즈 드 사부아의 계략으로 사망했다.

그는 피사와 피렌체의 전쟁에서 일화를 골랐다. 목욕 중이던 피렌체 군인들은 피사 군대에 놀라지만, 노련하게 때맞춰 무기를 잡으려고 강가로 서둘러 올라선다. 이것이 미켈란젤로가 다룬 주제인데, 그들 중 한 무리는 젖은 몸 때문에 옷을 입지 못하고, 다른 무리는 허리띠를 매고 등을 보이면서 기어오르며 멀리 주시한다. 이 작품이 아름다워 보이는 것은 운동의 다양성과 해부와 단축법의 달인이 된 경지 덕분이다.

친구 대신 미켈란젤로에게는 추종자가 있었다. 이들은 대단한 극성파였다. 여러 청년이 페루지노 공방을 떠나 미켈란젤로 공방으로 들어갔다.

라파엘로는 이 작품들을 보았고 레오나르도와 왕래가 잦았다. 그 불타는 감수성으로 어떻게 그 모함받는 거물에게 불같은 열정을 보이지 않을 것인가? 온화한 어린 시절부터, 다 빈치의 이름은 그 아버지의 화실에서 보았던 물감 통에 붙어 있었다. 조반니 산티는 운문의 연대기에서 그를 언급하지 않았던가? 그는 레오나르도를 인정하지 않을 수 없지 않았던가. 때로 건방지기도 했지만 어쨌든 차분하고, 우애롭고, 귀도발도를 알아보았던 그 뛰어난 인물을 말이다.

그가 구舊궁전에서 그림을 그리는 동안 레오나르도는 성 안나의 밑그림을 그리면서 조콘다 부인 상을 그리고 있었다. 라파엘로는 즉각 그 기법에서 배울 점을 이해했다. 즉 조화롭고 확고한 형태의 구축과 선의 신비스런 소멸로써 강조되는 리듬과 거대하게 솟아오르는 윤곽과 미묘한 묘사를.

이것이 라파엘로가 처음으로 레오나르도와 미켈란젤로를 보았을 때의 분위기였다.

마사초

레오나르도는 『회화론』에서 이렇게 썼다.

"다른 화가의 작품을 절대적 모범으로 삼는 화가는 열등한 작품만 내놓게 된다. 그러나 자기 연구의 목표를 자연으로 삼는다면 훌륭한 결실을 얻을 수 있다. 한 사람이 언제나 다른 사람을 모방하던 로마 시대 이후로 화가들은 결국 세기가 갈수록 예술이 엄청나게 타락했음을 보여준다. 그 뒤 피렌체 사람 조토가 벽촌에서 태어났다. 그는 자연 그 자체에 고무되어 자신이 보았던 모든 동물을 돌 위에 그리기 시작했다. 그는 오랜 연구 끝에 이런 방식으로 당대의 거장이 되었고, 그다음 세대 모든 예술가의 모범이 되었다. 그 뒤로 예술은 다시금 퇴폐에 빠졌다. 화가들이 조토의 작품을 모방하기 시작했기 때문이다. 그 뒤 마침내 피렌체 사람 마사초가 등장하는데, 그는 자기 회화의 완성을 통해서 모든 거장의 스승인 자연을 모범으로 삼지 않은 사람은 누구나 예술에 이르지 못한다는 점을 입증했다."

마사초는 회화를 되찾았을 뿐만 아니라 르네상스 전체를 잉태했다. 사실상 13세기 말에 찾아온 최초의 각성 이후, 단테, 조토, 대성당과 시뇨리아와 바르젤로의 건설자 아르놀포 디 캄비오와 조각가 니콜로와 조반니 피사노 부자父子 등이 등장하면서, 토스카나는 수도원 안뜰과 금빛 별들이 반짝이는 파란 궁륭 아래에서, 지상으로 내려온 다정한 하느님의 역사를 들려주는 벽화에 둘러싸여 영원히 잠들게 된다. 백 년 이상 살육전을 벌이고 있던 영국과 프랑스의 이웃이었던 만큼 이 평화는 더욱 크게 느껴졌다.

그러다가 갑자기 영국을 쫓아내고 법정에서 "나는 결코 피를 쏟지 않았다"고 말했던 "성 미카엘 천사장"이 보낸 잔 다르크 시대의 사람들이 새로운 메시지를 지닌 두 번째 예술가 세대로서 떠오른다. 즉, 건축가 브루넬레스코, 조각가 도나텔로, 주물조각가 기베르티, 화가 마사초가 그들이다.

라파엘로는 우선 마사초에게 끌렸다. 당연한 일이다. 레오나르도는 소년 시절 어두운 카르미네 예배당의 프레스코를 모사했고 미켈란젤로도 그랬다. 라파엘로는 필리피노 리피가 마무리한 그 프레스코를 모사했는데, 대단히 교묘하고 마사초의 정신에 충실해서 어디에서 한 사람의 작품이 시작되고 어디에서 다른 이의 것이 끝나는지 알려면 두 화가를 모두 연구해야 한다.

가령 마사초가 순수한 감정에서 조토에 가깝다면, 회화적 시각에서는 거리가 있다. 그는 장식과 집과 바위와 풍경으로 꾸며야 할 인물을 외면하지만, 풍경과 인물은 그의 시각 속에 통합된다. 이러한 시각은 이미 「기사의 꿈」 이후 라파엘로의 것이지만, 그러나 그는 거기에서 자신이 좋아하고 구하던 것을 되찾았기 때문에,「통행료 지급」,「천국에서 쫓겨나는 아담과 이브(하와)」를 연구했다.

"마사초는 스물다섯의 나이에 가장 위대한 거장이라도 노년에야 찾아내는 것을 알고 있었다. 즉 물감은 통로로서 입체감이 그 뒤를 따르고, 그림자는 형태 둘레에서 그것을 침묵으로 감싸고, 거기에 그 옆과 뒤에 있는 형태를 결합시키며, 마치 조각가가 깊이를 찾아 대리석을 파나가듯이 깊어지는 단면 속에 그림을 그려넣는다. 그는 자연이 폭로하는 것을 발견했고 이는 그러한 국면들로 이어진다."[7]

라파엘로는 육체와 영혼이 조토와 더불어 박동하기 시작했다고 이해했지만, 정신은 돌연 마사초와 이야기를 나눈다고 이해했다. 왜냐하면, 진실한 몸짓을 찾아내자면 진실한 감정과 진실한 사고를 찾아내야 하기 때문이다. 바로 이러한 의식적 메시지가 스물일곱 살에 수수께끼처럼 로마에서 사망한 이 신비한 화가가 주는 힘이었다. 바사리에 따르면, 당대인은 그를 "못되지 않고 매우 착했지만 무심했던 탓에" 못된 도마〔성서 속 인물〕라고 불렀다.

난생처음 라파엘로는 신의 비극 곁으로 다가가, 고통과 수치로 초췌해진 채 천국에서 쫓겨나는「아담과 이브」를 보았다. 그러나 그들 위로 관대한 천사는 장검을 휘두르면서도 그들에게 좋은 길을 일러준다. 그 길은 그들로 하여금 그리스도가 열어주게 될 문을 되찾게 할지도 모른다. 벽화「통행료 지급」에서 우리가 보는 그리스도는 거대한 집중과 그 주위에 감도는 권능에 넘치는 광채로 전무후무하다.

그런데 오직 레오나르도, 미켈란젤로, 라파엘로, 안드레아 델 사르토 같은 화가들만이 이 작품을 진정으로 이해했던 듯하다. 다시 말해서 이들만이 새롭고 궁극적인 미의 창조자들이다. 1400년대는 특히 오늘날 우리에게서 멀어진 마사초의 자연주의적 측면을 보았다. 왜냐하면, 이 이른 세기는 또 다른 오류, 즉 선택하지 않고서 자연을 충실하게 모사한다는 오류에 빠져 있었기 때문이다. 그토록 기쁨과 열정으로 그 세기를 구했던 것은 가장 낡은 것에서 은밀한 시적 감흥을 풀어냈다는 점이다. 그러나 그 세기말에 베로키오는 「그리스도의 세례」에서 마사초의 정신을 되찾았고 이미 안일에 젖기 시작하던 피렌체 회화에 개성을 되찾아줌으로써 그것을 구했다. 우리가 알다시피 레오나르도는 그의 제자였다. 조토 이후, 라파엘로의 위대한 스승이 마사초와 레오나르도였던 것처럼….

천국의 문

마사초가 카르미네, 산타 마리아 성당 부속 브랑카시 예배당에 프레스코를 그리고 있을 때, 같은 또래의 청년이 피렌체에서 가장 오래된 성당으로, 주민들이 항상 세례를 받는 유서 깊은 산 조반니 세례당의 청동문을 주조하고 있었다.

1424년 4월 19일 모든 주민이 대성당 광장에 모여 두 문짝을 돌쩌귀에 맞추었다. 옛것은 조토의 데생에 따라 안드레아 피사노가 뜬 것이고, 새것은 보석상 아들 기베르티가 완성했다. 진정한 의미의 민중, 다시 말해 도시민은 이 문과 저 문을 오가며 토론하고 비교하며 감탄했다. 그 작업은 스물두 해나 걸렸다. 그러나 오늘날 서로 마주보는 그 두 문은 서로 구별하기 어렵다. 기베르티는 피사의 작품의 연장선에 있었다.

이렇게 그 성공에 고무되어 그는 완전히 자유롭게 세 번째 문을 만들 보장을 받았다. 그가 작업에 착수한 동안 브루넬레스코는 원개를 세우고 있었다. 이 작업은 스물여덟 해가 걸렸다. 아버지는 첫 번째 문을 주조하는 것을 도왔고 아들은 돌쩌귀 위로 장엄하게 미끄러져 들어갔던 두 번째 문의 같은 작업을 도왔다. 그때는 1452년 6월 16일, 바로 레오나르도가 태어난 해였다. 바로 얼마 뒤 기베르티는 예순넷의 나이로 사망했다. 그는 일생을 이 두 작품에 바쳤다. 이렇게 예술적 창조에 시간은 중요한 요인이다. 사람들은 예술작품이 그 규모나 부피에 좌우되지 않는다는 것을 알게 되었다. 뿐만 아니라 50년 이상 상인조합이 이 예술가를 충분히 지원했다.

세 번째 문이 완성되었을 때, 사람들은 오래전부터 피렌체가 꿈꾸어왔던 작품 앞에 서 있다는 인상을 받았을 듯하다. 그것은 기술과 예술과 표현의 놀라운 기적이었다. 기베르티는 조각가이자 화가, 금은세공사로서 새로운 감정의 종합을 표현했다. 이때부터 그는 마사초와 나란히 청년들의 위대한 교육자가 된다.

미켈란젤로는 그 문이 천국의 입구를 장식할 만하다고 주장했다. 더 나중에, 자신이 시스티나 예배당에 아담의 창조와, 골리앗을 죽이는 다윗과, 술에 취한 노아를 그릴 때 미켈란젤로는 거대한 크기로 확대하기 좋아하는 태도에서 기베르티의 문을 기억하고 있었다.

「천국의 문」이 결코 모작이 아닌 걸작인 까닭은 전체와 부분의 완벽한 개념 때문이다. 그것들은 10개의 장으로 구성되었다. 그 각각의 부조판은 가장 능숙한 화가의 솜씨에 견줄 만하다. 각 문짝은 벽감 속에서 있거나 누운 작은 입상들로 둘러싸였다. 두 문은 다람쥐가 오물오물 입을 놀리거나, 라파엘로가 로마의 파르네시나 궁의 장식화에서 다시 취하게 되는 주제인 새가 쪼는 과일이나 화환으로 둘러싸였다.

부조, 입상, 화환은 젊고 순수하며, 조토풍의 작품과 다른 균형을 취한다. 그 시대는 격렬한 감정보다 절제된 몸짓을 담고 있었다. 그 시대는 이런 전체의 조화, 즉 열정을 감추며 나른해 보일 만큼 태평함을 추구했다. 즉 외치는 것이 아니라 노래하길 바랐다. 누가 라파엘로만큼 이것을 이해할 수 있었을까?

피에로 델라 프란체스카의 힘찬 인체상과, 페루지노의 유연한 나체와, 미켈란젤로가 다윗 상을 도발적인 알몸으로 재현한 이후, 그는 기베르티가 그 작은 인물상을 통해서 고대 그리스에서 그토록 짜릿하게 추구했던 포착하기 어려운 미, 다시 말해서 순결하고 눈부신 나체를 실험했다는 것을 이해했다.

기베르티는 처음으로 고대 작품의 장점을 수용한 인물 축에 속한다. 피렌체에서 발굴된 인체상을 언급하면서 그는 그 제작 수법의 미묘함에 감탄하고, 그것을 일광이나 그늘 속에서 주시하는 것만으로 부족하며, 그 모든 세련을 찾아내려면 손가락으로 더듬어보아야 한다고 했다.

그러나 고대 조각의 영향을 지나치게 과장하지는 말자. 고대 입상 대부분이, 게르만족의 침입기에, 망령이 들어 있다면서 목을 자르고 땅에 묻고 했던 것이다. 기베르티는 우리에게 남긴 비망록에서 자신이 로마에서 본 것을 이야기하는데, 그는 입상 여섯 점 외에 달리 아는 것이 없었다. 다른 것은 전부 나중에 발굴되었고 그 대부분은 라파엘로가 조직한 체계적 발굴 계획에 들어 있었을 뿐이다.

이탈리아 예술가에게 자연과의 투쟁은 우리가 그 자취만 아는 고대에 대한 모방보다 훨씬 더 중요했다. 마사초, 기베르티, 루카 델라 로비아, 이들 모두에게 자코포 델라 퀘르차나 도나텔로와 마찬가지로, 현실은 더 고귀한 진실을 표현하는 수단일 뿐이다.

루카 델라 로비아 또는 성모와 아기

가장 오래된 재료는 점토다. 원시인은 그것으로 항아리와 갖가지 종류의 그릇을 빚었다. 그러던 어느 날 예술적 감정이 깨어났으며, 도공은 흙을 주무르면서 손가락 끝에서 꽃과 식물, 동물과 인간을 모방하게 되면서 마침내 예술가가 탄생했다. 훨씬 뒤, 문명의 개화기에 그리스 조각가는 원시 미술에 도움을 구했고 또 그리스 집을 장식한 연후에, 박물관에서 우리가 즐겨 바라보는 그윽한 타나그라 인형을 창조했다. 이 예술은 오랫동안 잊혔다. 이탈리아 조각가들이 모형용 소조를 제외하면 점토를 거의 사용하지 않았기 때문이다.

모든 재료 가운데 가장 천박한 점토의 조형적 · 회화적 가치를 재발견한 것은 루카 델라 로비아였다. 그러나 그는 거기에 '칠피漆皮' 즉 에나멜 광택제를 새로 추가했다. 이 기법은 바빌로니아 신전 장식벽돌에서 보듯이 오래된 것인데, 페르시아를 거쳐 아랍으로 전해졌다. 아랍인은 이것을 일상적으로 사용했다. 왜냐하면, 구운 점토〔테라코타〕는 예언자 마호메트가 허용한 유일한 재료였기 때문이다. 에스파냐에서 추방된 아랍 사람은 마요르카 섬*의 발레아레스에 그 공방을 세웠고 바로 거기에서 그 도기의 이름이 된 '마요르카'라는 말이 나왔다.

루카 델라 로비아와 그 계승자는 이 기법으로 소상과 저부조와 성상을 만들었을 뿐만 아니라, 라파엘로가 '인노첸티' 병원 정면에서 보았던 장식도 이 기법에 따라 제작했다. 보통 '테라코타'라고 하는 이런 점토상은 크게 유행했고, 그것을 분수와 정원과 수많은 주택에서 찾아볼 수 있다. 그리스 타나그라 이후로 어떤 예술작품도 이보다 더 크게 애호되지 않았다.

루카는 사실상 민중의 친구인 가정의 성모를 창조했다. 참다운 예술가로서 그는 결코 같은 주제를 반복하지 않았으며 주제의 다양성은 고갈되지 않았다.

치마부에와 조토의 성모상은 하늘의 딸 같은 자세를 간직한다. 그녀가 무릎에 안은 아기는 차라리 그녀의 뱃속에서 나온 아기라기보다, 솔로몬 지혜서의 대변자 같다. 화가들은 오래전부터 군중의 본능에 맞춰 동정녀와 인간을 근접시키려 했다. 루카는 우리가 그것을 눈치 채지 못할 정도로 단순하게 종합을 실현했던 인물이다. 그의 작품과 이름을 훼손한 것은 완전히 장식적이며, 대중 취향에 아첨해야 했던 자연주의적 탐구에서 비롯된 그 가족의 작품이다. 안드레아와 조반니 델라 로비아의 작업은 오랫동안 비평가와 애호가를 당황하게 했다. 그러나 라파엘로는 거기에 속지 않았다. 그는 첫눈에 페루지노를 능가하는 루카 작품

* 에스파냐 대서양 연안의 발레아레스 군도의 가장 큰 섬.

의 자명한 우월성을 알아보았다. 루카는 이미 여유와, 참신한 상상과, 온화함, 그리고 이탈리아는 물론이고 유럽의 다른 지역 예술가와 토스카나 예술가를 구별해주는 무르익은 열정을 지니고 있다.

루브르 소장의 테라코타 작품으로, 두 천사에 둘러싸인 채 무릎 위에 아기를 안은 동정녀는 얼마나 사람의 발길을 멈추게 하던가. 놀라운 것은 그 발상의 단순성과 위대함이다. 손을 맞잡고 찬양하려고 몸을 기울인 오른쪽의 작은 천사는 그 자체만으로도 순수성과 관찰력이 뛰어난 걸작이다. 성모는 이미 라파엘로와 안드레아 델 사르토의 작품에서 종종 나타나는 이러한 태연함과 꿈꾸는 분위기를 띤다. 그렇게 그녀는 인간적 운명의 분위기 속에 살아 있는 것이 아니며, 인간 같지도 않다. 이는 필리포 리피라던가 보티첼리의 온화한 동정녀와 다른 점이다. 그녀에게 일종의 거룩함을 부여하는, 구원과 모성의 신성神聖이지만 아무튼 신성이 광채가 되어 그녀를 둘러싼다. 바로 이것이 레오나르도가 '스푸마토'를 통해 표현하려 했던 분위기이다.

루카 델라 로비아 이전에 누구도 그와 같은 사랑으로 어린이를 다루지 않았고 그토록 자연스럽게 다루지도 못했다. 비잔티움 사람과 프리미티브 작가에게 어린이는 상징이었고, 귀여운 인형처럼 그리고, 조각하는 소재였다. 조토조차도 그랬다. 조반니 피사노는 조각가로서 유일하게 아기를 개성적 인격으로 다루었지만 그에게 추종자는 없었다. 루카 이후 화가들은 아기 예수를 오늘날 우리네 아이들이 갖고 노는 통통한 밀랍 인형과 기이하게 닮은 인형으로 계속 제작했다. 바로 그런 것이 페루지노의 아기 예수 상이다. 다른 여러 사람이 루카 델라 로비아의 아기 상이 마사초의 인물과 마찬가지로 생동감이 넘친다고 하면서 어린이 묘사에 응용했다. 이렇게 루카 델라 로비아 이후, 아기 예수를 다루던 화가들은 오늘날 삼류 문인과 마찬가지로 유년기의 문제를 다룰 때마다 감상주의와 천박성 사이에서 우왕좌왕한다.

수많은 습작 끝에 레오나르도는 「바위의 동정녀」에서 아기에게 그 완벽한 충만감을 부여했다. 그 뒤 라파엘로는 아기에게 신성한 후광을 둘러주며, 안드레아 델 사르토와 소도마는 아기의 장난꾸러기 같은 매력을 자신들의 기본적 매력으로 삼는다. 그들 이후로 우리는 예수회 성당들의 원개에서, 성화에서, 옆에 있는 이들에게 짓궂은 이야기를 속닥거리고 천진하게 촐싹대는 이 깜찍한 천사들을 보게 된다.

라파엘로의 위작

결코 거슬러질 줄 모르는 예술적 법칙이 있다. 예술가는 스스로 느낀 것을 설명할 수 있을 뿐이다. 문인과 음악가는 단어와 음표의 조합으로 일시적으로 변화를 줄 수 있다. 그러나 조각가와 화가는 그렇게 하지 못한다. 추한 영혼이 미를 창조할 수 없다. 페르시아 전설에서 아리만이 오르므즈를 모방해서 인간을 창조하려 했을 때, 그가 만들어낸 것은 원숭이였다. 이와 마찬가지로 어떤 그림의 정확한 모사는 존재하지 않는다. 레오나르도의 제자 마르코 도지오네*가 스승의 「최후의 만찬」을 모사한 작품은 그 벽화의 주제와 예술적 형태를 잘 보여준다. 그렇지만 그것이 우리에게 드러내는 혼은 레오나르도의 것이 아니며, 완전히 얌전한 모사화가의 것일 뿐이다. 라파엘로 작품으로 간주되는 수많은 성모와 성가족 상 가운데 그의 공방에서 나온 것은 거의 없으며, 그의 붓

* 1475~1530년경. 이탈리아 화가. 다 빈치 수법을 가장 열렬하고 충실하게 모방했다. 밀라노 산타 마리아 델라 파체 성당에 그린 프레스코화 「성모승천도」가 유명하다.

에서 나온 것은 더더욱 희귀하다. 루브르 박물관에 있는 단 두 점만이 진품이다. 즉 「아름다운 정원사」와 「파란 왕관을 쓴 성모」가 그것이다. 이 두 점은 순수한 걸작이지만, 「아름다운 정원사」를 주의 깊게 살펴보면 그 파란 망토는 황금빛 색조의 밝은 풍경 속에서 심각한 오점이다. 라파엘로가 피렌체를 떠나면서 그 작품을 미완으로 남겨두었고, 그의 친구 리돌포 기를란다요*에게 마무리를 맡겨놓았기 때문이다.

레오나르도는 베로키오의 유명한 「그리스도의 세례」에 무릎 꿇은 천사를 그려 넣었다. 이 천사는 대단히 아름답기는 해도 그 엄격한 스타일과 전혀 어울리지 않는다. 레오나르도의 제자들은 루브르의 「바쿠스」를 마무리했다. 반면 레오나르도는 제자들의 그림을 수정해주었다. 베로키오의 제자로서 페루지노는 자신의 작업 과정에 똑같은 관행을 도입하곤 했다. 「캄비오」의 벽화에서 라파엘로의 붓과 그의 스승이나 조수의 솜씨를 사실상 구별할 수 없다.

라파엘로 또한 같은 방식이었다. 그는 나중에 프랑수아 1세의 거대한 「성가족」의 밑그림을 그리게 되고, 제자 줄리오 로마노가 그것을 채색했지만 아무튼 라파엘로는 거기에 주저 없이 서명했다. 이와 같은 화실의 연대작업 때문에 지난 세기 동안 수많은 회화작품의 계보를 확인하기 어렵다. 특히 라파엘로의 것으로 간주되는 성모상이 그랬다. 미술비평이라는 직업은 예리한 안목과 따뜻한 혼을 요구하지만, 특히 철판을 두른 듯 냉정한 혼이 요구된다. 왜냐하면, 무수한 라파엘로 위작 소

• 1483~1561. 이탈리아 화가로 거장 도메니코 기를란다요의 아들. 라파엘로의 영향이 뚜렷한 작품을 남겼다.

유자와 신경질을 부려가며 상당히 맹목적으로 미술관의 자랑거리를 옹호하는 학예관에게 유감을 토로해야 하기 때문이다.

진정으로 라파엘로를 이해하려면 진품성을 확신한 작품만 판단해야 한다. 주제와 형식, 요컨대 예술적 형태에 대한 유추만 찾아서는 부족하다. 거장의 작품은 항상 그 작가의 예술혼을 드러내는 것이라는 점을 이해했다는 점이야말로 19세기의 장점이다. 루브르의 「파란 왕관을 쓴 동정녀」와 나란히 「로레토의 동정녀」 혹은 작은 「성가족」을 차례로 들여다보면, 이 두 작품에는 「파란 왕관을 쓴 동정녀」가 빚어내는 매력적인 광채가 없다. 「로레토의 동정녀」의 데생과 색채와 감정적 표현과, 작은 「성가족」은 한 화실의 작품이라기보다 같은 화파의 작품이다. 「발다사레 카스틸리오네」와 「잔느 다라곤」을 비교해보자. 카스틸리오네의 초상은 결코 모방할 수 없는 섬세한 부감浮感으로서 모델의 세련된 조신朝臣의 성격을 느끼게 한다. 잔느 다라곤의 밑그림을 그리게 하려고 라파엘로는 제자 줄리오 로마노를 나폴리로 파견하고, 그의 천박한 솜씨에 근거해서 그림을 완성했다. 그것은 이 여걸女傑의 전형적 초상일 뿐 별것 아니다. 라파엘로의 자존심이 걸려 있었다는 점을 말하지 않는 것은 친구 비비에나 추기경이 주문했던 이 그림을 프랑수아 1세가 차지했기 때문이다. 그 당시 라파엘로는 거물들의 안목을 상당히 무시했다. 평소처럼 빈정대면서 비비에나가 이렇게 말했을 것이다.

"크게 그리지 그래, 그리고 뻘건 색을 잔뜩 칠하고 말이야! 임금을 위한 것이니까!"

이사벨라 데스테는 안달했지만 그의 손에서 아무것도 얻어내지 못했다. 아마도 라파엘로는 귀도발도와 엘리사베타 몬테펠트로가 우르비노를 탈출할 때 이사벨라가 저지른 배신을 잊지 않은 듯하다. 그런가 하면 다른 군주들도 겨우 제자들의 그림이나 얻었다. 그러나 일에 치이면서도 그는 수도원을 위해 「마돈나 알바」와 「시스티나의 성모」를 그렸다.

레오나르도와 미켈란젤로와 라파엘로 모두 군주들에게 작품을 매우 비싸게 팔았고 친구들에게 가장 빼어난 작품을 주었다. 미켈란젤로는 노예상, 소묘, 페라라 공을 위해 제작했던 「레다*」를 모두 선물했다. 그는 페라라 대사가 자기에게 불손했기 때문에 공을 위해 그린 그림을 내놓지 않으려 했다. 그리고 지금은 피렌체 산타 마리아 델 피오레의 후진後陣에 있는 감동적인 「십자가에서 내려서는 그리스도」라는 그의 최후의 조각품도 선물했다. 라파엘로는 「방울새와 동정녀」를 친구 로렌초 나시의 결혼 선물로 주었으며, 빈 미술관의 「초원의 동정녀」를 타데오 타데이에게 선물했다.

티치아노, 코레조, 루벤스 그리고 귀도 레니를 예술의 지존으로 간주하던 수 세기 동안, 사람들은 특히 라파엘로의 위작에 열광했다. 루브르의 「우울한 청년 상」, 「바이올리니스트」, 마드리드의 「진주와 고통」, 「알도브란디니의 성모」, 런던의 「양초 곁의 성모」 등….

루브르에 있는 만테냐의 위작을 보면 이는 놀랄 일도 아니다. 「파르나소스」와 「사악의 우상」은 오늘날 모든 진지한 방문객의 발길을 멈추게 하는 걸작인 「십자고상」과 「성 세바스티아누스」보다 더 지난 세기 동안 이 거장을 영예롭게 했었다. 파르나소스와 사악의 우상은 분명히

* 조반니 파피니는 『미켈란젤로 부오나로티』에서 이 일화를 자세히 소개하고 있다.

만테냐와 동시대의 베네치아 사람 몬타냐•의 것이기는 하니까 이해할 만한 일이다. 만테냐와 몬타냐의 비슷한 점이라고는 그들의 몇몇 그림에서 발견되는 꽃과 과일로 엮은 장식뿐이다.

오랫동안 뛰어난 비평가들이 라파엘로의 위작과 사라진 작품의 모사품과, 「성 미카엘」처럼 제자가 그린 작품을 확인해왔지만, 파리, 런던, 마드리드 그리고 여타 미술관들에서도 제대로 된 안내서를 들춰보지도 않고서 이런 그림들을 보러 오는 관중을 깨우치지는 못한다.

어떤 작품을 감상한다는 것은 항상 예술가의 정신과 수법을 이해하는 것이리라. 그래서 편견이 없는 방문객이라면 「아름다운 정원사」 위에 걸린, 형편없는 성 요한이 발다사레 카스틸리오네의 초상을 그린 솜씨와 같은 손으로 그려진 것일 수 없다는 사실을 즉각 알 수 있다.

• 1449~1523. 이탈리아 화가이며 베네치아 화파의 창시자로 간주한다. 만테냐와 조반니 벨리니의 영향을 받았지만 본문에서 말하는 루브르에 소장된 만테냐의 작품을 그의 위작이라고는 하지 않는다.

라파엘로, 첫 번째 동정녀를 그리다

루카 델라 로비아와 라파엘로와 안드레아 델 사르토의 성모가 특히 매력적인 것은 그 진정한 여유에 있다. 그녀는 자신에게 다가오는 것을 받아들일 자세가 되어 있고, 보호하고 지킬 준비가 되어 있다. 그녀가 무릎이나 품 안에 아기를 안을 때 그렇게 하듯이 말이다. 그녀를 보면서 우리는 뜻밖에도 신자가 오시리스* 신상의 손을 잡을 때, 그 여신은 '사아'라고 부르는 생명의 물줄기로 그를 적셔준다는 이집트 전설을 생각하게 된다.

미켈란젤로와 레오나르도의 동정녀는 그녀의 내면세계의 비밀을 소중하게 간직하고서, 거리를 두고 닫힌 존재들이다. 오직 레오나르도의 "성 안나"만이 그 원숙한 지혜와, 그 몸에 익은 선의로써 우리를 받아들일 준비가 되어 있다.

• 고대 이집트에서 원래 식물 성장을 지배하는 신이었으나 차츰 죽음과 재생을 상징하는 신이 되었다.

중세의 동정녀, 특히 비잔티움의 동정녀는 하늘의 '마에스타' 즉 절대 지존이었다. 그녀는 우선 모자이크 작품에서 콘스탄티노플의 여제女帝와 같은 계보를 이루었고, 이를테면 그녀의 신성한 자매였다고 하겠다. 한편 그리스도는 제일의 자리를 차지하면서 제단을 지배하는 내진 전체를 장식했다. 그는 위에서 내려다보면서 향과 기도를 받아들였다. 귀스카르 가와 호헨슈타우펜 가에서 지은 팔레르모 위쪽의 몽레알레 대성당의 둥근 지붕과 팔레르모와 메시 사이의 체팔루의 둥근 지붕들은 16, 17세기에 훼손되었지만, 아직도 우리에게 1000년대 기독교인의 위력을 보여준다. 우리는 그 모습에서 단테의 소망을 이해한다.[8]

지존의 하느님, 저희를 위해 이 땅에서 십자가에 못 박히셨는데,
그 의로운 눈길을 정녕 다른 곳으로 돌리셨는지요.
저희로서는 알 수 없는 당신의 그 심오한 지혜 속에서마저
그 시련은 저희의 복을 위한 준비가 아니었다는 말입니까.

점차 단테가 불러일으켰던 그리스도-제우스는 성모에게 자리를 양보하면서 사라졌다. 화가, 모자이크 작가, 예술가들이 신통력을 발휘할 수 없는 무능을 느낀 탓일까? 피사 대성당 내진에서 치마부에의 그리스도 상을 보면서 그렇게 생각할 수도 있다. 또 사람들이 이제는 더는 정의와 힘을 요구하지 않고, 지상의 여제이든 하늘의 여왕이든 아무튼 한 여인으로부터 받아내기에 유리한 애덕을 요구했다고 하겠다.

조반니 피사노와 조토가 동정녀를 인간화하면서부터 그녀는 더욱더 인간적인 모습이 되었다. 루카 델라 로비아 이후 동정녀는 수직繡織을

화려하게 걸치고, 조심스럽게 다듬어진 후광을 머리에 이고서, 정성껏 돌보고 씻기고 키운 잘생긴 어린 아들을 자랑스레 응시하는 대부인大婦人이거나, 정감에 넘치는 모습으로 튼튼하게 자란 어린 아들에 감탄하는 촌 아낙네로 그려진다.

조토 마사초도, 루카 델라 로비아, 기베르티도, 레오나르도 다 빈치도 라파엘로를 설명하기에 부족하다. 당대의 모든 청년이 그들의 영향을 받았거나 받을 수밖에 없었지만 특히 조토, 마사초, 루카 델라 로비아, 레오나르도가 아니라면 우리는 라파엘로를 볼 수 없었으리라.

놀랍게도 반복되는 것이 있다. 즉 팔레르모 미술관에 있는 셀리누스•의 주름진 소간벽小間壁과 「벨베데르의 아폴론」, 피렌체 아카데미에서 있는 8, 9, 10세기의 토스카나 프리미티프 작가들과 라파엘로의 성모는 같은 발전을 보여준다.

라파엘로는 여덟 살에 어머니를 잃었다. 빵이나 대기와 마찬가지로 절대적으로 어머니의 애무가 필요한 나이였다. 계모는 우리의 상상처럼 못되게 굴지는 않았지만 아무튼 그의 인생에서 제 역할을 못 했다. 그렇지만 그의 페루자 체류기까지 재판을 끌었던 덕분에 우리가 그 체류 기간의 일을 정확하게 아는 데에 도움을 주기는 했다.

그는 잃어버린 어머니의 사랑을 깊이 그리워하며 수많은 동정녀를 줄기차게 그리면서 그것을 되찾고 싶어하지 않았을까.

피렌체에서 겪었을 고독이 그러한 탐구에 유리하게 작용했다. 소라

• 시칠리아 섬의 고대 도시로 기원전 5세기에 카르타고에 멸망했다. 주로 이 무렵의 유적이 발굴되었다.

공작부인의 편지는 별다른 효과가 없었다. 점점 더 미켈란젤로에 심취하게 된 소데리니는 이 어린 촌놈의 습작에 무심할 수밖에 없었다. 하지만 바초 다뇰로는 그를 환대했다. 다뇰로는 만약 미켈란젤로가 개입하지 않았더라면 대성당 원개를 완성했을 건축가로, 라파엘로는 그의 집에서 바르톨로메오 신부를 알게 되었을 듯하다. 그는 또 미켈란젤로가 자신을 위해 오직 한 점뿐인 유화 「성가족」을 그렸던 안젤로 도니의 초상을 그에게 주문했다. 뿐만 아니라 라파엘로는 도니의 부인을 그리기도 했는데, 거기에는 조콘다의 영향이 눈에 띈다. 그는 로렌초 나시와 타데오 타데이와도 친분을 맺게 되지만, 여전히 재능 넘치는 수많은 청년 화가 가운데 하나였을 뿐이다.

조콘다는 쉴 틈 없이 해부학을 연구하고, 마사초의 프레스코 벽화와 레오나르도의 소묘를 모사했다. 그는 우선 움브리아의 영향은 여전하지만 더욱 자유롭고 피렌체에서 더 많은 것을 끌어낸 스타일로서 「대공의 동정녀」를 그렸다. 이 작품에서 동정녀는 눈을 살며시 뜨고서, 포근한 보호자의 몸짓으로 자신의 팔로 기적을 끌어안고 있다고 확신하려는 듯이 아기를 끌어안고 있다.

「대공의 동정녀」는 대성공이었고, 페루지노의 성격을 닮은 이 화가는 일생, 돈과 명예를 얻으려면 약간의 이본만을 내놓으면 되었다.

사보나롤라의 영향으로 보티첼리와 필리피노 리피는 성모의 아름다운 의복을 벗겨냈고, 그 예언자의 말을 가슴에 새겼다.

"동정녀는, 똑똑히 들어보시오, 창녀 같은 차림이었소."

그렇지만 그의 초기 작품에서 그토록 온화한 보티첼리의 동정녀 상은 차츰 세속의 우울한 표정을 띠고 상투화됐다. 그녀는 하늘에서 지상에 대한 그리움을, 지상에서 하늘에 대한 추억을 간직한 듯하다. 라파 엘로는 언제나 그렇듯 아무것도 바라지 않는다. 즉 그는 자신의 비전을 옮긴다. 그 비전은 항상 위대한 고대 희랍인의 비전에 바짝 근접한다. 신들은 신성을 정복하려는 존재에게 인간적 형태를 즐겨 부여하기 때 문이다.

그런데 진정한 주제는 사랑의 표현이 아니라, 하나는 옷을 입고 다른 하나는 벗은 두 신체로서, 두 형태를 하나로 묶는 윤곽을 그려내는 문 제였다. 그러나 그렇게 완벽한 성공을 거두자면, 사랑하고 이해하는 재 능과 절제된 미에 대한 보기 드문 감각이 필요했다.

전설에 따르면 그 작품을 토스카나에서 어떤 가엾은 과부에게서 구 입했다는 토스카나의 페르디난도 3세가 제목을 붙인 「대공의 마돈나」 를 거의 끝내갈 무렵에, 라파엘로는 그 결과가 불만스러워 다시 한 번 그리려 했다고 한다. 휘날리는 옷자락과 아기의 자세는 회화적 표현을 위한 것이지만, 「마돈나 템피」[9]의 결과는 「대공의 마돈나」와 비교할 수 없이 빼어난 이본이다.

어머니란 언제나 아기의 질환과 사건과 불행을 걱정하지만, 더구나 전란의 시대라면 어느 때든 돌림병이나 혹은 그림 속에서 그토록 대중 적 소재로 알려진 잔인하게 '무고한 아기 학살'을 반복하는 침략자 무 리에게 아기를 빼앗길 수 있다. 이런 고난의 시대에 모자를 묶어주는 연대는 더욱 끈끈하다. 이런 열정으로, 「마돈나 템피」는 아들을 가슴에 품고, 뜨거운 감정으로 아기의 뺨을 자신의 것에 비비고, 모성의 입맞 춤으로 그 입술을 탐하지만, 이 모성은 고통스런 동시에 기쁜 황홀경 속에서 순수한 육체로 피어난다는 점이 새롭고도 세련되었다. 라파엘로의 첫 번째 완전한 창작품인 아기는 성모의 움푹한 뺨 속에 자기의 뺨을 숨긴다. 그 어머니의 사랑 속에 빠져 있긴 하지만, 황금빛 밀과 같은 성모보다 더욱 짙은 머릿결과 그에 못지않게 어두운 시선은 멀리서 밀려드는 악의 물결을 주시한다.

모자는 이렇게 마치 한 덩어리 조각상 같다. 가령 윤곽이 놀랍도록 단순한 리듬이라면, 세부와 성모의 손과 아기 발의 섬세함과 색채의 조화를 뭐라고 해야 할까?

샹티이*의 「오를레앙의 동정녀」와 런던의 「브리지워터의 동정녀」는 착석한 동정녀의 무릎 위에서 상반신에 기댄 채 그녀의 품에 느긋하게 안긴 아기의 모습이다.

그 뒤 화가는 레오나르도의 성 안나를 다시 소재로 삼아 어린 성 요한(세례)이라는 새로운 인물을 거기에 추가한다. 그리고 그는 세 사람의 동정녀를 피라미드 형태로 그렸다. 이 작품에서 성모의 머리가 그 정점을 차지하고 어린 두 아기가 밑변의 두 각을 이룬다. 빈의 「초원의 성모」, 우피치에 있는 「방울새와 동정녀」, 루브르의 「아름다운 정원사」 등은 거의 모든 화가가 모방했다. 그 중 루브르에 있는 안드레아 델 사르토의 「애덕」은 거의 알아차리기 어려울 정도로 단순한 힘으로 넘치는 가장 이상적인 성과다.

피라미드 구도에 담긴 동정녀 상은 풍경이 인물과 밀접하게 결합된다는 점에서 특히 매력적이다. 나무와 구름, 초원과 푸른 하늘을 배경

• 파리 북쪽 교외의 바로크 양식의 성. 초상 컬렉션이 훌륭한 콩데 미술관이 자리 잡고 있다.

으로, 항상 변함없는 청춘과 봄과 음악이 출현한다. 자연의 영원한 젊음과 인간의 영원한 봄과 공간의 영원한 음악이….

플라톤에 따르면 요컨대 아름다움이란 부분의 비례도 아니고, 색채의 생동감도 아니다. 의사소통이 되는 것 혹은 미의 본질을 나타낸다.

필자의 말을 증명하는 일화 한 토막을 소개해보겠다. 몇 해 전 페루지노와 보티첼리의 열광적인 팬인 어떤 문인이자 미술평론가는 라파엘로가 그린 동정녀가 기껏해야, 향긋한 비눗갑 장식에나 어울릴 뿐이라고 했다. 이런 건방진 어조의 주장에 분개한 한 젊은 철학도는 라파엘로를 위한 복수를 다짐했다.

그는 라파엘로 작품 대부분을 원색도판으로 갖고 있었다. 그것을 한동안 들춰보던 그는 「방울새와 동정녀」를 보는 순간 갑자기 어떤 생각이 떠올랐다. 라파엘로를 무시했던 사람은 단지 동정녀에게 험담을 했을 뿐 아니라 라파엘로가 페루지노 수준의 풍경도 그릴 줄 몰랐다고 주장했다.

철학도는 「방울새와 동정녀」를 둘러싸고 있는 가느다란 가지에 매달려 떠는 듯한 잎사귀와, 나귀 등처럼 굽은 다리 아래로 졸졸 흐르는 물과, 미묘한 물푸레나무를 특히 주목했다. 그는 이런 자연의 세련된 붓놀림에서 일본 풍경화를 연상했다. 그는 그 평론가가 일본과 중국 회화의 전문가로 통한다는 점을 기억했다. 그래서 그는 가위로 풍경의 오른쪽과 왼쪽을 조심스레 잘라내어 친구들(라파엘로에 대한 공감 때문이라기보다 비판에 반감을 보인 친구들)을 찾아가 자신의 계략을 설명했다.

살롱에서 모임이 있는 목요일에 이 젊은 철학도는 순진한 표정으로,

지갑에서 두 장의 종이를 꺼내 라파엘로를 험담했던 사람 앞에 펼쳐놓고 정중하고 진지한 어조로 이렇게 말했다.

"선생님께서는 아시아 회화 전문가이시지요. 이 작은 복제본이 일본 것인지 중국 것인지 좀 가르쳐주시겠습니까…. 이것들이 일본 것이라는 데에 제가 일백 수를 걸겠습니다만."

그러자 비평가는 곧바로 이렇게 대꾸했다.

"자네가 졌네. 일본 것이라고 하기에는 매우 아름답군. 이토록 세련된 미술이라면 중국 것뿐일세."

청년 철학도는 감사를 표하고 나서 비평가가 조심스럽게 오랫동안 검토하도록 한 다음, 복제물을 주머니에 다시 챙겨 넣었다. 청년이 득의만면한 모습이 되자, 라파엘로를 험담한 평론가는 그에게 게임에 진것이 그렇게 좋으냐면서 놀라 되묻기까지 했다.

갑자기 이기려 하지 않고 신중하기로 했지만, 평론가의 이런 주장 앞에서 웃음이 터질 수밖에 없었다. 그의 오해를 해명해주자, 이 평론가는 이렇게 단호하게 응수했다.

"아주 간단한 문제일세, 여러분의 라파엘로는 중국 그림을 모사했을 테니까."

청년 철학도가 다시 "하지만 당신밖에 그것을 알 수 없지 않았습니까?"라고 대답하자 그는 또다시 "알고 있었고말고. 자네 스스로 그 증거를 내게 들이대고 있지 않나"라고 했다.

내가 직접 들었던 이 일화는 우선 라파엘로 풍경화의 실질적 아름다움과 독창성을 보여주며 이른바 그가 활용했던 모델의 문제를 건드린다. 그의 선배 가운데 누군가에게서 모티프를 빌렸다고 말하지 않았던 작품이란 하나도 없다. 그런데 「동정녀의 결혼식」을 이야기하면서 보았듯이 뒤러든, 도나텔로든, 기베르티든 레오나르도든, 아니면 그 누구의 것이든, 그 원작을 마주할 때마다 우리는 라파엘로의 작품이 그 원작과 마치 어떤 사람이 또 다른 어떤 사람을 닮았듯이 비슷하고, 스포찰리초가 그의 것을 따라 그렸던 「카인의 결혼식」과 닮았음을 볼 수 있지 않던가! 즉 그가 과거 위대한 화가들의 영향을 받았다기보다, 그는 그들의 정신에 동화되었고 그것을 자기 것으로 소화했다. 마치 괴테가 라바터*의 스타일에 동화되었듯이 말이다.

코레조 예찬자는 라파엘로의 성모상들이 거의 엇비슷하다며 이렇게 반박하기도 한다.

"우아한 스타일, 순결하며 순진한 마음이 훌륭하다. 순진하고 훌륭하지만 그녀들에게서 감동은 없고 그저 기분 좋은 것일 뿐이다."[10]

이 점에서, 우리는 관객이 작품에서 자기 자신만의 특별한 감정을 찾는다고 할 수 있다. 피렌체의 우피치 미술관에서 그토록 많은 그림 사이에서 모험심에 넘쳐, 이해하지 못하는 그림들을 수줍게 응시하던 민중 아낙네를 어떻게 잊을 수 있을 것인가? 갑자기 한구석에서 아무도 주시하지 않던 「방울새와 동정녀」를 알아보고서, 성모 앞으로 달려가 반색하는 얼굴로, 하늘로 손을 쳐들고 "오 주님, 얼마나 아름다운지요!"를 외치던 여인 말이다.

그런데 목판에 그린 「방울새와 동정녀」는 로렌초 나시의 집이 1547년에 무너졌을 때 파괴되었다. 로렌초의 아들은 부서진 조각들을 수습

• 1741~1801. 스위스 신학자·문인, 관상학에 대한 유명한 저술을 남겼다.

해서 그림을 조심스럽게 수선했다. 라파엘로의 동정녀와 티치아노의 비너스 앞에서 텐느*는 항상 티치아노를 선택하면서도 종달새의 동정녀가 "천사처럼 솔직하고 순수하다"라고 한발 물러서곤 했다.[11]

이탈리아 회화를 평가하면서 우리를 질겁하게 했던 스탕달도 아무튼 라파엘로의 '불타는 감수성'을 지적한다. 위대한 예술가는 비록 반대자 곁에서도 여전히 위대한 예술가이게 마련이다. 진정으로 렘브란트를 이해하는 사람은 라파엘로를 이해한다. 왜냐하면, 라파엘로의 우수성은 마사초와 렘브란트의 우수성과 마찬가지로 그 이유를 몰라도 위대하며, 말할 나위 없이 미묘하기 때문이다.

우리는 일시적 감정을 기록하는 기계가 된 것을 자랑하기 좋아한다. 라파엘로는 자신의 작품에서 덧없는 것과 우연성을 억제한다. 알아보기 어렵기는 해도 균형과 절제와 잠재력과, 그가 우르비노 궁전에서 들었던 대로 우월한 존재로서 자부심을 심어준 선의가 눈부시게 아름다운 그의 작품에서 발산된다.

라파엘로 이전과 이후에 어떤 화가도 기독교 사상을 그처럼 전파하지 못했다. 그는 그리스도의 사제들 다음으로 복음적 진리의 가장 위대한 설교사이다. 얼마나 많은 개신교도, 유대인, 무신론자가 그의 성모상에 매혹되었으며, 또 그 성모상을 성령이 원하는 자리에 깃들도록 하는지 이해했던가? 어떤 신플라톤주의 철학자는 이렇게 말했다.

"이 성모상의 모습에서 영혼의 호소가 우렁차지만, 이성은 종종 이런

• 프랑스 문인, 철학자. 예술의 사회적 결정론을 주장한 선구자.

목소리에 귀를 기울이지 않는 편이다. 바로 우리가 육체의 감옥에 갇히기 전의 모습 같다."

라파엘로는 피렌체에서 화가와 마찬가지로 의사에게도 인간이 한 점의 예술작품이라고 배웠다. 하느님은 예술가였다. 그리고 인간의 육신은 이 예술가의 거대한 구상에 대한 화가들의 연구 대상이었다.

천상계의 미와 질서란 자신의 이름을 영원히 남긴 법칙을 발견하고서, 태양과 행성의 거리와 그 행성들의 크기가 다른 궤도 사이에 단순한 기하학적 관계가 불가분하다고 케플러가 생각했던 것이 바로 이런 것 아닐까?

플라톤파 아카데미와 그 사상

"미켈란젤로와 레오나르도 다 빈치와 심지어 레이놀즈*의 시대가 오래전에 지났고, 특히 예술가의 지적 수준이 저하되었다는 것을 알지 않던가? 오늘의 예술가에게서 철학자와 시인과 학자를 찾아보기란 당치도 않은 일이다. 하지만 당연히 그들에게 자신이 가진 것보다 더 종교와 시와 과학에 관심을 둬달라고 요구할 수는 있다. 그들의 화실을 빼놓고 그들이 무엇을 아는가? 그들은 무엇을 사랑하고 무엇을 표현하는가?"

바로 이것이 보들레르가 자기 시대의 화가들을 두고 했던 말이다.[12]
어떤 점에서 보들레르가 옳았는지 이해하려면, 레오나르도와 미켈란젤로의 시詩를 읽어보기만 해도 된다. 레오나르도는 이렇게 말했다.

• 1723~1792. 영국 화가.

"이 신체 구조가 경이롭게 보이는데, 그러한 구조 속에 든 영혼은 그것과 전혀 무관하다고 생각해보라. 이런 경이는 진정 신성하다…. 우리의 육체는 하늘에 복종하고 하늘은 신성에 복종한다."

우리는 종종 당시 위대한 인물들이 플라톤과 플로티노스와 종교적 신플라톤주의의 영향을 받았다고 말한다. 이런 것이 레오나르도와 미켈란젤로는 의심의 여지가 없다고 하고, 미켈란젤로에게 끼친 플라톤의 영향을 단테에게 끼친 기독교 정신의 영향과 전혀 비교할 수 없다 하더라도, 우리는 라파엘로에게서 이 사람의 까마득한 자취를 보려고 한다. 사실 그는 교황청의 서기나 사서가 그에게 가르쳐주었을 마르실리오 피치노와 바티칸 프레스코 벽화의 주제를 대강 읽어보았을 것이라는 점이나, 로마 유적의 명문을 해석해달라고 라틴어 학자에게 부탁해야 했던 사실로 미루어, 위대한 학자는 아니었다.

라파엘로는 아버지를 잃었을 때 아버지가 운문의 연대기에서 함축했던 철학을 알아듣기에는 너무 어렸다. 그러나 알다시피 그는 귀도발도와 엘리사베타 공작 내외가 다른 군주와 다르다는 것을 알았다. 그들의 처신과 품행이 특별한 사고방식에 근거했기 때문이다. 페루자 시절, 모든 분야에서 모든 철학의 원인과 방법이 제기되고 있었다.

로렌초 대공이 사망하고 나서 사보나롤라는 나체 작품과 플라톤의 이상을 영원히 추방했다. 그런데 그가 처형된 몇 해 뒤에 플라톤의 이상은 바로 피렌체에서 승승장구하면서 재등장했다. 아울러 나체화는 루카 시뇨렐리가 「지옥과 천국」의 프레스코를 그렸던 오르비에토 대성당에서 그 우렁찬 승리의 축포를 울렸다.

가령 플라톤 아카데미 회원은 코시모와 로렌초 대공 시절처럼 포지오 아 카이아노 별장에서 더는 회동하지 않았지만 대신 루첼라이 궁 정원에 모이곤 했다.

플라톤에게 철학은 보편과 필연에 대한 이해였다. 다시 말해서 무한한 모습으로서 항구적이며 지속적이다. 사물 속에서 불변하는 것이 관념세계를 구성한다. 관념은 따라서 사람의 단순한 생각과 관련되지 않고, 진정한 실재는 더 정확히 말해서, 유일한 실재와 관련된다. 관념은 하느님으로부터 우리에게 온다. 관념은 하느님의 작업을 위한 모범으로 쓰인다.

신성에 참여하려면 '신비' 의식儀式으로 신성과 결합함으로써 하느님께 다가가듯이, 지성으로 자신을 높이고 사고와 관념과 사랑을 통해서 그분과 결합해야 한다. 물론 플라톤은 윤회라는 고대의 주요한 이론을 신비에서 빌려온다. 그들에게 고유한 형벌대로, 사람들은 천 년마다 가장 기나긴 시간 동안 속죄할 잘못이 없는 한 새로운 지상의 삶을 선택할 수 있다. 각자가 그 선택에 책임을 지며, 하느님은 아무런 책임도 지지 않고 각자는 삶의 처신에 따라 악마와 마주치게 된다.

선택된 각자는 자신의 모든 운명을 읽을 수 있고 이 운명은 별의 운행과 관련된 것으로서 돌이킬 수 없다. 한편 그 누구도 만년이 되기 전에는 자신이 출발했던 원점으로 되돌아가지 못한다. 왜냐하면, 그 시간이 올 때까지 인간은 성실한 철학자의 혼을 지니지 않는 한 그 날개를 되찾을 수 없기 때문이다.

그러나 사랑이라는 신의 선물을 받지 못하는 한, 다시 말해서 다른 존재와 결합한다는 선물을 받지 못하거나 날개가 없다면—지상의 아름다움으로부터 천상의 아름다움을 향해 날아갈—그 누구도 철학자가 될 수 없다. 따라서 천 년의 세 번째 주기가 되돌아올 때, 만약 연속적으로 세 번 같은 삶이 이뤄진다면, 사람들은 자신의 날개를 찾을 수 있고 세 번째 천 년 이후 신들에게 되돌아간다.[13] 이런 이유에서 소크라테스는 제자들과 최후의 대화에서 이렇게 공언한다.

"지혜로운 친구라면 사실 철학이 자기 정신을 이길 때, 정신이 정말로 자신의 육신에 묶여 있다는 것을 알게 되네. 이렇게 정신은 완전한 무지에 둘러싸인 육신 그 자체가 아니라, 마치 지하 감옥에서처럼 그 육신을 통한 모든 시험을 통해서 육신에 땜질되어 있다네. 철학은 지하 감옥의 훌륭한 엄격함이 정념에서 나온다고 가르쳐주지. 특히 죄수 자신이 감금을 자초했다는 셈일세. 따라서 지혜로운 친구는 이런 상태에서 정신을 차리고서, 차분히 전신을 다독이면서 그것을 족쇄에서 풀려나게 하려 애쓰게 되는 법일세."

"미덕의 진실성은 바로 모든 정념을 순화하는 데에 있네. 관용과 정의와 힘과 지혜 자체도 정화 과정이고. 교육제도를 가꾼 사람은 평범하기는커녕 애당초 교화나 순화 없이, 저승으로 가는 자는 구렁텅이(지옥)에 빠지게 될 것이라고 가르치려 했던 탁월한 천재로 보이네. 반대로 속죄를 하고서 거기에 이르는 사람은 천국에 받아들여질 테지. 그런데 많은 사람이 바쿠스의 지팡이를 쥐지만, 그 신에게 고취된 이는 거의 없고 또 고취된 사람이라면 그런 사람은 철학적 사색을 제대로 했던 사람일 뿐이라네. 나는 이런 사람들을 거의 잊은 적이 없지. 그리고 그렇게 하려고 일생 공부했네. 만약 이런 노력이 헛되지 않았고 내가 이겼다 해도, 나는 다만 그것이 하느님의 마음에 들었는지 알고 싶을 뿐일세. 자, 이렇게 시미아스와 세베스야, 내가 너희에게 해명하려 했고, 너희와 이 세상 사람들 곁을 떠난다고 애통해하지 않는 것은 다른 세계에서도 좋은 친구와 착한 사람을 찾을 수 있다는 바람이 있기 때문이라네. 바로 이것이 천박한 자들이 생각하지 못하는 일일세. 그러나 나는 아테네의 심판관보다 너희 곁에서 더 잘 성공하고 싶구나."[14]

자기 정신을 가다듬고 온 힘을 다해 그것을 불멸화하고 신의 모범을 본떠서, 이 현인은 자기 인간적 본성을 지킨다. 왜냐하면, 전생에서 향상되지 못한 죄지은 인간은 그 잘못의 성격에 맞춰, 열등한 신체 형태를 취하기 때문이다.

『티마이오스』에서 플라톤은, 하급 신들은 정신 불멸의 원리에 따라서 육신을 빚어내고 거기에 그 원리를 부여한다고 말한다. 마치 이륜마차처럼 그것을 싣고서 불멸의 정신을 뇌수에 날라다놓으려는 듯이. 그는 이어서 프로클루스의 정의에 따라, 탐욕스런 정신을 가슴속에, 성급한 정신을 위장과 하체의 본능에 묶인 사나운 짐승 속에 집어넣는다.

그러나 플라톤은 이런 정신이 어떤 것인지 이해하자면, 인문학과 훨씬 간단한 설명으로도 충분하다고 한다. 즉 정신이란 날개 달린 마차와 마부에 얽힌 힘과 같다. 마부는 순하고 고약한 두 마리 말을 끈다. 이제 어떤 점에서 탁월하고 사악한 차이가 나는지 알아야 한다. 둘 중 한 놈은 위풍당당하고 날씬하며 맵시 있다. 즉 기다란 목에 시원한 콧구멍,

흰 털과 검은 눈. 이놈은 온순하고 순수하며, 절제를 사랑한다. 친구에게도 진실한 태도를 보인다. 이놈은 두드려 맞지 않고서도 단순히 훈계와 이성만으로 행동한다.

그런데 두 번째 놈은 꾸부정하고, 살이 찌고 관절이 투박하다. 그놈은 둔중한 목에 두꺼운 목덜미, 들창코와 검은 피부에, 푸르뎅뎅하다. 이놈은 다혈질에 폭력과 방종의 벗이다. 귓구멍이 털로 덮인 이놈은 막대나 채찍질에야 겨우 복종한다. 마부는 불멸의 정신이고, 백마는 욕심이 많고 흑마는 조급하다. 이 두 마리 말도 언젠가는 죽을 운명이다. 마부가 날개를 얻을 수 있으려면, 그는 천박한 생활에 이끌려 욕심을 채우려는 그 말들을 잘 다루어야 한다.[15]

그러나 세계의 창조를 주제로 이야기하는 『티마이오스』에서 플라톤은 미래 세대에게 '미크로코스모스' 와 '마크로코스모스' 의 관계에 대한 믿음을 부과한다. '티마이오스' 의 우주론을 지배하는 원리에 따르면 세계는 매우 아름다운 예술작품이다. 전체와 부분에서 사물의 상호 배열은 우연한 원인의 협동에서 비롯된 단순한 결과가 아니다. 그것은 보편적 선善을 목표로 하며, 미리 고안된 계획에 따라 완전히 조정된 지성에 따른다.

그런데 살아 있는 것보다 더 아름다운 것은 아무것도 없다. 창조주의 작품이자 그 가장 아름다운 작품으로서 세계는 하나의 생명체이다. 그러나 생명체로서 더욱더 중요한 것은 그것을 살아 있게 하는 정신이다. 따라서 조물주께서는 무엇보다도 정신을 만들어내는 일을 우선했다. 정신은 그 자신의 생명을 부인하면서 사물 속에 퍼져 들어간다. 이렇게 세계가 구체화하고 그 정신은 그 위에 믿음의 형태로서 퍼진다.

"바로 이것이 그 전체 속에서, 어느 날인가 태어나 항상 거기에 있었던 하느님의 속셈이다."[16]

알렉산드리아 정복과 더불어 플라톤 철학은 동방 전역에 퍼지지만 그 가장 지적인 본거지는 이집트였다. 알렉산드리아 학파는 그리스의 풍부한 문학을 수집하고 교정하고 해석하는 데에 그치지 않았다. 그 학파는 역사와 인간 사고에 대한 호기심을 그 앞에 펼쳐진 지상의 경계까지 넓혔다. 다양한 지식 영역을 탐색하고 해부학과 수학, 지리와 철학에 다시금 활력을 불어넣으면서, 고대 지식이라는 거대한 참나무 가지 위에 새로운 싹이 돋아나고 꽃피우게 했다. 게다가 철학이라는 지식의 여왕은 그 학파에 형이상학 정신의 가장 대담한 시도를 빚지고 있다. 즉 단편화된 모든 지혜를 체계적으로 조합하고, 그리스 현자와 아시아 마법사와 이집트 사제가 밝혀왔던 갈라진 모든 명증성을 한 줄기 눈부신 빛으로 묶고 화해시킨다.[17]

예수와 동시대 사람으로서 당시에 플라톤이 되살아났다는 평판을 얻은 유대인 필로는 유대 사상과 헬레니즘 사상을 조화시켜보려 애썼다. 그는 자신보다 앞서 유대 신학자들이 밑그림을 그렸던 말씀의 이론을 다시 취한다. 필로는 하느님의 말씀을 외재적 언어이자 이미지이며, 하느님의 형상으로 정의한다. 하느님은 자신의 이미지대로 인간을 창조하면서도 절대적으로 완벽한 이미지로 창조한 것이 아니라, 말씀이라는 이차적인 이미지에 따라 창조했다. 인간의 관점에서 볼 때, 말씀은 이러한 하느님을 반영하며 그 본질의 최상의 부분이자 합리적으로 사고하는 그분의 일부이다. 우리는 필로가 말씀을 세계의 정신과 동일시하는 것을 본다. 그런데 요한복음서는 이렇게 시작된다.

"한 처음, 천지가 창조되기 전부터 말씀이 있었다. 말씀은 하느님과 함께 계셨고 하느님과 똑같은 분이셨다. 말씀은 한 처음 천지가 창조되기 전부터 하느님과 함께 계셨다. 모든 것은 말씀을 통하여 생겨났고 이 말씀 없이 생겨난 것은 하나도 없다. 생겨난 모든 것이 그에게서 생명을 얻었으며 그 생명은 사람들의 빛이었다. 그 빛이 어둠 속에서 비치고 있다. 그러나 어둠이 빛을 이겨본 적은 없다…. 일찍이 하느님을 본 사람은 없다. 그런데 아버지의 품 안에 계신 외아들로서 하느님과 똑같은 그분이 하느님을 알려주셨다."

필로와 말씀, 복음서와 플라톤 세계의 정신 사이의 실질적 일치에 어떻게 주목하지 않을 수 있을까? 그뿐만 아니라 수 세기 동안 철학자, 그노시스靈知主義 교부들이 플라톤의 신학을 구체적으로 체계화하려고 애썼다.

그러나 마르실리오 피치노 이전에 그리스 사고의 역사를 처음 복원한 사람은 플로티노스이다. 플로티노스는 그리스계 이집트 사람으로 알렉산드리아와 안티오크에서, 그리고 270년에 사망한 로마에서 가르쳤다.

플로티노스가 사망하고 나서 포르퓌리오스°가 그의 54편의 글을 엮어낸 『엔네아데스°』는 플라톤 사상의 해설이다. 한편 플로티노스에게 그것은 지성의 명쾌한 시선을 끌어내는 것이 문제라기보다 그 내면생

- 234~305. 로마에서 플로티노스를 만나 공부하고 그의 전기를 남겼다. 시리아의 신플라톤 철학자.
- 아홉 편의 논문집이라는 뜻.

활의 모든 풍요를 자기 것으로 삼으려는 것이었다. 플로티노스는 새로운 철학적 질문을 제기한다. 즉 플라톤이 '사랑'의 원리로서 예감했던 것인, 보편정신과 개인의식의 관계를 묻는다. 플로티노스에게 철학 최후의 언어는 바로 신비이고, 이 신비는 황홀경을 통해 인간에게 드러날 수 있다.[18] 그는 말한다.

"번번이 육신의 잠에서 깨어나 나 자신을 다시 찾아오는, 그렇게 내게는 내적이고 다른 사람에게 외적인 경이로운 아름다움을 느낀다."

포르퓌리오스는 마르첼라에게 쓴 편지에서 이렇게 말한다.

"네가 하느님께 바칠 최고의 예배는 너의 정신을 그분 것과 비슷하게 가꾸는 일이다. 우리는 미덕을 통해서 이러한 유사에 도달한다. 오직 미덕이 정신을 그 고향으로 끌어 올려주기 때문이다. 미덕만큼 위대한 것은 없지만 하느님은 미덕보다 더 위대하다. 하느님 곁에서 값진 것은 현자의 담화가 아니라, 말이 없이도 하느님을 찬양하는 현자의 행실이다. 반면에 무지한 군중은 기도하고 희생당하면서도 신성을 모독한다. 이렇듯 지혜만이 목자이고 종교적이며, 기도할 줄 아는 법이다. 인간의 편견과 학자의 공허한 주장을 따름으로써 하느님께 기분 좋게 다가가지 못한다. 그 자신의 일을 통해서 하느님의 기분에 들게 되는 것, 결코 변치 않는 지복을 즐기는 위대한 존재에 자신의 정신을 진심으로 바침으로써 스스로 신격화하는 것이 바로 인간 자신이다. 결국 인간의 편견 때문에 신성의 개념이 변하지 않는다. 우리의 예배에 공덕을 주는 것은 몇 가지 의례나 신앙심이 아니다. 눈물도 고행도 하느님을 움직이지 않는다. 하느님께 그 희생자들은 전혀 영예롭지 못하고, 수많은 공물供物은 장식이 아니며, 성숙하고 신성한 정신으로 충만한 사람만이 하느님과 결합한다. 비슷한 것은 불가분 비슷한 것끼리 맺어지기 마련이다. 무모한 희생자 무리는 신성을 모독하는 먹이가 되는 땔감이요 공물이다. 그러나 너는 내가 말했듯이, 너 자신의 가슴으로 하느님의 신전을 삼아야 한다."[19]

성 클레멘스, 오리제네스*, 아타나제, 성 그레고리우스 니세누스, 성 바질 등은 플라톤 학파 출신이거나 그 원초적 샘인 플라톤에게서 영감을 얻었다. 교리의 혈연성이야말로 바로 급진적인 디오니시오 아레오파고의 신플라톤주의가 어느 시대에나 정교 교리의 기념비로서 수용된 까닭이다.

성 바울 덕분에 개종한 아테네 초대 주교[20] 디오니시오 아레오파고에 따르면 '로고스'는 하느님의 영적 아들로서 우주의 정신적 건물 속에서 나타난다. 그것은 하느님과 인간의 중개자이다. 그것은 인간 속에서 다양한 수준으로 나타날 수 있는데 이는 그것이 우주 속에서 일종의 실체(즉 인간의 모습으로 존재하는 그리스도처럼)로 나타나는 것과 마찬가지이다. 인간의 제도는 그 정신으로 다양하게 물든 인간을 집단적으로 계급화한다. 실질적 로고스는 바로 이런 종류의 '성당'이며, 교회 속에 살아 있는 힘은 육신을 지닌 예수로서 그리스도 속에 살아 있었다. 교회는 이렇게 하느님과 예수를 통해 결합하고, 그분에게서 그 절정과 의미에 도달한다. 바로 디오니시오 아레오파고가 하느님과 인간

• 185~254. 기독교 박사. 플라톤 철학을 끌어들여 기독교 교리를 체계화했던 정통 영지주의자.

사이에 아홉 단계 중개단의 위계를 세웠을지 모른다. 즉, 천사, 천사장, 아르케, 엑스쿠지아이, 디나미스, 키리오테테스, 트론(좌품천사), 세루빔(지품천사), 세라핀(최고위 치품천사)으로….

그가 이교도의 신플라톤주의를 기독교 정신에 동화시켰다고 해서, 성사聖事에서 나타나는 신통력을 설명하려 해서는 안 된다. 이는 어쩌면 그리스도라는 관념의 진정한 지성에 이르려면 역사적 전통이 불충분했으므로 고대 신비의 지혜라던가 그것과 같은 샘에서 흘러나온 신플라톤주의 철학에서 근거를 찾아야 한다는 교리를 내세운 영지주의에 대한 투쟁이다.

프로클로스*는 이 철학파의 수장인데 그는 이파시아 알렉산드리아〔신플라톤주의 철학자로 알렉산드리아 박물관장의 딸이다〕가 〔광신도에〕 살해당하고 나서 529년 유스티니아누스의 칙령으로 쫓겨나 아테네로 피신했다. 그의 플라톤주의에는 새로움은 없지만 아무튼, 천재적이고 심오한 증명에 기대어 플로티노스가 강력한 제도 위에 구축했던 사실을 확립했다. 그는 방법론으로 영감을, 과학으로 맹신을 대신한다. 프로클로스는 특히 알렉산드리아 철학의 방대한 틀 속에 과거의 철학적이든 종교적이든 모든 과학을 수용하는 데에 전념했다.

그렇게 플라톤은 차츰 사라진다. 장 스코트 에리진과 위그 드 생 빅토르가 플라톤파 저자들에게 고취되었고, 유명한 샤르트르 학파도 여전히 플라톤주의를 이야기하지만, 알랭 데 질〔알라누스 압 인술리스〕은 물론 베르나르 드 샤르트르도 디오니시오 아레오파고가 쓴 저술의

• 412~485. 그리스 철학자. 플라톤 철학서의 해설집을 남겼다.

영향으로 플라톤과 아리스토텔레스를 화해시키려 한다. 플라톤, 플로티노스, 프로클로스는 방치되고 그들의 저작들조차 사라졌던 듯하다. 아리스토텔레스는 알베르 르 그랑이 주해하고, 성 토마스 아퀴나스가 이룬 기독교적 해석을 통해서 플라톤과 그 제자들을 추방했다.

한편 신플라톤주의 전통은 비잔티움에서 존속되었다. 피렌체 사람들은 1397년, 바로 비잔티움에서 마누엘 크리솔로라스를 초대했는데, 그는 3년간 플라톤 철학과 그리스어를 가르쳤다. 1440년 그는 황제에게 부름을 받아 다시 콘스탄티노플로 돌아갔다.

그러나 그의 등장은 대단한 열광을 불러일으켰다. 피렌체 사람들은 그리스어와 그리스 철학의 정신적 풍모와 영감 그리고 문제를 인식했다. 그들은 엠페도클레스의 고향이자 피타고라스와 플라톤이 체류했던 위대한 그리스와 시칠리아를 자랑스럽게 기억했다. 고대 로마의 이미지는 희미해졌다. 그것은 더는 과거처럼 이탈리아를 상징하는 존재가 아니라, 한 도시를 지배하는 일화일 뿐이었다.

크리솔로라스가 떠나고서 제자들은 재결집했다. "이 비잔티움의 현자는 어둠 속에 나타난 빛"이라고 비토리노 다 펠트레의 친구이자 경쟁자인 유명한 교육자, 구아리노 다 베로나는 말했다. 그는 비잔티움에서 1403년부터 1408년까지 5년간 크리솔로라스의 저택에서 그리스어를 배우며 지냈다.

청년들은 그리스 책을 사려고 자신의 옷을 팔고, 시민들은 그리스어 선생에게 지불하거나 플라톤의 언어를 배우도록 비잔티움으로 파견한 피렌체 유학생 학비로 대려고 좌판에서 힘겹게 번 금을 팔아치웠다.

1439년 피렌체에서 비잔티움과 로마 교회의 통일을 기념하고, 유제

니우스 4세와 팔레올로고스 황제가 합석한 공의회가 열렸을 때, 코시모 데 메디치는 플라톤 아카데미의 설립을 구상했다.

메디치 궁의 베네초 고촐리의 벽화를 믿어본다면, 비잔티움 황제는 그리스도 용사의 모습으로 재현되어 이탈리아 사람을 놀라게 했던 모양이다. 수도에서 튀르크 족에게 포위된 그는 이 침략자에 대항해서 기독교 동맹자를 찾으려는 최후의 노력을 기울였다. 하지만 그 노력은 수포로 돌아갔다. 십오 년 뒤 그를 계승한 콘스탄티누스 12세는 전력을 다해 수도를 수호했다. 그러나 사라지기에 앞서 비잔티움은 피렌체에 철학이라는 가장 소중한 유산을 남겨주었다. 팔레올로고스는 제미스트 플레톤이라는 순수한 플라톤 학자를 동행했다. 그는 이교도적 입장을 털어놓았는데도 피렌체에서 '태양처럼' 빛났다. 그는 성스런 황홀에 취한 열렬한 신비주의자였다. 그는 종교적, 정신적, 경제적인 세 가지 혁명을 주장한다. 이는 자신이 생각했던 관념과 신과 인간이라는 본질적인 세 가지 수준에 대한 상상이다. 그는 자신이 찬미하는 별이 빛나는 하늘 같은 하느님을 이야기하고 순수하고 선한 것을 명상하면서 느끼는 행복을 말한다. 그는 그리스도도 마호메트도 아니지만 본질적으로 이교도와 거의 다를 바 없는 새로운 종교를 예언한다. 그런가 하면 그는 가벼운 관념의 날개로 하늘 높이 날아오르며 사사건건 아리스토텔레스를 공격한다. 9세기쯤부터 아리스토텔레스는 단테의 입을 빌려 우리에게는 '지식인의 스승'이자, 자연에서 그리스도의 선구자였다. 마치 세례 요한이 은총 속에서 그리스도를 예고했듯이 그는 과학이자, 진리이자 이성이다.

교회는 아리스토텔레스를 복음 박사로 만들었다. 모든 저작으로 무장하고, 토마스 아퀴나스의 『신학대전大典』이라는 훌륭한 토대 위에 세워진 이 거물 앞에, 피렌체 아카데미는 이렇게 과감하게 플라톤을 다시 내세웠다.

1469년 그리스인 바사리온 추기경이 『플라톤 비방에 대하여』를 끝냈을 때, 이 논쟁은 3년간 계속되었다. 그는 인류를 위해 선행을 했다고 보는 아리스토텔레스의 장점을 충분히 인정하면서도 아카데미의 신적 사상가의 화신으로 모셨던 스승 플레톤의 모범에 따라 플라톤주의자를 자임한다.

우리가 아는 아리스토텔레스는 성 토마스 아퀴나스와 아랍인이 소개한 아리스토텔레스인데 그는 너무 더럽혀진 나머지, "마치 사슴으로 변한 악테온(사냥꾼)을 알아보지 못한 개들처럼, 사람들은 그의 책을 무시했다." 순수하고 눈부시며 덜 알려진 만큼 더 위대한 플라톤과 다르게 말이다.[21]

전 유럽에 지점을 소유한 대은행가, 코시모 데 메디치는 정당의 수장이자 마사초와 프라 필리포 리피와 베네초 고촐리를 비롯한 수많은 예술가의 후견인으로서 플라톤 철학에 열광했다.

그는 이런 열정을 친구들에게 알렸고 또 그리스 학자로 플라톤 해설을 맡을 아르기로플로스를 초대했다. 그러나 그는 얼마 지나지 않아 이 교수가 아리스토텔레스파로서 편파적으로 플라톤을 해석한다는 사실을 알게 된다. 코시모의 주치의의 아들이자 그 자신도 의사였던 마르실리오 피치노는 이때 플라톤의 『대화』와 플로티노스의 『엔네아데스』를 열심히 공부했던 덕분에 그의 시선을 끌었다.

철학자들의 공동 연구에서 젊은 마르실리오는 늙은 코시모의 정신적 아들이라고 공언했을 만큼 두 사람은 긴밀해졌다. 뿐만 아니라 코시모가 플라톤 번역을 맡기자, 그는 플라톤을 자신의 해석자로 삼았다.

전설이 전하듯이 그가 플라톤의 초상 앞에 촛불을 켜놓고서 경배한 정도는 아니더라도 그에 못지않게 피렌체, 안젤리 성당에서 그에 대해 설교했다. 그의 의무는 플라톤과 예수를 화해시키는 데에 있었다.

"우리의 플라톤은 아테네 말로 이야기하는 모세와 다름없다. 그는 모세의 법을 따르고 그리스도의 법을 예언했다."

"독실한 철학은 차라투스트라 밑에서 페르시아 사람에게 찾아왔고, 메르쿠리우스 밑에서 이집트 사람에게 찾아왔다. 그것은 뒤이어 오르페우스와 아글라오펨 밑에서 트라스 사람을 부양했고, 이보다 조금 뒤에 피타고라스 밑에서 그리스와 이탈리아 사람 사이에서 발전하다가 마침내, 신성한 플라톤을 통해서 아테네 사람들 사이에서 격식을 갖추었다. 그리고 그것은 맨 처음, 유일하고 완벽하게 이 고대인의 비밀을 이해했던 플로티노스가 그 베일을 벗겼다."

마르실리오 피치노가 플라톤과 예수를 화해시킨다면, 피치노의 친구 조반니 피코 델라 미란돌라는 아리스토텔레스를 플라톤, 예수와 화해시킨다.

"다른 말을 하고 있지만, 아리스토텔레스와 플라톤이 동의하지 않는 사물의 의미라든가 자연과 신의 문제는 없다."

조반니 피코 델라 미란돌라가 보기에 유대 학자들과 함께 연구했던 히브리 신비철학은 수학, 마술, 플라톤의 글이나 복음서의 일화 못지않게 그리스도를 증명한다.

플라톤주의자는 유일한 영혼과 정신을 숭배하는 유일신교의 미사 집행자였다. 마르실리오 피치노의 활동은 플로티노스과 똑같이 철학자이자 정신적 지도자였던 듯하다. 그의 사상의 해법은 바로 플라톤과 플로티노스의 사상에 밀착하는 데에 있다. 그의 강연과 그의 제자로 코시모의 증손이자 나중에 교황 레오 10세가 되는 이의 가정교사였던 안젤로 폴리치아노의 강연은 수많은 외국인을 피렌체로 끌어들였다. 또, 독일의 유명한 인문학자 뢰슐린은 제자들을 보냈고 나중에 이 제자들이 폴란드까지[22] 전 유럽으로 기독교적 플라톤 사상을 전파한다.

코시모의 아들, 피에트로와 조반니는 아버지의 길을 따른다. 피치노는 자신의 저작을 피에트로에게 헌정했고, 피에트로는 공식적으로 플라톤 아카데미를 설립했다. 피에트로의 아들인 로렌초 대공은 시인이자 음악가, 은행가, 당수 또 예술 후원자요 이탈리아의 중재자로서 그의 눈을 보면서 잠들곤 했다고 하는 교황 인노켄티우스 8세의 고문으로서 자기 부친, 조부와 똑같은 관심을 아카데미에 쏟았다.

로렌초 대공만큼 존경과 비방을 함께 받은 사람도 없었다. 확실한 것은 어떤 사람도 그처럼 다양하고 충만하고 강렬한 삶을 살지 않았을 것이라는 점이다. 로렌초는 레오나르도 다 빈치와 괴테와 함께 기독교 시대의 가장 보편적 인간이다. 한가한 시간이면 로렌초는 시인이 되었다. 빠르게 대중적 인기를 얻은 그의 여러 작품 가운데, 특히 『시선집』, 『란초니에레』, 『논쟁』, 『기도』 등에서 마리실리오 피치노의 영향은 자명하다. 군주를 경멸했던 마르실리오는 영웅적 명문가 메디치를 "거짓과 허구와 자극과 위악스런 말과 농담으로 가득하다"라고 지적한다.

코시모는 플라톤『대화편』을 읽으며 죽었다. 로렌초는 "플라톤 학파가 아니면 누구든 건전한 시민과 기독교도가 될 수 없다"고 믿었다.

라파엘로는 바로 이런 것을 피렌체에서 배웠다. 또 로렌초 대공의 자식과 친구가 되었고, 유명한 플라톤주의자들과 친구가 될 준비를 했다. 이 몇 해 동안 신학 연구는 모든 교양인을 한데 묶어주었다.

루크레치아 곤차가는 카메나 스피놀라에게 이렇게 썼다.

"당신이 왜 우리 딸들한테 음악을 가르치느냐고 반박하는지 알 수 없습니다. 이 예술은 그리스 사람에게 커다란 영예였지요. 음악은 숭고한 학문의 연구에 유리하고 명상을 돕는다고 사람들은 확신합니다. 음악이 우리의 감정을 부추기고 치우치지 않은 행동을 하게 한다는 것도…. 음악은 즐거울 뿐 아니라 우리에게 봉사합니다."[23]

그 무렵에 지은 비첸차의 어느 주택 박공에서 오늘날 다음과 같은 글을 읽을 수 있지 않던가.

"모든 것은 지나가고 다시 오며, 아무것도 죽지 않는다."[24]

그러나 라파엘로는 1505년 볼로냐에서 발간된 유명한 추기경 아드리안 다 코르네토 추기경의 저술에 대한 이야기도 들었다. 그는 알렉산데르 6세에게 독살되었다고도 하고, 그가 교황을 독살했다는 설도 있다.『진정한 철학』이라는 제목의 이 책에서 라파엘로는 다음 구절을 읽었다.

"플라톤, 아리스토텔레스, 스토아파는 물론 에피쿠로스파, 이들 모두가 악마에 빠져, 지옥에 떨어졌다. 철학자는 이단의 교주이다."

이런 심리가 루터와 카라파[예수회의 총회장]를 낳게 되었다.

제4장

피렌체와
우르비노를 오가며

라파엘로 산티의 「자화상」. 곱고 섬세한 인상을 주는 화가의 개성이 뚜렷하다.
베레모를 쓰는 것은 당시 유행이었다. 이 자화상은 채색화로 그린 것 가운데 가장 이른 것이다.

레오나르도가 라파엘로에게 끼친 영향

1505년 봄, 미켈란젤로는 율리우스 2세의 부름을 받고 로마로 갔다. 교황은 그에게 자신의 묘를 짓는 일을 맡겼다. 그렇게 레오나르도는 혼자 피렌체에 남아 있었지만 불운이 따랐다. 그는 다시 또 한 번 자신의 과학적 호기심과 창의적 정신의 희생자가 된 셈이었다.

그는 밀라노의 산타 마리아 델레 그라치에 성당 벽에 유화로 「최후의 만찬」을 그린 습작을 상기하면서 프레스코를 그리지 않으려 했다. 그는 플리니우스에게서 물감의 제법을 다시 찾아냈다. 당시 누군가 이렇게 말했다.

"그는 우선 자기 공방이 있던 살라 델 파파에서 그것을 시도했다. 벽위에 먼저 석회를 바르고 나서 주제를 그리고, 커다란 탄불을 밝혀놓고 그 강한 열기로 그 성분을 완전히 말렸다. 그는 이와 똑같은 방법을 회의실에 응용하려 했고, 불은 하벽을 건조하기에 충분했다. 그러나 상벽에서 효과가 없어 바로 물감이 흘러내리기 시작했다."

미켈란젤로의 측근은 이러한 실패를 박장대소하며 좋아했다. 뒤이어 아르노 강에 새로운 하상을 파려는 계획은 수포로 돌아갔고, 도시를 관통한 강의 범람으로 피사 사람들을 불러들여야 했다. 수위 측정에서 계산 착오가 있었다는 것을 알게 될 때까지 이 작업에 인부 이천 명이 동원되었다. 레오나르도가 여기에 상당한 책임을 져야 했다.

그사이 그는 지금은 사라진 「레다」 한 점을 그렸다. 라파엘로는 현재 윈저 성에 있는, 그 훌륭한 소묘를 펜으로 모사한 작품을 남겼다. 한편 아눈치아타 성당 내진에 놓게 될 「성 안나」는 진전을 보지 못했고 이사벨라 데스테는 초상을 그려달라는 공허한 애원을 계속하고 있었다.

자신의 쓴맛을 달래려고 레오나르도는 무엇을 했을까? 피에트로 데 누볼라리아는 "그는 기하학 연구에 몰두하고 회화에 애를 태웠습니다. 요컨대 수학적 연구에 푹 빠진 탓에 더는 붓을 쥐지 않았습니다"라고 이사벨라에게 썼다.

레오나르도는 뜻밖에도 오늘날까지 응용되는, 중첩된 이차선 도로로 마차와 보행자를 동시에 통행하게 하려는 도시계획을 개발했다.

레오나르도가 주목한 제자 가운데 누구도 라파엘로만큼 더 잘 이해하는 이는 없었다. 아무도 레오나르도만큼 라파엘로가 움브리아의 영향에서 완전히 벗어나도록 영향을 주지 못했다. 막달레나 도니의 초상이 조콘다와 상당히 닮았고 「초원의 성모」가 성 안나를 환기시킨다면, 이는 라파엘로가 레오나르도의 작품에서 자신의 잠재력을 찾았기 때문이다. 그 두 사람에게는 은연중 친근감과 특히 매력적인 윤곽 속에 담긴 절제미에 대한 감각과 대담성에 대한 본능적 충동이 있었다.

베로키오의 정신적 아들이던 레오나르도가 이제 라파엘로의 정신적 아버지가 되었다. 라파엘로는 그의 충고를 따랐다. 그것이 옳은 줄 알았기 때문이다. 레오나르도는 이렇게 썼다.

"절대로 어깨 한가운데에 머리를 세워놓지 말고, 약간 오른쪽이나 왼쪽에 올려놓자. 머리 위나 아래를 바라볼 때나 눈높이로 똑바로 바라볼 때에도. 자세란 생생하게 살아 있어야 한다!"

라파엘로가 그린 인물은 모두 이런 자세를 취한다. 「시스티나의 성모」처럼 정면으로 재현된 경우에도 화면을 더 가득 채우려 했을 뿐이었다.

"옷 주름이 지나치게 거슬려서는 안 된다. 옷자락은 손과 팔에 잡힌 것이어야 한다. 나머지 것을 단순히, 자연스레 내려뜨리면서…."

단순하고 자연스럽게라는 이 두 말은 라파엘로의 옷자락을 이야기할 때마다 사람들이 입에 올리는 말이다.

그러나 매달 금화 15플로린의 은급을 레오나르도에게 지급하던 총독 소데리니는 이 까다로운 화가에게 상을 찌푸리기 시작했다. 레오나르도의 과학적 연구가 그에게 가져다주었던 것은 당대의 해부학보다 백 년 앞선 것이었다.[1] 소데리니는 메디치 가문의 코시모와 로렌초를 흉내내고 싶었으나 자신의 돈과 국고 어느 것도 낭비하려 하지 않았다. 과거에 코시모는 필리포 리피 수사를 자기 궁에 잡아두려 했다. 그러나 화가가 떠나려고 하자 이렇게 탄식했다.

"그의 문을 활짝 열어두어라! 재능 있는 사람은 신神 같지 노새가 아니다. 그를 가두어서도, 일하도록 강요해서도 안 되니까!"

이미 미켈란젤로 편이자 그를 교황에게 양보해야 했던 데에 크게 상심한 소데리니의 의견은 이와 전혀 달랐다. 그는 레오나르도가 화가든 기술자로서든 실패하길 원했다. 그는 그것을 그에게 확인시켜주었다.

레오나르도는 돈을 받지 못했던 만큼 자기 사람을 그에게 보내 결산을 요구했다. 소데리니는 그에게 동전 다발을 전했다. 분개한 레오나르도는 돈을 돌려보냈다. 소데리니가 일을 제대로 마치지도 않고서 돈을 건드렸다고 레오나르도를 반박할 정도로 사태는 험악해졌다. 레오나르도는 자신이 시 당국에서 받았던 것과 같은 액수를 모아 수령을 거부하는 소데리니에게 내놓았다.

기분이 상한 데다 실망과 역겨움마저 느낀 레오나르도는 밀라노의 프랑스 총독 샤를 당부아즈의 제안을 받아들여 「성 안나」도, 또 자신이 함께 가져간 「모나리자」도 끝내지 않고서 피렌체를 떠난다. 「최후의 만찬」과 프란체스코 스포르차에게 갈 기념비의 모형을 보았던 루이 12세는 그에게 숙소를 제공했다. 제자 프란체스코 멜치의 별장이 있는 바프리오*에 칩거한 레오나르도는 몇 해 동안, 중요한 연구에 조용히 몰두한다.

라파엘로는 미켈란젤로 못지않게 이 위대한 인물에게 가해진 모욕을 느껴야 했고, 로마를 떠나 피렌체로 되돌아와서 대회의실에 걸리게 될 소묘를 마무리하고 있었다.

• 멜치 집안은 귀족으로, 수완이 좋았던 프란체스코의 부친이 레오나르도를 초대했다.

율리우스 2세, 브라만테와 미켈란젤로

라파엘로는 그때 놀라운 소식을 듣는다. 자기 친척 우르비노의 브라만테가 낡은 산 피에트로 성당을 헐어내고 다시 지으라는 율리우스 2세의 임무를 맡았는데 이는 미켈란젤로가 총애를 잃었다는 신호였다.

궁금해하는 사람들에게 저간의 사연을 밝힌 미켈란젤로의 이야기를 전해들은 라파엘로는 그 결과가 자신의 삶에 결정적 역할을 하게 될 것임을 의심하지 않았다.

사건의 경과는 이렇다.

미켈란젤로는 피렌체 건축가 줄리아노 다 상갈로의 천거를 받아 로마로 율리우스 2세 앞에 불려왔다. 그러나 교황은 상갈로의 계획보다 브라만테의 계획을 좋아했고, 상갈로는 자기 초안이 우수하다고 확신했지만 브라만테는 음모로써 그를 물리쳤다. 의심 많고 자부심이 강한 미켈란젤로조차 자기 고향 사람 편에서 그렇게 믿었고 또 밀겠노라고 공언했었다. 브라만테는 미켈란젤로가 레오나르도에게 했던 처신을 모르지 않았다. 레오나르도와 브라만테는 밀라노에서 루도비코 일 모로와 친했다. 레오나르도가 「최후의 만찬」을 그리고 있었을 때, 브라만테는 산타 마리아 델레 그라치에의 원개를 올리고 있었다.

미켈란젤로와 상갈로 같은 적과 함께라면 세상살이가 껄끄러울 수밖에 없다는 것을 잘 알던 브라만테는 당시 예순의 나이로 산 피에트로 재건축을 작심하고 그들에게 자신의 열정을 보여주기로 한다. 그는 율리우스 2세에게 살아 있는 동안에 장례기념물〔영묘〕을 세우면 불길하다고 암시했고, 율리우스는 그 말에 넘어갔다. 그렇게 해서 브라만테는 교황이 미켈란젤로에게 시스티나 예배당 천장화를 맡기도록 허가를 받아냈을 것이다. 이런 식으로 그는 산 피에트로 내부에 기념물을 세운다면서 옳든 그르든 자신의 작업이라면 무조건 신랄하게 비난하던 미켈란젤로를 제거했다. 게다가 그는 미켈란젤로가 축약법을 성공적으로 구사하지 못하리라고 확신했던 듯하다. 이는 미켈란젤로 측에서 오늘날까지 전해준 편지에서 이야기한 대로다.

그러나 미켈란젤로는 시스티나에 무심했지만, 율리우스 2세는 자신의 영묘를 다시는 거론하지 않기를 바랐다. 고집스러운 미켈란젤로는 경비병이 교황 궁으로 들어서지도 못하게 하는 꼴을 당하기도 했다. 당황한 한 주교는 경비병에게 그가 미켈란젤로인지 모르느냐고 묻기도 했다.—그는 "물론 잘 알지만, 제 임무는 명령에 따르는 것일 뿐입니다"라고 대답했다. 미켈란젤로는 고함쳤다.

"좋아, 나중에 내가 필요해지면 당신께서 나를 찾아와야 할 것이라고 교황께 전하세."

그는 집으로 되돌아가 두 하인에게 재산을 처분하고 자기를 따라오라고 했다. 그리고 그는 말을 몰아 쉬지 않고 내달렸다.

율리우스 2세는 주위 사람들이 질겁하도록 경을 치면서 도망자를 잡아오라고 명했다. 그러나 그는 이미 피렌체 땅에 안착한 뒤였다. 소데리니는 그를 따뜻이 환대했다. 그는 율리우스 2세가 자신의 화가-조각가를 내놓으라고 했을 때, 피렌체가 미켈란젤로를 극진히 맞을 준비를 하고 있었다는 사실에 대해 교황에게 양해를 구할 만큼 공손했다. 그는 미켈란젤로를 설득할 수 없으며, 교황이 보장을 서야 할 것이라는 점까지 교황청에 이해를 구했다.

율리우스 2세가 위협적인 태도를 보이자, 소데리니는 결국 분통을 터뜨리며 미켈란젤로를 불러 이렇게 말했다.

"당신은 프랑스 국왕이라도 감히 그러지 못할 대담한 행동을 교황에게 보이셨습니다. 기도나 열심히 올리시지요. 우리는 당신 때문에 전쟁을 치르고 싶지는 않습니다. 로마로 돌아가서 해결하는 것이 어떻겠습니까."

율리우스 2세는 결국 소데리니가 요구했던 것을 약속했지만 미켈란젤로는 교황의 약속을 믿지 않았다. 이는 물론 그가 율리우스 2세가 미리 준비한 함정에 빠지기에 앞서 체사레 보르자를 달랬던 방식을 기억하고 있었기 때문이다. 교황과 조각가 양측 모두에게 자신의 선의를 보여주려고 소데리니는 미켈란젤로를 교황청 대사로 임명한다. 이렇게 되면 피렌체 공화국을 공격하지 않는 한 개별적으로 그를 공격할 수는 없기 때문이다. 미켈란젤로는 결국 이 제안을 수락했다.

피렌체 시민이 얼마나 대단한 호기심으로 이 거래를 지켜보면서 흥미롭게 그 이야기를 했을지 상상할 만하다.

그러나 미켈란젤로가 길을 나서기 전에 율리우스 2세가 추기경단을 거느리고 군대의 선봉에 서서 로마를 떠나 페루자와 볼로냐로 행군하는 길이라는 소식이 들려온다.

자신의 모든 재산을 쏟아 붓고 교황이 된 율리우스 2세는 알렉산데르 6세의 정치를 다시 취하면서 교황령 속국에 정착해 있던 모든 소군주를 제거하려고 원정을 준비해왔다. 체사레 보르자의 상당한 노고 끝에, 로마뉴는 이제 교황령에 속했다. 베네치아인은 이 발랑스 공작의 몰락 이후 라벤나, 체르비아, 리미니, 그리고 율리우스 2세의 사촌인 리아리오 공의 옛 영지 파엔차를 차지했으나, 교황은 체사레의 모든 정복지를 요구했다. 자신의 적 루이 12세가 보호하는 베네치아 공화국을 공격하지는 않고서, 그는 각국의 베네치아 대사들에게 일체 협조하지 말도록 종용하기 시작했다.

우선 교황청을 위해 베네치아로 가는 길을 가로막는 요새 두 곳을 손에 넣어야 했다. 즉 페루자와 볼로냐, 그다음에는 페라라를.

라파엘로는 이제 막 잔파올로 도당에게 살해당한 그리포네의 어머니 아탈란테 발리오네에게서 페루자 대성당 안에 세울 속죄의 예배당을 위해 「십자가에서 내려서는 그리스도」 한 점을 주문받았다. 한편 이탈리아 전역에 체사레도 무서워 퇴각했을 만큼 노련한 군대를 거느리고 요새화한 도시에 박혀 있는 잔파올로 발리오니가 조용히 공격을 기다리고 있었는지 아니면 선수를 쳤는지 의문이 일어났다. 그는 기다렸다. 그는 교황을 맞아 오르비에토까지 나아가 교회의 봉신으로서 복종하는 예를 갖추었다. 율리우스 2세는 발리오니를 붙잡았고 그의 군대를 자기 휘하에 편입시켰다. 그 며칠 뒤 교황은 추기경들에 둘러싸인 채 수비대의 호위만 받으며 페루자에 입성했다. 잔파올로는 그를 신성한 추기경단과 함께 포로로 삼을 수도 있었으리라. 우리가 알기로, 마키아벨리와 구치아르디니 두 사람 모두 그토록 혁혁한 행동에 결부된 영예와 당대인의 찬사를 받을 만한 호기를 놓쳐버린 잔파올로의 무기력을 비난했다. 비록 발리오니 가문은 배신자 소리를 들었지만, 잔파올로는 자신이 가장으로서 겪었던 극적 사건의 영향 때문이거나 아탈란테의 관대한 처신 때문이거나, 기독교의 수장에게 그렇게 불충한 방식으로 이겼다는 오명을 덮어쓰고 싶어하지 않았다.

율리우스 2세는 페루자를 떠나 프랑스의 보호 아래 벤티볼리오 가문이 지배하는 볼로냐로 행군한다. 루이 12세는 나폴리의 재앙과 동맹군 보르자의 몰락과 이제는 적이 된 옛 친구 델라 로베레 추기경의 등장 이후, 한동안 정신이 없었을 것이다. 또 참담한 블루아 조약으로 막시밀리안 황제와 페르난도 다라곤의 손자 카를로스 에스파냐에게 브르타뉴와 부르고뉴와 밀라노를 선물로 쥐어주면서 자기 딸을 건네줄 참이었으나(이 모든 것이 조약의 내용이다), 1506년에 그가 투르에서 소집한 삼부회의는 만장일치로 그것을 파기하고 그에게 공주를 프랑수아 당굴렘*의 왕관을 물려받은 추정 상속녀로서 천거했다. 루이 12세는 이 청원을 들어주고 두 아이를 약혼시켰다.

우선 루이 12세는 벤티볼리오 가문 편을 들었지만 교황의 저항 앞에서 교황이 베네치아를 치지 않는다는 조건으로 그들을 포기했다. 패배한 벤티볼리오는 도망쳐 프랑스 군의 보호를 받았다. 율리우스 2세는 볼로냐에 위풍당당하게 입성하고 '이탈리아의 해방자'로 자처한다.

* 나중에 프랑수아 1세가 되는 인물이다. 루이 12세는 세자가 없었다.

1506년 11월 볼로냐 정복 이후 곧바로 피렌체 정부는 파비아 추기경의 편지를 받는데, 이는 교황을 기쁘게 할 만한, 미켈란젤로를 볼로냐로 보내겠다는 소식이었다.

미켈란젤로는 소데리니의 동생 볼테라 추기경의 편지와 율리우스 2세의 막역한 친구 파비아 추기경의 편지를 들고서 볼로냐로 향했다.

우리는 그 장면을 알고 있다. 미켈란젤로는 무릎을 꿇고 자신은 교황성하께 무례를 범할 의사가 없었으나 아무튼 그에게서 받은 모욕만은 견딜 수 없었다면서 용서를 구한다.

율리우스 2세는 침울한 표정으로 아무런 말도 하지 않는다. 소데리니 추기경은 미켈란젤로를 거들어 용서를 구하면서, 예술가들이란 자기 예술밖에 아는 것이 없으며 다른 처신에 대한 교양이 상당히 부족하다고 말한다.

분노한 교황은 참견하는 소데리니에게 이렇게 답했다.

"자네가 감히 이 사람에게 나도 하지 않았을 말을 하다니, 교양 없는 인간은 바로 자넬세, 가엾은 놈! 내 앞에서 꺼져, 허튼 것아!"

불쌍한 이 추기경은 겁에 질려 있었고 교황은 하인들에게 그를 밖으로 쫓아내라고 명한다.

줄리아노 다 상갈로는 교황을 쫓아다니면서 미켈란젤로에게 청동거상을 맡기자고 간청한다. 하지만 미켈란젤로는 그것은 자기 일이 아닐 뿐 아니라 자신은 청동주물을 다룰 줄 모른다고 항변한다. 하지만 교황은 이렇게 말했다.

"성공할 때까지 녹여보면 되잖나, 돈은 필요한 만큼 다 대줄 테니."

율리우스 2세는 1506년과 1507년 사이의 겨울을 볼로냐에서 보냈다. 미켈란젤로는 교황을 실물보다 세 배 크게 재현했다. 오른손을 치켜들고 왼손으로 무엇을 잡을지 망설이는 모습이다.

"성하께는 책이 어울리지 않을까?"

그러나 교황은 "검을 쥐게 하지. 나는 학자가 아닐세"라고 답했다.

그렇다. 분명히 그는 학자는 아니었다. 로마에 돌아오는 길에 그는 우르비노에 들러 조카 프란체스코 마리아와 그 어머니를 만났다. 바로 이 방문에서 카스틸리오네는 『조신』의 대화를 끌어냈다. 그런데 그 화자들은 율리우스 2세가 떠나고 나서 이야기를 시작한다. 귀도발도는 교황이 보기에 패배한 용병대장일 뿐이며, 무기력하고, 이제는 거동도 못 하니까 수다거리나 찾는 이상한 환자일 뿐이었다. 이렇게 추측할 수도 있다. 교황은 이 궁전에서 애지중지하는 손님으로서 조반니 추기경과 동기간이자, 과거 비비에나의 재상이던 줄리아노 데 메디치를 만난 것만으로 위안을 삼았을지 모른다고. 그는 모든 메디치 가문과 그 측근에게 자기 삼촌 식스투스 4세가 로렌초 대공에게 품었던 것과 똑같은 증오심을 품고 있었다.

라파엘로와 프라 바르톨로메오

라파엘로는 피렌체 체류를 여러 차례 중단해야 했던 듯하다. 1505년, 연도가 틀리지 않는다면, 그는 페루자의 카말돌리오회*를 위해 산 세베로에 있는 그 제의실 벽면에 프레스코를 그렸다. 그것이 「여섯 성자에 둘러싸인 삼위일체」이다. 이 작품은 심하게 파손되었으나, 확인하기 어렵게 종종 덧칠되었다. 아무튼 바로 이 작품에서 프라 바르톨로메오의 첫 번째 영향의 자취를 보는 경향이 있다. 그렇지만 이는 상당히 과장되게 회자되는 영향이다. 그로부터 40년 뒤에 바사리가 말하듯이, 청년 라파엘로가 독실하고 호의적인 이 수도사의 성격에 끌렸음직하다. 다른 예술가와 마찬가지로, 바르톨로메오 또한 개종하여 사보나롤라의 선언을 들으면서, 그 예언자가 처형되고 나서 도미니쿠스회에 들어갔다. 그러나 라파엘로가 산 마르코를 찾았을 때, 어떻게 프라 안젤리코*의 벽화에 끌리지 않을 수 있었을까? 전 세계 어떤 미술관에

• 1010년에 토스카나 지방 카말돌리 계곡에서 로무알드가 창립한 은둔수도회.

있는 어느 프라 안젤리코의 작품도 이 프레스코에 비할 수 없다. 황금 바탕에, 정성스레 그린 그의 또 다른 세밀화로는 상상도 할 수 없는 풍부한 색채와 단순성과 위대함과 힘을 지닌 작품이다. 텐느는 이렇게 말했다.

"프라 안젤리코는 순진하고 행복한 시각을 그릴 줄 알고, 그의 인물들은 육체적 존재가 아니라 위계적이며 경직된 존재로 오직 그 혼만을 담고 있다."

이는 사실이지만 산 마르코 수도원에서 영혼의 시각은 육신으로 태어날 만큼 너무나도 강력하다.

사보나롤라가 감탄할 만하고 영성으로 풍부한 벽화들 틈에서 살았다고 생각하기는 어렵다.* 그러나 신플라톤 철학자로서 예술에 둔감했던 사보나롤라는 자신을 모방한 루터와 마찬가지로, 주변에서 시나이에서 겨루는 하느님과 악마만을 보았다. 개종에 앞서, 프라 바르톨로메오의 그림은 유약하고 섬세하지만, 필리피노 리피의 그림 같은 매력을 띠고 있었다. 레오나르도와 미켈란젤로의 영향으로 자연주의자가 된 그가 그리스도 주변에 그려 넣은 성자들은 습작 초상이다.

갖은 멋을 부린 예술가처럼 프라 바르톨로메오는 손쉽게 웅변적으로

---

* 도미니쿠스회 수도사. 1400년경~1455. 콰트로첸토 종교화의 거장이다. 최근 화가의 수호성인에 올랐다.
* 피렌체 시내 중심가에 있는 산 마르코 수도원에는 프라 안젤리코가 그린 벽화들이 각 방을 장식하고 있고 그 건물에 사보나롤라가 수도하던 골방이 그대로 보존되어 있다.

변신했다. 미켈란젤로 이전에 바르톨로메오를 제외한 그 누구도 16세기 풍으로 표현이 풍부하고 과장된 그림을 준비하지 않았다.

라파엘로는 유감스럽게도 프라 바르톨로메오의 것을 상기시키는 몇몇 성자를 그렸다. 이 도미니쿠스회 수도사는 매우 일시적이기는 하지만, 이 청년에게 모든 예술가가 꿈꾸는 예술의 최악의 적인 본능, 즉 거장성에 대한 본능을 깨운다. 미켈란젤로 그리고 더 뒤에 세바스티아노 델 피옴보는 라파엘로의 삶에서 그와 같은 걱정스러운 역할을 맡게 된다. 그러나 시험을 겪을 때마다, 라파엘로는 더 위대하고 확실한 자신의 표현 수단을 찾아냈다.

우리는 보통 라파엘로의 아름다운 옷 주름의 조절을 프라 바르톨로메오의 덕으로 돌리지만, 바르톨로메오 자신은 레오나르도의 것을 배운 것이므로, 라파엘로가 바르톨로메오의 것을 취했다고 하기는 어려울 것이다.

피렌체를 떠나면서 미완으로 남긴 라파엘로의 「닫집의 동정녀」는 종종 바르톨로메오의 영향을 보여주는 결정적 증거로 간주됐는데, 사람들은 거기에서 「성녀 카타리나와 아기 예수의 약혼」의 일종의 복제판을 보려 하지만, 「약혼」은 1512년 작으로, 차라리 라파엘로에게 도움을 청했던 쪽은 바르톨로메오였다.

프라 바르톨로메오는 이 젊은이에게 로렌초 데 메디치와 교황 알렉산데르 6세를 비난하는 사보나롤라의 이야기를 들려주었을 것이다. 하지만, 핀투리키오는 예술가들에 대한 교황의 선의를 열렬하게 이야기하곤 하지 않았던가? 그가 장식했던 모든 궁전과 성당과 수도원이 대공에 대한 칭송을 주장하고 있지 않던가? 거리에서, 청년들은 여전히 그의 시를 노래하고, 예술가와 철학자들은 그를 두고 이야기하고, 어떤 이는 아버지로서 다른 어떤 이는 형제로서 그들을 이야기하지 않았던 가? 사보나롤라는 무엇을 남겼던가? 화가들의 나체화와 작가들의 세속적 글을 불태웠던 것에 대한 기억이다.

"선과 진실에 대한 신성한 열정이 그의 가슴속에 불타오르고 있었다. 하지만, 그는 아름다움이 없는 한 선은 선이 아니고 진실은 진실이 아니며, 성스러운 것은 거룩하지 않다는 점을 이해하지 못했다."[2]

이 수도원에서 모든 것은 사보나롤라가 저주한 메디치가를 칭송하기 위한 것이었다. 코시모가 미켈로초에게 짓도록 한 경이로운 도서관에 이르기까지. 미켈로초는 그의 궁을 지은 건축가이고 또 이 도서관은 금세 모든 이탈리아 도서관들의 모범이 된다. 바르톨로메오는 그 기원을 라파엘로에게 이렇게 말했다.

"니콜로 니콜리는 재산을 책을 사는 데 썼지. 돈이 다 떨어져버린 어느 날, 코시모 데 메디치가 그에게 필요한 돈을 모두 빌려주겠노라고 제안했네. 니콜리는 책을 읽고 싶어하는 사람에게 책을 빌려주었지. 그가 사망하면서 남긴 장서는 8백 권에 달했는데 그 중 백 권은 그리스 책으로 코시모 덕분에 산 마르코 수도원 소유가 되었네. 공중에 열람시킨다는 조건으로."

로렌초 대공은 그리스 인문학자 라스카리스에게 자기 집에 새로운 서재를 짓도록 했다. 피에로가 붙잡혀 있을 때, 산 마르코의 도미니쿠스회 수사들은 이 장서를 탈취했지만 사보나롤라의 사후에, 그 장서는 흩어져버렸다. 나중에 조반니 데 메디치 추기경은 부친의 것이었던 장서를 다시 사들이려고 했다.

바로 이 무렵, 라파엘로는 서투른 붓놀림으로 덧칠한 자화상을 그렸다. 그는 스물세 살이었다. 짓궂은 입술에, 티모테오 비티가 그린 순진한 눈길의 이 청년은 무엇이 되었나? 당대인이면 누구나 싹싹하고 쾌활하다고 자랑하는 이 청년의 우울하고 열정적인 표정이 발견되니 놀랍다. 이보다 열두 해 뒤에 미시리니가 그를 두고 했던 말이 떠오른다. "그의 몸을 주시했을 때, 그는 극도로 가는 실에 의지하는 듯싶었다. 왜냐하면, 그의 몸이 곧 완전한 정신이었기 때문이다."

완전한 정신이자 완전한 열정이다. 계란형의 마르고 핼쑥한 그의 얼굴은 갈등을 드러내며, 기이한 내적 확신을 폭로한다. 예언자와 영웅과 요절할 예술가에게서 드러나는 완연한 확실성 말이다. 두텁고도 창백한 입술은 건강 상태뿐만 아니라 육체적 피로를 전하기도 한다. 올리브빛 광채에 둘러싸인 커다란 갈색 눈에서 지성과 정기가 확인된다. 그러나 거기에서 사고와 본능의 대담함으로 서로 어울릴 수 없는 것을 결합할 줄 아는 개성이 보인다는 점이야말로 아주 매력적이다. 바로 여기에서 그의 초상만이 아니라 회화가 뿜어내는 맹렬한 광채가 비롯된다.

카스틸리오네 또는 「아테네 학파」의 서곡

1507년, 라파엘로는 우르비노를 찾았다. 거기에 정착할 생각이었던 듯하다. 그는 시내에 집 한 채를 사들였다. 바사리에 따르면 이때 그는 카스틸리오네와 벰보와 귀도발도의 지금은 유실된 초상들을 그렸다고 한다. 그가 벰보와 비비에나와 특히 카스틸리오네와 밀접했음은 확실하다. 라파엘로는 스물넷이었고, 카스틸리오네는 스물아홉이었다. 둘의 우정은 뜨거웠다. 카스틸리오네는 인간적으로나 예술가로서나 라파엘로의 위대성을 제일 먼저 이해했던 사람이다. 그는 라파엘로가 거리낌 없는 확신과 대담한 생략과 그만의 특유한 수법인 조화로운 질서에 고취되는 데에 이바지했다. 카스틸리오네는 어디에서나 라파엘로를 맨 앞에 내세웠다. 『조신』의 서문에서 그는 "여기 우르비노 궁전의 그림 한 점을 보자. 라파엘로도 미켈란젤로의 것도 아니다"라고 말했다. 위대한 화가를 인용할 때면 그의 판단은 후배들의 판단을 따랐다. 만테냐, 레오나르도 다 빈치, 라파엘로, 조르조네와 미켈란젤로….

곤차가의 친척인 카스틸리오네[3]는 만토바 후작령 카사티코에서 태어나 밀라노에서 수학했다. 밀라노에서 그의 스승은 제자들이 그 지혜와 멋을 자랑해 마지않던 아테네 출신 데메트리오스 샬콘딜라스라는 사람인데 호메로스의 초판본을 펴낸 사람이었다. 어떤 제자는 "그를 본다면 플라톤을 보고 있다고 생각하게 되겠지만 그보다 더 잘 그를 이해하게 된다"라고 했다. 그의 또 다른 스승 가운데 유명한 폴리치아노도 있었다. 이런 스승들이 카스틸리오네에게 플라톤과 마르실리오 피치노의 철학을 가르쳤다. 루도비코 일 모로의 초청으로 그는 자기 궁정에서 레오나르도를 만났고, 프란체스코 스포르차에게 갈 기념비 모형을 보았으며, 산타 마리아 델레 그라치에에서 「최후의 만찬」을 보았다. 이렇게 그는 라파엘로를 칭송할 때 이미 상당한 지식이 있었다.

루도비코 일 모로가 몰락하고 나서, 만토바로 돌아온 카스틸리오네는 루이 12세를 만나려고 프란체스코 후작에 끌려 파비아로 갔다. 그의 겸손함과 위엄과 온화함과 깊은 지식은 모로와 만토바 후작에게 깊은 인상을 주었지만, 로마에서 처음 보았을 때부터 진심으로 그를 좋아한 사람은 귀도발도 공작이었다. 공작은 그의 임종을 지켰을 정도로 마지막까지 그에게 충실했다. 공작부인은 존경에 가까운 찬미를 보냈다.

"나는 우리가 그토록 사랑하는 친구와 다정함을 나누고 맛보았던 그런 곳이 또 있다고는 생각하지 않는다. 어떤 고리가 우리 모두를 한 사람으로 묶고 있어서, 동기간조차 우리를 지배했던 것보다 더 커다란, 정중한 사랑과 조화의 정신을 지닐 수 없을 정도였다."

이런 화기애애한 분위기를 영원히 간직하고자 그는 『조신』을 썼다.

사람들은 그 책이 군주들에게 처세술을 가르치는 일종의 궁정 소년을 위한 규범이라면서, 소박한 주제였지만 그 우아하고 그윽한 스타일

덕분에 오랫동안 성공을 누릴 수 있었다고 했다. 그러나 이보다 더 부정확할 수는 없다.

그 제목은 우리가 보기에 불운하다. 비슷한 시기에 그것을 반박하려고 출간된 것도 아닌데, 사람들은 은근히 그것과 무관한 마키아벨리의 『군주론』을 대비시키곤 한다.

이미 엘리사베타 곤차가는 "당신이 조신에게 요구하는 자질에, 그의 봉사를 받을 만한 군주가 있었는지 의심스럽군요"라고 말했다. 카스틸리오네는 이렇게 대답한다.

"내가 틀렸다면, 플라톤과, 완전한 공화국과 완전한 왕을 묘사했던 크세노폰을 혼동한 것이겠지요."

『조신』을 저술하려고 카스틸리오네는 당대의 인물들을 동원하는데 그 중 잘 알려진 이들이 벰보*, 아레티노, 비비에나, 줄리아노 데 메디치, 오티비아노 프레고소, 에밀리아 피아, 체사레 곤차가 등이다.

우리는 이미 조신에게 요구되는 기본적 자질이 인품과 겸양과 신들린 용기라고 알고 있지만, 완전한 조신이란 카스틸리오네에 따르면, 폭군 디오니시오와 알렉산더 대왕을 완벽한 군주이거나 적어도 악행을 최소화할 수 있는 군주로 만들려 했던 플라톤과 아리스토텔레스였다. 아리스토텔레스의 조카 칼리스테네스는 사소한 의심 때문에 알렉산더 대왕으로부터 사형선고를 받았는데, 그는 진정한 조신이 아니었다. 엄

• 1470~1547, 이탈리아 추기경이자 인문학자. 레오 10세의 비서를 지내고 베네치아 역사 편찬가로 일했다. 그리스어를 배운 신플라톤주의자로서 또 페트라르카를 열렬히 숭배한 시인으로 순수한 사랑을 예찬한 여러 작품을 남겼다.

격한 철학자인 그는 사소한 이익을 챙기면서 알렉산더의 약점을 받아들일 줄 몰랐기 때문이다.

로렌초 대공은 안전한 신변 보장도 없이 나폴리로 최대의 적수 페란테 왕을 찾아가서, 능란하게 조신의 예의와 추론으로 결국 그로부터 그가 사망할 때까지 지속할 평화를 이끌어냈는데 카스틸리오네에 따른다면 그야말로 진정한 조신이다.

루도비코 일 모로와 체사레 보르자에게로, 또 체사레 보르자에서 소데리니로, 소데리니에게서 샤를 당부아즈로 주군을 옮겨 봉사하면서, 이 독재자들 곁에서 운하와 항구를 조성하고, 사람의 노고를 덜고자 기계를 발명하면서 공익을 위해 일할 가능성을 찾았던 레오나르도 다 빈치 또한 나중에 괴테와 마찬가지로 진정한 조신이었다.

그러나 카스틸리오네의 최상의 제자는 라파엘로가 되겠다. 무시무시한 율리우스 2세에 봉사했으며, 12세기 프랑스의 '신사'에게 요구되는 모든 자질을 갖추었던 만큼, 카스틸리오네 조신의 직계로서, 그에게 배신과 위선과 계략과 아첨은 "군주에게 더럽게 아첨하는 자의" 사악한 속성일 뿐이었다.

엘리사베타와 귀도발도 또한 완벽한 조신이다. 그들은 행운이든 불운이든 어느 경우에나 항상 침착했기 때문이다. 진정한 조신은 플라톤과 아리스토텔레스가 모범을 보였듯이 철학자이기 때문이다. 그런데 카스틸리오네의 마지막 장은 플라톤의 『향연』과 『페드라』에 대한 주해일 뿐이다. 카스틸리오네는 오늘날 대단히 낡은 키케로풍의 저자로 간주하지만, 훗날 추기경이 되는 벰보의 말로써 이렇게 마지막 문단을 장식했다.

"앎에는 세 가지 수단이 있다. 감각과 이성과 지성이다. 우리가 동물과 공유하는 적성에서 나온 감각, 인간 고유의 선택에서 나온 이성, 그리고 의지에서 나오고 천사와 소통할 수단인 지성…. 그런데 오직 지성만이 이지적인 것을 명상할 수 있게 하고 의지만이 영적 관계에 자양이 된다. 이성을 타고난 인간은 이 양자 사이에 자리 잡고, 감각 쪽으로 기울거나 그중 한쪽으로부터 욕구와 더불어 지성을 향해 높이 오를 수 있다. 이렇게 인간은 미적으로 고양되는데, 하느님에게서 나오는 미는 하나의 원으로서 그 중심에 선이 있다. 그런데 중심이 없으면 원이 있을 수 없듯이, 선이 없이는 아름다움도 없다. 사악한 혼이 아름다운 신체에 거하는 법은 드물다. 그래서 아름다운 외모는 선량한 내면의 진정한 표시이다.

이런 은총은 신체에 정신의 특징을 어지간히 새겨놓는다. 그래서 모든 것을 관찰해보면, 좋고 유용한 것은 여전히 아름다운 은총을 입고 있음을 알게 된다. 따라서 선과 미는 어떤 식으로든 같으며 특히 인체에서 그렇다고 할 수 있으리라….

물론 세상에는 아름답지만 불결한 여성이 있을 수 있다. 그러나 그녀가 아름다움 때문에 추잡한 것으로 기운 것은 아니다. 정반대로 아름다움은 고결한 습관으로 기운다. 그릇된 교육 즉, 애인의 농담, 선물, 빈곤, 열망, 오류 또 수천 가지 다른 원인이 착하고 아름다운 여인의 습관을 누를 수 있고 바로 이런 이유 때문에 잘생긴 남자가 간악해질 수 있다."

"다른 감각과 마찬가지로 시각도 착각을 일으킨다. 아름답지 않은 얼굴을 아름답다고 판단하는 일도 종종 벌어진다. 그렇게 눈 속에서 혹은 어떤 여자의 외모에서 사람들은 번번이 염치없게 음탕함을 찾아내기도 한다. 많은 사내가 이런 방식을 즐긴다. 그런 방식은 그들이 원하는 아름답다는 외설을 손쉽게 얻을 수 있게 하기 때문이다. 그러나 사실 이는 명예롭고 성스러운 이름을 모독하는 외설일 뿐이다. 이렇듯 육체의 아름다움을 사실로서 응시하는 사람처럼 생각에 사로잡혀 자신을 벗어나기보다, 인간은 육안이 둔해질 때, 예리하고 통찰력을 지니게 되는 눈인 정신의 눈으로 보는 아름다움을 주시할 수 있는 자기 내면을 보게 된다. 따라서 사악에서 해방되고, 진정한 철학 연구를 통해서 순화되고 영적 삶을 지향하며, 지성을 갈고닦은 사람은 그 고유의 실체를 주시할 수 있게 된다. 이를테면 깊은 잠에서 깨어나, 각성한 사람은 그 영혼이 진정 신성한 사랑의 건강한 불길 속에 이르면, 그것은 천사 같은 본성과 결합하여 날고, 단지 감각을 포기할 뿐 아니라 이성의 담화도 더는 필요 없게 된다. 왜냐하면, 천사로 변형된 영혼은 모든 지성을 이해하고, 감각으로 이해할 수 없는 지고의 축제를 즐기기 때문이다."

이렇게 말했던 벰보는 만족한 듯이 눈을 들어 하늘을 보면서 부동자세를 취했다. 공작부인과 거기 있던 사람들은 논설을 계속해달라고 졸랐다. 왜냐하면, 누구나 자신의 혼 속에서 신성한 애정의 불꽃을 느꼈다고 생각했기 때문이다. 벰보는 이렇게 답했다.

"여러분께 말씀드리고 싶은 것은 신성하고 애정에 사로잡힌 열정은 즉흥적으로 찾아옵니다. 이제 그것은 더는 내게 영감을 주지 않습니다.

나는 더 할 말이 없습니다. 사랑이란 우리가 그 비밀을 찾아내기를 바라지 않으니까요."

그러자 언제나 여성에 적대적인 가스파로가 이렇게 말했다.

"그 길은 남자들한테는 어려울 뿐이지만 여자들한테는 불가능한 것입니다."

에밀리아 피아는 웃으면서 이렇게 응수했다.

"참아주세요, 계속 우리를 모욕한다면 더는 용서하지 않겠소."

가스파로는 다시 대꾸했다.

"내가 여성의 영혼이 신성한 사랑을 맛보려는 영혼에 필요할 정도로 정념이 순화되지도 않고 명상에 쏟아 붓지도 않는다고 했다고 여러분을 모욕한 것은 아닙니다. 소크라테스, 플라톤, 플로티노스 그리고 성부들과 성 프란체스코 같은 다른 남성에게만 제한되었던 은총을 여성이 받았다는 이야기는 어디에서도 들은 적이 없소이다. 사랑의 미덕은 아니더라도, 또 다른 어떤 영혼이 성 바울의 넋을 빼앗았을 수도 있겠지요, 성 스테파누스에게 열린 하늘을 보여주고 이야기하는 것이 남자에게 합법적이지 않은 그러한 은밀한 비전을 그에게 보여주면서…."

줄리아노 데 메디치는 이렇게 답했다.

"바로 그런 점에서, 여자가 남자보다 우월하지 못합니다. 소크라테스조차 사랑의 비밀이 그에게는 디오티마라는 한 여인을 통해 폭로되었다고 고백하지 않았습니까? 여러분에게 제가 굳이 막달라 마리아라든가 천국에서 천사의 사랑을 훔친 모든 여성이나 그리스도의 이름으로 사랑을 위해 죽었던 여성들까지 들먹여야겠습니까?"

가스파로가 다시 대꾸하려 하자, 공작부인이 끼어들었다.

"벰보가 심판을 맡아야 한다면 여자도 남자처럼 신성한 사랑을 할 수 있는지 말해보라고 합시다. 하지만, 토론이 길어질 듯하니 내일 다시 하시지요."

"오늘 저녁은 어떻습니까?"라고 체사레 곤차가가 말했다. 공작부인 은 "다시 오늘 저녁에 어떻게?"라고 말했다.

"벌써 날이 밝았으니 말이오."

창틈을 향해 들어오기 시작하는 빛을 가리키면서 체사레 곤차가는 답했다.

이렇게 자리에서 일어나며 놀라워했다. 토론이 평소보다 특별히 길었던 것 같지 않았기 때문이다. 몬테 디 카트리의 높은 산봉우리가 눈에 들어오는 창을 열자 동쪽에서 아름다운 장밋빛 오로라가 눈에 들어왔다. 모든 별이 졌지만, 낮과 밤의 끝에 자리 잡은 금성만이 홀로 반짝이며 하늘을 온화하게 지배하고 있었다. 그것은 마치 중얼거리면서 이웃한 언덕의 숲을 스치는 그윽한 대기를 벗어나는 것만 같았다….

이렇게 각각은 존경심으로 공작부인의 퇴청을 기다린 다음 이미 날이 밝았으므로 횃불도 켜지 않고 각자의 방으로 돌아갔다.[4]

그런데 이날 밤에, 조용하지만 주의 깊은 사람이 참석해 있었는데 그가 바로 아레티노[•]였다. 이날 밤의 대화에 영감을 받은 그는 친구 화가 티치아노에게 이 베네치아 화가에게 가장 큰 영광을 안겨준 작품을 그리도록 제안했는데, 그것은 오늘날 로마 보르게세 미술관에 있는 것으

• 당대 최고의 시인으로 통한다. 미켈란젤로의 시스티나 벽화를 험담한 글로 유명하다.

로 당연히 「세속의 사랑과 신성한 사랑」이라고 부른다. 그러나 몇 해 뒤, 그의 정신을 회화로 옮겨 우르비노 궁전의 대관식을 축하하게 되는 사람은 아테네 학파와 파르나소스 학파를 그린 라파엘로였다.

「하관」과 미술에서 거장적 솜씨

예술작품을 창조하는 두 가지 방식이 있다. 하나는 어려움을 회피하고서 우리가 아는 것을 돋보이게 한다. 다른 하나는 어려움에 맞서 그 해법을 찾는다. 그 결과는 서툴러 보일 수 있지만, 어느 시대에든, 훌륭한 취미의 특권에 열광하는 사람들을 감탄하게 할 수 있다. 다만, 그것은 항상 천재적 자취를 담고 있다. 그런 것이 바로 파올로 우첼로라든가 피에로 델라 프란체스카의 그림이고, 단테의 시, 보들레르의 시와 산문, 또는 발자크와 도스토예프스키의 소설이다. 우리는 항상 악취미를 질책하는 능란한 솜씨의 붓과 펜과 명인의 이야기를 듣고 있고, 정확한 손가락으로 임무를 수행하는 것을 보고 있지만, 그 임무는 난점을 극복하려는 예술가의 의지를 증명한다.

아테네와 피렌체를 제외하고 곳곳에서 거장들은 시대를 앞서간다. 우리가 '구제불능의 악취미에 젖은 미치광이' 늙은 렘브란트의 화폭과 판화를, '그토록 천박한' 쿠르베의 화폭과 '전혀 프랑스적 취미와 무관한' 세잔의 풍경과 정물, '불결함의 거장' 보들레르의 시에 익숙해지는 데에는 두어 세대나 그 이상의 시간이 걸렸다. 아테네와 피렌체의 우수성을 보여주는 것, 어째서 그곳에서 재능이 그토록 만개할 수 있었는지 설명해주는 것은 기타를 치거나 마드리고를 추는 것이 아닌 한, 대가적 솜씨가 빚어내는 웃음이었다. 그러나 유감스럽지만 예술가를 판단할 때, 사람들은 그들의 자리를 고려하지 않고서 급히 판단한다. 페루지노는 큰 대가를 치르고서 그것을 배웠다. 그는 기존의 성격을 지키지 않고서, 다시 말해 자신의 성모를 부드럽게 치장하는 취미를 따르지 않고서 해부학 연구를 즐기는 화가들을 비웃었다. 미켈란젤로는 이러한 도전에 '얼간이'라고 응수했다. 페루지노는 피렌체 재판정에 고소했고, 피렌체 재판정은 이 취미가 고약한 사내의 고소를 기각했다. 우리는 그를 아르노 강변에서 다시는 보지 못하게 된다.

우리가 그다지 주목하지 않았겠지만 라파엘로는 항상 어려움에 직면하곤 했다. 피렌체에 있는 성모상들은 그 각각이 힘겨운 기법을 해결하고 있다. 그는 「마돈나 템피」 이후에야 성모와 아기를 포기하고, 「방울새와 동정녀」 이후에야 피라미드 구도를 포기한다. 그는 일생 혼과 성심을 다해 기법상의 난제를 풀어나갔다.

그렇다면 라파엘로를 완벽한 소묘가로서 열광적으로 동경한 앵그르가 초상에서만 훌륭한 작품을 남길 수 있었다는 것은 어찌된 일일까? 그것은 그가 머리로만 그렸지 가슴으로 그리지 않았기 때문이다. 그는 그 문제를 해결하기 위해 어려운 길을 찾을 수도 있었지만 거기에 이르지 못했다. 로제가 찾아낸 그의 천사 상보다 더 싱겁고 우스꽝스러운 것이 있을까? 신체 묘사는 멋진 성공으로 보일 수 있겠지만, 선은 박동이 없고 회화는 광채가 없다. 이 거물 초상화가는 거침없이 하지 못했다. 아폴론의 화살은 지식의 갑옷에 싸이고 우월감에 젖어 있던 그의 정신을 뚫지 못했을지 모른다. 바로 그래서 그 또한 소묘의 거장에 그칠 뿐이다.

「하관」처럼 위험천만한 취미를 보여주는 라파엘로의 작품도 없다. 그래서 이 작품은 여러 세기 동안 논쟁거리였다. 사실 그것은 모험이었다. 3년간 라파엘로는 감탄할 만한 동정녀를 그려왔고 누구도 그 완벽성을 의심치 않았다. 이는 삼백여 년 뒤에 코로가 겪게 되는 것과 마찬가지로, 누구도 이 그림들에 놀라지 않았고 전혀 주목하지 않았다.

레오나르도와 라파엘로가 대립한 적은 없었다. 손상된 벽화를 남겨둔 채 피렌체를 떠난 뒤로, 레오나르도는 결국 무적의 미켈란젤로에게 패퇴한 인물로 보였고, 그와 교황 성하의 갈등도 이런 인심을 부채질했다. 국가의 주문과 지출을 맡은 소데리니 총독의 눈에 드는 사람이 되려면, 이제 근육을 그릴 줄 알고, 축도법을 구사할 줄 알고, 옷 주름을 조정하고, 표정이 풍부한 얼굴을 보여주어야 하고 달인의 솜씨로 지식을 펼쳐 보여야 했다.

프라 바르톨로메오와 안젤로 도니의 집에서 근육과 자세를 싱겁게 탐구한 습작이라 할 미켈란젤로의 「성가족」을 느긋하게 검토할 수 있었던 라파엘로는 미켈란젤로와 경쟁하려면 자신이 알고 있던 모든 것을 보여주어야 했고, 무엇보다도 미켈란젤로와 바르톨로메오만큼 알고 있다는 것을 보여주어야 했다.

그런데 바로 이 무렵 라파엘로는 자신을 배신한다. 피사 병사들의 멋진 근육, 동정녀를 호위하는 처녀의 몸매, 이런 것은 미켈란젤로의 성가족 속에서 마돈나의 근육과 같다. 또 약간 강조된 얼굴 표정은 사람들이 프라 바르톨로메오의 성자 상에서 감탄하는 것과 같다. 라파엘로 는 모차르트가 중상자들에게 자신이 글루크와 하이든을 모방할 수 있 다는 점을 증명하는 것이나 다름없는 일을 했던 셈이다.

그러나 라파엘로는 역시 라파엘로였다. 「하관」은 지식의 총합 이상 으로 경이로운 율동을 보여준다. 이때부터 라파엘로는 리듬으로 구성 을 대신한다. 그 리듬은 항상 그리스 조각과 같은 질서에 따라 더욱 복 잡해졌다. 아무런 자취를 남기지는 않은 오랜 모색 끝에 라파엘로는 결 국 망자의 무덤 속에 던져 넣곤 했던 질그릇에 새겨진 「아도니스의 죽 음」의 구성을 우연히 찾아냈던 것이라고 헤르만 그림이 주장하지 않았 던가?[5]

정말로 그 4년간 화가가 달려온 길을 이해하려면 우리는 「동정녀의 결혼식」에 등장하는 인물의 발과 「하관」의 인물의 발을, 즉 그것이 누 구의 것인지 한눈에 알아보기 어렵다고 그토록 비판받았던 그 발을 주 목해야 한다. 라파엘로와 만테냐는 묘법과 곡선 표현과 특이한 리듬을 세련되게 표현한 유일한 화가들이었다.

가령 '결혼식'이 완벽한 작품으로 보인다면, '하관'은 완전히 실패작 으로 보일 수 있다. 이런 논지를 들고 나온 평론가들은 많다. 그런 반박 을 열거해보자. 즉 그리스도는 해부학적으로 피상적이며, 사도들의 머 리는 따로 놀고, 그중 한 젊은이는 무릎에 기대지도 않고 그 오른팔로 무엇을 하는지 알 수도 없으며, 늙은이는 그리스도와 같은 선상에 있 고, 그리스도를 떠받치는 사람들의 그 체중 배분이 고르지 않아 어떤 사람은 그 힘에 눌리는가 하면 전혀 그렇지 않은 사람도 있다고…. 작 품의 정방형 틀까지 비판의 대상이었다. 가로 폭보다 세로 폭이 더 넓은 틀을 선택해야 했고, 눈부신 화면구성을 보여주는 티치아노의 '하관'을 모범으로 삼아야 했다는 등….

그런데 이렇게 응수할 수 있지 않을까? 계단을 오르는 짐꾼 한 사람은 시신의 가장 무거운 부분을 지고, 바닥에서 그 발을 잡은 다른 이는 그의 동료보다 열 배는 덜 힘을 쓴다고. 또 정방형 공간의 선택은 난점을 가중시키지만, 완숙한 솜씨를 자제하는 그 부분이 중요하다고.

어쨌든, 이 「하관」이 전해지는 것 가운데 가장 아름다우며, 그리스도의 손을 잡는 막달라 마리아는 순전히 라파엘로의 창안이라는 점이 중요하다. 그토록 반박을 가져왔던 무심한 태도의 젊은 짐꾼은 동정적 호기심으로 이 드라마에 동참하고, 그의 눈은 십자가에 못 박힌 사람에게서 보았던 고통에 신음하다가 다시 찬란하게 피어나는 얼굴을 훔쳐보고, 그의 지성은 거기에서 깨어나서 마침내 훗날의 제자들이 그를 알아보게 된다. 이 플라톤파 그리스 청년은 이 드라마에서 성령의 숨결을 느끼는 유일한 사람이다. 그는 시신을 보고 탄식하는 사람들과 함께 슬픔을 나눈다. 꿈속에서 실생활과 명상생활을 동시에 보는 젊은 기사의 정신 상태와 마찬가지로, 사도 요한이 십자가에 못 박히신 분은 강생한 세계의 혼이라고 설명하게 되고, 그 젊은 짐꾼은 기독교인으로 개종하게 된다.

동정녀가 바닥에 넘어지지 않도록 손으로 붙든 처녀의 자세를 감상적 관점에서 비교해보자. 그녀는 장례가 끝나자 서둘러 자신이 목격한 이상한 장면을 동료에게 이야기하러 달려갈 듯하다. 반면에 다른 두 처녀는 사랑과 침묵에 빠져 있다. 한 사람은 뺨을 열렬하게 순교자의 머리에 기대고 있고, 다른 한 사람은 그에게 힘차게 팔을 뻗지 않던가! 실신한 동정녀는 샤르트르 대성당 조각과, 콜마르에서 마티아스 그뤼네발트의 「십자고상」에서 보는 바로 그 모습이다. 어떤 하늘 아래에서나 고통의 모습은 영원히 하나이다.

라파엘로는 샤르트르도 알사스도 가보지 못했지만, 페루자의 산 에르콜라노 성당 계단에 쓰러져 아들에게 살인자를 용서하도록 기원했던, 아탈란테 발리오니를 목격했었다.

화면의 거의 4분의 1을 차지하는 이 '혼절한 사람들'에서 라파엘로는 완전한 자신의 모습을 보여준다. 그가 그렸던 것 가운데 가장 아름다운 이 군상과 풍경 속에서, 바위와 멀리 사라지는 푸르스름한 산과, 파랗고 푸른 작은 나무들과 한 채의 성이 솟아오른 언덕과 쪽빛 하늘 속으로 미끄러지는 커다란 구름 등, 이 모든 것은 황금빛에 적셔진 채 클로드 로랭이나 코로, 앙리 드 바로키에*의 작품에서나 다시 찾게 될 분위기를 빚어낸다.

그러나 이 그림에서 라파엘로는 소원을 이루었다. 황홀경에 빠지고, 기적이라고 외쳤을 만하다. 왜냐하면, 그때까지 어떤 작품도 그러한 충만감과 그와 같은 통일된 존재감과 생동하는 유기적 형태를 드러내지 못했기 때문이다. 라파엘로는 전혀 속임수를 쓰지 않았다. 그는 자기가 알던 것을 보여주곤 했지만 이제는 오직 자신만의 고유한 권리를 찾았다고 생각했다. 또 그렇게 했다.

* 브르타뉴의 현대 풍경화가.

귀도발도의 죽음과
바티칸에 불려간 라파엘로

우르비노에 머물렀을 때 라파엘로는 귀도발도와 재회했다. 그는 모습이 확연히 변했다. 과거에 윤기 있던 금발은 이제 푸석푸석한 백발이 되었고 야윈 뺨은 창백했다. 고통으로 처진 입술은 거의 말라붙었고, 손은 쪼글쪼글해서 푸른 핏줄과 힘줄이 다 드러나 보였다. 노인네처럼 가까스로 거동했고, 자리에 누워 있을 때를 제외하면 친구들의 부축을 받아 간신히 걸을 정도였다. 고통이 깊어질수록 그는 신하와 주변 사람에 대한 행복을 걱정하고 배려했다. 오래전 청년기부터 병든 모습을 보았던 그를 사랑하는 사람들은 그가 더 살기를 염원했다.

1508년 봄, 그는 우르비노보다 공기가 좋은 모솜브로네로 거처를 옮겼다. 그러나 그는 나날이 쇠약해졌고 이제 엘리사베타는 환상을 포기했다. 귀도발도는 영혼의 날개를 펴고, 그와 그녀를 위대한 작품으로 결합시켜줄 그다음 생에 이를 때까지, 하느님을 향해 날아오르게 된다.

4월 11일, 귀도발도는 최후가 다가온 것을 알고 엘리사베타에게, 사랑과 신뢰와 용기에 감사했고 이어서 안심한 듯 고해를 하고 조카에게 자신의 일을 맡겼다. 이렇게 자신에게 다가온 죽음의 차가운 그림자를 느끼면서, 그는 카스틸리오네에게 비르길리우스의 시를 외워주었다.

엘리사베타는 남편의 몸으로 달려가 죽은 듯이 그 곁에 누웠다. 다시 일어난 그녀는 사랑하는 사람과 함께 죽지도 못한다고 불평했다. 그녀는 이틀을 아무것도 먹지 않고 고통으로 일그러져 거의 알아볼 수 없을 지경이었다.

공작의 시신은 우르비노로 이송되어, 궁정에서 황금 수가 놓인 검은 천에 덮인 장엄한 영구대 위에 공개되었다.

이틀 뒤인 4월 13일, 수도원장들이 젊은 후계자 프란체스코 마리아 델라 로베레 앞에 도시의 열쇠와 깃발을 내놓았다. 그가 말을 타고 걸어 나오자, 민중은 그를 둘러싸고 "공작 만세!"를 외쳤다.

궁전으로 들어서자, 그는 금수가 놓인 망토를 시동에게 건네고 열한 명의 신하들과 공작부인에게 향했다. 엘리사베타는 총독에게 이제 막 돌아가신 주군에게 보였던 충성을 기원하는 감동적인 훈시를 했다.

귀도발도는 사망 당시 겨우 서른여섯이었다.

젊은 엘리사베타는 그 재치와 지성과 신중한 매력으로 유명했고, 구혼자가 없지 않았지만, 남편과도 그러했듯이 시동생에 충실했다. 그녀는 4년 뒤에 사망했다. 발다사레 카스틸리오네는 이렇게 썼다.

"그녀의 죽음은 어느 누구의 죽음보다 더 내 가슴을 아프게 했다. 그녀는 그 누구보다 소중했다. 나는 누구보다 그녀와 가까웠다."[6]

같은 해, 프란체스코 마리아 델라 로베레는 엘리사베타의 조카이자 이사벨의 딸 레오노르 곤차가와 결혼한다. 다시 한 번, 우르비노에 청춘과 미와 영혼이 되살아나는 듯했다. 엘리사베타가 살아 있던 동안 사람들은 그렇게 믿었다. 그녀를 사랑했던 주변 사람들이 그 소중한 죽음을 지키고자 했기 때문이다. 그러나 프란체스코 마리아는 애지중지 과도한 기대 속에 성장한 만큼, 몬테펠트로 가문의 기질을 이어받지 못했다. 그는 부친과 삼촌 율리우스 2세와 종조부인 식스투스 4세처럼, 델라 로베레의 혈통이라는 것을 금세 증명하게 된다.

라파엘로는 삼촌 시모네 차를라를 통해 귀도발도의 사망 소식을 접하고선 뜨거운 눈물을 흘렸다. 그는 침통한 시간을 보냈던 것 같다. 왜냐하면, 그의 편지가 자신의 성모상들을 프랑스에 팔려고 상인과 대면할 준비가 되었다는 것을 알려주기 때문이다. 그러나 젊은 군주가 소데리니에게 보내는 편지 한 장이 4년 전 그 모친의 중재보다 더 효과적이었을 듯하다. 그는 삼촌에게 "저를 어서 그에게 그의 옛 신하이자 가족으로 천거해주세요"라고 썼다.

어떻게 되었을까? 라파엘로의 삶에서 중요한 결정이 늘 그렇듯이, 우리는 짐작만 할 뿐이다. 브라만테가 갑자기 자신의 젊은 친척 어른을 기억했을까? 프란체스코 마리아 델라 로베레가 그를 삼촌인 율리우스 2세에게 추천했을까? 자신의 젊은 피보호자에 대한 소데리니의 무관심에 상심했던 소라 공작부인이 소데리니 총독에게 편지를 쓰라고 아들에게 충고하거나, 또 교황이나 니콜라우스 5세의 낡은 아파트를 새롭게 치장하려고 화가들을 불러 모으게 될 브라만테를 찾았을지 모른다.

1508년, 라파엘로는 로마로 가서 옛 스승 페루지노와 재회하고, 열화 같은 성미의 미켈란젤로를 다시 만난다.

제2부

활력에 넘치는
나날들

제1장
교황의 서재

현대적 개념의 예술이란 무엇인가?
주체와 객체를, 작가 자신과 외부 세계를 동시에 담아내듯이
암시적인 마술을 창조하는 것이 예술이다.

— 샤를 보들레르

「돈나 벨라타」, 즉 아름다운 부인의 초상이다.
성모의 우아를 그리던 화가는 베일 속에 가려진 여성의 매력을 들춰내기 시작한다.

세계의 정상, 로마

위대한 인문주의자, 니콜라우스 5세* 때부터 역대 교황은 로마를 서유럽의 지적 중심지로 만들고자 진력했다. 교황 니콜라우스는 수도사 시절에 책을 구입하느라고 빚을 졌다. 책을 살 수 없을 때에도 책과 건축에 몰두했다. 교황에 오르자 그는 약속을 지켰고 건축과 철학과 수사본 서기를 가까이 두었다. 그는 코시모 데 메디치와 페데리코 다 몬테펠트로와 경쟁하면서 이탈리아에서 가장 훌륭한 도서관을 세웠다. 그는 이집트의 프톨레마이오스 필라델포스* 왕을 본떠 자신의 궁전을 책으로 장식하려는 야심을 품었다.

당시 교황의 수도는 이탈리아는 물론이고 기독교 세계를 통틀어 가

- 1398~1455. 206대 교황. 프리드리히 3세를 로마에서 황제에 봉했다. 바티칸 도서관을 지었다.
- 프톨레마이오스 왕조(BC 305~30)까지 고대 이집트를 다스린 왕조이다. 대규모 연구기관인 알렉산드리아 박물관과 도서관은 BC 3세기 초 이집트 프톨레마이오스 왕조에 의해 창설되어 오랜 세월 유지되었다. 3세기 말 내전으로 파괴되었다.

장 중요한 활동무대였다. 로마의 고대 유적 곁에 수많은 건물이 들어섰다. 생-드니 수도원 대성당*을 지을 때, 쉬제는 디오클레티아누스 목욕탕의 고대 원주를 가져다 쓸 생각을 했지만, 운반이 어려워 포기했다. 그러나 신전과 목욕탕의 대리석 원주는 여전히 다른 용도로 분쇄되어 훌륭한 회반죽으로 쓰였다. 니콜라우스 5세는 이런 야만성에 종지부를 찍고 황폐해진 고대유적을 존중하면서 신도시 건설을 결정했다.

교황은 그리스도의 보좌 신부로서 거대한 국가의 왕이었지만, 아비뇽 유수* 이후 더는 그 주인이 아니었다. 곳곳에서 용병대장들이 요새 도시들을 점령했다. 볼로냐, 페루자, 리미니, 라벤나, 포를리, 이몰라, 파엔차와 기타 군소 도시들은 더는 공물을 바치지 않았다. 로마에서조차 교황은 대제후들로부터 안전한 도피처가 아니었다. 오르시니, 콜론나, 사벨리 가문은 서로 우위를 차지하고자 도심에서도 혹독한 전투를 치렀다. 그들은 번번이 교황을 궁전에 연금시키려고 서로 연합하기도 했다.

콜론나 가문이 부르고뉴의 미남왕 필리프의 첩자 노가레의 모함에 걸려 늙고 지혜로운 보니파키우스 8세를 넘겨주었다거나, 로마의 변두리가 콜론나이든, 오르시니든, 사벨리든 가문의 요새화한 성으로 둘러싸였던 것을 교황들이 어떻게 잊을 수 있을까? 언제나 반항하고 이탈리아 또는 외국 군주들과 모의하면서, 심지어 신학교에도 자기 당파를

---

* 프랑스 국왕의 묘가 있는 왕실 전용 성당으로 파리 교외에 있다.
* 교황권 다툼으로 프랑스 교황이 아비뇽에 교황청을 설치함으로써 교황청이 분리된 시절을 말한다.

심어두었던 대제후들은 교황청에 반대를 꾀하는 갖은 계략을 꾸미고 있었다.

교황은 영성靈性의 특권을 방어하기 어려웠다. 따라서 그는 제 한 몸을 지키고자 자기 도시 안에 있는 산탄젤로 요새로 바뀐 하드리아누스 황제의 고대 영묘로 피신해서, 그곳에서 적의 어둡고 형편없는 건물을 엄호하는 높은 정방형 망루들을 주시할 수 있었다. 세력가마다 그들 나름의 궁전과 성당과 신하와 병사를 거느렸다. 비좁은 길은 야간에 쇠사슬로 폐쇄되었고, 군주와 추기경들은 무장한 채 바티칸을 드나들었다.

니콜라우스 5세는 아냐니 공략* 이전에 행사했던 교황권의 권력과 영광, 그리고 영향력을 되찾으려 했다. 그러나 교황 성하가 왕들의 투쟁에서 실질적인 절대적 지배자가 되려면 로마의 주인이어야 하며, 로마는 사실상 철학자, 학자, 시인이 모이는 장소가 되어야 했다. 교황직을 떠나야 했을 때, 니콜라우스 5세는 교회의 미래 문제를 확고히 해두겠노라고 천명했다. 모든 지식인이 그를 도우러 오게 된다. 그가 죽음의 침상에서 추기경들에게 자신의 과업을 이어달라고 당부했기 때문이다.

"자만심이나, 영예를 좋아하거나 명예욕 때문도 아니요, 이 모든 건물을 세우기 시작했던 우리의 이름을 불멸화하려는 것도 아니요, 단지 기독교 세계에 대한 사제단 교황청의 영광에 이바지하고자 함이

• 프랑스의 미남왕 필리프와 교황 보니파키우스 8세가 대립했던 갈등 끝에 1303년 아냐니 마을에 교황이 붙들렸던 사건이다. 군주와 교황의 힘 겨루기를 상징하는 사건이다.

요, 결국 미래에 교황들이 자신의 주거지에 연금되거나 쫓겨나거나 생포되지 않도록 하기 위함이오."

이후 백 년간, 파울루스 4세 카라파가 등장할 때까지, 교황들은 니콜라우스 5세의 이러한 원대한 생각에 충실하게 되고, 인문주의자에 둘러싸여 영육靈肉을 좌지우지하려는 군주, 수도사에 맞서 영성의 특권을 수호하게 된다. 이미 미남왕 필리프는 성전 기사단을 몰살시키려고 프랑스 교황을 내세우지 않았던가. 페르난도 다라곤의 주장에 따라, 알렉산데르 6세가 에스파냐에서 종교재판을 허용했을 때, 그는 지극히 신중하라고 조언했었다. 그는 에스파냐 사람을 잘 알았기 때문이다. 토르크마다는 고문과 화형을 서슴없이 자행하면서 로마의 교양 있는 성직자들 사이에 오늘날 우리의 치를 떨게 하는 것과 똑같은 공포심을 불어넣었다. 르네상스 최후의 교황 파울루스 3세는 루터 교도에 대한 이런 만행을 저지하도록 프랑수아 1세에게 청하는 편지를 썼다. 로마에서만 이런 요구 사항을 이해하고 있었다.

그들의 실수와 정치적 잘못이 어떤 것이든, 니콜라우스 5세의 계승자들은 백성의 머릿속에 살아 있는 정신을 두려워하지 않았다. 교황들은 누구나 접근할 수 있는 보편적 신앙심을 확립하고자 이교도적 관념을 물리치는 데에 그보다 더 관대하거나, 화해적이거나, 바람직한 적은 없었다. 한 세기 동안, 그들은 용감히 싸웠지만 결국 왕과 수도사들이 승리를 거두었다. 미남왕 필리프 때문에 보니파키우스 8세는 이렇게 탄식하지 않았던가?

"짐이 이교의 교리를 고백하라고 피소되고 적절치 못한 처신을 했다고 비난받다니!"

에스파냐의 대단한 가톨릭 신자 카를 5세는, 독일 민족의 신성로마 제국 황제로서, 상당히 멋진 사례를 따랐고, 교황의 사면권을 축소하려고 부르봉 가 용병과 프룬트슈페르크의 루터 교도를 앞세워 로마를 침공하고 약탈하게 했다.

카를 5세, 프랑수아 1세, 헨리 8세는 이단적 명칭을 되살리고, 자기 나라에 종교재판소를 설치하고, 보나파르트 이전까지 오랫동안 사제를 "영혼의 파수꾼"으로 만든다. 정확하게 니콜라우스 5세 이후 한 세기 뒤에, 카라파 추기경이 파울루스 4세로서 교황청의 성좌聖座에 오르면서 승리했던 스파르타 정신이 바로 왕과 수도사의 정신이며, 고위성직자들은 아테네 정신을 거부하고, 박해를 시작한다.

브라만테와 산 피에트로의 건설

그러나 1508년, 카라파는 여전히 무명이었고 교황은 니콜라우스 5세의 계획을 적극적으로 다시 취했다.

델라 로베레 추기경의 결정적 실수 즉, 율리우스 2세가 이탈리아의 모든 재앙의 근원이라고 구차르디니가 암시했던 실수는, 알렉산데르 6세에 대한 미움으로, 샤를 8세의 나폴리 원정을 부추겼다. 율리우스 2세는 보르자 가문을 몹시 싫어했지만, 자신이 교황이 되자마자 사사건건 그들을 모방했고 번번이 그들보다 더했다. 징세에서 그는 선임자의 관습을 지켰고, 고위 성직자만이 아니라 하위직 사제나 공무원이 로마에서 사망했다면 가리지 않고서 그 유산을 회수했다. 그가 교황직에 있는 동안, 추기경들은 자신 자손에게 아무것도 물려줄 수 없음을 알고, 휘황한 장례기념비 축조를 관례화하려고 기원한다.

율리우스 2세는 용기가 대단하고 상상할 수 없을 정도로 확고한 의지를 지녔으나, 그의 사상은 극성스러운 데다 지나친 면이 있었다. 그가 신중하고 절제할 수 있었다면 이는 교회가 고취했던 대단한 예우와,

군주들의 불화 덕이었을 뿐이다. 그가 교회의 일시적 권력을 키우려고 이용했던 정신적 영역에서 열성적 활동을 펼쳤다면 가장 고귀한 영예를 얻을 자격이 있었을지 모른다. 진실이 어떻든, 그의 기억은 다른 모든 선임자보다 가장 존경받고 영광에 찬 것으로 이제 세상 사람들은 사태를 정확히 파악하지 못했으며, 교황의 의무는 훌륭한 모범을 보이거나 풍습을 교정하거나 영혼을 구제하는 데에 있기는커녕—그래서 그리스도는 교황을 그의 지상의 비서로 만들어주지 않았던가—, 군대의 힘으로 그리스도의 보혈을 퍼트리면서, 로마 교황의 나라를 확대하는 데에 있다고 생각했다.[1]

"교황, 율리우스 2세는 자신이 외경의 대상이기만 하다면 자신에 대한 증오심 따위에는 거의 무심했다. 그는 두려움을 퍼트려 세상을 전복했다. 그는 교황직에 있는 동안 언제나 불같고 극성스런 성격을 드러냈다. 게다가 상황이 이런 행동 방식에 놀랍게도 들어맞았던 만큼, 그의 시도는 늘 성공했다. 만약 다른 재능을 요구하는 다른 상황이 전개되었더라면 그는 결국 실패했을지 모른다. 왜냐하면, 그는 성격이나 처신을 바꾸지 않았을 터이기 때문이다."

1508년, 율리우스 2세는 교황으로서 거창한 계획을 수행하는 중이었다. 즉 교황청 국가들을 선동하고, 망명자들을 받아들일 준비가 되어 있는 대담한 공화국이던 베네치아를 무력화하려고 했다. 이 계획을 성공시키려고 그는 잠시나마 숙적 루이 12세와 화약을 맺어야 했다. 안느 드 브르타뉴와 마르그리트 도트리슈 등 여걸들의 중재로 그는 루이 12

세를 프랑스와 이탈리아의 이익에 가장 무익하고 운명적인 연합군에 끌어들였다. 이렇게 해서 결국 베네치아 영토와 밀라노에서 오스트리아의 지배를 공고히 했다. 비록 베네치아가 항상 프랑스와 동맹관계에 있었고, 오직 베네치아만이 바다에서 튀르크의 침략에 대항해 기독교를 지키고 있었지만, 루이 12세는 번번이 자신의 자존심을 상하게 했던 베네치아 공화주의자에 대한 미움을 견디지 못하고, 결국 1508년에, 유명한 캉브레 맹약을 체결하게 된다. 이 조약으로, 교황과 프랑스 국왕과 황제와 에스파냐 국왕 및 이탈리아 여러 도시국가가 베네치아를 격파하려고 연합했다.

당시 이탈리아의 진짜 적은 프랑스와 에스파냐, 스위스였다. 그랑송과 모라의 두 차례 전투를 치르고 나서, 스위스는 부르고뉴의 무모공 샤를을 격파하고 또 보병으로 기병을 이기는 전과를 거두면서 유럽 최강의 군대로 부상했다. 마키아벨리는 매우 진지하게 그들이 이탈리아 전체를 침공하고 지배할 수 있지 않을까 하고 예상했다.

율리우스 2세는 제국의 위엄을 꿈꾸던 루이 12세와 진지하게 교황이 될 꿈을 꾸고 있던 막시밀리안 황제를 대적시킬 묘책을 꾸몄다. 즉 이들을 이탈리아 반도로 불러들이는 것이었다. 호헨슈타우펜 가의 몰락 이후, 황제들은 잠정적으로 이탈리아 정치에서 배제되었다. 당시 독일은 이탈리아와 함께 유럽에서 가장 번영하는 곳이었고, 그래서 유럽 또한 번영했다. 수많은 작은 나라, 즉 시샘이 날 정도로 안전과 자치권을 배려하던 공국과 공화국과 주교령으로 나뉘어 있던 독일은 점차 오스트리아 출신 황제들의 후견에서 벗어나면서 완강하게 그들의 전쟁에 가담하지 않으려 했다. 돈이 궁했던 막시밀리안은 용병대를 고용할 수 없었고, 군대가 부족했으므로 장인, 루도비코 일 모로까지 포기해야 했다. 황제의 모습은 신하의 생명과 재산의 주인인 프랑스, 영국, 에스파냐 국왕보다도 초라했다. 군주와 주교만이 아니라 은행가와 상인이 사는 궁전과 공관과 빼어난 성당이 화려한 도시를 뒤덮은 독일은 민중과 농부까지도 번영을 시대를 누리고 있었다. 독일이 바로 교황청 지출에 상당 부분 이바지하고 있었고 또 독일의 수입이 바로 율리우스 2세가 자기 계획의 실행에서 가장 확실하게 꼽는 것이었다. 교황은 만약 막시밀리안을 계략에 빠뜨리게 될 때 찾아올 수밖에 없을 혼란을 염두에 두어야 했다.

그러나 율리우스 2세는 크게 보기는 했지만 멀리 보지는 못했다. 그는 프랑스의 개입이 가져올 결과도, 제국이 개입할 때의 결과도 예상하지 못했다. 그는 간교한 위선으로, 적당한 때에 황제를 이탈리아 밖으로 몰아낼 속셈이었다. 여느 폭군과 마찬가지로, 그도 적을 정당하게 평가하지 못했으며 미묘한 문제를 헤아리지 못했다.

한편, 정치가 그에게 건축을 상기시켰다. 그의 일생일대의 대계획은 산 피에트로 대성당 건립이다. 산 피에트로는 기독교 세계에서 가장 거대하고 아름답고, 훌륭해야만 했다. 산 피에트로 속에, 그의 영묘는 자신이 꿈꿀 수 있는 가장 장엄한 것이어야 한다. 그러나 운명의 '아이러니'로서, 그 누구도 산 피에트로를 방문하면서 율리우스 2세를 기억하지 못한다. 그의 묘에 놓여야 했을 유일한 모세 입상은 그것이 지켜야할 사람이 아니라 그 조각가[미켈란젤로]를 더 많이 생각하게 하니 말이다.

율리우스 2세의 영광을 오랫동안 가꾸었고, 가꾸어나가게 될 것은 그가 비록 교양이 부족하고, 철학적 소양도 없고, 예술 애호가로서 안목도 빈약했지만, 첫눈에 브라만테와, 뒤이어 미켈란젤로, 그리고 결국 라파엘로의 천재성을 알아보았다는 데에 있다. 감히 피에로 델라 프란체스카와 소도마의 벽화를 지워버리게 했으며, 기독교에서 가장 오래된 산 피에트로의 옛 성당을 허물어버리게 했던 그는 완전한 예술적 지침에 비할 만한, 예술 감각을 지니고 있었다. 즉 위대함에 대한 감각이다. 물론 결함이 될 만한 취향도 숨기고 있었다. 즉 서정에 대한 사랑, 아테네다운 것의 역류이다. 카이사르의 도시의 교황이자 군주로서, 권력 행사에 집착한 율리우스 2세는 완전한 로마인으로 자부하면서 자신에게 어울리는 그런 은밀한 취향을 간직했다.

교황은 미켈란젤로의 후견인인 줄리아노 다 상갈로라는 애호하던 건축가에게 설계를 청했으면서도 똑같은 일을 알렉산데르 6세의 말년에 로마로 온 브라만테에게도 주문했다. 브라만테의 설계도를 보자마자, 그는 이 우르비노 출신의 건축가야말로 니콜라우스 5세가 1450년경에 처음으로 착수했지만 실현하지 못했던 두 가지 계획을 실행할 유일한 인물임을 알았다. 그 두 가지 계획이란 우선 주택과 탑들로 혼란스러운 이 요새화한 도시 바티칸에 고전 양식의 궁전으로 장엄한 통일성을 부여하는 일이다. 그 두 번째는 새로운 설계에 따라, 오래전부터 붕괴의 위험에 처했던 낡은 산 피에트로 대성당을 재건하는 일이다. 브라만테는 놀라운 순발력으로 방대한 설계를 구상했다. 두 개의 건물 군이 니콜라우스 5세의 요새와 인노켄티우스 8세가 세운 벨베데르 별장을 하나로 묶게 된다. 이 건축물의 정면은 이층의 열주로 꾸며진다. 그 양식은 마르셀루스 극장의 것을 모방했다. 그 건물은 마상시합과 스펙터클을 위한 긴 운동장의 울타리 역할을 하리라. 그 배경 장식은 벨베데르에 기댄 거대한 벽감이었고, 하늘을 찌를 듯한 신전의 방대한 규모의 후진으로서 율리우스 2세의 아파트를 마주보게 되었다. 외랑外廊을 이루는 또 다른 건물은 사제 궁을 티베레 강 쪽으로 연장해야 했다. 이 건물 중 어떤 것도 그 설계자들 손으로 완공되지 못했고, 그 대부분은 갖가지 종류의 첨가로 왜곡되었다. 교황궁의 벽감만이 오늘날 유일하게 브라만테의 바티칸을 어느 정도 보여준다.

새 성당의 초석은 1506년에 놓였다. 브라만테가 구상한 건물은 정방형이었다. 즉 중앙 원개 둘레로 그리스십자가 형태를 이루며, 둥근 성당 머리로 통합되는 네 개의 팔이 방사상으로 뻗어나간다. 정방형의 모서리에 올린 네 개의 탑은 이층 주랑으로서 십자가의 팔과 재결합된다.

이런 거창한 구상은 로마에서 영감을 취했다. 브라만테도 "판테온의 궁륭을 모범으로 삼아, 그것을 콘스탄티누스 예배당의 홍예 위로 올리겠다"라고 밝혔다.

기독교계의 첫 번째 수장이 순교자를 따르는 근엄한 장소를 성역화한 이 기념비적 건물은 외관상 어떤 종교적 표시도 담지 않는다. 성당의 핵심부인 동랑胴廊, 즉 주제단을 둘러싸고 펼쳐지는 예배에 참석할 신도들이 모이는 장소인 동랑은 존재하지 않는다. 이 기독교 대성당에서 내진을 위한 배치는 상상할 수 없고, 성무聖務를 올릴 만한 자리도 없다. 측랑 소성당들은 완전히 고립되고, 미사를 겨냥하지 않았을 수도 있다. 끝으로 중앙 원개 둘레로 뻗어나간 네 개의 같은 팔에 해당하는 부분은 동랑도, 익랑翼廊도, 내진도 아니어서 이 건물을 어떻게 이해해야 할지 당황하게 한다.

이 평면설계는 어디에서 비롯했을까? 밀라노에서 여러 해 동안 레오나르도 다 빈치와 함께 보냈던 브라만테가 그의 모든 작업을 알고 있었고, 산 피에트로 설계를 하면서 저 위대한 피렌체 사람의 탐구를 기억하지 않을 수 없었을 듯하다. 이 점을 확인하자면, 레오나르도의 설계안, 특히 파리의 학사원 도서관에 있는 수사본 B편을 검토하기만 해도 된다. 우리는 거기에서 브라만테의 창안을 구성하는 모든 탐구를 볼 수 있다. 절대적 균제로, 성당의 주요 모티프로 활용된 둥근 지붕은 작은 둥근 지붕들을 옆구리에 붙이고, 중앙 원개 둘레에 대칭적으로 배치된 그리스십자가형의 일련의 작은 공간이 포함된 평면도의 복잡성, 이것은 결국 그리스십자가형인 네 개의 팔이 교차하는 거대한 정방형으로 구성된 산 피에르트 자체의 평면에 대한 주목할 취향이다.[2]

산 피에트로는 르네상스의 가장 거창한 개념이다. 그것은 사실상 종교 사원이 아니라 니콜라우스 5세가 세우려고 염원했던 인류의 판테온, 즉 만신전萬神殿이다. 바로 이것이 율리우스 2세가 논의조차 하지 않고 수용했던 기독교적 플라톤주의 이상의 힘이었다. 우르비노에서 성장한 브라만테는 루도비코 일 모로의 궁정을 드나들면서 유명한 철학자들을 사귀었다. 그는 그렇게 해서 일찌감치 마르실리오 피치노의 사상을 훤하게 꿰뚫고 있었다. 로마에서도 니콜라우스 5세 집정기부터, 교황청(사제단)의 고용인 대부분은 인본주의자들이었다. 다시 말해서 문학과 예술을 사랑하는 철학자들이었다. 알렉산데르 6세의 선임자, 인노켄티우스 8세는 플라톤 사랑에 푹 빠져, 폴리치아노를 바티칸에 정중하게 받아들였다.

브라만테는 금세, 그와 함께 있기를 좋아했던 율리우스 2세의 총애

를 받았다. 교황은 종종 저녁마다 비서에게 단테를 낭송시켰고 브라만
테에게 그 원문 해설을 부탁했다. 물론 율리우스 2세는 미켈란젤로를
이해했지만, 이 조각가를 좋아하기에는 너무나 자신과 비슷했음을 알
았다. 거칠음, 성화, 극성스러움이 그를 두렵게 했다. 왜냐하면, 거기에
서 자신의 성격을 보았기 때문이다. 그래서 그는 브라만테에 대한 미켈
란젤로의 푸념과 힐책에 전혀 귀를 기울이지 않았다. 그는 미켈란젤로
의 벽화를 즐겼고 그 스스로 가끔씩 이 두 경쟁자의 해명을 자극했을
테지만 무슨 말을 하든 미켈란젤로를 내심 받아들이지 않았다. 탁월한
지식과 싹싹함과 균형 잡힌 성격으로, 특히 창조적이며 너그러운 성품
으로 브라만테는 이 늙은 교황의 쉽게 흥분하는 기질에 비위를 맞추면
서 영향력을 행사했다.

라파엘로와 율리우스 2세

무시무시하고 성마르고 발끈하는 이 사람 앞에 젊은 라파엘로가 있었고, 브라만테는 물론 그에게 모범이 되었지만, 만약 라파엘로가 발다사레 카스틸리오네의 친구로서, 귀도발도와 엘리사베타 몬테펠트로의 "가까운 사람"으로서 경험을 쌓은 온순한 학생이 아니었다면 브라만테의 충고가 무슨 소용이었을까. 우리는 라파엘로가 율리우스 2세에게 품었던 감정의 반박할 수 없는 증언으로서 그로부터 3년 뒤에 그가 그린 교황의 초상을 갖고 있지 않던가.

처음부터 위엄과 옥좌와 자줏빛 의복 이상으로 라파엘로가 본 것은 거칠면서도 부드러운 성근 눈썹과 깊숙한 눈매를 지닌 이 사람의 내면적 고독이다. 라파엘로는 에메랄드와 루비로 덮인 뾰족한 손가락의 감각적이고도 잔인한 그의 멋진 손이 먹이를 낚아채기 위해서뿐만 아니라 애무하려는 것이기도 하다는 점을 첫눈에 알아보았다. 훌륭한 예견으로, 라파엘로는 나이보다는 정념으로 황폐해진 얼굴에서 교황의 일상에 숨겨진 감지할 수 없는 곡절을 해석했다. 라파엘로가 그에게 말을 건넬 때에는, 누구도 알 수 없는 존재이자 억압된 서정시인에게 말하고 있었던 셈이다.

율리우스 2세는 정복되지도 유혹에 넘어가지도 않았다. 그는 현혹되었을 뿐이다. 하느님의 자식으로서 미소를 짓는 그는 은총과 위엄과 호의로 넘쳤다. 이 단순한 몸짓에, 강렬한 눈빛의 날씬한 청년은 화가라기보다 자신도 알지 못하는 은밀한 소망을 실현하라고 운명이 교황에게 보낸 신비로운 사신이었다.

교황이 기독교의 승리를 재현한 밑그림을 보았을 때, 미켈란젤로의 거상巨像들을 그토록 찬미했던 이 사람은 기쁨을 감출 수 없었다. 그는 이 청년이 자신의 꿈을 간파했고 그것을 표현할 수 있다고 생각했다.

가령 미켈란젤로는 율리우스 2세가 생각했던 것 같은 세계를 창조했다면, 라파엘로는 진정한 폭군과 부정한 자와 뻔뻔한 자 속에 들어 있는 욕망을 표현했다. 즉 고요하고 순수하고 조화로운 시각 속에서라면 폐기되는 욕망이다.

하늘이 특별한 배려로 인간의 극점을 표현할 두 사람의 예술가를 주어 그를 기쁘게 했다면, 그는 그들을 선의의 경쟁으로 이끌어갔다. 그가 한 사람이 그린 하늘을 집어삼키려는 거인들 앞에서 일하고 싶어했다면[미켈란젤로의 시스티나 벽화를 암시한다], 바로 그들 앞에서 그는 무력한 인간의 불행을 깊이 느끼고 있었고, 신성의 구원을 호소하는 초라한 사제일 뿐이지만, 그들과 함께 영원히 살기를 원할 수도, 그렇게 살 수도 없었다. 오직 다른 또 한 사람이 그린 인물들만이 은총을 받았고, 그것을 그에게 가져다주었는데, 이는 아무런 조건도 없는 선물 같은 것으로 마치 태양이 미미한 피조물인 초목을 황금빛으로 물들이

듯, 그들을 감싸고 그들 주위로 퍼져나갔다. 가령 그가 충만한 선의 속에 살기 원했다면, 이는 그가 그렇게 할 수 있었던 이러한 상상적 존재에 둘러싸인 덕분이다.

라파엘로는 이렇게 바티칸에서 자신에게 주어진 아파트를 채색했다. 여러 달 동안, 유명한 화가들이 그것을 장식하는 중이었지만, 벽화들은 지워질 것이고, 화가들은 해고되고 보상받게 된다는 점이 중요하다.

라파엘로는 승리의 기쁨 속에서도 격렬하게 항의했다. 바티칸에는 다른 방들이 있었고, 성하께서 나중에, 페루지노와 적어도 세계의 아름다움을 한순간으로 요약했던 소도마의 그림을 희생시킨 것을 후회하게 될 것이라고. 그리고 라파엘로가 청원하고 성하께 너그러운 이해를 바라면 바랄수록 성하의 의도는 더 완고해질 뿐이었다. 독재적이었던 만큼 교황은 벽화들을 즉각 지워버리라고 명했다. 교황은 이 청년이 자신의 완전한 '비전', 오직 자신만의 눈으로 그려보는 것을 그리길 원했다.

로마의 피렌체 사람들

제2의 로마, 교황의 예술적 로마는 다름 아닌 피렌체 사람들의 로마다. 그 어머니 스파르타와 마찬가지로 로마는 예술의 불모지였다. 그곳의 거장은 초상화가, 기술자, 건설자와 목욕탕과 신전과 경기장 그리고 이 영원의 도시의 극장 건축가들이었다.

그러나 이 훌륭한 여름은 여전히 16세기 초였다. 로마는 피렌체 사람들을 받아들임으로써 완전히 아테네 같은 곳이 된다.

이미 14세기 초에 보니파키우스 8세는 로마를 재건할 계획으로 토스카나 예술가들에게 호소했다. 시모네 마르티니와 조토는 산 피에트로의 과거 성당을 벽화로 장식했다. 마사초는 산 클레멘테 성당에 벽화 「십자고상」을 그렸고 피렌체에서 한동안 보내고 나서, 빈털터리로 수수께끼처럼 로마에 와서 죽었다.

그 뒤를 이어 피렌체의 모든 위대한 화가들은 로마에서 일했고, 궁전과 성당과 수도원 어디에서나 그들의 작품을 볼 수 있게 되었다.

이보다 이십 년 전에, 율리우스 2세는 피렌체 세례당의 황금 문에서 기베르티와 함께 작업했던 폴라이우올로 형제를 불러들였다. 그리고 그들에게 자기 삼촌 식스투스 4세의 영묘를 맡겼다. 우리는 이 교황이 빼어나게 아름다운 아칸서스 잎 장식으로 둘러싸인 석관에 누워 있는 것을 본다. 이 작업을 마치기 무섭게, 그들은 청동으로 인노켄티우스 8세의 장례 조각도 맡는다. 폴라이우롤로 형제는 그들이 돈을 번 로마에 잘 적응하고 정착한 유일한 피렌체 예술가들이었다.

다른 예술가들은 작업이 끝나면 곧장 자신들을 무자비하게 비난했던 고향으로 돌아갔다. 물론 비난은 했지만 그들의 까다로운 노고를 이해하기는 했다. 역대 교황들은 바티칸에서 일하던 예술가들을 격려하고 고무하고 보상하는 데에 서툴렀던 듯하다. 왜냐하면, 그들이 깊이 탐색하던 작품은 피렌체를 위한 것이기 때문이다.

이미 찬사를 받으며 파도바에서 한 시절을 보낸 도나텔로는 고향에 대한 향수에 젖어 있었다. 사실, 피렌체에서 사람들은 항상 비판거리를 찾곤 했지만 비판 중에도 더 위대한 완성을 자극했던 것이 사실이다.

식스투스 4세는 여러 화가에 둘러싸여 있었다. 그들 가운데 멜로초 다 포를리와 만테냐가 있었다. 라파엘로는 산타포테오스 성당 벽을 덮은 「그리스도의 승천」을 보았다. 또 자기 아버지의 멋진 표현대로 그에게 "하늘이 회화의 문을 열어놓고 있었다"라는 만테냐가 바티칸 소성당에 그린 그림도 보았다.

교황에 오른 뒤, 율리우스 2세는 시스티나 예배당을 그 본당 건물로 삼아 삼촌 식스투스 4세가 계획한 건설을 마무리 지으려 했다. 1508년 가을 라파엘로가 로마에 왔을 때, 미켈란젤로는 마음에도 없는, 후대에 그의 영광에 이바지하게 될 그림에 막 착수했던 참이다. 이 그림은 그의 조각가로서의 재능을 완전히 드러내주며 이내 조형예술을 수 세기 동안 타락시키게 된다〔그가 이후 매너리즘의 모범이 되었다〕.

미켈란젤로와 브라만테는 다시 적대적으로 맞섰다. 궁륭 그림에 착수하기에 앞서, 미켈란젤로는 거기에 사용할 비계를 만들어야 하는 문제 등 상당한 어려움에 봉착했다. 브라만테는 궁륭에 구멍을 뚫었고, 거기로 밧줄을 걸어 일종의 이동식 비계를 설치했다. 미켈란젤로는 그렇다면 구멍들에 어떻게 그림을 그려 넣을 것이냐고 물었다. 브라만테는 잘못을 인정했지만 고쳐놓지는 않았다. 미켈란젤로는 교황에게 이런 식으로 일할 수 없다고 주장했다. 교황은 브라만테를 출석시킨 가운데 미켈란젤로에게 온 힘을 기울여보라고 했다. 미켈란젤로는 브라만테가 설치한 것을 구멍이든 밧줄이든 모조리 걷어치우고 자기 목표에 걸맞은 비계를 설치하는데, 이것은 훌륭한 발명품으로 보였다. 이 비계는 산 피에트로의 홍예를 건설할 때 브라만테에게 큰 도움을 주었다. 미켈란젤로가 도움을 청했던 형편없는 목수가 첫 번째 비계를 세우는 데에 많은 밧줄을 소모했는데, 미켈란젤로는 그 여분을 그에게 선물로 주었고, 그 목수는 자신이 받은 돈으로 자기의 두 딸을 위한 혼수를 구입할 수 있었다.[3]

그런데 그 얼마 전, 미켈란젤로가 피렌체로 불러들인 화가들을 교황이 자신의 의도를 실행하기에 불가능하다고 판단해서 해고했던 사건으로 결국, 율리우스 2세는 라파엘로를 편애하게 되었다.

율리우스 2세는 교황이 되자, 알렉산데르 6세가 훌륭하게 장식하게 했던 바티칸 아파트에서 살고 싶어하지 않았다. 의전장이 벽화에서 보르자의 초상을 지우도록 명했을 때, 율리우스 2세는 "초상들이 파괴되더라도, 벽만 보아도 이 유대인 성직 판매자의 기억을 상기시키겠지!"
라고 외쳤다.

이렇게 해서, 이미 니콜라우스 5세와 식스투스 4세 시절에 피에로 델라 프란체스카와 시뇨렐리와 페루지노가 장식화를 그려놓은 위층 방들을 교황이 사용하게 되었다.

브라만테가 이 방들의 수리를 맡았다. 멜로초 다 포를리가 조카들에 둘러싸인 식스투스 4세를 그린 소성당만 제외하고서 모든 것이 파괴되었다. 이 그림의 주인공들이 파티 도당과 함께 로렌초 대공의 동생 줄리아노 데 메디치를 살해했었고 멜로초가 이 그림을 그리던 때가 바로 그 음모의 계절이었다. 크고 늘씬하며, 젊은 풋내기 델라 로베레 추기경이 삼촌 곁에 서 있는 모습이다.

브라만테가 끌어들였던 화가들은 첫 번째 방에서 공격의 대상이 되었다. 즉 페루지노, 소도마, 페루치, 브라만티노, 로토 그리고 플랑드르 출신 장 뢰슈 등은 라파엘로의 자유로운 작업을 위해 해고되었다.

핀투리키오는 1508년 가을에 시에나를 떠나 율리우스 2세의 부름을 받아 로마로 왔다. 그리고 산타 마리아 델 포폴로 궁륭에 교회 박사들과, 모자이크를 모방해서 신선하고 찬란한 색채로 황금빛 바탕에 누워 있는 우아하게 눈길을 끄는 무당들을 그렸다. 핀투리키오는 결코 연구와 완성을 향한 노력을 게을리 하지 않았다. 그 당시 막 끝냈던 시에나 도서관처럼 아름다운 이미지를 그릴 때조차 스스로를 반성했다.

그러나 로마로 오기 전부터 라파엘로는 모든 예술가의 작품을 알고 있었다. 그는 그것들을 우르비노, 페루자, 피렌체 등지에서 보았다. 그는 오래전에 페루지노 회화의 특징에 기대어 성장했다. 각 형상이 새로운 문제이고, 작품마다 새로운 투쟁인 라파엘로가 어떻게 바티칸에서 밀어낸 자신의 옛 스승의 실패한 모험을 동정할 수 있었을까? 부유하고, 존경받고 평판이 대단한 페루지노는 여전히 곳간에 빵이 있었고, 조수들과 다른 곳으로 일하러 떠났는데, 그보다 더 오래 살았던 그가 라파엘로를 다시 보았는지 알 수 없다.〔페루지노는 많은 제자, 조수를 거느렸으나 재물을 밝히고 인색하기로 소문이 자자했다.〕

소도마

대법정의 천장화를 보자마자 라파엘로는 자신이 레오나르도 이후에 만났던 사람 중에서 가장 다재다능하며 도도한 천재 앞에 서 있다는 사실을 이해했다. 소도마는 레오나르도와 절친해서 오랫동안 그의 제자로 간주되기도 했었다. 따라서 라파엘로가 교황에게 이견을 제시했던 것은 의례적인 것이 아니라 소도마의 작품을 구하려 했기 때문이다.

너그러운 감정으로, 소도마는 과거에 멜로초 다 포를리가 그린 방의 배치를 존중했었다.⁴ 라파엘로도 똑같은 심정으로 아라베스크 장식과 소도마가 그린 모자이크를 닮은 황금 바탕에 단색과 원색으로 그린 작은 장면들을 건드리지 않았다. 그러나 궁륭 중앙을 향해 하늘로 오르는 비천상飛天像을 구하지는 못했다.

소도마는 필리피노 리피와 동향으로, 지극히 무시하면서도 끈질긴 향수를 느꼈던 조국의 이미지를 되찾을 희망을 뒤섞어 넣을 수밖에 없었던, 시련의 땅으로 유배된 젊은 신들과 같은 부류였다.

라파엘로보다 여섯 살 위였던 소도마는 시에나 부근, 몬테 올리베토 수도원에 걸작을 남겼다. 다른 사람을 골탕 먹이기 좋아하던 이 사람은 혈기방장하면서도 고통에 시달리는, 생생하고 표현이 풍부한 고상한 미적 감각을 지녔었다. 그러나 육체의 전율 속에 삶에 대한 강렬한 감각을 타고났던 그는 자신의 뛰어난 유능함을 지나치게 자만했던 탓에 심각한 불균형을 드러냈다.[5] 그에게는 레오나르도와 라파엘로가 도달했던 정상에 이르는 데에 한 가지 부족한 것이 있었다. 자연, 즉 들라크루아의 표현대로 '인간의 사전'에 대한 끈질긴 탐구심이 부족했다.

이 피에몬테 제화공의 아들은 군주의 풍모와 기질을 지녔다. 그는 회화와 음악만이 아니라 멋진 의복과 아름다운 여인과 잘생긴 남자와 말과 갖가지 짐승을 사랑했다. 독립적이고, 비난과 조롱을 즐기는 그는 자신을 '단단히 미친놈'이라고 불렀던 몬테 올리베토 수도사들을 대경실색케 했다. 그는 자신이 길들인 짐승들을 데리고 다니곤 했다. 원숭이, 여우, 다람쥐, 인도 비둘기, 고양이, 어치, 멧비둘기 등. 그러나 누구나 놀라게 하는 것은 마치 그가 말하듯이 그의 목소리를 흉내 내는 까마귀였다. 그의 몬테 올리베토의 벽화*에서 이 동물들을 거의 다 볼 수 있다.

레오나르도와 마찬가지로 그는 민중과 어울리기 좋아했고, 그들의 얼굴에서 기쁨과 고통, 미움과 만족과 악취미와 심지어 수치심까지 즐겨 관찰했다. 훨씬 뒤에 시에나가 카를 5세의 군대에 함락되고, 거리에서 한 에스파냐 병사가 그를 모욕했을 때 그는 병사의 얼굴을 뚫어지게

• 1505~7, 성 브누아의 일생을 다룬 것으로 원래 시뇨렐리가 그리다 만 것을 완성시켰다.

307

처다보고 나서, 집으로 돌아가 그의 초상을 그려 그것을 마을 관리에게
가져가 보여줌으로써 행정관이 그 병사를 붙잡아 처벌했다는 이야기가
있다. 레오나르도와 마찬가지로, 그는 기타 반주에 맞춰 노래하는 시를
지었고 그림의 모델이었던 잘생긴 청년들에 둘러싸여 있곤 했다. 그 중
우피치 미술관에 있는 「성 세바스티아누스」가 가장 뛰어나다. 그 아름
다움은 당혹스럽지만, 유례없이 순수하고 진실하다. 이 청년들이 비열
한 바사리의 중상의 구실이 되었다.* 바사리는 천재를 헐뜯고자, 갑자
기 출세한 자의 우쭐한 기분으로, 특히 르네상스의 마지막 두 거장 소
도마와 안드레아 델 사르토를 표적으로 삼았다. 군주의 시종으로서 바
사리는 여전히 소도마를 깎아내릴 생각으로, 민중이 그를 사랑했으나
거물의 호의를 받지 못했다는 사실은 덧붙이지 않았다.

　레오나르도나 라파엘로와 마찬가지로, 소도마는 대중이나 거물을 막
론하고 사랑하고 사랑받는 재능이 있었지만 또한 경멸할 줄도 알았다.

　소도마의 청년들이 대단히 아름답다고 할 때, 그가 그린 여성은 어떠
했던가? 몬테 올리베토의 「수도원의 조신」과 「알렉산더의 결혼」의 록
산나, 보르게세 미술관의 「성가족」 속의 성모 또는 시에나 아카데미의
「명계冥界로 내려온 예수」 속의 하와 등, 살아 꿈틀대는 이 인간상들은
여성 예찬을 보여준다. 그 이후와 그 이전에도 조르조네를 제외하면 그
누구도 감각의 즐거움을 이렇게 신성하게 할 수 없지 않았을까. 그 누
구도, 심지어 조르조네조차도 열정이 신성에 대한 그리움이라는 것을

---

* 바사리의 중상이란 다른 사람들에게서도 종종 화제가 되는 동성애 문제였다. 특히
당시에 이는 천벌을 받을 추악한 행동으로 간주했으므로.

더 잘 이해하지 못했다. 이탈리아를 여행하면서 틀림없이 그것들을 보았을 브뤼겔 앙시앵의 작품을 연상시키는 그의 화면 바탕의 풍경과 상상계는 얼마나 감탄을 자아내던가?

라파엘로는 부지불식간에 자신의 실수로 소도마가 희생되었으며, 그것이 복원되도록 하지 못했던 부당한 처사를 잊지 않았다.

바사리의 주장대로, 율리우스 2세는 "이 짐승 같은 인간은[6] 짐승들과 재미를 보느라 허송세월하고" 있었다고 했을지 모른다. 율리우스 2세는 소도마의 성격인 보편성에 대한 감각을 이해하지 못했다. 소도마는 물론 미켈란젤로처럼, 율리우스 2세의 폭군적 성격을 자극했다. 교황이 라파엘로에게 애착을 가졌다면 이는 라파엘로가 그를 알아보고, 이해하고 좋아했기 때문이다.

한편, 소도마가 로마를 떠났을 것 같지 않고 또 떠났더라도 이내 되돌아왔을 듯하다. 시에나의 독재자 판돌로 페트루치의 사위 시지스몬도와 그의 형제로 시에나의 거물 은행가 아고스티노 키지의 후견으로, 그는 키지가 얼마 전에 세운 화려한 저택에 유감스럽게도 일반인은 접근할 수 없는 곳에, 유명한 프레스코 벽화 「알렉산더와 록사나의 결혼」, 「알렉산더 앞의 다리우스 가족」, 「용광로의 불카누스」를 그렸다. 바로 그곳 파르네시나 별장에 라파엘로는 「갈라테아」와 「에로스와 프시케」를 그리게 된다. 라파엘로와 소도마는 파르네시나를 명소로 만들었다. 그러나 이전에, 라파엘로는 소도마에 대한 참다운 존경심을 보여주려고 벽화 「아테네 학파」에서 자기 곁에 소도마를 그려 넣었다. 우리는 이것을 오랫동안 페루지노로 착각했으나, 그는 라파엘로의 이 과거 스승의 초상과 전혀 닮지 않았고, 놀랍게도 소도마가 몬테 올리베토 수

도원의 프레스코에 그려 넣었던 소도마의 자화상의 매력적 사실성과
닮았다.

몇 해 뒤, 레오 10세는 라파엘로와 함께 피렌체에 들러, 소도마에게
기사 작위를 내리게 된다.

성사 토론 또는 삼위일체 찬양

라파엘로가 로마에 도착했을 때, 벽화는 이미 상당히 진전되어 있었다. 이탈리아 건축가들은 성당에 항상 거대한 공간을 그림으로 채워 넣을 수 있도록 배려해왔다. 창문들은 비좁고 기본 동량은 측량과 높이가 거의 비슷하다. 그저 프레스코와 모자이크를 비추는 빛을 들이는 둥글거나 정방형의 작은 창들만 뚫려 있을 뿐이다.

이 그림들은 원래, 문맹 신도를 위해 그림으로 보여주는 성경의 역할을 맡았다.

이러한 민중적 이미지의 주제는 비잔티움 이후로 거의 변하지 않았다. 그렇지만, 신도를 고취시키는 형태와 정신은 차츰 신도의 눈에 충격을 주지 않을 정도로 신중하게 바뀌었다. 우리가 알다시피, 조토와 마사초는 신성한 비극의 위대한 찬미자였다. 그들의 중재로 인간에게 더 가까워진 이 비극은 요컨대 그들에게서도 다시 한 번 드러나게 되었다.

이백 년 전에 아시시 성당에 성 프란체스코의 일생을 그리는 일을 맡았던 조토처럼, 라파엘로는 완전히 새로운 문제에 직면했다. 사람들이 뭐라고 하든지 간에, 그가 모범도 전통도 찾을 수 없었다는 점이 문제였다. 그는 페루자의 산 세베로 수도원에 삼위일체를 훌륭하게 그렸다. 더구나 그는 그 점을 잘 기억하고 있었지만 니콜라우스 5세의 옛 아파트처럼 잘못 선택된 이 방대한 평면설계에 따라 그릴 준비가 전혀 되어 있지 않았다.

교황에게 제출한 밑그림은 오랜 고심 끝에 준비되고 수정된 것이었던 반면, 「논쟁」은 더는 논쟁이 아니었다. 왜냐하면, 세속인, 성직자 가리지 않고 이구동성으로 갈채를 보낸 이 토론은 아무튼 그 단순한 조화 속에 힘차게 구성된 작품으로, 마치 화가의 머릿속에서 곧장 튀어나온 것 같다고 사람들은 생각했다.

이러한 성공 앞에서, 해석자들은 놀란 가슴으로 설명할 방도를 찾는다. 야심과 위대한 경험을 하고 있다는 감정과 미래에 성공하리라는 의식을 그들은 변형이라고 에둘러 말한다.

그러나 이런 설명은 아무것도 설명하지 않는다고 해야 하리라. 라파엘로 이전에, 몇몇 거장도 이와 똑같은 경우를 겪었으니까 말이다. 페루지노, 소도마, 보티첼리, 시뇨렐리는 시스티나의 벽 장식과 황제의 아파트 장식에 동참했었다.

그들의 최상의 작품과 다르게 시스티나의 벽화는 그들이 그렸던 것들 가운데 가장 옹색하고, 관례적이며 싱겁다.

경쟁심이 그들을 고무하기는커녕 경직되게 했던 것 같다. 루브르에 있는 보티첼리의 렘미 별장을 위한 프레스코〔유명한 「봄」의 우화를 그린 작품이다〕와 시스티나의 것을, 또 시뇨렐리의 오르비에토 대성당 벽화와 「적그리스도의 예언」을 비교해보면 된다. 우리는 거기에서 보티첼리의 작품에서 빠지지 않는 매력과 우수憂愁도, 시뇨렐리의 특징인 힘과 해부학이나 우수도 찾아볼 수 없다. 이 어두운 시스티나에서 오늘날 그들의 작품을 보면 우리는 그토록 넓은 면적을 그리는 조건으로 해방을 약속받거나 가능한 한 빨리 해치워버리려고 거기에 매달렸던 죄수들을 생각하게 된다.

외견상, 페루지노와 핀투리키오의 방법에 따른 4년간의 수련으로도 「동정녀의 결혼식」을 해명할 수는 없으며, 매혹적인 「코네스타빌레의 동정녀」 이후로 뭐라고 하든 간에 「방울새와 동정녀」도 눈부신 「하관」도 해명할 수 없다.

만약 이 프레스코가 「성사의 찬양」을 재현한 이본이라고 한다면, 이는 씨앗에서 줄기가 솟아나고 뒤이어 잎과 꽃이 피어나는 것과 같은 변형 과정이라 할 수 있다. 그런데 괴테는 예술작품이란 천재의 꽃이라고 하지 않았던가.

재판정은 우리에게 활짝 핀 천재의 면모를 여실히 보여준다. 「후궁으로의 납치」*가 얼마나 눈부시던 간에, 당대인 누구도 모차르트가 「피가로의 결혼」을 작곡할 수 있다고 생각하지 않았다. 미켈란젤로가 시스티나 예배당 궁륭을 그리도록 준비되었던 것은 아무것도 없었다. 우리는 19세기의 유물론을 뒤흔든 우연을 마주하고 있다. 예술가는 분명히 그 나라와 환경과 시대의 산물이지만, 나라와 환경과 시대로도 예술가

• KV 384. 모차르트의 오페라. 독일 작가 고틀리프 슈테파니 원작, 크리스토프 프리드리히 브레츠너 각색, 1782년 7월 16일 빈에서 초연되었다. 벨몬테가 터키의 파샤 궁에 감금된 약혼녀 콘스탄체를 구하는 모험담이다.

를 설명하기에 부족하다. 천재의 작품 앞에 서게 될 때마다 우리는 불가해한 영감이라는 것과 마주친다. 천재 라파엘로는 영감의 소산이자 맹렬한 작업의 소산으로, 그 삼백 년 뒤의 괴테라는 천재도 그를 똑같이 닮았다.

주제의 구성을 지배하는 정신을 이해하려면 우선 궁륭을 보자. 모든 것이 거기에서 비롯된다. 홍예석이 매우 낮게 쳐진 두 개의 홍예의 교차로 구성된, 방의 벽면은 반원형으로 마무리된다. 라파엘로가 정의와 철학과 신학과 시학을 둥근 틀 속에 그린 것이 바로 이 궁륭이다. 이어서 그는 네 개의 정방형 구획 속에 우화를 도해하고, 신학 곁에 원죄 장면을 배치하고, 정의 곁에 솔로몬의 심판을, 시 곁에 마르시아스*에게 승리한 아폴론을, 끝으로 철학 곁에 천문학의 우상을 배치했다.

궁륭 위에 그려져 전시된 네 가지 주제는 각 벽면에서 다시 취해진다. 그 명문에 적힌 대로 시는 하느님의 숨결이 진정으로 스치는 '영혼에 고취된' 것으로서 파르나소스를 지배한다. 하느님의 일을 기록하는 신학은 삼위일체의 찬양을 주관한다. 정의는 힘과 진리와 절제를 재현하면서 벽화를 주관하고, 마침내 철학은 "원인을 이해"함으로써 아테네 학파를 지배한다.

그 개념은 명쾌하고 뚜렷하고 정확하다. 대법정은 작은 것일지언정, 산 피에트로의 둥근 지붕이 미래에 위대해지는 것과 같다. 즉 인류의 만신전이다. 교황의 초대를 받아 이 방에 들어선 루터는 단테와 또 얼마 전 막 화형을 당한 사보나롤라 같은 인물로서 영예를 얻은 이단성을

---

* 그리스 신화에서 아폴론에게 산 채로 껍질을 벗기는 수모를 당한 반인반수.

당황한 가운데 감지했다. 그러나 그는 아리스토텔레스와 플라톤이 그리스도의 맞은편에서 영예로운 자리를 차지하고, 벌거벗은 아폴론이 인류의 위대한 시인들에 둘러싸여 바이올린을 켜는 것도 보았다.

이런 구상은 율리우스 2세가 고취한 것일까? 우리는 그렇지 않다고 알고 있다. 그러나 그가 산 피에트로를 위한 계획을 세웠던 만큼 그는 그 계획을 승인했다. 종종 교황의 비서들에게서 인준을 받았다고들 한다. 즉 그 주인공들은 잉기라미와 시지스몬도 데이 콘티가 정했다고 하지만, 라파엘로가 벽화에 브라만테를 두 번씩이나 그렸다는 점을 잊지 말아야 한다. 대머리에, 둥근 얼굴의 이 늙은이는 삼위일체의 찬양에서 그 앞에 책을 펼쳐놓고서 소년에게 이렇게 말하는 듯하다.

"자 본문을 보아라, 바로 여기 말이야!"

소년은 태양의 표장이 실린 후광이 빛나는 제단을 가리키면서 이렇게 답한다.

"정말 실감이 나네요!"

성하께 신곡을 해설해준 브라만테는 『티마이오스*』를 눈앞에 놓고 세계의 정신에 관한 유명한 행간을 지적하면서 이렇게 말한다고 가정한다면 이는 과장일까?"전체적으로는 바로 이런 것이지요, 하느님의 셈은 항상, 어느 날 나타날 하느님의 뜻에 따른 것이지요."

또 라파엘로일 수도 있는 소년의 답은 의미심장하다.

• 기원전 5세기 고대 그리스 피타고라스파 철학자. 고급 관리였을 것으로 추정된다. 플라톤 사상에 큰 영향을 주었다. 플라톤은 그의 이름을 자신의 가장 중요한 저작의 제목으로 삼았다.

"조물주의 희생으로 살아 있는 지상의 정신이 바로 이것이군요."

라거나 또는 성경의 말씀대로,

"하느님 아버지와 저는 하나입니다."

맞은편 벽화에서, 플라톤이 손으로 티마이오스를 잡고서 손가락으로 하늘을 가리키는데, 거기에서 보편정신이 지상에 강림하려고 내려서는 모습임직하다. 바로 이 벽화에서 우리는 학생들이 컴퍼스를 놀리며 열심히 기하학을 배우는 모습을 본다.

그렇지만, 교황의 비서들이나 브라만테의 지적도 이 작품의 예술적 핵심을 암시할 뿐이다. 오늘날까지도 여전히 재판정을 돋보이게 하고, 수 세기에 걸쳐 훼손되었음에도 거기서 느끼게 되는 것은 단지 화가의 혼만이 아니라 지성과 감수성에 따른 절대정신이다.

각각의 직선과 곡선에서, 라파엘로는 양괴量塊의 빛나는 환희로써 자신의 내면세계를 붓으로 옮겨놓았다. 아테네 학파의 전경에 자리 잡은 생각에 잠긴 사람처럼 잘생긴 인물 중에서나, 파르나소스에서 등을 보이는 노란 의복의 여인은 즉흥적으로 그린 것이어서 밑그림에서 확인되지 않는다.

라파엘로는 자신이 무엇을 하는지 알고 있었다. 그는 단테를 읽었다. 뿐만 아니라 「삼위일체 찬양」에서도 그는 교황 뒤에, 보니파키우스 8세의 중요한 적인 단테의 정력적인 옆모습을 그려 넣었다. 보니파키우스는 세계를 지배하는 군주인 교황을 꿈꾸었다. 단테는 새로운 각성, 남아도는 교황과 왕들을 거두어갈 성령의 도래를 꿈꾸었다. 즉 조아키노 다 피오레의 제자이자 친구로서 그는 보니파키우스에게 상처를 입혔고 조아키노를 영예롭게 했다. 보니파키우스는 단테를 비난하도록 피렌체 구엘프 당원을 부추겼고, 보니파키우스를 비방하는 단테처럼, 그토록 앙숙이었던 교황과 시인을 라파엘로는 화해시킨다. 교황과 시인을 두드린 똑같은 운명이 이런 사상의 순교자들을 내놓았다. 라파엘로는 다시 한 번 비르길리우스 곁에 단테 초상을 그리게 된다. 비르길리우스는 단테를 이끌었을 뿐만 아니라 그의 네 번째 에필로그에서 모든 인문주의자와 예언자들에게, 그리스도의 화신이었다.

한편, 「그리스도의 승리」에서 아폴론과 플라톤과 단테 사이로 잘 눈에 띄지 않는 인물이 있다. 마르실리오 피치노이다.

우르비노에서 그리고 피렌체에서도 라파엘로는 기독교적 플라톤주의의 관용 관념에 친숙했고 그것을 공부하고 숙지했다. 고향에서처럼 로마에서도 그는 브라만테와 교황의 비서들에게서 피렌체 아카데미의 관념을 되찾았을 뿐만 아니라 사람들이 거의 언급하지 않는 한 사람을 자기 집에 머물게 했다. 그의 삶에서 이 사람 파비우스 칼보 다 라벤나는 중요한 역할을 했음에도 거의 잊었다.

플라톤적 인물, 다 빈치와 칼보

「아테네 학파」에서 플라톤의 감탄할 두상을 응시하면서 그 모델이 누구인지 궁금해하지 않을 사람이 있을까? 여러 인물이 거론되었지만, 필자는 라파엘로가 기억하던 레오나르도 다 빈치를 초상으로 그렸다는 의견에 오랫동안 동의해왔다.

사실상, 토리노 미술관에 있는 붉은 연필화를 이제는 점차 레오나르도의 자화상으로 간주하는 편인데, 그 그림은 첫눈에 봐도 「아테네 학파」의 플라톤의 모습과 놀랍게 닮은 것이어서, 사람들은 라파엘로가 이 위대한 피렌체 사람에게 존경심을 표했다고 생각한다. 그러나 토리노의 연필화는 지쳐빠지고 정념으로 황폐해지고, 의도적 고립 속에서 눈부신, 고뇌하는 늙은이를 보여주는데, 그 모습은 로마초가 '헤르메스이자 프로메테우스'라고 했던 말을 연상시킨다. 그런데 이 연필화는 특히 프로메테우스와, 라파엘로의 헤르메스인 플라톤을 신의 사자이자 신성한 과학의 폭로자로 보여준다.

라파엘로가 그린 플라톤의 특징은 그 근엄한 자세도 잘생긴 용모도 우아한 단순성도 무심한 머릿결과 복장도 아니고, 신령에 고취된 예언자로서가 아니라 전능하며, 모든 것을 즐기는 신성에 참여하면서 모든 것을 이해하는 인간이다.

그들을 신체 속에서 아름답게 보여주는 이것은 대체 무엇일까? 무엇보다도 한눈에 감지되는 그 무엇이다. 즉 그를 이미 알던 것처럼 그를 지명하고 나서, 그를 알아본 영혼은 그를 받아들이고 이를테면 그와 어울린다.[7] 미는 창조 원리로부터 피조물 속으로 건너오는 형태에서 나온다. 마치 예술에서 미가 예술가로부터 작품으로 건너오듯이.[8]

이제 더 중요할, 플라톤을 재현한 흉상처럼 보이는 것을 보자. 『대화편』의 플라톤이 바로 거기에서 라파엘로의 시각으로 부활한다.

그런데 교황의 서재*에서 그리던 시절, 교황의 서재라는 이름은 율리우스 2세가 거기에서 조문에 서명하곤 하고 신하들에게 그것을 건네주었기 때문일 텐데, 라파엘로는 그곳에서 마치 '피타고라스파'처럼 채소만을 먹으면서 디오게네스의 동굴 크기밖에 되지 않는 방에서 살던 기이한 사람을 알게 되었다.

그는 바로 이탈리아 르네상스가 감탄할 사례를 내놓았던 보편적 인간의 한 사람으로, 단지 두 가지만을 즐기는 듯하다. 즉 공부하고, 자비를 실천하는 것만을. 왜냐하면, 레오 10세가 그에게 거처를 마련해주었을 때 그는 그것을 불쌍한 사람에게 나눠주었기 때문이다.[9]

철학자, 현학자, 고고학자 그리고 어쩌면 의사이기도 했을 그는 히포

---

* 스탄차 델라 시냐투라가 정식 명칭인 이 교황의 개인 서재를 과거 교황의 서명실이라고 번역하기도 했다.

크라테스를 처음으로 번역하고 주해한 사람이다. 그의 지혜에 열광한 라파엘로는 그에게 자신의 호의를 받아달라고 애원했다. 파비우스 칼보 다 라벤나는 라파엘로가 접한 모든 위대한 인물과 마찬가지로 매력적이었다. 그는 라파엘로의 예절 뒤에 숨은 폭넓은 지성과 감정의 깊이를 이해하고서, 이 청년 화가의 제안을 수락하고 그의 집에 들어가 라파엘로가 사망할 때까지 그곳에서 살았다.

라파엘로가 그에게 쏟은 감정은 이 철학자에 대한 기억을 불멸화했다. 우리는 이 점에 관한 한, 라파엘로에 관한 진짜 보기 드문 기록이 있다. 즉 요셉 치글러에게 보낸 칼카니니의 편지 한 장이 그것이다.

"그는 전혀 건방지지도 않고 모든 이에게 친절했으며, 언제나 타인의 이야기와 의견을 들을 자세였습니다. 특히 스토아파처럼 청렴하지만 좋아할 만한 학자인 파비우스 다 라벤나를 그렇게 대했지요. 라파엘로는 스승이나 아비에게 하듯이 그를 환대하고 받들고 배려했지요. 그는 모든 문제에서 그의 조언을 구하고 따르고 있습니다."

물론 그들의 대화는 로마 유적에 대한 것이었을 텐데, 라파엘로가 죽은 뒤, 클레멘티우스 7세의 요구에 따라 파비우스가 로마 유적에 관한 보고서를 작성했기 때문이다. 그것이 「로마 도시 유적과 지방의 모작模作」이다. 이렇게 가정할 수 있겠다. 라파엘로는 이 현자와 자신의 작업과 또 그들이 지지했던 철학적 문제를 함께 풀어나갔다고…. 아테네 학파의 화면구성에서 파비우스가 끼친 영향을 누가 알 것인가?[10]

바로 그가 라파엘로에게 지혜와 선의라는 그 개성적 바탕이 솟구치는 플라톤의 얼굴에 영감을 주지 않았을까? 뿐만 아니라 라파엘로는 여성 문제에서 발다사레 카스틸리오네에게 부친 편지에 썼던 것을 적용하면서 레오나르도 다 빈치와 파비오를 그려보았을지도 모른다.

"나는 내 머릿속에 떠오른 어떤 관념을 이용하고 있습니다. 만약 이런 관념이 예술적 관점에서 가치가 있더라도 나로서는 알 수 없습니다. 내가 가치를 부여하려고 애쓰기는 하지만 말입니다."

파비우스 칼보는 현자에게 어울리는 종말을 맞았다. 1527년에 로마 사변 당시, 그의 거대한 풍채를 보고 그를 중요한 인물과 관련이 있다고 착각한 에스파냐 병사들이 이 90대 노인을 인질로 잡았다. 그는 이런 못된 만행에 저항할 수 없었고 병원에서 사망했다.

무명인과 소네트

수 세기 동안, 바사리의 말대로라면, 그녀는 '포르나리나'로 불려왔고 로마에서 그녀의 초상이 있는 바르베리니 미술관은 순례의 장소였다. 그녀가 팔에 두른 얇고 푸른 띠에 적혀 있는 '우르비노의 라파엘로'라는 글이 그 진품성을 입증해왔다. 그러나 풍만하고 아름다운 가슴, 감미로운 배, 옷감 사이로 드러난 배꼽, 베누스같이 벗은 옷차림을 상기시키는 이러한 관능성은 그 진품성을 선뜻 확신하지 못하게 한다. 사실상 손목 장식은 점잖은 속임수일 뿐이다. 빵가게 아내이거나 딸로서 포르나리나가 라파엘로의 「돈나 벨라타」의 복제품이거나, 세바스티아노 델 피옴보의 것으로 보이는 데에 의심의 여지는 없다.* 여기에서 레오

---

* 로마에서 완숙기에 그린 초상화 돈나 벨라타와 또 성 체칠리아, 시스티나의 성모 등에서도 돌연히 모델로 등장한 여인의 정체는 지금도 확인되지 못했다. 일부에서는 그를 화가의 애인으로 간주한다. 포르나리나에 대한 공상적 이야기는 주로 18세기 말부터 퍼진 낭만적 허구이고, 또 바르베리니 궁의 포르나리나를 필자는 세바스티아노 델 피옴보의 것으로 가정했지만, 나중에 줄리오 로마노의 것으로 인정하고 있다.

나르도의 제자가 벗은 「조콘다」를 그리려고 했던 이상한 감정 같은 것에 떠밀려 그린 것으로 보아야 할지 모른다.[11]

로마의 작은 사시 궁의 벽에 이렇게 쓰인 석판이 있다.

"라파엘로가 그토록 아꼈고 그녀 덕분에 영광을 얻었던 여인이 이 집에 살았다는 전설이 전해 내려온다."

이 벽 위로 처녀를 훔쳐보러 오곤 했던 보르고의 모든 화가에게 이 장소는 잘 알려진 곳이었다. 어느 날, 라파엘로는 이 길을 지나다가 발꿈치를 들어올려, 정원 분수에서 종아리를 씻는 처녀를 보게 되었다. 그날 이후로 그는 그녀 없이는 더는 살 수가 없었다고 한다. 전설은 늘 이런 법이다! 로돌포 란치아니는 포르나리나의 주민등록을 발견했다고 생각했다. 1518년 레오 10세 치세의 한 조사에 따르면, 사시 가문 소유의 한 집에 빵집을 운영하는 시에나 출신 프란체스코가 살고 있었고, 『지운타』 사본(바사리가 1568년에 펴낸 『예술가 열전』을 말한다) 둘레에 그와 같은 때에 적힌 노트에서 묘사한 여인과 마찬가지로, '마르가리타, 라파엘로의 여인'이라는 인물이 바로 이 시에나 제과장의 딸이었다고 전통적으로 믿어왔다. 1897년에, 란치아니는 속죄한 여인이나 창녀의 재활소인 트란스테베레의 산타폴로니아 신도회 장부에서 다음과 같은 신참자를 찾아냈다.

"1520년 8월 18일. 오늘 시에나 사람 프란체스코 루티의 딸, 과부 마르가리타를 우리 단체에 수용했다."

연도와 이름의 완벽한 일치는 의심할 나위 없고, 이 과부가 아름다운 포르나리나요, 마르가리타로서 제과장 프란체스코의 딸이자 또 「돈나 벨라타」를 위해 라파엘로의 모델이었던 저 눈부신 여인이라고 한다.[12]

왜 아니겠는가? 그러나 이 '절대적' 운명도 다음과 같은 이야기를 보면 설득력이 없다. 라파엘로의 사후 넉 달 만에, 프란체스코 루티의 딸, 과부 마르가리타는 수도원에 들어가기 때문이다. 그러나 그녀가 프란체스코의 딸이라는 아무런 증거도 없다. 조사 기록에는 그녀의 성이 없으며 프란체스코의 직업이 신도회 장부에도 기재되어 있지 않기 때문이다. '종아리가 완벽한 처녀'가 '과부 마르가리타'라는 점을 강조하지 않는다면, 이 우연한 일치에서 다음과 같은 결론을 내릴 수 있겠다. 즉 나이를 알 수 없는 마르가리타라는 여인은 프란체스코 시에나의 딸로서 라파엘로 사망 4개월 뒤 수도원으로 들어간다. 그런데 「돈나 벨라타」는 라파엘로 사후 48개월 뒤에 등장한 마르가리타라는 이름으로 불렸을지 모른다. 프란체스코와 마르가리타는 오늘날과 마찬가지로 옛날에도 흔한 이름이었으므로, 필시 우연은 아닌 듯하다.

우리가 무엇을 알고 있을까? 그가 한 여인을 죽는 날까지 사랑했고, 그녀의 숭고한 초상을 그린 다음 그는 자신의 최후가 다가옴을 예감하고서 그녀를 물리쳤는지. 포르나리나의 전설을 단 몇 줄로 요약한 시인의 목소리를 들어보자.

"오 라파엘로의 애인이여! 너는 너의 품에서 기진맥진한 그를 보는구나, 오 여인이여 너는 무엇을 했기에! 사랑하고픈 생각이 네 입술에 넘치는구나…—그들이 로마의 시골을 다녀온 뒤로, 그녀는 라파엘로의 품에서 잠들곤 했다.—그녀는 즐기려는 생각에만 사로잡혔지만, 라파엘로는 숭고한 그림만을 생각했을 뿐. 사람들은 한 몸이 되었다가는 한숨 지며 떨어져 다시 하늘로 올라간다. 포르나리나는 깨어나 라파엘로를 껴안는다. 하지만, 그는 죽어 있었다."[13]

라파엘로가 교황의 서재에서 작업하던 시절에 사랑에 빠졌음은 확실하다. 「삼위일체 찬양」을 읽어보면 급하게 휘갈겨 쓴 네 편의 시에서 그의 심정이 드러난다.

"사랑아, 너는 두 눈빛과, 흰 눈과 활짝 핀 장미 같은 얼굴과,
고운 말씨와 우아한 자태로
나를 고통으로 사로잡는구나.
열정이란 정녕 강물과 바다로도 끌 수 없단 말이냐.
하지만, 한탄하지 않으련다.
열정에 타오를수록 더 타오르길 바랄 만큼
그것은 나를 행복하게 해주기에…
내 목을 감는 그 순진한 팔의 족쇄와 고리는 너무나 부드러워
거기에서 풀려날 때면 죽을 듯 고통스럽구나.
다른 말을 하지 않으련다.
지극한 부드러움은 죽음 같을 테니까.
그래서 너를 향한 모든 생각을 참을 뿐!"

그 앞에 불쑥 나타난 이 수수께끼 같은 여인은 누구인가? 한밤중에

'또 다른 태양'처럼 나타나 라파엘로의 목을 '그 순박한 팔'로 옥죄는… 단 한 번 그의 집을 찾았던 대부인이 그에게 아무런 말도 하지 말자고 맹세했던가? 대중의 전설이 전하듯이 매춘부였을까? 그녀를 다시 보았을까? 우리로서는 알 수 없다. 그가 남긴 몇 안 되는 편지와 당대인의 몇몇 증언과 바사리의 전기에서도 이 소네트의 주인공을 암시하는 것은 전혀 없다.

"절정의 시간이 감미롭게 떠오르네.
떠나야 할 더 큰 고통도 떠오르네.
나는 사람들이 말하듯이 바다 한복판에서 사람을 이끌던 별이 지는 것을 보는 사람이네.
오 언어여, 이 굴레를 풀어다오, 이 비틀린 고통을 말해다오,
사랑이 내게 무겁게 얹어주고 얽어맨 그 고통을 사랑하고 감사하며 칭송하는.
때는 여섯 번, 해가 진 뒤, 또 다른 태양이 내 앞에 떠오를 때 말로써 형언할 수 없는 용기를 주면서….
고통으로 몰아넣는 거대한 불길 속에 홀로 선 내게,
그녀는 내 입을 다물게 하고, 나는 묵묵히 신음하네."

그가 입을 다물고 있지만 그의 붓을 자유롭게 놀리면서 자신의 유화와 벽화와 타블로에서 돈나 벨라타의 이미지를 일곱 차례 보게 된다. 그녀는 「신전에서 쫓겨나는 헬리오도로스」, 「보르고의 화재」, 「물고기가 있는 동정녀」, 「성좌의 동정녀」에서 얼굴을 돌리는 나신으로 나타나

326

며, 「변모」에서 아기를 안은 젊은 어머니의 모습으로 나타난다. 그러나 미숙한 눈으로도, 볼로냐, 산타 체칠리아의 「막달라 마리아」와 드레스덴에 있는 「시스티나의 성모」에서도 그녀를 알아볼 수 있다.

돈나 벨라타는 이미 우리가 대부인 앞에 서 있는 것인지 화려하게 차려입은 매춘부 앞에 서 있는 것인지 알지 못한다는 사실만으로도 라파엘로가 지어낸 인물일까? 그윽한 눈과 야무진 목, 준수한 어깨와 탄력 있는 피부와 표정이 풍부한 손가락을 지닌 이 여인은 자세와 시선에서, 거리를 두고 대단한 신비로움을 간직하고 있음이 분명하다.

그녀가 처음 등장한, 볼로냐의 「막달라 마리아」는 라파엘로의 영혼에 끼친 그 위력을 보여준다. 이 위력은 유익한 영향이다. 돈나 벨라타는 거리를 두는 자세를 잃고 완전히 친근한 모습이 되기 때문이다. 그녀의 모습을 본 뒤 누가 그 눈길을 잊을 수 있을까? 바라볼수록, 광채와 신비로 넘치는 그 얼굴은 우리의 기억을 파고든다. 이 두 그림 이후에 우리는 라파엘로가 사랑했고 사랑받았음을 알게 된다.

그러나 돈나 벨라타는 시스티나 성모 상에서 변모한다. 왜냐하면, 시스티나 동정녀는 동정녀이자 성모의 비전이기 때문이다. 괴테가 『파우스트』 2막의 끝에서 우리에게 보여준 영원한 그 여성 이미지는 은총과 자애와 온화로 넘치는 성모로서 하늘의 여왕이자 천상의 장미다.

돈나 벨라타를 만난 날이나 그날 밤부터, 라파엘로는 지상의 사랑과 천상의 사랑으로 충만한 기쁨에 취해 작업한다. 현실은 전설보다 더욱 아름답고 미묘하며, 더 숭고하다.

로마에 온 루터

라파엘로가 작업하고 사랑하고 일하는 동안, 프랑스 국왕은 원정에 나서, 피비린내 나는 에그나델 전투(1509)에서 베네치아 군대를 무찔렀다. 이때부터 베네치아 군은 의회의 명령으로 후퇴를 거듭하면서 최상의 지역을 포기해야 했다. 뿐만 아니라, 공화국은 참화의 손실을 덜어주려고 신민의 충성 맹세를 풀어주어야 했다. 그렇다고 해서 프랑스 왕이 지나가는 길의 끔찍한 잔혹성이 줄어들지도 않았다. 그를 가로막았던 수비대마다 칼을 맞아야 했다. 비첸차에서 6천에 달하는 모든 계층의 사람이 동굴로 피신했다가 불에 타고 무시무시한 비명 속에 죽어갔다. 베네치아는 이렇게 그 내륙의 모든 영토를 상실했다. 프랑스 군의 포탄은 라구나 섬까지 날아왔다. 그러나 결국 베네치아는 이 영예롭고 갈채를 받은 투쟁에서 벗어났으며, 그 신민은 성 마가의 깃발을 되찾았다. 그들은 독일의 점령에도 꿋꿋하게 저항했으며, 파도바는 막시밀리안 황제의 공격을 영웅적으로 물리쳤다. 율리우스 2세는 첫 번째 목표를 이루었다. 자존심을 구긴 베네치아는 체사레 보르자가 몰락한 뒤로 차지하고 있던 로마뉴의 도시들을 교황에게 반환했다. 그러나 금세 율리우스 2세는 자신이 조금 전 부추겼던 루이 12세의 엄청난 세력 확산에 눈을 돌리게 되고, 혹 루이 12세가 로마까지 진출하게 될 때 제국이 처하게 될 위험을 우유부단한 막시밀리안 황제에게 주지시킨다. 이날부터 거의 반세기 동안 혼란이 이어진다. 그러나 이미 프랑스 국왕과 교황은 주변에 동맹국을 끌어들이면서 대적하게 된다. 율리우스 2세는 이탈리아에서 프랑스 군을 몰아낸 신성동맹의 결성을 꾀한다.

베네치아 공략 중에, 엘리사베타의 오빠가 포로가 되었다. 그런데 되레 베네치아에서 그를 '만토바 후작'으로서 환영했던 만큼 그는 자랑스럽게 "나는 프란체스코 곤차가로 만토바 후작은 내 아들이고 그 나라는 번영하고 있소"라고 답했다. 이사벨라 데스테는 격분하여, 남편을 돌려주도록 율리우스 2세에게 청원했다. 대신 이사벨라는 열 살이던 어린 아들 페데리코를 볼모로 교황에게 건네주어야 했다. 율리우스 2세는 이 소년을 벨베데르 별장에 살게 하면서 호감을 사려 했다. 그는 소년을 사냥에 데리고 나가는가 하면, 자기 책상에서 오랫동안 주사위 놀이도 함께 하곤 했다. 얼마 뒤, 프란체스코 곤차가는 그때까지 감히 권력에 도전하지 못했던 루크레치아 보르자의 남편 알폰소 데스테 대신 교황청 행정관에 임명되어 교황 곁으로 오게 된다.

교황은 이 유예 기간을 자신의 사생아 딸을 시집보내는 데에 활용하면서 그 거창한 피로연을 주관한다. 여기에서 프란체스코 곤차가의 딸, 우르비노의 어린 공주는 날로 아름다워지는 자태로, 벰보가 전하는 대로, 잔치의 주역이 되었다. 브라만테와 라파엘로도 물론 이 축제에 참여했을 듯하다. 그 행렬과 개선문과, 연극 공연을 위해 예술가들은 열심히 밑그림을 그렸다. 라파엘로는 얼마나 즐거운 기분으로 교황의 서재의 천장과 「삼위일체 찬양」의 벽화를 엘리사베타 공작부인에게 보여줄 수 있었던가. 그는 그녀에게, 「파르나소스」가 우르비노의 아름다운 어느 날의 비전이라고 하면서 벽화가 아직 미완인 「아테네 학파」의 밑그림을 보여주었으리라.

그는 이런 식으로 항상 따뜻한 후원자였던 이 여인을 존경했다. 자신의 꿈이 화폭에 옮겨진 것과, 홍예를 올린 산 피에트로를 본 엘리사베타는 이 위대한 예술가들이 묵묵히 작품을 해냈기에, 자신의 삶이 헛되지 않았다고 말했다. 그녀는 곳곳에서 그녀를 따라다니는 귀도발도의 이미지에 미소 짓고 있었다.

한편, 율리우스 2세와 루이 12세는 대결 중이었다. 율리우스 2세는 루이 12세에 항거한 고향 제노아를 지지했다. 교황과 프랑스의 전쟁은 불가피해 보였다. 그를 무찌를 수 있었던 일시적 체류지에서 율리우스 2세와 싸우는 대신, 루이 12세는 그에게 정신적 공격을 가했다. 즉 1510년 가을 투르에서 교황의 폐위를 다룰 프랑스 성직자회의를 소집했다. 소집된 공의회에서 다음과 같은 조문을 두고 논쟁이 벌어졌다.

"가령 교황이 예고도 없이 기독교도 국왕에게 전쟁을 선포할 수 있는지, 가령 교황이 교황직을 사들이고 특권을 판다면 교황으로 간주할 수 있는지…."

이 공의회는 율리우스 2세를 격노하게 했다. 그는 프랑스에 저주를 퍼붓고, 막시밀리안과 에스파냐, 스위스, 베네치아와 연대하고, 건축과 공학도로서 지식이 유용할 브라만테를 대동하고서 새로운 원정에 나선다. 볼로냐에서 그는 프란체스코 마리아 델라 로베레가 지휘하는 군대를 사열하고 그에게 루이 12세와 동맹한 페라라로 행군할 것을 명한다.

투쟁이 재개되었다.

1510년에서 1511년으로 넘어가던 겨울에, 율리우스 2세가 친히 군대를 지휘하면서 미란돌라를 함락하고 그 수비대에 대포를 퍼붓고 있었을 때, 독일에서 순례차 로마에 와 있던 아우구스티누스회의 젊은 수도사가 있었다. 라파엘로와 동갑내기였던 그는 모든 면에서 라파엘로와 정반대였다. 그는 지성소를 찾아다니고 있었는데 이는 자기 영혼을 위해서뿐만 아니라 가족과 친구의 구원을 위한 것이기도 했다. 그는 기도를 통해서 자신의 부모를 연옥에서 구할 수 있도록 자기 부모의 죽음을 희구할 정도로 열성적이었다.[14] 최소한 그는 이런 비할 데 없는 정성을 오래전 사망한 자신의 조부에게도 기울였다. 여느 순례자와 다름없이, 그는 라테라노 성당에서 멀지 않은 성스런 계단을 기어올랐다. 로마의 전통에 따르면, 이런 순례의 행보는 예수가 빌라도 앞에 나서던 밤에 기었던 것과 같다. 죽기 한 해 전에 비텐베르크에서 기도하고, 로마에서의 체험을 이야기했을 때, 마틴 루터는 그렇게 기어오르던 막바지 순간에 이러한 실천의 효력에 의심을 품게 되었다고 털어놓았다.

"이것이 진실인지 누가 알 것인가?"

이 유명한 계단을 다시 내려왔을 때에도 그는 여전히 교회에 반기를 들지 않았지만, 다른 광신도와 마찬가지로 미에 둔감했던 그는 미美가 개인의 가장 고상한 표현인 동시에 신성의 가장 순수한 계시라는 점을 이해하지 못했다. 나중에 저 유명한 식탁의 발언에서 자세히 밝혔듯이 그가 충격을 받은 것은 사치, 방탕, 성직매매라거나, 아우구스티누스 회원마저도 독일에서 면죄부를 판매한다는 것이 아니라, 그가 진정한 신앙의 심오한 애매성을 설명해줄 수 없었던 그 순진한 수도사들에 대한 조신들의 멸시였다. 그는 로마 사람이 교회를 마치 구경거리 찾듯이 드나든다고 느꼈다. 또 교양 있고, 세련되고, 노련한 그들은 나중에 솔직히 그가 악마적인 것으로 보았던 탐미적 쾌락을 누리고 있었다는 점이다. 15년 전에, 그는 사보나롤라와 마음이 통했었고 십 년 뒤에는 자신과 같은 생각을 하고 있던 적수 카라파와도 공감하고 있었다.

다뉴브 강변의 촌사람이던 루터는 로마에서 아무것도 보지 못하고 이해하지도 느끼지도 못했다. 그는 다음과 같은 것을 경시했다. 즉 그 대담한 산 피에트로 대성당을 세우게 했던 브라만테의 열망과 시스티나에서 고뇌와 불만으로 울부짖은 미켈란젤로의 열망과 파르네시나 궁에서 쾌락으로 승화된 소도마의 열망과, 교황의 서재에서 천상과 지상의 결합을 축하하는 라파엘로의 열망을…

모든 루터 해석자는 보르자 가문과 살인자와 독살과 전쟁 이야기를 늘어놓거나, 율리우스 2세를 머리에 모자를 쓰고 말을 탄 세속 군주의 모습으로 보여주기 좋아한다. 우리는 마키아벨리가 시니갈리아의 함정을 상기시킨 것을 잊지 않는다. 거기에서 체사레는 배신한 서너 명의 용병과 폭군을 교수형에 처했는데, 이 '경악할 사건'이 얼마나 이탈리아 사람들을 놀라게 했던지를. 이탈리아를 공포로 몰아넣었던 라팔로 전투, 카푸아, 프라토, 브레시아 공략 등, 로마 공략이 다가올 동안, 이런 전투는 교황이나 이탈리아 사람이 저지른 것이 아니라 프랑스, 에스파냐, 독일 사람이 저지른 것이었다. 율리우스 2세가 "야만족을 이탈리아에서 몰아내자"라고 했던 것은 매우 정당했고 그를 혹평하는 사람들조차 그 점을 인정한다. 그런데 가장 치열한 싸움에서, 니콜라우스 5세부터 파울루스 3세까지 그 어떤 교황도 농민의 전쟁으로 로마라는 '부끄러운 족쇄'에서 독일을 해방했다고 말했던 사람처럼 이야기하지는 않았다[즉 루터처럼].

"농민은 다음과 같은 세 가지 이유 때문에 죽어 마땅하다. 첫째, 그들은 충성 맹세를 어겼다. 둘째, 반역하고 약탈했다. 셋째, 복음서라는 외투자락 속에 자기 죄를 숨겼다. 그래서 나의 용사들이여, 이 가엾은 인민을 구제하고, 구원하고 측은히 여깁시다. 반면에 칼로 베고, 처벌하고 죽이는 것도 여러분의 손에 달려 있소. 만약 여러분이 전투에서 죽는다 하더라도, 이보다 더 훌륭한 죽음은 없을 것이요. 왜냐하면, 이는 로마서 13장의 하느님의 말씀에 복종하는 것이며, 끔찍하고 사악한 이 무리로부터 여러분의 이웃을 해방하는 사랑의 과업을 행하는 것이기 때문입니다. 나는 우리가 마귀를 피하듯이 농부를 피할 수 있도록 해달라고 모든 이들에게 간청합니다. 나는 하느님께 그들을 깨우치게 하고 그들의 마음을 바꾸게 해달라고 부탁하지만 그들은 개종하지 않고 있으므로, 나는 그들에게서 천복을 영원히 박탈해달라고 기원합니다…."[15]

카라파와 종교재판소도 이보다 더할 수는 없지 않았을까.

교황의 서재에 벽화를 완성하다

율리우스 2세가 볼로냐에서 겨울을 지내던 동안 라파엘로는 첫 번째 방의 마지막 벽화를 끝냈다.

모든 시대, 모든 미술평론가와, 라파엘로의 모든 해석자는 이구동성으로 「삼위일체 찬양」과 「아테네 학파」의 뚜렷한 차이에 주목했다. 「삼위일체 찬양」은 힘이 있는 발상이지만 다른 거대한 세 점의 프레스코 벽화보다 덜 자유분방하다.

그 두 작품을 완성시킨 중간에 라파엘로의 정신에 무슨 일이 벌어졌을까? 「하관」에서부터 예견할 수 있었던 것이지만 그렇게 빨리 찾아올 줄 예상할 수도 없었던 이 완벽한 성숙성을 어떻게 설명해야 할까?

카스틸리오네와 파비우스 칼보 다 라벤나가 없었다면, 라파엘로가 아테나 학파라는 정신적 고향을 이러한 시각으로 그릴 수 있었을까? 돈나 벨라타가 없었다면 그가 영혼의 조국인, 파르나소스를 이런 시각으로 그릴 수 있었을까?

모든 걸작은 변함없는 하나의 법이며, 단지 예술가의 피와 골수와 두

뇌뿐만이 아니라, 예술가를 사랑하는 사람의 피와 골수와 두뇌로도 빚어진다. 이 경이로운 예술의 세계 그 자체는 플라톤에 따르면, 자기 고유의 실체를 희생하는 조물주의 작품 아니던가? 서재란 무엇인가? 감각적인 것으로써 지적인 것을 고양하는 곳이다.

"그렇게 당신의 정신에 말하는 것이 좋다. 왜냐하면, 오직 감각만으로 지능의 위엄을 찾아주는 것을 가르쳐주기 때문이다. 이 점에서 성경은 당신의 소양에 맞추어, 손과 발을 하느님에게 맡기고 다른 것을 이해하게 한다. 성스런 교회는 가브리엘과 미카엘 천사와, 토비를 치료하는 또 다른 존재를 인간 형태로 재현한다."[16]

서재의 정신을 더 잘 이해하려면, 모든 기억과 정신의 양식을 빌려온 단테에 다시 한 번 기대야 한다. 베아트리체의 요구대로, 비르길리우스는 시인을 지옥과 연옥으로 데려갔지만, 그는 지옥과 연옥 사이에 있는 캄캄한 중간지대冥界를 과거의 거물들과 함께 헤맨다.
비르길리우스는 이렇게 말한다.

'그들은 면죄받지 못한다. 그들이 선행을 했다 하더라도 네가 믿는 신앙의 문인 세례를 받지 않는다면 면죄 받기에는 여전히 불충분하다. 기독교 세계 이전에 살았던 그들은 하느님을 전혀 찬양하지 않았을 것이고 나 또한 그런 사람이다. 우리는 다른 범죄가 아니라 우리에게 부족한 것을 잃었으며, 희망 없는 욕망 속에서 살아가는 것만이 우리의 유일한 수고이다.'

"이런 이야기를 멈추었을 때, 우리에게 다가오는 거대한 네 개의 그림자가 어른거렸고 그들은 슬프지도 기쁘지도 않아 보였다.

스승은 내게 말한다. 손에 검을 들고 타인들 앞에선 영주처럼 걷는 그를 보라. 그가 최고의 시인 호메로스요 위악스런 호라티우스가 그 뒤를 따른다. 오비디우스는 세 번째, 마지막은 루카누스가….

그들은 잠시 환담을 나눈 뒤, 내게 인사를 건넸고, 스승은 미소를 지었다.

그런데 이보다 더 큰 영광은 그들이 나를 저 위대한 지성인 가운데 여섯 번째로 받아들였다는 점이다. 우리는 이렇게 많은 이야기를 나누었던 만큼 그만두어도 좋을 것을 이야기하며 걸었다. 우리는 고상한 성에 당도했다. 일곱 겹의 높은 벽과 우아한 해자로 둘러싸여 있는 곳이었다. 이 현인들과 함께 일곱 개의 문을 통과하자, 신록이 우거진 초원이 나타났다. 그곳에는 그윽하고 차분한 시선에, 대단히 권위적인 모습의 사람들이 있었다. 그들은 말이 별로 없는 편이었지만 아무튼 나직한 목소리로 말했다. 활짝 트인 데다 높직하고 밝아서 모든 것이 내려다보이는 쪽으로 우리는 다시 발길을 돌렸다. 바로 거기에서, 내 눈앞에 펼쳐지는 찬란한 초록빛 수목 위로, 지금도 내 가슴을 떨리게 하는 모습이던 위대한 사람들을 보았다. 눈을 조금 더 치켜올리자, 철학자들에 둘러싸여 앉아 있는 현인들의 스승(아리스토텔레스)을 보았다. 모두가 그를 찬미하면서 경의를 표하고 있었다. 바로 거기에서 나는 다른 이들보다 더 가까이 자리 잡은 소크라테스와 플라톤을 보았다…."[17]

고대인에 대한 두드러진 공감에도, 단테는 그들을 낮도 밤도 없는 희뿌연 나라 속에 우울하게 내버려둔다. 라파엘로는 그리스도의 사신으로서 지옥으로 내려가 시인, 철학자, 예술가들을 한낮의 빛 속으로 끌어내고 거기에서 모든 곳에 거하시고 모든 기쁨을 누리시는 하느님의 세계에 참여하게 한다. 바로 비르길리우스가 장님의 눈으로 결코 희미해질 줄 모르는 빛을 응시하는 늙은 호메로스의 노래를 따라 파르나소스 산을 올라가는 예언의 신 아폴론을 시름에 잠긴 단테에게 보여준다. 모든 시대의 철학자들에 둘러싸인 플라톤과 아리스토텔레스는 그리스도 앞에서 논쟁한다. 마치 아테네의 학교 안뜰에서 그렇게 했듯이. 그들의 몸짓은 브라만테와 이 청년 즉 서로 삼위일체를 찬양하는 이들의 몸짓을 반복한다. 플라톤은 세계의 정신과 사상이 지배하는 지적 세계인 하늘을 보여주고, 아리스토텔레스는 사상이 구체화하고 세계의 정신이 내려오는 감각계인 지상을 보여준다. 피치노의 제자 피코 델라 미란돌라[1463~1494]는 이렇게 말한다.

"서로 말은 다르게 하는 듯하지만, 플라톤과 아리스토텔레스가 사물의 의미에 동의하지 않은 자연적, 신학적 문제는 없다."[18]

알베르 르 그랑과 성 토마스 아퀴나스의 중개를 통해 아리스토텔레스를 알게 되었던 단테는 아리스토텔레스가 '지식인의 스승'이었을 뿐만 아니라, '사랑이 영원한 실체 가운데 으뜸'이라는 것을 증명했다고 생각한다.[19] 그의 발밑에 플라톤이 보이고, 라파엘로는 플라톤 학파에서 차지하는 아리스토텔레스의 역사적 자리를 되찾아준다.

플라톤과 아리스토텔레스가 든 책이 『티마이오스』와 『윤리학』이라고 하는데, 이는 세바스티아노 델 피옴보가 그린 것일지 모른다. 그는 로마가 침략당한 뒤, 교황의 서재를 수비대 본부로 정한 부르봉의 무뢰한들이 훼손한 프레스코를 보수했었다. 이 최초의 보수 작업은 파르네세 추기경 시절에 라파엘로가 초상을 그렸던 최후의 인문주의 교황, 파울루스 3세의 치하에서 일어난 일이다.[20] 그를 위해서 미켈란젤로가 시스티나에 「최후의 심판」을 그렸던 파울루스 3세는 이러한 덧칠에 관대했다. 『티마이오스』는 그렇게 해서 새로운 빛을 발하게 되었다. 니케아 황실 가문 출신 라스카리스는 그보다 이십 년 전에 그리스 원전을 찾아내어[21] 그것을 오리엔트에서 로렌초 대공에게 가져다주었다.

히포크라테스를 번역한 파비우스 칼보 다 라벤나는 그것을 잘 알고 있었다. 또 라파엘로도 그것을 이미 알고 있었다면, 그가 라파엘로에게 『티마이오스』를 가르쳐주었음이 분명하다. 이 책은 철학자와 국가 지도자에게 필수적인 모든 지식의 편람으로, 플라톤 학문의 완전한 백과사전이다.

손에 『티마이오스』를 쥔 플라톤을 구상하면서 라파엘로는 그를 이미 비잔티움 예술가와 수사본 둘레에 채색화가가 그렸던 방식으로 재현했다. 이 예술들은 플라톤 생존 시대로 거슬러 올라갈 만큼 오래된 전통에 충실했다. 플라톤의 직계 제자들은 『티마이오스』를 스승의 가장 주요한 저작으로 간주한다. 그것을 종종 인용했던 아리스토텔레스는 거기에서 플라톤 사상의 가장 전형적 표현을 본다. 알렉산드리아 학파와 절충주의자들은 이 대화편에 각별한 예찬을 보냈다. 아랍과 유대의 기독교 학자들도 열렬하게 종규집만큼이나 찬송하면서 이 저작에 애착을 보였다.

라틴어본으로 『티마이오스』를 접한 중세 저자들은 그것을 줄기차게 원용했다. 중세의 독창적인 샤르트르 학파도 천지창조와 관련된 창세기 편과 우주창조에 관한 『티마이오스』의 가르침을 양립시키려 한다. 성직자의 도서관에서 『티마이오스』 라틴어본은 아리스토텔레스와 디오니시오 아레오파고와 나란히 자리 잡는다.[22] 피렌체의 플라톤 아카데미는 세계의 정신에 관한 심오한 의미와, 그것을 설명하는 방법을 파악하려고 『티마이오스』를 해석하고 논의했다.

여기에서 현학적 영역에서 비롯된 분위기를 띠고서 플라톤과 아리스토텔레스를 둘러싼 여러 인물의 이름을 들먹이고자 하는 가설과 추정과 접합을 늘어놓을 필요는 없다. 그것은 단지 허구일 뿐이다. 이런 모든 감탄할 만한 단역들은 그들의 당위성을 잘 표현하기 때문이다. 즉 플라톤과 아리스토텔레스가 중심에 자리 잡은 아라베스크 같은 사상의 방사일 뿐이다.

「아테네 학파」에서 화면구성의 틀로 이용된 장엄한 신전은 브라만테가 그린 것이라는 주장이 제기되곤 한다. 그 신전이 브라만테가 짓고자 했던 산 피에트로의 비례를 상기시키는 것은 사실이다. 로마에 있는 브라만테의 작은 '템피에토'•를 상기시키는 「동정녀의 결혼식」의 매혹적인 신전을 브라만테가 그렸던 것이라고 주장할 수도 있을 것이다. 하지만 이는 터무니없는 일이므로 누구도 상상하지 않는다. 브라만테가 아테네 학파의 신전을 위한 밑그림을 그렸다는 것을 인정한다면 이 또한 터무니없지 않을까? 「동정녀의 결혼식」의 작고 둥근 신전은 「아테네 학파」의 장엄한 신전과 마찬가지로 라파엘로의 뛰어난 건축적 재능을

• 정자처럼 개방형 주랑으로 구성된 작은 성전으로 그의 독창적 걸작이다.

드러낸다. 이내 줄줄이 활용되고, 산 피에트로 공사에서 브라만테의 후계자로 그를 만든 재능이다.

아테네 학파의 건축가는 화가에게 이바지한다. 이 두 주역은 홍예의 마지막 빛 속에 자리 잡고 건축의 모든 선은 그들에게 집중된다. 우리는 전경의 구불구불 복합되어 요동치는 선과 조용한 인물들이 다수 들어선 후경의 대조를 볼 수 있으며, 전후경이 계단 위의 인물들과 얼마나 세련된 수법으로 결합하는지 알 수 있다. 또 회화와 건축에서 리듬과 조화와 멜로디로써 이야기하려는 의도를 이해하게 된다. 「동정녀의 결혼식」이라는 참신한 걸작 이후로 우리는 얼마나 이 청년의 힘찬 행보를 뒤쫓고 싶어했던가. 사람들이 능란하고 거침없으며, 무엇이든 잘 소화해내는 사람으로 간주했던 그는 아직 서른도 되지 않았었다. 괴테가 말했듯이, 마치 인간의 삶이 영원히 변화하며 펼쳐지지 않는다는 듯이.

라파엘로가 고결한 영감에 취해 벽화 「아테네 학파」를 끝냈을 때, 그는 전경의 돌덩어리에 팔꿈치를 괴고 앉은 채, 세상과 뚝 떨어져 자신에 몰입한, 그 주위에서 방사되는 리듬과 이상하게 어긋나는 강인한 인물을 그려 넣었다. 즉 그 바로 곁에 시스티나에서 놀랍고 괴이한 반역자들을 그리던 인물이라고 보기 어려운 미켈란젤로의 이야기가 바로 여기에 있다. 결코 어떤 전기작가도 이보다 더 정확하고 열정적으로 그를 충분히 이해하고서 이야기한 적은 없었다. 가령 괴테가 베토벤의 삶을 그렇게 이야기했다면, 베토벤은 괴테 앞에 무릎을 꿇었으리라. 비록 베토벤을 종종 수많은 유사성을 들어 그와 비교하기는 하지만, 위대한 미켈란젤로는 더는 베토벤의 인간적 단계에 머물지 않았다. 그는 이해하지 않았거나 이해하려 하지 않았다.

「아테네 학파」에서 「논쟁」과 같은 비상한 솜씨는 보이지 않는다. 확고한 만큼 대담한 축약과 강렬한 독창성에서 우러나는 자세가 있을 뿐이다. 칠성사七聖事 「논쟁」과 「아테네 학파」는 천재가 창조한 세계이자 그 자체로서 더 바랄 것이 없이 완전한 세계이다. 이 작품들은 거대한 벽화의 세계에 고전미술이 도입된 이후로 가장 아름다웠던 모든 것의 고상함과 청명함을 능가한다. 거기에서 여러 부분의 사실성에 감탄하지 않을 수 없다. 그 초상들은 가장 뛰어난 직업적 초상화가의 작품 가운데에서도 그보다 더 아름다운 것은 없을 듯하다. 편안한 화면구성은 우리를 황홀하게 할 지경이다. 생기가 곳곳에서 빛과 함께 넘친다. 전체를 주시하고 분석하고 이해한 뒤에도 그럭저럭 표명되는 것이 여전하다. 즉 관념의 전능한 매력을 향해 자기磁氣를 띤 듯하다.[23]

교황의 서재는 삼백 년 뒤에, 그 또한 『지혜의 서』(솔로몬의 잠언록)를 찬양한 모차르트의 「마술피리」 속에서 그 음악적 변주를 맞이하게 된다. 이탈리아 화가와 오스트리아 작곡가라는 두 견자見者는 페이디아스와 레오차레스에 이르기까지 고대에 그리스가 추구했던 끝없는 균제와, 물결과 대기와 천체의 균형, 또 니체처럼 말한다면 디오게네스의 취기와 아폴론의 정화淨化 사이에서 주저하는 육체와 영혼의 균형을 재창조했다.

영혼은 조토의 말문을 트게 했고 마사초와 더불어 뚜렷해졌으며, 라파엘로와 더불어 승리를 거둔다. 그래서 교황의 서재 위에 단테풍의 문구로 변형된 다음과 같은 격언을 새길 수 있었다.

"여기 들어서는 사람은 희망에 가슴을 열게 되리라."

미란돌라를 점령하고, 바야르가 능숙하게 방어했던 페라라 공국의 일부를 점령한 신속하고 혁혁한 승전이 끝나면서 율리우스 2세에게 불운이 시작되었다. 이번에는 교황의 동맹자들이 그의 세력이 너무 커지지 않았을까 두려워했다. 프랑스, 영국, 에스파냐와 신성로마제국의 대사들이 평화협정을 위해 만토바에 모였다. 막시밀리안 황제는 각료였던 구르크 대주교를 파견했는데, 이 사람은 군주와 같은 민간인 복장을 하고서 교황 앞에 앉으려 했다.

한편, 율리우스 2세는 자신의 영적 권력에 의존해서 조금 전에 투르 공의회를 피사로 유치했던 루이 12세에 대응하고자 단김에 추기경을 여덟 명 임명했다. 그들 가운데, 정력적인 시옹의 주교 마티외 쉬너는 교황에게 스위스의 협력을 보장했다.

밀라노의 통치자로 솔라리오가 그린 그의 초상을 루브르에서 볼 수 있는 샤를 당부아즈가 사망하자, 미란돌라 여백女伯의 부친인 잔 자코포 트레불치오가 프랑스 군사령관에 임명되었다. 그는 미란돌라와 볼로냐 함락을 보복하고자 했다. 그는 벤티볼리오의 친구였기 때문이다.

프랑스와 내통한 혐의로 줄리아노 데 메디치를 검거한 다음, 율리우스 2세는 파비아 추기경에게 볼로냐를 맡겨놓고 라벤나에 머물고 있었다. 교황 군은 시 외곽에 있었고 볼로냐 주민은 추기경에게 스스로 도시를 지킬 것이고 단 한 사람의 외국군도 들여보내지 않겠다고 주장했다. 추기경에게는 이백의 경기병과 천여 명의 보병이 있을 뿐이었다. 이것으로는 볼로냐 같은 요충지를 지키기에 어림없는 수비대였다. 게다가, 그 변두리에 진을 친 우르비노 공과 더욱 사이가 좋지 않았다.

라파엘로는 그 양쪽 편의 인물들을 나란히 그렸다. 1506년에 우르비노에 체류하고 있었을 때 귀도발도의 조카로 열일곱 살에 불과했던 프란체스코 마리아 델라 로베레,[24] 또 볼로냐로 떠나기 전에 그곳에 있던 파비아 추기경 알리도시[25]를 그렸다. 그 모습은 이상하게도 닮았다. 기품 있고 냉정하며, 구부러진 코, 얇은 입술, 동정을 살피고 판단하고 평가하는 냉정한 시선, 잠재된 잔인성과 무기력을 숨기려는 듯하면서도 두드러지게 하는 무거운 눈꺼풀 말이다. 프란체스코 마리아는 그렇게 젊은이로서는 놀랍고도 매력적이라고 할 만큼 잔인해 보인다. 왜냐하면, 너무 깊은 멜랑콜리에 젖어 있기 때문이다. 알리도시는 선의와 관용이 엿보인다.

풍부한 교양에 예술을 좋아했던 알리도시는 감히 율리우스 2세에 반대해 미켈란젤로를 두둔하기도 했다. 그는 이몰라의 옛 영주 가문 출신이었다. 델라 로베레 추기경에 충성했던 그는 알렉산데르 6세 교황 치하에서 로베레의 프랑스 유배에 동행했고 그의 가장 깊은 신임을 받았다. 그는 젊었을 때 상당한 미남이었고 위악스런 어조로 자신의 용모가 교황의 마음에 들 수밖에 없다고 주장했다. 역사가들은 알리도시가 변덕스럽고 잔인해서 미움을 샀다고들 한다. 라파엘로가 그린 그의 초상은 그 점을 웅변적으로 변호한다. 그 뚝 내리깐 시선이 사람들을 무시하는 듯하지만 그 강렬함은 은밀하며, 깊고 뜨거운 고통과, 무섭고 측은한 비밀을 드러낸다. 그러나 이 초상은 화가가 후의를 보였다는 점을 다시 한 번 보여준다. 말하자면 자유로운 기분으로 그렸다는 점이다.

프란체스코 마리아는 우울해 보이지는 않지만, 그 시선에 소름끼치도록 집요한 그 무엇인가를 담고 있다. 몬테펠트로 가문의 두드러진 인상을 지닌 그는 델라 로베레의 야만성도 물려받았다. 율리우스 2세처럼 그도 성미가 불같았고 성을 낼 때면 완전히 자제력을 잃었다. 그보다 4년 전에 우르비노에서 그는 자기 누이의 연인으로 생각했던 청년을 살해했다. 훗날 마르가리타 나바레는 "그가 미워하는 사람에게 복수한다는 즐거움이 아니라면 그 공작의 공감을 살 수 없었다"라고 했다.[26] 그는 아마 알리도시를 유난히 미워했을지 모른다. 그들이 서로 닮았기 때문이기도 하지만 알리도시는 교황 곁에서 지나치게 막강했던 데다 체사레 보르자처럼 이탈리아에 자기 왕국을 꿈꾸었던 프란체스코 마리아의 욕심을 두둔하지 않았기 때문이다.

벤티볼리오 당의 지원으로, 트레불치오는 볼로냐를 접수하고 파비아 추기경을 추방했다. 벤티볼리오 당원들이 횃불을 들고 그 도시로 들어왔을 때 그는 간신히 탈출했다. 민중은 산 페트로니오 정면을 장식하는 미켈란젤로의 거대한 입상을 비난하면서, 끌어내어 박살을 내고서 페라라 공에게 팔아버렸다. 페라라 공은 그것을 녹여 '줄리아나'라는 대포를 제조했다.

프란체스코 마리아는 추기경의 도피 소식을 듣자마자 15문의 대포와 깃발과 마차와 보따리를 프랑스 군의 손에 남겨둔 채 도망쳤다. 페라라 공작은 빼앗겼던 모데나와 다른 지역들을 수복했던 반면, 피코 델라 미란돌라 백작부인은 자기 아버지의 수호 하에 도시를 되찾았다.

추기경과 공작은 율리우스 2세 앞에서 변명을 하려고 라벤나로 달려갔고 그 사건의 책임을 서로 전가하기에 급급했다. 프란체스코 마리아는 추기경이 적에게 팔린 배신자였다고 주장했다. 그러나 그토록 오래 우정이 돈독했다고 알던 율리우스 2세가 이런 비난을 어떻게 믿을 수 있을 것인가? 당시 완전히 거덜 난 알리도시는 델라 로베레를 독살하려고 그를 매수하려 했던 체사레 보르자의 제의를 거만하게 거절했다. 어째서 그를 안락하게 해주었던 옛 친구를 배신할 것인가? 프란체스코 마리아는 자신은 너무 멀리 떨어져 있지만, 알리도시는 율리우스 2세 곁에서 권력을 쥐고 있음을 알고서 이성을 잃었다. 대로에서 사람들이 지켜보는 가운데 그는 추종자들에 둘러싸인 파비아 추기경을 덮쳐 검으로 찔렀다.

율리우스 2세는 심히 괴로워하면서 조카를 파문했고 눈물에 젖은 얼굴로 가마에 올라 로마로 향했다.

율리우스 2세의 초상, 라파엘로가 그린 손

이 무렵에 바로 율리우스 2세가 라파엘로에게 자신의 초상을 그리도록 용기를 북돋웠다. 그는 이제는 더 이상 사자 같은 모습이 아니었다. 물론 주변 사람들은 그를 여전히 두려워했으나, 이제 안락의자에 파묻혀, 축 처진 가슴에 고상한 자줏빛 망토를 걸친 나약한 노인에 불과했다. 끝이 뾰족한 두툼한 손가락에는 루비와 에메랄드 반지를 끼고서, 고통스럽게 고정된 시선은 시들은 야심과 허무한 꿈을 주시하는 듯하다. 이 사람에게서 어떤 약속에도 흔들리지 않는 금욕적인 그 무엇인가가 느껴진다. 초상 밑에는 '율리우스 2세, 교회국의 왕'이라고 적혀 있다. 그리고 즉시 어긋한 야심의 비극을 이해하게 된다. 그는 알렉산데르 6세라는 적을 떨쳐버리려는 열망 때문에 자신이 이탈리아로 불러들였던 사람들에게 버림받았다. 누가 그 주역이었을까? 가엾고 어린 국왕 샤를 8세를 로마 정벌에 나서게 하고 성직매매자 보르자를 제거하고, 공의회를 소집하고, 줄리아노 델라 로베레 자신은 교황에 오르지 않았던가. 또 오를레앙 공작은 그를 진심으로 지원하지 않았던가.

이렇게 이 끔찍한 오를레앙 사람, 반역자 프롱드 당원이 프랑스 국왕이었다. 다시 말해 세상에서 가장 막강한 왕국의 왕이었다. 그러나 오를레앙의 음모에도 줄리아노 델라 로베레는 왕들의 절대적 지배자인 교황 율리우스 2세가 되었다.

그런데, 루이 12세[오를레앙 공]의 목표는 단 하나 율리우스 2세를 제거하는 것이었다. 그는 자신의 피렌체 영지 피사에 소데리니의 동의를 얻어 감히 공의회를 소집했다. 추기경들은 이미 그를 포기했고, 오직 추락한 메디치 가문만이 그에게 여전히 충실한 듯했으며, 추기경 조반니는 자기 형 줄리아노에 대한 충성을 그에게 보여주지 않았던가? 운명의 아이러니라고 할까, 메디치 가문의 대의가 그의 것이 되었다. 세상만사는 반복되게 마련이다. 그는 미남왕 필리프의 형제, 샤를 드 발루아를 불러들여 피렌체를 궤멸시키라고 하면서 보니파키우스 8세처럼 처신했다. 그는 보니파키우스 8세와 마찬가지로 모험을 감행했다. 로마의 길은 열려 있었고 어린 프란체스코 마리아가 그곳을 방어할 수는 없었다. 만약 귀도발도가 가마에 누운 채라도 살아 있었더라면, 그의 군대를 일으켜, 우르비노 공국을 침략자에 대한 방어진지로 삼았을 것을…. 그러나 때는 이미 늦었고, 그는 보니파키우스 8세 때와 마찬가지로 자기에게 충성했던 인문주의자들을 무시했다. 누가 새로운 '빌라도' 루이 12세에게 그를 넘겨줄 것인가? 감히 어떤 배신자가 산탄젤로 요새를 무너뜨리고 바티칸으로 쳐들어올 것인가? 언제나 한통속이던 오르시니, 콜론나, 사벨리 가는 민중을 선동하면서 의회 앞 캄피돌리오 광장에서 다시 한 번 과거의 공화국을 선포했다. 모든 것이 보니파키우스 8세 때와 똑같이, 로마는 티베레 강 양안을 따라 두 파로 갈라졌다. 피사 공의회는 교황을 끌어내리고, 루이 12세 마음대로 당부아즈의 후계자로 로베르테를 교황으로 선포했다. 또 루이 12세는 서기 800년의 성탄절 무대를 재연하면서 스스로 서유럽 황제에 올랐다. 그것을 서둘러 무너뜨리려고 했으나 아직 파괴되지 않았던 산 피에트로 대성당에서…. 성당들은 로마에서 군대였고, 산 조반니 인 라테라노 성당 또한 산 피에트로만큼 숭배 받지 않았던가? 교황국 소속의 모든 도시마다 피사 공의회에 소환된 교황을 보여주는 포스터들이 내걸렸다. 파리에서, 레 알[중앙시장]의 인민들은 그랭구아르의 희극에 환호하면서 그를 '고집 센 사내'라며 비아냥거렸다. 이미 이백 년 전에 미남왕 필리프가 소집한 왕국 거물들의 집회가 이단과 매직과 마술과 절도, 음란과 남색을 내세워 보니파키우스를 비난했었다. 이와 똑같은 비난이 반복되었다. 관리들, 건축가, 화가를 제외하면, 그 누구도 신의 은총과 추기경의 선택으로 적법하게 영혼의 군주가 된다고는 꿈도 꾸지 않았다. 그는 오직 아냐니 사건만은 잊지 않았다. 그는 삼중관을 쓰고 산 피에트로의 제의를 입은 보니파키우스 8세가 "나는 예수 그리스도처럼 배신당했지만 교황으로 죽고 싶네!"라고 외치던 소리를 들었었다.

그렇다, 이제, 그는 이해했다. 현명한 자는 통풍으로 마비된 가엾은 우르비노 공이었다고, 태연한 얼굴로 사건에 맞서고, 파란만장한 도피와 로마로 개선할 때도 한결같이 침울한 미소를 지은 채 앉아 있었던 우르비노 공작 말이다. 이런 침착성의 비밀을 어떻게 이해해야 할까? 교황은 심오한 그리스도의 철학자들을 이해하기에는 너무나 늙고, 거칠고, 복수심이 강했다. 힘과 기쁨과 사랑으로 빛나는 이 어린 라파엘로 앞에서, 그는 어린아이에 지나지 않았다. 하지만 그를 이해하고 안다는 것이 은총의 빛이 아니었을까? 은총이지만, 결국 우르비노 사람들의 마음을 사로잡았던 신비스런 비밀을 알아채기에 그는 너무 늙고, 거물이고 나약했으며, 자신이 정화되었다고 느끼기에도 너무 늙고 말았다.

그는 귀도발도를 이해하지 못했고 번번이 브라만테와 충돌했으며, 적들의 악의에 찬 비난을 들으면서 그의 시간을 낭비하게 했다. 또 자연인으로서 자기 자신에 대한 열광적 찬가를 지으려고 라파엘로를 고용한 참이었으나, 라파엘로는 하늘의 의지를 옮겨낸 줄 알았다.

그러나 이 청년이 그리던 이 「볼세나의 미사」와, 삼백 년이나 된 기적은 상징이 아니었던가? 아니다. 그는 아직도 물러서지 않았다. 그는 라테라노에서 또 다른 공의회를 직접 소집했다. 그는 최후의 순간까지 완강했다. 한편, 시옹 추기경은 그때 막 그를 구하려 스위스 군사 이만 명을 이탈리아로 보내리라고 알리지 않았던가? 소중한 피렌체 친구들을 도우러 로마로 달려가는 대신, 루이 12세는 밀라노에 물러나 있었다. 고지식한 안느 드 브르타뉴 왕비는 파문을 두려워했다. 교황은 맹장들을 고용하고 프랑스에 성전을 선포했다. "야만인을 쫓아내자!"[27]

교황의 이런 만년의 모습을 바로 라파엘로가 그렸다. 그 모습을 「볼세나의 미사」의 벽화 속에도 다시 그려 넣게 된다.

율리우스 2세의 초상은 피렌체에 한 벌이 전해지고 있다. 각각 우피치와 피티 궁에 있는 데 어느 것이 원작인지 논란이 분분하다. 두 점 모두 마지막 우르비노 공작의 후손에게서 나왔다. 그림〔독일 미술사가〕이 생각하기에 이 두 점 모두 라파엘로의 작품이다. 그런데 어째서 라파엘로가 직접 복제했는지 알 수 없다. 당시 그는 이미 자신의 그림을 제자들 손에 맡기기 시작했기 때문이다. 그림은 탁월한 미켈란젤로 전기작가로서 그 이전과 이후의 다른 필자들처럼 라파엘로의 위작에 감탄했다. 즉 로트쉴드 컬렉션의 바이올린 켜는 남자, 바르베리니 궁의 포르나리나, 루브르 소장의 청년 상, 마드리드에 있는 유명한 스파시모 디 시칠리아 등은 라파엘로의 것으로 인정받지 못하는 작품들이다. 그림에 영향을 받은 뵐플린, 루모르, 그로나우 등은 우피치의 초상이 원작이며 피티 궁의 것은 티치아노가 모사했다고 믿는다. 파사방과 버렌슨은 반대로 피티 궁 소장품을 원작으로 보고 있다.

필자 역시 후자의 의견을 따르고 싶다. 손과 얼굴 때문이다. 우리가 아는 한 라파엘로의 특징은 자기 앞에 자세를 취한 사람의 내면의 드라마를 포착하는 능력이다. 피티 궁의 작품에서 율리우스 2세의 눈은 웅변적으로 절망과 중압감을 전하지만, 우피치의 것은 공허하고 위선적이며, 기이하게 티치아노의 여러 초상화 속의 눈을 연상시킨다. 더구나 손은 아주 매끄럽고 지적이며, 표현이 풍부하고, 예민해 보이고 가냘픈 손가락 마디는 피티 궁의 손과 전혀 다를 뿐만 아니라 그 얼굴과 어울리지도 않는다. 피티 궁의 것에서 손바닥은 부드럽고, 첫 번째 마디는 두껍고 끝은 가늘다. 이는 완전히 율리우스 2세의 충동적 성격에 어울리며 「볼세나의 미사」의 초상에서 보는 것과 같다.

라파엘로는 충실하게 얼굴을 표현할 줄 알 뿐 아니라 손의 신체적 언어 표현도 알고 있었다. 마치 개성의 표출을 존중했던 고야처럼 그는 퇴폐기의 화가들이 그렇게 했듯이 얼굴과 손을 제멋대로 해석하려 하지 않았다.

제2장

볼세나의 미사

칼리클레스의 현자들은 하늘과 땅, 신과 인간이,
우정과 겸손과 기질과 정의로써 하나가 되는 자리가 있다고 한다.
— 플라톤, 『고르기아스』

대형 벽화 「볼세나의 미사」는 궁륭의 우아한 모양을 잘 활용한 점이 특이하다.

라파엘로와 미켈란젤로

"브라만테와 라파엘로의 질시는 전적으로 교황과 나의 불화 때문이었네. 나를 당황하게 했던 이런 질시와 고의故意는 율리우스 2세의 영묘가 그가 살아 있을 당시 끝을 보지 못했기 때문일세. 라파엘로는 충분히 그럴 만하다고 털어놓아야 하지 않을까. 그가 예술에 관해 아는 것이라고는 나한테서 배운 것뿐이니 말일세."[1]

이런 편지를 미켈란젤로 자신이 썼다고 믿거나, 읽고 싶지 않을지 모른다. 명백히 밝혀져야만 한다. 더구나 이 편지가 라파엘로가 사망한 지 스물두 해 뒤에 누군지 모를 사람에게 부친 것이라고 하니까 답답하기만 하다.

미켈란젤로의 구술 자서전을 썼던 콘디비가 이 편지를 해명해줄 수 있을 듯하다.

"브라만테는 질투심 때문이기도 하지만, 자기 실수를 들춰냈다는 데에 분노했기 때문에 미켈란젤로를 비방하게 되었다. 누구나 알듯이 브라만테는 쾌락을 좇고 낭비가 심했다. 교황에게서 그토록 융숭한 대접을 받았지만 그것으로는 부족했고, 저질의 재료로 부실한 벽을 세우면서 자신의 작품으로 돈을 벌려고 했다."

오랫동안 이런 갈등을 두고 왈가왈부하지 않는 게 점잖은 일로 여겨져왔다. 미켈란젤로의 모든 전기물은, 라파엘로가 로마에서 절대적인 예술가가 될 수 있었던 것은 미켈란젤로가 멀리 떠나 있어 반사이익을 보았으리라고 암시했다.

사실, 이 세상만큼이나 오래된 이런 갈등은 올림피아 족에 대한 타이탄 족의 저항이었고, 괴테와 베토벤을 맞서게 했고, 베토벤의 추종자와 모차르트의 추종자를 대립하게 했던 것이나 마찬가지이다. 이런 갈등은 개인에게서 우러나는 반발 때문이기도 하고, 해방을 바라는 자의 패배를 겨냥하는 것이기도 하다. 이는 델포이의 돛배를 놓고 디오니소스와 아폴론이 다투는 싸움이며, 그것을 함께 차지하는 것으로 마무리되는 싸움이다.

천재란 또 다른 천재를 외면하기에는 너무 고독하다. 그들의 우수성이 불멸의 공동체를 세운다고 생각할 수 있겠지만 사실은 그렇지 못하다. 타이탄 족과 올림피아 족의 자손은 영원히 반목한다. 차별의 시초가 된 타이탄 족은 분할되고, 대립한다. 사랑의 여신의 아들 에로스는 그들을 재결합시키고 조화롭게 통일시키는 임무를 다하지 못한다.[2]

우리는 거인의 형제이자 지상의 어둠 속에서 싸우는 투쟁가인 미켈란젤로를 이해하고 사랑한다. 우리는 그의 고뇌에서 터져나오는 신음과, 너무 멀리 있어 들을 수 없는 하느님을 향한 호소를 사랑하며, 그의 대담성과, 열등한 자에 대한 경멸과, 거물에 대한 당당함을 사랑한다. 그의 나약함과 근심과 고통, 카르디에르가 로렌초 대공의 유령을 보았기 때문에*, 피렌체를 떠나 볼로냐로 피신해야 했던 끔찍한 공포까지도 사랑한다. 그는 브라만테가 자신을 암살하려 한다거나 율리우스 2세가 산탄젤로 감옥에 자신을 처넣으리라고 생각했다. 게다가 나중에 고향 피렌체가 함락되었을 때는 발리오니의 배반을 정확하게 예견했기 때문에 베네치아로 피신했다.[3] 우리와 마찬가지로 그가 보기에도 이 세상은 악마들과 십자가로 넘치고 있었다. 우리는 흙먼지투성이의 길을 가면서 별을 볼 수 없어 놀라지 않던가.

미켈란젤로는 동굴에서 벗어날 수 없었다. 그에게는 보편적 지성을 향해 날아오를 날개를 붙여줄 사람이 없었기 때문이다. 그는 자신의 열정에 사로잡힌 나머지 삶의 목적이 힘이 아니고, 지성만이 힘을 가져다 주는데도 힘만 좇았다.

사람들이 농담 삼곤 하는 두 사람의 파탄을 보여주는 일화가 있다. 미켈란젤로 혼자서 산 피에트로 광장을 걸어가던 중이었다, 이때 그는 마침 갑자기 화가 오십여 명에 둘러싸인 채 지나가는 라파엘로와 마주쳤다. 그러자 미켈란젤로는 "화가가 아니라 왕자님이로세!"라고 비웃었다. 라파엘로는 이렇게 받아쳤다. "그러는 선생님은 망나니 같으시군요!" 그는 결코 이런 거친 응대를 받아본 적이 없었다.

라파엘로가 등장한 뒤로 그를 좋아하는 사람마다 미켈란젤로의 신랄

---

* 이 일화는 조반니 파피니, 『미켈란젤로 부오나로티』에 상세하게 묘사되어 있다.

한 험담에 상처를 입었다. 토리자니가 화가 벌컥 치밀어 미켈란젤로의 코를 부러뜨렸던 것도 바로 그가 부추겼던 일이었음을 기억하자. 피렌체에서 그는 페루지노를 공공연하게 '얼간이' 취급하기도 했다. 비록 라파엘로가 이 노대가의 성품에 아무런 환상도 품지 않았었지만 그의 고약한 취미가 부당하다는 점을 모르지는 않았다. 더 심각한 것은 미켈란젤로가 대로상에서 레오나르도를 모욕한 것으로도 부족해서, 그에 대해 진짜 음모를 꾸몄다는 사실이다. 당대인의 증언에 따르면, 십 년 뒤에 두 사람이 다시 마주치게 된 로마에서, 미켈란젤로는 레오나르도를 끈질기게 괴롭혔다고 한다. 이에 레오나르도는 바티칸에서 생활하면서 레오 10세의 찬사를 받았고, 줄리아노 데 메디치는 그를 떠받들었는데도, 유배지에서 죽게 될 줄 알면서도 떠나기로 했다고도 한다. 라파엘로는 레오나르도의 천재성을 이해했던 만큼 그를 한없이 존경했다. 그 무렵, 미켈란젤로는 늙은 루카 시뇨렐리에게도 유감스런 일을 저질렀다. 조반니 데 메디치가 교황에 등극했다는 사실을 들은 시뇨렐리는 주문이라도 따낼까 싶어 한걸음에 로마로 달려왔다. 오르비에토에서 그의 빼어난 벽화를 보았던 미켈란젤로는 로마에 그가 나타나는 것을 두려워하면서 시뇨렐리의 행보를 쫓는 가운데 그가 아무 일도 할 수 없도록 사태를 꾸몄다. 수입이 없던 시뇨렐리는 앞으로 어떻게 될지 몰랐다. 미켈란젤로는 그에게 필요한 돈을 빌려주면서 그의 집으로 돌아가게 했고 또 나중에는 이 차용 건으로 그를 쫓아가기도 했다.[4] 미켈란젤로의 동기를 모르지 않았던 시뇨렐리는 돈을 돌려주지 않았다. 결국, 미켈란젤로는 두 번째로 볼로냐에 머물면서 율리우스 2세의 거대한 청동상을 주물로 떠내던 무렵 늙은 프란차를 만났다. 라파엘로는 그

노인의 소박한 성품에 감탄하면서 친근감을 느꼈었다. 그런데 마치 우리가 미켈란젤로에게 여전히 감탄하는 것과 마찬가지로 그토록 관대한 노인조차도 그의 잔인한 발언은 도저히 잊을 수 없었다. 프란차는 아주 잘생긴 자기 아들을 미켈란젤로에게 소식을 전하러 보냈는데, 미켈란젤로는 그를 뚫어지게 쳐다보면서 이렇게 불평했다.

"부친께 전하게, 그가 그린 인물보다 그가 낳은 인물이 훨씬 성공적이라고 말일세!"

라파엘로는 미켈란젤로가 세바스티아노 델 피옴보로—색채에 뛰어났던 베네치아 사람이다—하여금 라파엘로를 이길 수 있게 하려고 델 피옴보에게 비굴하게 데생을 제공했다는 사실을 알지 못했을까? 미켈란젤로의 브라만테에 대한 증오는 이 위대한 르네상스 건축가에게 결코 그 기억을 지워버릴 수 없는 의혹을 제기하게 했다. 나중에 미켈란젤로는 콘디비에게 믿을 수도 안 믿을 수도 없는 똑같은 비난을 반복했다.

브라만테의 충실한 친척으로서 라파엘로는 피렌체와 마찬가지로 로마에서도 엉겁결에 미켈란젤로의 반대편에 서게 되었다. 당시 조각가 야코포 산소비노[1486~1570]는 미켈란젤로에게 이렇게 썼다.

"왜 아무도 선생님을 좋게 말하지 않는지요!"

이보다 한참 뒤에, 미켈란젤로는 자신을 회고하면서 자신의 광기 자체는 결코 나쁜 것이 아니라는 듯이 '우울하고 미쳤다' 거나 '미치고 못되었다' 고 편지에 썼다. 이렇게 그는 착각하고 있었다. 그가 머물렀던 피렌체, 볼로냐, 로마 어디에서나 싸움꾼처럼, 그는 주변의 모든 것을 물리치고 텅 비워놓았다. 그의 성격은 그의 천재성에 누가 되었다.

라파엘로가 그보다 삼백 년 뒤에 코로가 그렇게 했듯이, 자신의 눈과 가슴으로 자연을 보았던 반면, 미켈란젤로는 자연에 거의 주목하지 않았다. 그는 프란시스쿠 돌란다에게 이렇게 말했다.

"천 쪼가리, 오두막, 짙은 초록 그늘이 드리운 들판, 강과 다리, 이것이 사람들이 풍경이라고 하는 것이네."

여든두 살에 로마를 떠나 도피하던 길에야 그는 마침내 자연에 눈을 뜨고, 이해하고 사랑하고 격찬하게 된다. 그는 최후의 시편에서 전원생활의 영광을 노래한다.

미켈란젤로는 귀족적 태도를 보였다. 그는 자신이 독일 황제의 후손이라고 믿고 있었는데, 이는 개인의 힘만을 존중했던 당시 그 나라에서는 우스운 처신이었다. 그는 요즘 말로 하자면 '콤플렉스'에 시달렸다. 은밀한 수치심이 그를 괴롭혔는데, 이는 최악의 수치였다. 그는 사랑 때문에 수치스러워했다. 동성애자이기 때문이어서가 아니라 자신이 사랑하는 사람들을 불쾌하게 했기 때문이다. 그는 결코 거물을 공평하게 대하지 못했고 그들을 경멸하면서도 그들 앞에서는 비굴했다. 훗날 늙은 나이에 동갑내기인 비토리아 콜론나와 토마소 데 카발리에리의 다행스러운 영향으로, 자신을 존경하는 사람은 없게 되고 아첨꾼만 남을 것이라는 점을 시인해야 했다. 그의 고통을 이해하고 그의 작품을 찬미할 줄 알았던 사람은 모두 고인이 되었고, 그가 그토록 바라마지않았던 대로 남은 것은 오직 단 한 사람, 신과 같은 미켈란젤로 자신뿐이었다.

자연에 부딪히는 바람이 길가의 나무를 뿌리째 뽑아내고, 바닷물을 넘치게 하고, 불을 부채질하듯이, 격정적인 미켈란젤로는 자신에게 맞서는 사람들에 달려들었다. 자신의 힘과 능력과 우월함을 알았던 그는 누구나 자신을 존경하기를 바랐다. 그는 천상의 계단을 기어오르고 싶었지만 애원하는 자세로 종말을 맞았다.

"과거를 돌아보건대, 단 하루도 진정 나만의 날은 없었습니다! 거짓 열망과 헛된 욕망으로—이제야 알게 되었습니다—울었을 뿐입니다. 진실에서 그토록 먼 곳에서 사랑하고, 불태우고 한숨지으면서(비통한 감정이 무엇인지 몰랐기에)… 어딘지도 모르고 가려 합니다. 그리고 제가 틀리지 않았나 두렵습니다.—하느님은 잘못하는 저를 지켜보셨습니다.—주님, 선을 알면서도 악을 행한 저에게 내릴 영벌을 알고 있습니다. 이제 오직 당신을 믿을 뿐입니다…."⁵

아마 어머니는 채소장사였을 것이고, 아버지는 화가이자 시인으로 촛대장식을 했던 라파엘로는 미켈란젤로처럼 잘난 척을 하지 않았다. 어쨌든, 그가 가는 곳마다 당연히 사람들은 그를 같은 입장에서 대했다. 그는 우르비노 궁정과 율리우스 2세와 '절친한' 사이였고 파비우스 칼보의 양자이자, 발다사레 카스틸리오네와 학자 벰보, 비비에나의 친구였으며 레오 10세의 긴밀한 협력자였다.

미켈란젤로가 까다롭고 퉁명스러우며, 투덜대는 사람이었던 데 반해, 라파엘로는 우르비노 공작 귀도발도의 정신적 아들로서 젊은 왕자 같은 인상을 준다. 무시무시한 율리우스 2세도 그의 방문을 거절한 적이 없었고 비계 밑으로 그를 던져버리겠노라고 겁을 준 적도 없었다.[미켈란젤로가 비계에 올라 시스티나 궁륭에 그림을 그릴 때 그에게 호통 쳤던 일화를 말한다.] 라파엘로 앞에서 그는 위엄을 부리려 하지 않았다. 이렇게 그는 피티 궁의 초상 속의 모습 그대로를 보여주었다. 적군의 힘 때문이라기보다 자신이 사랑했던 친구를 잃고 또 아끼던 조카의 배신에 따른 끔찍한 고통에 짓눌린 오만한 늙은이의 모습으로.

라파엘로는 사람을 맺어주는, 사랑하는 지극한 천성을 타고났다. 일생 그는 우리가 옥스퍼드의 데생을 바라보면서 그 생기 넘치는 입과 청순한 용모에 취하게 하는 비상하게 순수한 시선을 간직했다. 그는 이런 청춘을 평생 간직한다. 그 앞에서는 오만이 꺾이고 정신이 깨이는 지성과 선의가 방사된다. 그의 은총은 가장 비천한 존재를 건드리고, 뛰어난 것은 마치 자석이 금속을 끌어당기듯 그에게 끌려왔다. 오직 「모세」의 조각가 미켈란젤로만 그를 신랄하고 극성맞게 압박했다.

콘디비는 미켈란젤로가 메디치 궁에 거주할 당시, 폴리치아노의 영향으로 플라톤을 탐독했다고 했지만, 시, 조각, 회화를 통틀어 그의 작품 어디에서도 그것을 드러내지 않았다. 그는 단테를 좋아했고, 천국편보다 지옥편을, 시나이 반도의 끔찍한 복수를 하는 하느님을 좋아했다. 반면에 라파엘로의 신은 천민에게 설교하는 그리스도다.

"이웃을 너 자신처럼 사랑하라"라고, 또 "율법학자들은 화를 입을 것이다. 너희는 지식의 열쇠를 치워버렸고, 자기도 들어가지 않으면서 들어가려는 사람마저 방해했느니라"라고 으름장을 놓는 그리스도를.[6] 시스티나 벽화는 닫힌 신전 앞에서 괴로움에 뒤틀린 육체로부터 해방을 호소하는 영혼의 비명이다. 교황의 서재의 벽화는 세계정신과 영육이 하나가 되는 것을 축하하고자, 제의실에서 할렐루야에 놀라면서, 신전의 문을 다시 밀친 인간이 그 환희를 노래한다.

미켈란젤로의 힘은 베토벤의 힘과 마찬가지로 분출하는 화산같이 땅

속에서 솟아난다. 그 힘은 창자를 쥐고, 심장과 목을 죄고, 우리 내부에서 타이탄과 같은 성질을 끓어오르게 한다. 라파엘로의 힘은 모차르트의 힘과 마찬가지로, 하늘에서 내려와 우리의 손을 잡고서 높은 산으로 이끌며, 영혼이 호흡하는 청명한 대기를 들이쉬게 한다.

메디치 추기경과 라벤나 전투

로렌초 대공은 세 아들을 두었다. 그는 피에트로*를 미쳤다고 했고, 줄리아노는 착하고, 조반니를 지혜롭다고 불렀다. 체사레 보르자와 미켈란젤로와 동갑으로 1475년생인 조반니는 성직자가 될 운명이었다. 열세 살에 그는 인노켄티우스 8세에 영향력을 행사하던 대군 덕분에, 추기경에 올라 매우 세심한 교육을 받았다. 메디치 궁을 지은 건축가 미켈로초의 아들, 폴리치아노, 데메트리우스 샬콩딜로스, 그레고리오 디 스폴레토가 그의 스승들이다.

조반니는 특히 그레고리오 디 스폴레토와 친밀했다. 스폴레토는 라신 곁에서 부알로가 맡았던 것 같은 역할을 시인 아리오스토[1474~1533] 곁에서 맡았다. 이 가정교사가 자신에게 "가능한 사랑과 정성을 다해" 가르쳐주었다고 아버지에게 고하면서 그에게 아무것도 보답한 것이 없다며 불평했다. 고질병으로 그레고리오 디 스폴레토의 체질이 회복될

• 같은 이름의 조부와 구별하려고 피에트로 2세로 부르기도 한다.

기미를 보이지 않자, 장차 추기경이 될 조반니는 "매일같이 그의 이야기를 열심히 들었다." 그는 사부의 병을 애통해하면서 아버지의 희망대로 피렌체로 그를 옮기는 것을 받아들이지 않았다.[7]

일찍부터 조반니 데 메디치는 위신을 잃지 않으려 조심했고 그의 아버지는 그렇게 하도록 가르쳤다. 그는 아들에게 "지금 학교에 재직하는 사람의 처신을 덜 닮을수록 너는 더 사랑받고 존경받게 될 것"이라고 편지에 썼다.

조반니는 피사에서 법을 공부했을 때 그곳에서 체사레 보르자를 알았다. 조반니는 당시 형 피에트로가 피렌체에서 추방된 뒤로 많은 특권을 박탈당하고 고정 수입도[성직자로서] 없는 빈털터리 신세였다. 알렉산데르 6세는 그가 물려받았던 교황특사직을 박탈하고서, 자신의 애첩인 아름다운 줄리아 파르네세의 오빠 파르네세 추기경에게 그 자리를 주었다. 조반니가 수도생활을 했던 몬테카시노, 미로몬도 수도원, 프랑스와 토스카나의 수도원도 그에게 문을 열어주지 않았다. 보르자의 적인 오르시니 가문과 친척이었던 만큼 그가 의심을 살 수 있었던 로마도 더는 안전하지 못하다는 것을 느낀 그는 어린 동생 줄리아노를 데리고 망명길에 올라 프랑스, 독일, 영국을 전전했다.

피에트로가 가릴리아노 강물에 빠져 사망하고 나서 나폴리에서 프랑스 군의 마지막 군대가 철수했을 때, 그는 메디치의 가장이 되었지만 자신을 함구하게 했다. 그는 부친의 사후에 흩어져버린 책들을 되사들이고, 자신의 로마 산테우스타키오 궁에서 지켜온 도서관을 조심스레 재건하려는 데 우선 관심을 쏟았다. 여느 추기경이나 다름없이 그는 소수의 인문주의자를 거느렸다. 로마에 들른 피렌체 사람은 그 정치적 당파를 막론하고 누구나 그의 환대를 받을 수 있다고 믿었다. 차츰 그의 인기도 좋아졌다. 사람들은 그가 피렌체의 폭군 피에트로의 동생이라는 사실은 잊게 되었으나, 그렇다고 그가 로렌초 대공의 아들이자 코시모의 손자라는 사실조차 기억하지 못한 것은 아니었다. 이제는 편안한 즐거움으로 크고 작은 우애로운 축제들이 열리던 좋았던 환락의 시대를 상기하면서 열렬하게 칭송하게 되었던 그 대군과 코시모 대공을….

추기경 조반니의 인기는 곧 시들었지만 율리우스 2세가 그것을 회복시켰다. 교황은 여름 동안 베네치아, 스위스와 루이 12세에 대항하는 밀약을 아라곤의 페르난도와 체결하고 나서 조반니 데 메디치를 연합군의 교황특사에 임명했다.[8] 그의 형에 대한 추기경의 변론이 율리우스 2세의 마음을 움직였다. 프란체스코 마리아에 대한 파문을 철회한 마당에 오랫동안 이유도 없이 그 가족에 대한 미움에 사로잡힐 까닭이 뭔가? 게다가 율리우스 2세는 피사 공의회를 허가했던 소데리니 총독에게 복수하려 했다. 추기경을 특사로 임명함으로써 피렌체에서 메디치 당은 권력을 보강했다.

9월 23일 교황은 도시 출입을 금하고, 10월 5일에는 신성동맹을 선포하고, 24일에는 타락천사들을 공표하고서 반역적인 추기경 모두를 징벌했다. 그들 중에는 나르본* 주교 브리소네, 아주 유명한 아드리안 디 코르네토도 끼어 있었다. 아무튼, 피사 공의회는 예정대로 11월 1일에 개최되었으나 민망한 모습이었다. 추기경 일곱 명, 대주교와 주교 열여섯 명, 거기에 수도원장, 신학자, 재판관 등 몇 사람만이 참석했기

• 프랑스 남서부 해안 지방 도시. 중요한 고딕 대성당이 있다.

때문이다. 소데리니는 신중치 못하게 루이 12세의 간청을 받아들였다는 것을 깨달았지만 때는 이미 늦었고, 공의회를 밀라노로 이전할 것이라는 소식만 들었을 뿐이다. 이제 다시금 피렌체 공화국의 운명은 프랑스 군의 운명과 하나가 되었다.

추기경 겸 특사는 교황 군의 선두에서 에스파냐 군사령관 라몬 데 카르도네의 원군과 함께 볼로냐를 다시 접수하고 페라라로 진격해서, 베네치아 군과 연합하고 또 함께 롬바르디아 정복에 나선다.

루이 11세는 조카, 느무르 공, 가스통 드 푸아의 부대를 이탈리아로 파견한다. 교황 군과 에스파냐 군이 점령한 볼로냐에서 두 군대가 마주친다. 눈바람과 천둥 덕분에 가스통 드 푸아는 시내로 잠입했다. 그가 나타나자마자 에스파냐 군은 후퇴했다. 그들을 추적한 프랑스 군대는 말과 대포와 군장을 포획했다. 바로 이때, 가스통 드 푸아는 봉기가 일어난 브레시아를 베네치아 군대가 장악했다는 소식을 들었다. 그는 바로 사십 리를 내달려 공격을 지휘했다. 병사와 주민 모두 살해당했다. 바야르는 중상을 입은 자신을 구해준 어떤 부인과 그 딸들의 집으로 피신해 간신히 목숨을 건졌다. 브레시아 함락은 카푸아의 경우보다 더욱 처참했고, 약탈은 엄청나서 병사들은 부자가 되어 제대할 정도였다. 연합군을 격퇴하고 프랑스를 구하자면 대대적인 승리가 필요하다고 깨달은 가스통은 라벤나 부근에서 강력한 진지를 구축하고 있던 이탈리아와 에스파냐 연합군을 공격한다. 피렌체 대사는 교황에게 이렇게 썼다.

"저는 우리 시대의 가장 끔찍하고 피비린내 나는 전투 현장, 고대의 가장 거대한 전장에 맞먹는 그런 격전지를 말씀드리려 합니다."

프랑스는 승리를 거두었지만, 약관 스물두 살이던 가스통 드 푸아도 만여 명의 사망자가 발생한 전쟁터에 죽었다. 그날은 1512년 부활절이었다.

삼백 명이 목숨을 잃은 라팔로 전투 이후, 성과는 괄목할 만했다. 프랑스 사람들과, 프랑스 선봉대를 지휘하면서 큰 전공을 세운 페라라 공은 수많은 포로를 생포했다. 귀도발도의 누이 아네세 다 몬테펠트로의 남편 파브리조 콜론나, 그의 사위이자 비토리아 콜론나의 남편 델라 페스카라 후작이 포함됐다. 아틸라 묵상회 성당 벽화에 라파엘로가 그려 놓은 대로, 백마에 올라 성직자 복장으로 전투에 참여했던 조반니 데 메디치 추기경도 체포되었다.

아내에 대한 연가를 지으면서 자위하던 페스카라 후작은 이로부터 십삼 년 뒤에 파비아에서 복수하게 된다. 그곳에서 그는 프랑스 국왕을 사로잡아 감금했으나, 자신은 상처를 입고 얼마 뒤 사망했다.

가스통 드 푸아의 장례식은 밀라노에서 성대하게 치러졌다. 포로들은 맨발로 행렬을 따랐으나, 메디치 추기경의 태도는 인질이라기보다 승자에 가까웠다. 밀라노 사람들은 그에게 인사를 건네고 환호하며 축복을 기원했다. 율리우스 2세는 그를 방면시키고자 온갖 힘을 썼으나 허사였고, 어쨌든 군사들은 교황 성하에게 더는 대항하지 않게 된다.

호위대에 프랑스로 끌려가면서 포 강을 건너던 추기경은 강가의 주민들이 그 호위대를 쫓아버린 덕에 탈출했다.

라벤나에서 패한 이틀 뒤, 추기경단은 교황 앞에 몰려와 평화를 탄원했지만, 베네치아와 아라곤 대사는 서두를 필요가 없다고 간언했다. 카푸아 수도원장이자 파치 당원에 암살당한 줄리아노의 사생아 줄리오

데 메디치가 라벤나에서 돌아와, 프랑스 지휘부에 분란이 생겨, 피사 공의회 특사 산 세베리노 추기경과 볼로냐에서 싸우기 시작했다는 소식과 또 교황에 충직한 대사로 신임을 다투던 스위스 사람들이 다시금 교황을 위해 롬바르디아를 공략하려 한다고 전했다.

지난번 봉기한 루이 12세 때문에 혹독한 대가를 치렀던 로마의 제후들은 율리우스 2세 편을 들기 시작했고, 교황은 라테라노 공의회를 근엄하게 개최했다. 피사 남작은 밀라노로 피신했으나 때는 너무 늦었다. 피렌체는 프랑스에 바친 충성 때문에 비싼 대가를 치렀다.

스위스와 베네치아 사람들은 롬바르디아에서 일전을 벌였고, 막시밀리안 황제는 자신의 사위, 루도비코 일 모로의 아들을 밀라노에 파견했다. 이렇게 해서 프랑스는 다시금 밀라노에서 패퇴했다. 8월에, 또 다른 공의회가 만토바에서 열렸다. 이곳에서 평화조약이 체결되었다. 분명히 율리우스 2세가 승리를 거두었지만, 상황의 주도권을 쥔 인물은 두 개의 에스파냐와 나폴리 국왕 페르난도 다라곤이었다. 그는 자신의 군대를 월 4만 에퀴에 교황에게 임대했다.

볼세나의 미사와 세바스티아노 델 피옴보

교황 아파트의 두 번째 방에도 첫 번째 방과 마찬가지로, 초대형 프레스코 벽화 네 점이 장식되었다. 즉 「신전에서 쫓겨나는 헬리오도로스」, 「볼세나의 미사」, 「성 레옹과 아틸라*의 만남」, 「성 베드로의 구원」이다. 라파엘로는 신통치 않은 화가지만 건축가로 유명했던 발다사레 페루치의 단색조 천장화를 그대로 놓아두었다.

교황의 서재에서 헬리오도로스의 방으로 건너갈 때, 창조력이 후퇴한 조짐은 전혀 보이지 않으며, 미켈란젤로 부오나로티가 시도한 혁명에 따라 취미와 안목은 더 넓고 깊어졌다.[9]

그렇지만, 라파엘로를 진정 사랑하는 우리로서 약점 또한 알아보지 않을 수 없다. 그곳으로 들어서는 순간 그것이 무엇인지 몰라도 즉시 그 무엇인가가 부족하다고 느끼게 된다는 사실에 놀라고 만다. 우선 같은 크기인데도 이 방은 교황의 서재보다 작아 보인다. 벽화의 배치가

• 5세기 유럽에 민족대이동을 초래하면서 대제국을 건설한 훈족의 왕.

폐쇄적인 데다가, 완전히 베네치아적인 뜨거운 색조로 덮였고, 경직된 인물들은 우리가 이해하기 어려운 성격을 띠고 있기 때문에, 신전에서 강제로 쫓겨나는 헬리오도로스의 동작을 아테네 학파의 눈부신 차분함에 비교해보면 더욱 당황하게 된다.

첫 번째 방에서, 중심인물인 그리스도는 저 멀리 구름 위에 개선하는 모습이지만 겸허하게 앉아 있어 그 방 전체는 그의 영광을 드높여 기릴 뿐이다.

이 새로운 방에서 그리스도의 승리에 덧붙여, 교회의 승리와, 율리우스이거나 레오 10세로 재현된 그 중심인물은 어쨌든 교황이다.

라파엘로는 율리우스 2세 개인이나 델라 로베레 가문의 운에 깊이 연루되었던 만큼, 이 인물들과 사상의 깊은 차이를 알아채고 있었다. 율리우스 2세는 비장한 인물이었고, 그가 말하고자 했던 것을 라파엘로는 이미 그의 초상을 그리면서 이야기했었다. 그가 이 주름이 깊게 잡힌 교황을 세 번째로 그렸을 때, 그는 적을 덮치려는 늙은 호랑이의 유연한 모습으로 그렸는데 그 자세는 완전히 호전적 모습으로 되돌아온 이 성하를 흡족하게 할 만큼 도도하면서도 겸허한 자세를 보여주었다. 그 무렵 라파엘로는 교황의 서재의 단색조 벽화 위에, 다시 한 번 흰 수염에 가부장적인 미소를 띠고서 『교황령집』을 하사하는 교황 그레고리우스 9세의 초상을 그렸다. 그를 보좌하는 추기경들은 조반니 데 메디치와, 알렉산데르 6세가 그를 위해 조반니를 제거함으로써 훗날 교황 파울루스 3세에 오르는 교황청의 마지막 인문주의자 알레산드로 파르네세 추기경이다.

라파엘로는 영예로운 칭송을 듣고 싶어했던 율리우스 2세에 완전히 복종하면서, 자신이 맡은 임무에서 큰 이익을 도모하고, 그토록 멋지게 그 기회를 살려, 헬리오도로스의 방이 수 세기 동안 "회화의 고전극"이 되도록 했다.[10]

우선 그는 피사와 라테라노에서 열린 두 공의회를 분명히 암시하는 볼세나의 미사를 그렸다. 그 일화는 다음과 같다.

모범적으로 독실하지만 '그리스도의 변모'를 크게 의심하던 어떤 독일 사람은 교황 우르비노 4세의 지지를 얻으려고 로마를 찾았다. 그리고 트라시메노 호숫가*의 볼세나 마을, 산타 크리스티나 성당에서 미사를 올리던 중, 성체배령을 올릴 때, 그가 쥐고 있던 면병麵餠에서 피가 솟아올랐다. 이 피에 젖은 성체포聖體怖는 당시 오르비에토에 있던 교황에게 전달되었다. 이 기적은 두 가지 형태로 기념되었다. 즉 '그리스도 성체' 축제가 제정되었고, 로렌초 마이타니가 대리석과 황금으로 빚은 대성당 형태의 성유물을 제작했고, 율리우스 2세는 이것을 특별히 공경했다. 1506년, 볼로냐를 처음 공략하는 길에 교황은 9월 어느 저녁, 신성한 피로 물든 이 성체포를 경배하려고 걸음을 멈추었다.[11]

볼세나의 미사는 감동적인 주제였다. 기적이 벌어지는 것을 보고 놀란 신부가 뒤로 물러나며, 스무 가지나 다른 자세로 경악하는 모습의 회중이 등장한다. 여전히 교황의 서재의 영향에 따라, 라파엘로는 결코 포기한 적이 없는 그윽한 취미로써, 당황해서 얼어붙었다가, 차츰 신성한 피로 물든 면병의 기적을 깨닫게 되는 신부 한 사람을 보여준다.

• 움브리아 지방의 큰 호수. 옛날에 한니발이 로마를 침공을 시도하다 바로 이곳에서 크게 패했다.

이런 부동성으로써 라파엘로는 심리학자처럼 일련의 미묘한 대조를 통해 여러 관객의 심경을 탐구한다. 어린 성가대원들은 속닥거리고 신부 곁의 어린이는 직접 감탄을 터트리며, 계단좌석을 채운 사람들을 압도한 감동은 아래층에 있던 사람들로 전파된다. 자녀를 끌어안고 있던 어떤 어머니는 벌떡 일어나 믿음을 토로한다. 화가의 서정성은 바로 이 모성애를 보여주는 집단 속으로 슬며시 침투한다. 성좌에 앉은 성모를 보좌하는 어린 성 요한을 상기시키는 아이가 있는가 하면, 슈타인렌*이 그린 가난한 어린 아기를 상기시키는 아이도 있다. 이 모든 사람이 눈앞에 나타난 것에 경탄하고 있다면, 그 맞은편 사람들은 완전히 태연한 모습이다. 마치 라테라노 공의회를 주도하는 사람들처럼…. 교황은 미사를 집행하는 신부를, 피사와 볼로냐 공의회 특사인 산 세베리노 추기경을 대하는 것과 같은 식으로 대하고 있다. 즉 그 앞에서 무릎을 꿇고 용서를 비는 모습으로 맞이한다. 추기경들은 정중하게 미소 지으며, 몇몇은 완전히 정신이 말짱한 모습이다. 용맹스런 스위스 민중 한 사람은 기적에 흡족해하지만, 대단히 잘생긴 귀족적 면모의 한 청년은 기쁨에 취해 기적을 주시하고 있다. 스위스 사람들의 초상은 유명세를 누리고 또 그럴 만했다. 밋밋하고 뻣뻣한 머릿결이 부드럽고 조화롭게 곱슬거리는 머리와 대조적이기 때문이다.

1400년대에는 세부가 탐구되었고 운동을 추구하는 가운데 지금은 매력적으로 보이지만 라파엘로 당대인에게 충격을 주었던 과장에 이르렀다. 즉 정면으로 얼굴을 묘사하는 경우는 거의 보기 드물었다. 과거

• 19세기 스위스 삽화가.

의 거장 중에 누가 스위스 사람 세 명의 옆모습을 나란히 겹쳐 그릴 엄두를 낼 수 있었을까?

교황의 서재 벽화와 「볼세나의 미사」의 차이는 크기가 더 커졌다는 점 외에도 그 채색에 있다. 그때까지 라파엘로는 움브리아와 피렌체 전통에 충실하게 밑그림을 그린 뒤에 채색하곤 했으므로, 색은 선과 덩어리를 강조하기 위한 것일 뿐이었지 작품의 출발점은 아니었다. 그러나 베네치아 사람들에게 선과 덩어리는 발색 효과를 높이기 위한 것이었다.

오늘날까지 여전한 이런 대립된 두 개념은 그것에 열광하는 사람 못지않게 비방자도 적지 않다. 플랑드르 화파의 루벤스라든가 들라크루아는 베네치아 전통을 잇는다. 반면에 데생의 친구 앵그르가 루브르 전시실을 지나다가 루벤스가 그린 마리 데 메디치 일대기 앞에서 제자들에게 했다는 유명한 말이 있다.

"인사가 끝났으면 어서 가세!"

문제는 이렇다. 회화는 오직 색채일까 아니면 데생과 덩어리일까? 라파엘로와 그 뒤의 바르비종파, 코로, 세잔은 회화에서 색채, 데생, 덩어리는 완전히 하나라고 답한다.

라파엘로는 「볼세나의 미사」에서 처음으로 베네치아파의 영향을 수용하는 듯하다. 헬리오도로스의 방은 종종 티치아노의 뜨거운 색조로 그려졌다고들 말한다.

당시 라파엘로는 조르조네의 제자 세바스티아노 델 피옴보를 알게 되었다.[12] 그런데 데생 솜씨는 평범했던 그가 자기 사부의 작품을 가져 왔거나 아니면 자신의 작품으로도 라파엘로에게 색의 힘을 충분히 보여줄 수 있었던 것일까? 알 수 없는 노릇이다. 1511년에 로마로 건너온 세바스티아노는 우선 라파엘로와 만나면서 그곳 생활을 시작했다. 그 얼마 뒤, 알 수 없는 이유로 그는 라파엘로의 공공연한 적이 되어 미켈란젤로의 편이 되었다. 오랫동안 운명의 아이러니라고 하겠지만, 세바스티아노의 가장 뛰어난 회화 3점은 라파엘로의 것으로 인정되었다. 즉, 로마의 「포르나리나」, 피렌체의 「도로테아」, 파리 로트쉴드 소장의 「바이올린 켜는 청년의 초상」이다.

이렇게 자신의 상상을 자유롭게 펼치지는 않은 채, 말하자면 산 조반니 인 라테라노 공의회의 영광을 서정시로 옮겨놓으면서 라파엘로는 기교파적 걸작을 남겼다.

피렌체로 들어온 메디치가

율리우스 2세는 승리했으나, 헬리오도로스의 방에서나 거두는 것이 아닌 온 이탈리아에 걸쳐 완전한 승리를 거두자면 피렌체를 단죄하는 일이 남아 있었다. 즉 프랑스에 충성하고 피사 공의회에서의 음모에 가담했던 것을 단죄해야 했다. 따라서 그는 조반니 데 메디치 추기경이 조카 로렌초의 피렌체 지배권을 청원하도록 허락했다. 이에 따라 에스파냐 군대가 공화국을 향해 행군을 시작했다.

피렌체는 만토바 공의회에서 매각되었다. 막시밀리안 황제는 로마에서 등극식을 치르려면 돈이 필요했다. 또 그에 못지않게 페르난도 다라곤은 군대에 지급할 돈이 절실했다. 만약 피렌체 사람들이 필요한 돈을 급히 이 두 군주에게 지급했더라면, 교황은 공화국을 허용했을지 모른다. 황제는 돈의 출처를 상당히 조롱했다. 반면에 에스파냐 왕은 교황의 군사력을 보강하는 시늉만 냈을 뿐이다. 총독과 형제지간인 소데리니 추기경은 만토바에서 협상을 벌이면서 상황을 재빠르게 간파하고서 그의 형에게 즉시 필요한 돈을 챙기도록 재촉했다. 그러나 당파 간 게임이 재개되면서, 메디치 파벌인 팔레스키파는 이 모든 결정에 우회적으로 반대했다.

메디치가는 이 두 군주에게 이런 제안을 내놓았다. 황제는 제국의 영지인 피렌체의 주권을 메디치가에게, 그리고 군 통수권은 왕에게 제공한다. 만토바에서 소데리니 추기경이 사태가 해결될 것을 예감하기도 전에, 에스파냐 군대가 볼로냐를 떠나 토스카나로 쳐들어갔다. 협상이 진행되는 동안, 라몬 카르도네는 피렌추올라를 우회하고 아페닌 산맥을 넘어, 피렌체에서 난공불락으로 믿어졌던 프라토 앞으로 접근해 공략하고서, 프랑스인이 했던 식으로 브레시아를 함락하고 약탈했다. 에스파냐 군대는 이 작은 도시에서 프랑스 군대 못지않은 만행을 저질렀다. 그들은 여자와 어린이를 욕보였고 성당과 수도원을 모욕했으며, 사천 명을 학살했다.

조반니 데 메디치 추기경은 다음과 같이 냉정하게 프라토의 함락을 율리우스 2세에게 알렸다.

"참혹하고 매우 불쾌한 일이지만, 프라토 함락은 최소한 무시무시한 일벌백계의 모범이 됩니다."[13]

추기경이 옳았다. 1494년에 프랑스가 전개했던 첫 번째 전투와 마찬가지로, 이 끔찍한 소식은 피렌체를 공포로 몰아넣었다. 이전처럼 이상한 천둥번개가 험난한 미래를 예고하고 천지사방에 불안을 조성하면서 사람들을 짓누르기 시작했다. 게다가 우두머리로서, 나약한 사람을 격려할 줄도 모르고 대체로 융통성이 없던 펠레스키파의 우두머리

는 성 밖에서 은밀하게 메디치가와 공동의 정치를 펼 것을 상의했다.[14]

국왕은 비록 그에게 일을 차분히 처리하라고 권했으나, 에스파냐 장군은 피렌체를 곧장 함락하려 했다. 그는 이제 소데리니 총독의 퇴위와, 황제와 자신에게 각 5만 두카, 그리고 자기 군대에도 같은 금액을 지급하라고 요구했다. 메디치는 항상 한 가지만을 원했다. 아무런 조건도 없이 개인 자격으로 자기 고국으로 귀환하는 것만을.

이런 요구를 즉시 들어주었다면 피렌체는 여전히 자유를 지킬 수 있었겠지만, 팔레스키파는 이런 모든 해결책에 반대했다. 프라토가 함락된 며칠 뒤, 부채투성이던 발로리 가의 두 청년이 사태의 반전을 바라고서 총독 궁에 침입해서 그에게 탈주와 죽음 가운데 하나를 택하라고 종용했다. 총독 소데리니는 오래전부터 싸움을 그만두고 싶었고, 그것이 무모하다는 것을 모를 만큼 무지하지 않았으나, 두 젊은 친구들은 그 점을 무시했다. 소데리니는 음모의 공모자였던 베토리 가의 집으로 끌려갔다가, 식솔을 데리고 궁수 마흔 명의 호위를 받으며 그 도시를 떠났다. 그는 교황의 보호가 보장된 로마로 가려고 했지만, 그의 동생 추기경은 율리우스 2세가 그에게 함정을 파놓고서 인질로 삼고자 로마로 유도하고 있다고 전했다. 그래서 총독은 급히 여로를 바꾸어 안코나로 향했다. 그러나 그곳에서도 다시금 안심할 수가 없었으므로, 베네치아 라구제로 피신하려고 아드리아 해를 건넜다.

그는 그곳에서도 오래 머물지 못했다. 왜냐하면, 교황이 된 그의 경쟁자 조반니 데 메디치가 걱정하지 말고 로마로 돌아오라고 했기 때문이었다. 이러한 신의는 로렌초 대공 아들의 입에서 나온 말이었던 만큼 믿음직하게 들렸다. 그는 후회하지 않았을 듯하다. 왜냐하면, 레오 10

세는 그의 총독직을 지켜주고 피렌체 문제에 관한 한 모든 권한을 행사하도록 했기 때문이다. 레오 10세는 공화국의 독립을 존중하고자 허심탄회하게 대할 사람은 오직 두 사람뿐이라고 즐겨 말하곤 했다. 즉 총독과, 미친놈 취급을 받는 가엾은 악마라고….

9월 1일, 열광하는 군중의 환호를 받으며 우르비노 궁전에서 라파엘로가 만났던 우수에 젖은 미남 청년 줄리아노 데 메디치가 말을 타고 도시로 들어왔다. 그는 측근을 이끌고 가문의 궁전에 정착했다.

보름 뒤, 조반니 추기경도 당도했다. 커다란 종이 울리고 무장한 시민들이 시뇨리아 광장에 운집했다. 메디치가의 적들은 모습을 나타내지 않았다. 줄리아노는 정부가 들어서 있는 옛 궁으로 들어갔다. 그에게 무엇을 원하는지 물었을 때, 그는 '신변의 안전만' 바랄 뿐이라고 대답했다. 휘하들도 그와 같은 답을 외쳤고 만장일치로 의회를 소집하기로 했다. 의회는 의장직을 폐지하고 25인 위원회를 구성했다. 그리고 위원회는 마키아벨리가 결성한 민병대를 해산하고 국권을 새롭게 차지했다.

조반니 추기경의 지휘 하에 메디치가는 자신들이 평정을 지키고 있다는 점을 인정하게 할 만큼 적대자들에게 현명하게 대처했다.

그들의 첫 번째 조치는 유죄판결을 받은 시민을 사면하는 것이었다. 두 번째 조치로 걱정하고 있던 소데리니파를 찾아 존경을 표하고 특별한 보호를 약속했다.

도시가 평온을 되찾자 피에로의 아들 로렌초는 사태의 책임을 질 수 없는 어린 소년으로서 피렌체에 모습을 나타냈다. 줄리아노와 로렌초는 메디치 가문의 특별한 방식으로 군주로서 행진했지만 순박하고 단순하고, 친절한 태도를 취했다. 피렌체 원로들이 로렌초 대공의 아름답던 시절을 상기하게 되고 예술가들이 황금기가 되돌아왔다고 생각하도록.

라파엘로의 헬리오도로스와 율리우스 2세의 사망

벽화「신전에서 쫓겨나는 헬리오도로스」를 주저 없이 칭송할 때면 한 가지 더욱 확실해지는 것이 있다. 즉 마카베오*만큼 영광스런 라파엘로가 구약의 일화에 무관심했다는 점이다. 만약 우리가 다시금 그에게 고대 이스라엘의 행복한 시절을 그려보라고 주문한다면, 그는 포도나무와 석류나무 그늘에서 편히 쉬며 모두가 정의를 누리고 영생에 대한 예찬으로 넘치는 그곳과, 자신의 마음속에서 교황의 서재를 그리게 했던 서정적 리듬을 되찾았을지 모른다. 그렇지만, 국왕이자 교황 율리우스 2세의 볼로냐와 페라라의 독재자이자 교회의 재산 약탈자에 대한 승리를 그린다는 것은 그 자체로서 인간을 결합해주는 지상의 사랑과 또 피조물을 영원한 존재와 결합시키는 하느님 사랑의 은밀한 가락을 들려주는 것일진대, 얼마나 어려운 노고일까! 그는 헬리오도로스의 벽화를

• 기원전 2세기에 헬레니즘으로 기운 정치에 저항한 유대 일가로서 마티아스 사제의 셋째 아들 마카베오를 주인공으로 한 구약성서의 마카베오 상하편에 나온다.

379

베토벤의 9번 교향곡의 악마에게 홀린 듯한 리듬을 띤 축제의 장으로 만들었다.

우리는 누가 마카베오 하편의 주제를 제안했던 교묘한 아첨꾼인지 알지 못한다. 시리아의 장군 헬리오도로스는 그 국왕의 지시로 신전의 보물과, 과부와 고아들의 돈을 약탈하려고 예루살렘에 입성했다. 민중은 그 앞에서 놀라 도망쳤고 제단에서 대제사장은 여호와에게 탄식했다. 애원에도 아랑곳하지 않고서 헬리오도로스는 성전에 들어와 모든 보물을 훔쳐 신전을 빠져나가려는 참이었다. 바로 이때, 갑자기 황금갑옷을 걸친 하느님의 기사가 나타나 이 신성을 모욕한 자를 때려눕혔고, 두 청년은 그를 채찍으로 후려쳤다.

라파엘로는 이 구절에서 무엇을 했을까?

우리는 이 그림에서 신전 앞뜰에 서게 된다. 동랑은 어둠에 싸여 있고, 일곱 가지가 뻗은 등불로 밝혀진 제단이 보인다. 머리에 삼중관을 쓴〔교황을 암시한다〕대제사장은 무릎을 꿇은 채 주님께 호소하고 있다. 바로 이때는 헬리오도로스가 부하들과 전리품을 갖고서 도망치려는 순간이다. 바로 그때 마치 한 줄기 섬광처럼 백마 한 마리가 황금갑옷을 입은 무시무시한 기사를 태우고서 하늘에서 내려와 건장한 청년 두 사람이 채찍을 그 옆구리에 휘두른다. 이렇게 시리아 장수는 바닥에 나자빠지고 말발굽에 짓밟히고 병사들은 괴성을 지르면서 혼비백산 흩어지고 전리품을 내동댕이치고서 달아난다. 뜰 앞의 다른 한쪽에서는 두려움과 놀라움에 떠는 여인과 어린이들 곁에서 가마를 어깨에 멘 건장한 짐꾼 무리가 그 위에 근엄하게 앉아 두 손을 모으고서 차분한 눈으로 응시하면서 적의 패배를 다짐하는 율리우스 2세를 들어올린다.[15]

이 작품을 제대로 이해하자면 라파엘로를 이야기하면서 처음으로 그 당대인의 역사적 관점을 채택해야 한다. 그들이 가장 놀란 것은 심지어 우리에게도 예술적 절정으로 남은 그 화면구성이었다. 그 이전에 어느 누구도 화면 복판을 대담하게 비워두지 못했을 것이고, 사건의 주요 장면을 벽화의 양쪽 구석으로 몰지 못했다. 그렇게 사람들이 보았던 것은 수 세기 동안의 취미와 판단을 혼란스럽게 했던 바로크적 괴기성이었다. 그들은 진정 기적을 보고 있다고 생각했다.

모든 것이 새로웠다. 그 점을 이해하자면, 시스티나 예배당에서 미켈란젤로의 벽화를 장식하는 작은 청동 메달들을 생각해보자. 거기에서 우리는 화면의 중앙에 있는 헬리오도로스를 본다. 말발굽에 채여 상처를 입은 그를 오른쪽과 왼쪽에서 청년들이 채찍으로 내리친다. 이는 완전히 콰트로첸토의 정신에 따랐다. 라파엘로는 헬리오도로스를 과거의 화가들이 괴기스러운 세부 묘사를 통해 세련되게 그리곤 했던 유다의 모습으로 보지 않았다. 라파엘로는 수모를 당하면서도 위엄을 잃지 않고, 하느님의 기사를 쳐다보는 고통에 찬 얼굴로 그를 묘사했다. 방어 자세를 취한 채 놀라는 이 사내는 고상한 자세를 잃지 않는다.

당시 헬리오도로스의 모습으로 묘사된, 알폰소 데스테는 로마에 머물고 있었다. 그곳에서 그는 파브리초 콜론나의 영향력으로 라벤나 전투 이후 볼모도 없이 방면되어 교황의 용서를 받았다. 율리우스 2세는 산 피에트로 대성당에서 장엄한 의식을 치러 그를 사면했다. 그는 로마에 머물면서 도시를 방문하고 예술가들을 찾았다. 이때 조카 페데리코 곤차가를 대동했던 그는 미켈란젤로의 벽화에 탄복했다. 또 그는 바티칸 벽화에서 누구나 알아보듯이 라파엘로와 제자들이 자신의 패배를 재현했지만 멋진 자세를 부여했음을 알고서 그다지 분노하지 않았다. 몇 해 뒤에 그는 라파엘로의 그림을 구하려고 그를 성가시게 할 정도였다.

그러나 율리우스 2세는 페라라에 대한 자신의 요구를 정당화하려는 내심을 감추지 않았다. 위험천만한 논쟁을 피하려고, 결코 다시는 패배하지 않으려 했던 알폰소는 시인 아리오스테와 함께 서둘러 로마를 떠났다. 그가 석 달 뒤에 페라라에 도착했을 때 자기 나라 대부분이 교황 군에 점령되었다는 것을 알았다. 교황의 후견 하에 메디치 일족이 피렌체로 돌아갔다는 사실을 안 그는 자신의 패배를 깨달았다. 그러나 라파엘로가 아틸라의 후퇴를 그린 밑그림을 끝내기도 전에, 루이 12세는 한 번 더 동맹을 깨고서 페라라 공과 베네치아와 연합을 꾀했다.

율리우스 2세는 자신의 최후가 다가오고 있음을 느꼈을까? 그는 언제나 예술가들에게 작품의 완성을 재촉했고 미켈란젤로가 휴가 신청을 냈을 때, 받아들이지 않았다. 어느 화창한 날 그는 시스티나 예배당 비계 위에 나타나 미켈란젤로에게 그 작업이 언제 끝날지 물어보았다. 대답은 "때가 돼야지 말입니다"였다. "자네 비계 밑으로 떨어지고 싶은고?"라고 율리우스는 소리쳤다. 집으로 돌아온 미켈란젤로는 화를 삭이지 못하고 다시금 내빼려 했다. 바로 그때 교황의 서신이 도착했다. 그에게 50에퀴를 하사하겠다는 소식이었고, 이렇게 성하에 대한 분을 가라앉히게 되었다.

시스티나 예배당은 1512년 제성절[11월 1일]에 봉축되었다. 교황이 친히 그 미사를 집전했고, 로마 시민들은 경탄하면서 마침내 완성된 작품을 보러 몰려들었다.

그러나 율리우스 2세는 여전히 불만이었고 "분위기가 초라하군"이라고 하면서 그림에 금채가 충분치 않다고 생각했다. 이에 미켈란젤로는 "지상의 재화를 갖지 못한 사람들이기 때문이지요"라고 답했다.

로마와 피렌체에서 아틸라의 추방과 오랫동안 잊힌 즐겁고 화려한 카니발을 경축하는 동안, 교황은 하루가 다르게 쇠약해졌다. 라파엘로는 급히 달려가 그를 보좌했다. 교황은 자기 치세를 영예롭게 하는 과정에 동참할 수 없었다. 종말을 예감한 그는 차분하게 죽음을 맞이할 준비를 했고 1513년 2월 21일 밤, 자신의 잘못을 인정하고, 추기경들에게 작별을 고하며, 산 피에트로의 권좌에 걸맞은 후계자를 택하라고 당부하고 나서 숨을 거두었다.

아폴론과 마르시아스

루브르 박물관에는 황금액자에 담긴 소품 한 점이 있는데, 그 액자에 '라파엘로'라고 새겨져 있다. 이 그림은 페루자 시절의 청년 라파엘로의 것이라고 금세 인정할 만한 청춘의 매력을 발산한다.

바로 1883년 런던 경매장에 갑자기 나타났을 당시 이 작품은 만테냐의 것으로 간주됐다. 이는 사람들이 이 위대한 화가의 독특한 재능에 여전히 놀랄 만큼 무지했다는 사실을 말해준다. 이 작품은 라파엘로, 페루지노, 프란차 그리고 티모테오 비티의 것으로 차례로 간주되곤 했기 때문이다. 이들 각자가 서로 사제지간이었던 만큼 논리성이 없지는 않았다. 그리고 맨 나중에는 핀투리키오의 것으로 발표되었다.

이 작품의 주제는 아폴론과 마르시아스의 합주다. 그 이야기는 다음과 같다. 사티로스 마르시아스는 어느 날, 샘물가에서 피리를 발견한다. 이 피리는 팔라스-아테네 여신이 가슴을 답답하게 하는 악기라고 생각해 그곳에 버렸던 것이다. 피리에서 울려나는 경이로운 소리에 취한 채, 프리지아 농민 사이에서 거둔 대성공에 우쭐해서, 마르시아스는 주저하지 않고 아폴론에게 특이한 싸움을 걸었다. 아폴론 신은 결국 도전을 받아들였지만 조건을 달았다. 즉 승자는 패자를 마음대로 할 수 있어야 한다. 마르시아스는 농부들에게 심판을 맡아달라고 제안했다. 마르시아스는 농부들이 열렬하게 박수를 칠 만큼 자기 악기의 그윽한 소리를 끌어냈다. 아폴론은 이미 패배한 듯했다. 어쨌든, 아폴론은 리라 반주에 맞춰 노래하기 시작했다. 농부들은 무시하는 태도로 냉담하게 듣고 있었다. 그러나 차츰, 유려한 그 목소리와 리라 소리에 말려들기 시작한 농부들은 감동에 젖고 매혹에 사로잡히게 되어, 아폴론이 노래를 그치자 이 젊은 이방인에게 종려나무 잎[승리의 상징]을 주려고 자신들의 친구이자 형제인 사티로스를 포기했다. 자기 아버지의 예언자[16] 아폴론은 지그프리트처럼 지상을 휩쓰는 괴물을 무찌르려고 목숨의 위협을 무릅쓰며, 시인의 신이자 정화자淨化者로서, 인간의 불운에 대한 연민으로 자기 아들 에스쿨라프에게 의술을 가르쳤다. 이렇게 플라톤이 놀라운 특권을 부여받은 이름이라고 했던 아폴론은 신의 네 가지 덕목을 한마디로 정의하고 풀이해주는 존재이자 또 음악과 예견과 의술과 납득하기 어렵도록 잔인하게 빈정대는 냉소의 신이다. 그는 마르시아스를 가까운 나무에 검으로 꽂아 산 채로 가죽을 벗겼다.

오비디우스는 『변신』의 여섯째 노래에서 이 극형을, 그 고통과 피와 드러난 신경과 농부들의 넘쳐흐르는 눈물을 남김없이 묘사했다. 바로 마르시아스 강에서 흐르는 것이 이 눈물이다. 이 신화가 여름에 강바닥까지 말리는 태양을 상징한다고도 하고 프리지아 농민의 수호신에 대한 아폴론의 승리에 이바지한다고 하는 해석자도 있다.

루브르의 작품은 아폴론이 악기를 연주하는 마르시아스를 바라보는 장면을 보여준다. 꽃으로 덮인 전경은 핀투리키오의 또 다른 작품에 충실한 듯하며, 아폴론의 머리는 청년들의 머리와 같은 크기와 형식인 데다, 특히 하늘에서 매에 잡힌 오리는 오직 핀투리키오만이 주요 작품에서 활용했던 것이다. 즉 시스티나의 「모세의 여행」, 성 카타리나의 「논쟁」, 보르자 아파트의 「순교자 성 세바스티아누스」, 그리고 시에나 박물관에 있는 「아이네이아스 실비우스의 대관식」과 「안코나의 십자군 원정」 등에서….[17]

이 작품 앞에서 누구도 그다음에 이어지는 비극을 상상하지 못한다. 우리는 거기에서 준수한 용모의 매력적인 청년이 마법에 휩싸인 풍경 속에서, 정원사의 아들이 연주하는 피리 소리를 기분 좋게 들어주는 모습을 본다. 그들 사이에 리라가 놓인 바로 그 자리가 화면의 중심이다. 이 한 쌍의 인물이 동화 속의 인물 같고 바로 그런 모습을 우리는 핀투리키오의 솜씨로 보기도 한다.

하지만 베네치아에 이 작품의 밑그림으로 보이는 소묘가 있는데, 그 소묘에서 같은 자세로 마르시아스의 연주를 듣는 아폴론을 볼 수 있다. 이 그림에 대한 장 리샤르 블로크의 훌륭한 묘사를 보자.

"나는 그 유화는 신통치 않게 보았지만, 흰 선으로 가필한 이 소묘는 이 화가의 숨겨진 위대성인, 프란체스코 같은 심오한 시적 감흥을 드러낸다.

멋진 나체로 아폴론이 한 손을 옆구리에 붙이고서, 다른 한 손을 창槍에 기대고 서 있다. 그는 고개를 숙인 채 심각하게 경쟁자의 노래를 경청하는 모습이다. 그 두 인물 사이로 희고 뿌옇게 암시된 우울한

풍경이 펼쳐진다. 헐벗은 겨울나무 또한 (이 나무가 마르시아스가
묶이고 고문당한 나무는 아닐까?)—창백한 호수— 언덕의 지평선을
그린다.

마르시아스는 굵은 나무 등걸에 앉아 있다. 그는 아폴론이나 호수에
무심하다. 이 사티로스는 처진 어깨에 목은 굵고 천박하다. 둥글게
벗겨진 그 촌스런 머리는 진지하고 충직해 보인다. 재능도 없어 보인
다. 재능은 그 신(즉 아폴론)에게 있다…"[18]

이 소묘를 처음 보았을 때, 필자는 그 작가가 루브르의 소품의 작가
일 수도 있다고 생각했다. 루브르의 소품을 한 편의 동화라고 한다면,
베네치아의 소묘는 한 편의 서정시라 하겠다. 그것은 「아테네 학파」,
「마돈나 알바」, 「파란 왕관을 쓴 성모」에서 영감을 취하고 있고, 「성녀
체칠리아」와 「에로스와 프시케」를 예고한다.

여기에서 아폴론은 교황의 서재 궁륭에 그린 「파르나소스」의 아폴론
과 마찬가지로 詩의 우상의 이상한 화관花冠을 쓰고 있다. 그 머리띠
장식은 「삼위일체 찬양」에서 브라만테에게 제단을 보여주는 청년의
장식을 연상시킨다. 그 몸은 라파엘로가 그린 그 어떤 것보다 월등히
아름답다.

근육의 긴장, 예민한 신경, 특히 두드러지는 조화로 원만하게 이어
지는 선. 루브르의 아폴론은 섬유질로 가득하지만, 소묘는 활달하고
힘차다. 최소한의 예술적 감각만 있다면 무식한 사람이라도 「아테네
학파」를 보면서 플라톤으로 재현된 인물이 지혜로운 사람이며, 소묘
속의 아폴론은 신의 모습이라는 것을 알아보지만, 루브르의 나체의 매

력적인 청년이 자세에서 아폴론과 다르지 않다는 것도 알아볼 수 있다.

다른 한편, 소묘 속의 마르시아스는 루브르의 멍청한 마르시아스의 형제로 보인다. 노동과 싸움과 숲속에서 경주에 익숙한(산전수전 다 겪은) 몸매를 지녔다.

그런데 왜 라파엘로는 루브르의 작품에서 찾아볼 수 없는 그 사티로스의 쌍발굽(악마의 발을 상징한다)을 강조했을까? 게다가 아폴론과 벨베데레에 있는 헤르메스 상의 이상한 친근성은 무엇일까? 발의 위치, 굽은 오른쪽 허리, 허벅지의 선이 같을 뿐 아니라, 이 조각과 소묘의 얼굴에는 우울한 그늘이 드리워져 있다. 게다가 오른쪽 다리를 걸친 특이한 나무는 소묘에서처럼 잘린 나뭇가지마저 연상시킨다. 위대했던 그리스 고전기의 분위기를 이렇게 라파엘로처럼 표현할 수 있었던 화가가 있었을까? 소묘 속의 아폴론은 분명히 파르네시나 궁의 갈라테아의 형제이다. 그와 같은 숙달과 세련, 우아와 문학과 균형 잡힌 리듬이 아니었다면, 루브르의 작품을 그린 화가는 모방조차 하지 못했을 법하다. 그런 것을 느끼지 못했을 터이기 때문이다.

핀투리키오는 로마, 산타 마리아 델 포폴로 성당 내진에 그것을 그렸을 때 분명히 소묘를 보지 않았을까. 그 그림을 주문받았을 때 핀투리키오는 인문주의자들의 친구인 라파엘로를 찾아갔을 것이고, 아폴론과 마르시아스의 신화를 배운 라파엘로가 이 데생을 그에게 주었다고 할 수 있다. 핀투리키오의 최후의 작품들 가운데, 사망하기 직전에 시에나에서 그린(1513년), 런던에 있는 「율리시즈의 귀향」은 화가가 그 어느 때보다도 매력적인 창의에 넘치고 있음을 보여주는 만큼, 루브르의 「아폴론과 마르시아스」가 그의 최후의 작품에 들지 못할 것도 없다고는 생각하지 않을 것인가? 항상 봉사정신이 충만했던 라파엘로가 그에게 도움을 청하러 온 사람을 도우려고 자신의 작품을 미련 없이 포기했다는 점을 기억해두자.

이와 같은 가능성은 여전하지만, 다음과 같은 가정도 접어버릴 수는 없다. 즉 핀투리키오의 작품을 본 라파엘로는 나중에 교황의 서재 궁륭을 그리고 나서, 우리가 탐색해볼 영향에 따라 그 그림을 그렸다고 말이다. 우리가 아는 바는, 비범한 기억력을 타고난 라파엘로는 자신이 만났던 것마다 빠짐없이 기억해두었다는 점이다. 그와 같은 기억에 따른 것이라는 점도 완전히 배제할 수 없다.

그렇지만, 어째서 라파엘로는 이미 교황의 서재 궁륭에서, 신학과 시의 우상 사이에 그려 넣었던 똑같은 그 주제로 되돌아왔을까? 그 장면에서, 헬레니즘과 로마 조각의 턱수염을 기른 마르시아스는 칼에 꽂혀 나무에 묶인 채, 망나니가 그의 살가죽을 벗기려고 다가서지만, 등의 근육을 자랑스레 내보인 청년은 아폴론에게 화관을 씌워준다. 그런데, 이 그림은 교황의 서재 전체에서 가장 차가워 보인다. 라파엘로가 이 주제를 정확히 이해하지 못한 채 그렸음이 분명하며, 그는 마음도 지성도 불어넣지 못했다. 아무튼, 필자가 보기에 그의 작품을 통틀어 어떤 주제에서도 그가 심오한 의미를 꿰뚫어보려 하지 않았거나 결정적이라고 판단되는 형태를 부여하지 않고서 포기했던 것이 있었다고 생각하지 않는다.

어째서 영혼에 바친 교황의 서재에 이토록 잔인한 이야기를 그렸을까? 마르시아스에 대한 아폴론의 승리는 거짓 예술에 대한 진실한 예술의 승리를 상징했던 것이라고 할 수 있지 않을까? 하지만 여전히 알 수 없는 것은 왜 그 승리가 그토록 피비린내 나는 것이어야 하며, 어째서 신성을 폭로하는 신학의 우상이 시의 우상 혼자서 열중하는 싸움을 그토록 유심히 지켜보는가 하는 점이다.

이 소묘에서, 그 전설과 명백히 대립하는 아폴론의 이상한 자세를 어떻게 해석해야 할까? 놀라운 점은 사티로스의 비명을 경청하는 아폴론의 깊은 공감이다. 결재실의 벽화와 이 소묘의 제작 시기 중간에 라파엘로가 그 상징의 의미를 이해했음이 분명하다. 하지만 그 의미는 무엇일까?

나는 여러 해 동안, 이 점을 이해해보려고 애썼다. 루브르의 석관과 피렌체의 마르시아스 상들은 '퓌리스'[복수의 여신]의 아들 오레스테스[아가멤논의 아들]를 구하는 아폴론 신의 잔인한 행동을 명쾌하게 해명하지 않았다. 또 다른 신들보다 도덕적 성격이 가장 뛰어났다고 보이는 신인데 말이다.[19]

미론의 작품으로 추정되는 코펜하겐의 석관 「아테나와 마르시아스의 해후」는 아테나 여신이 마르시아스에게 피리를 직접 건네주는 장면을 보여주면서 그 신화의 대중적 인기를 입증하지만 필자로서는 아무런 설명도 얻을 수 없다. 나는 올랭피오도루스°가 했던 말을 잘 기억하고 있다.

"신화는 바로 눈에 보이지 않는 것에 적합하도록 우리가 발명했던 그런 것이다."

• 기원전 380~425년경에 활약한 그리스 역사가.

필자는 아폴론이 왜 마르시아스를 가엾게 여기면서도 껍질을 벗겨 죽여야 했는지 이해하지 못했다.

필자는 아를 박물관에서 묘비 한 점을 보고서야 처음으로 이 문제를 깨달았다. 거기에는 생명의 나무를 가운데 두고서 한쪽에서 아폴론이 리라를 연주하고, 다른 쪽에 껍질이 벗겨진 마르시아스를 재현하고 있다. 사티로스의 얼굴에는 수염이 없고, 피부는 털투성이로 배꼽까지 덮여 있는데, 피도, 살도, 신경도 그 어떤 자취도 드러나지 않는다. 오비디우스가 우리에게 이야기했던 것과 다르다. 그러나 그 피부 아래 놀랍도록 아름다운 젊은 신의 가슴이 드러난다. 마치 1세기경에, 네오-피타고라스파가 아를에 존재했었다는 전통처럼, 상징의 의미는 분명했다. 즉 아폴론의 화살은 신체라는 감옥에 갇힌 더 우월한 존재를 해방한다.

나는 플라톤의『향연』에서 알키비아데스가 했던 이야기에 대한 막연한 기억을 떠올려보려고 애썼다.

"여보게 친구들, 소크라테스를 기념하자면 나는 비교에 의지하려네. 소크라테스는 내가 농담을 한다고 생각했어. 하지만 이런 비교는 객관적으로(문제에 대한) 농담이 아니라 진실일 수 있네. 나는 우선, 이 사람(소크라테스)이 조각가의 작업실에 있는 실레노스〔바쿠스의 양부〕를 똑 닮았다고 생각하네…. 또 이들과 더불어 목신牧神의 피리도 함께 재현되었네. 실레노스의 구성을 두 부분으로 나누어보면, 그 속에 신의 위상이 숨겨져 있음을 알 수 있네. 게다가 그는 사티로스 마르시아스와 감쪽같이 닮아 보이네…. 갈대를 불어서 끌어내는 멜로디로 사람을 홀리는 이 사티로스가 지었던 피리 소리를 요즘 사람들이 연주하는 것이나 마찬가지로 말일세…. 배움과 신들이 필요했던 모든 사람을 고양하고 표현하는 덕목은 오직 이들뿐일세. 그리고 마르시아스와 자네 소크라테스의 차이라면, 아무런 무기도 없이 단 몇 마디 말로 자네는 그와 같은 효과를 거둔다는 점뿐이겠지… 이런 모든 태도가 실레노스의 태도와 무엇이 다르겠는가? 모든 것이 자명하네. 그 외관이야 입상의 거죽을 쓰고 있지만, 속을 들여다보면, 이보게 친구들, 엄청난 지혜가 갇혀 있다고 생각되지 않는가 말일세…."[20]

사실상, 이 신화는 올랭피오도루스의 설명을 정당화하고, 눈에 보이지 않는 것에서만 자명한 것으로 필자를 이끌었다. 플라톤은 소중한 교훈을 거기에 덧붙이면서 아를 박물관의 묘비를 확인해주었다. 즉 고통받는 마르시아스는 육신을 지닌 존재가 궁지에서 벗어나도록 고대의 신비를 배우는 데에 불가결한 시련의 상징이기도 했다. 그뿐만 아니라, 아폴론의 영광에 대한 찬가는 리라가 아니라 피리의 반주를 받는다고 믿는 그리스의 풍습도 설명해주었다. 왜냐하면, 이런 신화는 결코 사라진 적이 없고 단테도 그 숨겨진 의미를 알고 있었기 때문이다. 바로 「천국」편의 첫 번째 노래의 도입부에서 나를 놀라게 했던 구절이다.

"오 너그러운 아폴론이시여…. 내 가슴속에 숨을 불어넣어주시오. 마르시아스의 사지에서 껍질을 벗겨냈을 때처럼."[21]

신플라톤주의 기독교의 만신전인 교황의 서재에 아폴론과 마르시아스의 신화가 등장하는 것은 당연하다.

단지 라파엘로가 그 신화를 배웠을 뿐만 아니라, 그의 소묘에 생명을 불어넣은 불길과, 그 절대적인 청명성과 우리에게 전해지는 울림은, 그것이 화가가 전력을 기울였던 작품이라는 점을 드러낸다.

제3장

레오 10세와
산 피에트로 대성당 축성

「비비에나 추기경」. 라파엘로는 비비에나 추기경의 젊은 시절에 교황의 곁에
서 있는 모습을 그린 적이 있었다. 긴장된 얼굴과 번뜩이는 시선은 교황 자리를 놓고
야망을 불태우며 가혹한 경쟁을 벌이던 당시 추기경 세계의 한 전형을 제시한다.

새 교황

율리우스 2세는 라테라노 공의회의 입을 빌려, 교황을 선출할 때 성직 매매를 엄금했다. 자금에 굶주린 몇몇 추기경은 선거 시에 선거인단이 새 교황의 과거 고정 수입을 분담하기로 합의했다. 이렇게 해서, 율리우스 2세의 사촌이자 식스투스 4세의 조카로서 유명하고 가장 부유한 리아리오 추기경이 선출될 듯했다. 그러나 신학도들은 이런 매직에 분개해서, 메디치가의 추기경에게 표를 던졌다. 그들은 강력하고 너그러운 인문주의자를 산 피에트로 옥좌에 올리고 싶어했다.

조반니 데 메디치가 겪어온 청빈과 유배생활, 정신적 독립과 약자에 대한 절대적 관용, 그리고 군주들에 대한 능란한 외교와 어려운 상황에서 보여준 침착성과, 고상한 교양과, 지식인에 대한 사랑을 잃지 않으려는 용기, 이 모든 것 덕분에 그가 선출될 수 있었다.

교황선출회의록을 읽는 일을 맡은 추기경으로서, 자신이 교황에 지명되었다는 것을 안 추기경은 감정을 극도로 자제하면서도 자신을 위한 기도를 적지 않게 올렸다.

피올로 조비오가 전하는 바에 따르면, 둘째 아들을 낳았을 때, 클라리스 오르시니는 피렌체의 원개 속에서 엄청나게 크면서도 온순한 사자 한 마리를 본 태몽을 꾸었다고 한다. 이런 어머니의 꿈을 실현하고자 추기경은 당시 '리오네'라고 발음했던 레오라는 이름을 얻었다.

레오 10세는 전쟁을 혐오했다. 그는 전쟁이 무엇인지 알았고 라벤나의 전장을 보았다. 그는 밀라노, 볼로냐, 페라라가 얽혀 있던 그 교차로를 충분히 목격했고, 광기와 무지라는 망극한 사건도 충분히 겪었다. 세상에서 가장 번영하는 나라를 그토록 황폐화하자면 미치거나 무식하지 않고서는 그럴 수 없기 때문이다. 이미 반도에서 상업과 산업은 거의 초토화했고, 아우구스부르크의 금융인, 리옹, 런던, 안트베르펜의 상인은 이탈리아에서 노획한 것으로 부유해졌다.

그는 평화를 원했으며 그것을 성취하게 된다.

조카 로렌초의 이름으로 통치되던 피렌체의 주군으로서 그는 역대 산 피에트로 교황 가운데 가장 강력한 교황이 된다. 피렌체는 항상 메디치와 프랑스 국왕의 우군들과 동맹 상태였고, 프랑스 국왕은 항상 메디치 가문을 정치와 예술의 달인으로 인정했다. 루이 11세는 코민°을 로렌초 대공에게 대사로 파견하지 않았던가? 피렌체 메디치가의 교황이란 적대자이자 제노아 사람 델라 로베레 가문의 교황보다 프랑스 국왕에게 한층 믿음직할 것이다. 이렇게 레오 10세가 권력을 잡자마자, 루이 12세와 프랑스를 충격에 빠뜨렸던 파문을 해제하고 그 국왕의 대사를 받아들였다. 그는 반도에서 여주인 행세를 하는 에스파냐의 권력

• 1445년경~1511, 플랑드르 출신의 프랑스 정치인이자 연대기 작가.

을 견제해야 한다는 것도 알았다. 프라토 공략을 주도한 에스파냐의 라몬 드 카르도네 장군은 밀라노 공작령에 속한다고 주장했으면서도 파르마와 피아첸차를 탈취하지 않았던가?

레오 10세 치세 초기의 정치 상황을 마키아벨리는 이렇게 보았다.

"우리에게는 지혜롭고 신중하며 존경받는 교황과, 경박하고 변덕스러운 황제와, 꿈쩍도 하지 않고 신중한 프랑스 왕과, 다혈질에 인색한 에스파냐 왕과, 부유하고 대담하며 영광을 탐하는 영국 왕이 있다. 게다가 용맹하고 승승장구하는 스위스 사람도 있다. 그런데 이탈리아에는 야심만만하고 비열하며, 가난한 사람뿐이다."

레오 10세처럼 열정적으로 논쟁을 주도했던 인물은 극히 드물다. 이미 당대인이 그가 '누마〔위대한 인물〕가 로물루스〔이탈리아의 건국 시조〕의' 뒤를 잇듯 율리우스 2세의 뒤를 이었다고 했듯이, 두 교황은 근본적으로 달랐고 그 후손은 적대적이었다. 메디치가가 직책을 박탈했으므로, 교황을 칭송할 이유라곤 전혀 없었던 마키아벨리는 물론이고, 구치아르디니, 조비오, 아리오스토 등 당대 유력 인사들은 산 피에트로의 옥좌에 오른 자신들의 '누마'를 보는 것에 흡족해했다. 로물루스를 선호했던 시대에는 미켈란젤로에게 "검을 주시오, 나는 학자가 아니오"라고 했던 사람도 있지 않았던가?

그런데 미켈란젤로 숭배자들은 그가 로마에서 멀리 떠나 있던 것을 잘못 해석하고, 레오 10세를 이상하게 생각한 몇몇 사가들 못지않게 어리석음을 저질렀다. 그가 미켈란젤로를 '길들이려' 했다고 주장한 사

람도 있었다.[1] 게다가 미켈란젤로는 율리우스 2세의 예술가였지만 라
파엘로는 레오 10세의 예술가라고 주장한 사람도 있었다.[2] 라파엘로에
게 이런 위신을 가져다주었던 교황이 스스로 자책했었다고 하면서 말
이다. 이런 사람들은 자신들의 우상인 율리우스 2세가 미켈란젤로보다
라파엘로에 더 애착을 보였다는 사실을 잊고 있었다.

　레오 10세를 '너무나 천박한 뚱뚱이 위선자'[3]라고도 하지 않았던가.
또 무신론자로, 예수를 '나사렛의 가난뱅이'라고 했으며, 게으르고 지
겨워하고, 경박하며, 구두쇠에, 헤프고, 손쉽고 사치스런 생활과 멋진
식기를 좋아했다면서, 사람들은 음악과 회화, 건축과 문학은 물론 시조
차 모른다고 그를 비난하지 않았던가? 뚱뚱한 비곗덩어리에, 다리가
짧고, 흐물흐물한 살에, 무른 머리에, 투박한 용모의 기름진 얼굴, 크고
멍청한 근시안이라고 하면서 개구리를 연상시킨다고도 했으며, 번쩍이
는 가락지를 끼고, '폼을 재는' 손짓을 하곤 했다고…. 게다가 이런 이
미지를 더 완벽하게 하려고 우스꽝스러운 특징도 놓치지 않았다. 즉 그
는 안경을 쓰고, 땀을 흘리고, 선병질환자에 심지어 알렉산데르 6세와
율리우스 2세 이후 그의 행동을 고친 것이 놀랍다는 듯이, 사람들은 그
가 루이 14세처럼 누관증瘻管症에 시달렸다는 사실로서 그 점을 설명
하려고 했다.

　그의 관용과 너그러움, 자신의 편견에 대한 냉소는 비판자들을 당황
하게 했다. 레오 10세는 이미 메디치 가문의 제4세대였다. 그의 아버지
로렌초, 그의 할아버지 피에로, 그의 증조부 코시모는 자신들의 결함과
약점이 있었다고 하지만, 열렬하고도 사심 없이, 철학과 문학과 과학과
예술을 사랑했다. 교황에 오르자마자, 레오 10세는 우선 교황의 대학

인 '라 사피엔차〔현재 로마 대학 본관〕' 재건에 관심을 쏟았다. 그 당시까지 철학과 고고학은 교황과 추기경의 후원에만 의존하고 있었다. 레오 10세는 학자들을 초빙했으며, 그의 치하에서 대학교수는 88명이었다. 퀴리날레 언덕°에 그는 자기 아버지의 학자 친구 라스카리를 원장으로 임명한 그리스 아카데미를 창설했다. 그는 고전어와 그리스, 라틴어 교재의 인쇄를 장려했다. 『탁시투스°』를 출간하면서 그는 그 서문에⁴ 위대한 저자들은 평탄한 생활을 했는데 이는 불행 중 다행이라고 썼다. 그리고 학자를 보호하고 양서를 확보하는 것은 항상 자기 인생의 가장 중요한 목표라고 덧붙이고서, 그 책의 발간을 통해 인문주의에 동참할 수 있도록 해주신 하느님께 감사했다.

레오 10세는 다른 예술보다 더 투자했다는 주장 이상으로 진정 음악을 사랑했다. 그는 유대인 류트 연주자 잠마리아에게 백작 작위를 내리고 성 한 채를 하사했다. 가수 가브리엘 메리노는 바리의 주교가 되었다.

그의 아버지 로렌초 대공이 철학과 미술에서와 같은 혁신적 정신을 음악에 도입하지 않았었다는 것이 놀랍지 않은가? 그는 그때까지 전통적 분위기를 반복하고 있던 사육제謝肉祭의 노래들을, 그 곡조와 가사를 바꾸면서 새롭게 창안했다. 그는 1489년, 아들 줄리아노를 등장시키기도 했던 「산 조반니 에 파울로」를 지었다. 그는 콘스탄티누스의 이름을 빌려 권력에 대한 혐오와 그가 당시 포기했던 의도를 표현했다.

• 현재는 대통령 궁이다.
• 로마의 역사가. 55~120년경.

군주의 의무에 대한 웅변적인 대사로 가득한 이 아름다운 각본은 코르네이유에게 진정 한 편의 고전이 된 비극이자, 또 루이 14세가 쓰게 될 「치나」의 모범이 되었다.[5]

만약 레오 10세가 메디치가의 전통에 충실했다면, 그는 니콜라우스 5세 이후 군주와 수도사에 대항하는 정신의 특권을 옹호한 위대한 교황에 속한다.

그는 특히 수도사에 반감이 컸던 듯하다. 그는 수도사들이 하느님과 예수와 동정녀의 이름을 욕되게 할 때 벌금을 부과했을 뿐만 아니라, 기회 있을 때마다 그들을 경멸했다.

이 점에서 그는 여전히 아버지 편이었다. 열세 살 때에 그는 로렌초 대공과, 폴리치아노와 함께 플로투스*의 「메네크메스」 공연을 관람했다. 연극은 라틴어로 된 서막으로 시작되었다. 거기에서 콤파리니는 인문주의의 적을 질풍노도처럼 풍자했다. 그는 에둘러 말하면서도 전혀 모호하지 않게 그들이 신부요 수사라고 정확하게 지적했다.

"나막신을 신고 두건 달린 모자를 뒤집어쓴 이 사람들은 허리춤에 묵주를 두른 인간쓰레기이자 엉큼한 작자들이다. 그들은 수완이 좋고 다른 이들과 행실이 다르고, 얼굴을 찌푸리며 면죄부를 팔고, 검열관과 독재자로서 축배를 들고, 천박한 민중을 위협하기 때문이다."[6]

선임자들과 마찬가지로, 레오 10세는 교회에 가장 큰 해를 입히는 것

• 기원전 254~184. 라틴 희극작가

은 신부들의 그릇된 지배라는 점을 이해했다. 레오 10세의 특사이자, 메디치가와 긴밀한 관계에 있던 구치아르디니는 줄리아노가 사망하고 나서, 모데나, 레지오, 또 로마뉴에서, 여러 교황에 대한 풍자만이 그들의 위대함을 사랑하는 데에 방해가 되었다고 하지 않았던가?

"이 경우가 아닐지 모르지만, 나 자신만큼이나 마틴 루터를 사랑하게 되는 것 같다. 우리가 이해하듯이 기독교가 전제하는 법에서 벗어나려 해서가 아니라 이 대죄인의 무리를 정확한 경계지역으로 끌고 가는 것을 보려고, 그들이 자신들의 사악함과 권위를 부정하도록."[7]

그러나 레오 10세의 교황 집정이 끝난 불과 얼마 뒤에, 군주들과 수도사들과 루터는 교황청에 승리를 거두게 되자, 아테네 사람의 냉소에 대응하려고 스파르타 사람이 보냈던 경멸을 그에게 보내게 된다. 즉 중상모략을 말이다. 가령 율리우스 2세가 스파르타와 로마의 전통을 가장 고상하게 대변했다고 한다면, 그것은 내심 아테네의 인문주의를 존중했기 때문이다. 진정한 피렌체 사람이던 레오 10세는 아테네 전통에 젖어 있었다. 그래서 의식적으로든 무의식적으로든, 위대한 교황들 편을 들지 않을 수 없었다.

레오 10세의 초상

심리학적 문제에 정통하지 못한 관객이라도 파비아 추기경과 프란체스코 마리아 델라 로베레 추기경의 초상 앞에 서면 비극적으로 보이는 그들의 이야기를 알고 싶은 욕망에 끌려 본능적으로 발길을 멈추게 된다. 바로 이와 똑같은 붓의 마술로써 라파엘로는 율리우스 2세의 정체를 폭로한다.

그가 단김에 어떤 사람의 전체 모습을 완전히 파악한다면, 레오 10세의 어떤 면을 폭로했을까?

분명히 조반니 데 메디치의 모습은 귀도발도 다 몬테펠트로처럼 고통에 시달려 수척하지도, 파비아 추기경처럼 거만하거나 고뇌에 찬 것도, 준수하지만 앙심을 품은 프란체스코 마리아 델라 로베레 같지도, 율리우스 2세처럼 억눌린 감정의 표현이 풍부하지도 않다. 레오 10세는 그 아버지 로렌초를 닮았고 대군은 미남이 아니었지만, 매순간 사람들의 반발심을 잠재우는 특별한 매력을 행사했다.

수심에 잠긴 율리우스 2세의 초상에 비해, 레오 10세 초상의 가장 두드러진 특징은 개인적 확신이다. 라파엘로는 교황국의 국왕을 보여주는 대신, 그리스도의 대리인으로서 레오 10세의 초상 속에서 근엄한 풍채와, 빼어난 선의와 타고난 신앙심을 보여준다. 붉은 모자에 덮인 이지적인 구릿빛 이마와, 커다랗고 단단한 코, 두툼한 입술, 기름졌지만 두드러진 턱은 놀라운 균형감에 대한 의지와, 즐거움과 선행을 나눌 줄 아는 능력도 가리킨다. 깊은 인상을 자아내는 둥근 눈은 우울해 보이면서도 부드러운 위악성마저 보여준다. 돋보기를 쥐고서 필사본 책에 얹은 두 손은 율리우스 2세의 것과 비교된다. 그 발톱 같은 모습을 피하려고, 라파엘로는 율리우스 2세의 손가락에 루비와 에메랄드로 반짝이는 손수건을 쥐어주었다. 레오 10세의 손은 붉은 탁자보에 올려지고, 첫마디가 가느다란 손가락은 끝마디까지 같은 두께를 유지한다. 더구나 그 손가락은 손바닥과 길이가 같다. 그 손가락이 아름다운 천과 책과 입상을 더듬는 즐거움을 말해준다면, 그것은 이런 사소한 것에 어떤 경우에도 초연하다는 것을 표현한다. 세계의 광영을 가장 잘 이해할 줄 아는 사람은 그것을 가장 잘 거부할 줄 아는 사람이기 때문이다. 아무 장식도 없이 단순하고 조화로우며, 완전히 영성에 넘치는 이 손은 교황의 내면의 혼을 드러내며, 또 라파엘로가 레오 10세를 단순히 이해했던 것만이 아니라, 지성과 감성으로써 사랑했음을 말해준다.

대단히 정력적인 교황의 힘은 그 곁에 서 있는 추기경 두 사람과의 대조를 통해 더욱 두드러진다. 그의 조카로서 신중하고, 병색이 뚜렷한 가냘픈 모습은 로시 추기경이다. 그의 사촌 줄리오 데 메디치 추기경은 파치 당원에 암살당한 줄리아노의 아들로 예민하며, 수심에 차고 교활

405

한 표정이다. 바로 이 사람이 레오 10세에게 치명적인 영향을 끼쳤고, 그 자리를 물려받아 클레멘스 7세가 되었을 때, 무능하고, 의심 많고 위선적인 사람임을 입증하게 된다.

어쨌든 바로 그가 이 초상을 젊은 만토바 후작 페테리코 곤차가에게 선물하게 된다. 율리우스 2세가 그를 바티칸에 볼모로 잡아두었었고, 당시 초상은 피렌체 메디치 궁에 있었다. 클레멘스 7세는 조카 오타비아노에게 그 초상을 만토바로 보내도록 했다. 미술에 대한 안목이 뛰어난 오타비아노는 이 걸작을 잃기가 아쉬워 음모를 꾸몄다. 그는 자신이 좋아하는 화가 안드레아 델 사르토를 찾아가, 자신의 유감을 표하고서 그에게 뛰어난 전문가의 눈을 속일 만한 모작을 그려달라고 부탁했다. 이를 수락한 안드레아는 즉시 작업에 돌입했다. 모사화가 만토바로 보내졌고, 오타비아노는 이 보물을 궁전의 독방에 감출 수 있었다.

안드레아 델 사르토가 사망한 몇 해 뒤, 이 이야기를 우리에게 전한 그의 제자 바사리가 만토바를 찾는다. 줄리오 로마노는 궁전의 보물을 그에게 보여주었고 후작이 라파엘로의 가장 유명한 걸작 「레오 10세 초상」을 갖고 있다고 밝혔다. 바사리는 그것을 보자고 하면서 줄리오 로마노가 놀랄 만큼 파안대소했다. 왜냐하면, 그 사건의 당사자들은 모두 사망했기 때문에 이제 자신이 이 작품이 안드레아 델 사르토의 위작이라는 사실을 폭로할 수 있게 되었다면서 말이다….

그러나 라파엘로의 원작이라고 확신하던 줄리오 로마노는 이의를 제기했다. 바사리는 다시 그것이 안드레아의 것이라고 응수하면서 사건의 경위를 설명했다. 자신의 작업을 자부했던 안드레아 델 사르토는 작업을 마치면서, 화폭의 뒷면의 액자 틈에 숨겨진 자리에 자신의 머리글

406

자를 써넣어두었다. 두 화가가 액자를 제거하자, 바사리의 주장이 사실로 밝혀졌다.

지금은 나폴리 박물관에 있는 이 모작은 라파엘로의 색채가 얼마나 검게 퇴색되었는지 보여준다. 왜냐하면, 안드레아 델 사르토의 붉은 색조는 여전히 찬란하기 때문이다. 이 이야기에 근거해서 여러 비판이 나왔는데, 라파엘로가 세 사람의 얼굴과 손만 그렸다는 주장과 이 거장의 솜씨를 보여주는 붓 자국은 전혀 없다는 주장까지도 나왔다.[8]

사실상 라파엘로가 가장 훌륭한 옷자락 부분을 줄리오 로마노의 손에 맡겼을 성싶지는 않다. 그는 거의 매일 교황을 만났기 때문이다.

바사리도 줄리오 로마노만큼 탁자 위의 작은 종 같은 것이나 다른 소품을 아주 잘 그릴 줄 알았지만, 자신의 역할을 과장한 것은 자신과 줄리오 로마노가 사부에게 충실한 제자들이었지만 동등하지 않았다는 점을 보여주려는 소박한 이유 때문인 듯하다. 바사리가 전기를 쓰던 시기에 그들은 자신들이 라파엘로나 안드레아 델 사르토보다 더 뛰어나다고 생각했기 때문이다.

레오 10세의 계획과 라파엘로의 역할

이제 사상 처음으로, 교회의 우두머리가 강력한 국가의 우두머리가 되었다. 자유파 추기경들은 서른여덟 살이던 레오 10세를 교황으로 선출했다. 추기경단은 그의 의도를 잘 알고 있었기 때문이다. 그들은 전사도, 악명 높은 암살자도, 무능하지도, 자식과 조카의 자리를 마련해주는 교황도 원하지 않았다. 메디치 가문의 이해는 종종 교황청의 영향력과 균형을 이루거나 주로 그 영향력을 강화하는 데에 이바지했고, 레오 10세는 프랑스, 스위스, 에스파냐에 대항할 수 있었던 듯하다. 오랫동안 젊은 교황을 보지 못했으므로, 사람들은 이제 그가 맡은 거대한 계획을 실현하는 데에, 이삼십 년 이상을 기대할 수 있게 되었다.

모든 면에서 전반적인 해체가 불가피해 보였다. 교황을 굴복시키려 했던 역대 황제들과 프랑스 왕들에 대한 세속적 투쟁 과정에서 교회는 승리했지만, 이탈리아의 통일을 이루지는 못했고 세속 군주처럼 되지도 못했다.

반면에 오랫동안 중세를 불타오르게 했던 이상은 죽지 않았다. 역사가 부인하지만 국왕과 영주들이 대리인이던 교황의 전설은 식지 않았다. 사람들은 프랑스, 게르만, 에스파냐와 같은 유럽이 아니라 공동의 이해로 통일되고, 거의 청빈하며 현명한 교황이 통솔하는 거대한 기독교 국가로서 유럽이라는 경이로운 시대를 희망했다. 개인에게 폭넓게 개방된 '길드' 즉 동업조합이 거기에 종속되었다. 이 조직은 지도자가 선정善政을 펴는 데 바람직했으며, 이런 질서를 일부 성실하게 수행했다. 곳곳에서 조합원들은 명예를 얻었다. 민중은 그들에게서 도움과 충고와 보호를 구했고, 자신을 위로해주는 자에게 필요한 것을 기꺼이 바쳤다. 이 세상의 거물인 교황은 민중을 존중하고서 그들의 말에 귀를 기울였다. 기적적인 힘을 부여받은 이 하늘의 아들이 민중에게 축복을 전해줄 것이라고 누구나 알고 있었다. 노련한 항해사로서 교황은 진정한 조국을 향해 미지의 바다를 건너 그를 믿고 따르는 사람들을 이끌었다. 가장 가엾은 존재도 그들의 말에 복종했다. 그들은 평화를 퍼트리고 사랑을 설교했기 때문이다….[9]

바로 이런 기독정신이야말로, 레오 10세가 되살리길 바란 것이지만 그렇게 되려면 정신적, 영적 독립을 보장할 교황청의 정치적 독립이 반드시 보장되어야 한다.[10] 그래서 그는 자기 가문의 이해관계를 덧붙이면서, 니콜라우스 5세, 알렉산데르 6세, 율리우스 2세의 정치를 이어갔다. 야만인을 이탈리아에서 추방하자! 그러자면 우선, 조카 로렌초의 국토를 확장해야 한다. 또 이전 교황들과 마찬가지로, 토스카나와 교황청 사이에 자연적 요새를 이루는 우르비노 공국에 눈길을 던졌다. 파비아 추기경을 살해한 프란체스코 마리아는 일찍이 율리우스 2세에게 파문당했다가 결국 사면되었으나, 파문 선고로 그를 다스리는 것보다 더 쉬운 일은 없었다. 곧바로 그렇게 되지 않았던 것은 우르비노에 망명했을 당시 줄리아노는 자신이 받았던 대접을 잊지 못했기 때문이며, 프란체스코 마리아에 대해 환상을 품은 듯했기 때문이다. 당분간 줄리아노를 파르마 공작으로 지내게 하다가 가까운 미래에 나폴리 왕으로 만들어보자. 바로 이런 것이 레오 10세의 정치적 구상이었다.

한편, 교황은 로마의 궁전에서 가족회의를 소집하려 했다. 그의 아버지 주변에서 자연스럽고 고지식하고 단순한 가족을 보았던 그런 가족 모임이었다. 그러나 로마는 피렌체나 우르비노처럼 솔직하게 말하는 곳도 아니며, 그 고정 수입을 추구하는 아첨꾼 신하들에 둘러싸인 이 도시에서 어떻게 자신의 계획을 실현하는 데에 기꺼이 동참할 자부심 강하고 독립적이며, 똑똑한 자들을 찾아낼 수 있을 것인가?

라파엘로는 당시 서른 살이었고 사랑과 우정과 이해를 통해 자신의 가치를 의식하게 되었다. 그러면서도 이런 생각은 그를 거만하기는커녕 더욱 겸손하게 했다.

예절과 결합한 지성보다 조반니 데 메디치가 더 중시했던 자질은 없었다. 그는 오래전부터 동기간인 줄리아노와 비비에나를 통해서 라파엘로를 알고 있었다. 두 사람은 이내 깊은 정을 나누었다. 조반니 데 메디치가 교황청의 성좌에 오르자마자, 라파엘로는 없어서는 안 될 사람이 되었다. 레오 10세는 그에게 명예를 안겨주었고, 조정의 일원으로 삼았으며, 산 피에트로를 지은 브라만테가 사망하고 나서는 마침내 로마 고전미술 관장이 되었다.

이 젊은 화가와 젊은 교황은 이내 우애롭게 열렬한 창조 활동에 나섰다. 니콜라우스 5세 때부터 꿈꾸어왔던 대로 이 세 번째의 로마를 기독교 세계의 수도로 우뚝 세울 것이었다. 즉 고대의 로마와 교황의 로마, 그리스도 정신에 충만한 새로운 아테네로서, 로마는 민중이 보기에 기독교의 보편성을 알리는 선언문을 인준하는 방대한 교황의 서재로 비치게 된다.

이제 라파엘로는 로마에서 우르비노 인사들 대부분, 즉 줄리아노 데 메디치, 비비에나, 벰보와 재회한다. 군주들은 조반니 데 메디치를 흡족하게 하자면 그에게 인문주의자를 보내야 한다는 것을 잘 알고 있었다. 즉 자신의 직분에만 만족하는 인사들을…. 만토바 후작은 자질이 훌륭한 발다사레 카스틸리오네를, 페라라의 알폰소 공은 뛰어난 시인이자 외교관 친구인 아리오스토를 대사로 파견한다. 피렌체의 로렌초 대공이나, 우르비노의 귀도발도와 엘리사베타의 궁정에서처럼 사람들은 웃고 농담하고 음악과 연극을 즐기고, 과학과 철학과 신학을 이야기한다. 레오 10세는 마지막으로 플라톤과 기독교 정신의 지중해적 이상을 실현하고, 계급과 나라를 가리지 않고서, 모든 선한 사람을 우애롭게 자기 곁으로 그러모았으며, 그들과 더불어 아리오스토가 '유쾌한 가족'이라고 했듯이 그 정신적 가족을 만든다. 정력과 신앙과 열정에 넘치는 이 청년 일가는 미래가 자기 것이라는 확신 속에서 라파엘로의 능력을 남용하고 크게 고양하게 된다. 왜냐하면, 여러 일과 주문에 시달린 이 몇 해 동안 라파엘로는 「산타 체칠리아」, 「갈라테아」, 「시스티나의 성모」, 「변모(그리스도 변용)」라는 최후의 걸작을 속속 그려냈기 때문이다.

로마의 레오나르도, 미켈란젤로, 라파엘로

레오나르도는 1513년에 밀라노를 떠난다. 볼트라피오, 멜치, 살라이노, 로렌초와 판포야 같은 제자들이 그를 따랐다. 여로에서 그는 줄리아노 데 메디치를 만났다. 그와 함께 길을 가는 재미에 빠진 줄리아노도 동행했다. 전하는 바에 따르면, 레오나르도는 여행의 심심풀이로 대공을 즐겁게 해주려고, 밀랍으로 환상적인 작은 인물상을 빚었다고 한다. 그 인물상들은 너무 가벼워서, 손 안에 쥐어지는 크기였는데 한숨에도 날아갈 듯했다고 한다.

레오 10세는 그를 성대히 맞았고 그에게 교황궁의 아파트를 내주었다. 그러나 작업에 선뜻 나서지 않는 그의 태도를 배려해서 그에게 큰 주문을 내놓지는 않았다. 그러나 수천 가지 방법으로 레오나르도를 괴롭히던 악마가 다시 그에게 달려들었다. 괴테와 마찬가지로 그는 만년에 과학에 홀렸다. 두 사람에 대한 비난도 많았지만, 우리가 종종 간과하는 것은 진정한 학자로서 그들에게, 이러한 보편적 호기심이 그들의 정신을 가득 채우곤 했다는 점이다. 라파엘로 또한 곧바로 건축을 위해

412

회화를 무시하고 고고학에 너무 관심을 쏟는다는 비난을 받게 된다. 「성 안나」와 「시스티나의 성모」는 미술관 한 채는 물론이고 거의 그림 백 점에 맞먹는 것이고, 『파우스트』 한 권은 도서관 한 채와 마찬가지 가치가 나가지 않던가.

레오나르도는 자신이 환상적 동물로 옮겨 그린 도마뱀을 키우는 즐거움에 빠져 있던 것만은 아니었고,[11] 화폭을 오래 보존하는 데 쓰일 것이고 번번이 화폭을 훼손하기도 했던 새로운 광택제 개발에도 매달렸다. 그는 끊임없이 음향 효과와 해부학 연구에 몰두하면서 서른 구가 넘는 시신을 파헤쳤다고 했으며, 항상 괴테처럼 광물학과 지질학과 광학과 기계학에 대한 지식을 심화시켜 나갔다.

이렇게 레오나르도와 미켈란젤로와 라파엘로는 다시금 같은 도시에서 만났다. 그보다 10년 전, 무명의 청년 화가 라파엘로는 미켈란젤로와 레오나르도의 예술적 대결을 지켜보았다. 이제 오늘은 그가 바로 예술의 지존이요, 레오 10세는 바로 그에게 로마에서 가장 중요한 작품이요 그 명백한 상징인 산 피에트로 대성당 건설을 맡겼다. 1514년의 일이다. 브라만테의 구상에 비합리적인 면이 있었다는 점을 이해한 라파엘로는 교황에게 그리스십자형 설계를 포기하고 전통적인 라틴십자 형식을 채택하자고 제안했다.•

브라만테에게 영감을 주었던 레오나르도는 은밀히 그 일을 물려받을 기대를 하고 있지 않았을까? 그는 자기가 로마에서 기다리던 일을 찾

• 그리스십자형은 성당 건물 전체 평면도가 그리스에서 사용하는 정방형 십자가 형태를 이루며, 라틴십자 형식은 세로가 가로보다 더 긴 형태의 일반적 모습을 띤다.

지 못했다고 썼다. 미켈란젤로는 율리우스 2세도 레오 10세로부터도 아무런 주문을 받지 못한 채, 시스티나 예배당의 완공 이후, 율리우스 2세의 유언에 따라 더욱 간소해진 교황의 영묘 작업에 다시 착수했다.

가령 율리우스 2세가 미켈란젤로와의 논쟁에 지쳤다고 한다면, 이는 그의 지원에 대한 끝없는 갈등에서 비롯되고 서로 거칠게 맞부딪치는 언어의 차이에서 오는 피곤함 때문이다. 레오 10세는 이 조각가의 거친 성격을 두려워했다. "그는 너무 끔찍해!"라고 털어놓곤 했다. 레오 10세와 미켈란젤로는 서로 약간 반감이 있었던 듯하다. 레오 10세는 그를 불편해했다. 또 피렌체, 산 로렌초 성당 정면을 그에게 위임했을 때, 이는 줄리오 데 메디치 추기경의 중개 때문이었다. 미켈란젤로 편에서도 불편하기는 마찬가지였다. 그는 추기경에게 불평과 요구를 쏟아냈다.

미켈란젤로와 조반니 데 메디치는 동갑내기로 로렌초 궁에서 함께 성장했다. 조반니는 미켈란젤로의 태도에도 그를 이해했고, 그를 자신의 형제 피에로와 또 대담하고, 쉽게 격해지고 세련되지 못한 조카 로렌초와 마찬가지로 좋아했다. 그러나 그는 그들과 거리를 두는 편이었다. 미켈란젤로는 산 로렌초의 정면을 8년 안에 세우려 했지만 착공도 되지 않은 상태였다. 그는 이 엄청난 작업에서 조수를 쓰려 하지도 않았고, 자신이 직접 대리석 채굴 작업도 감시하려 했기 때문에 시간을 낭비했다. 이는 그가 그토록 비난했던 레오나르도와 마찬가지였고, 메디치가의 명예의 정면 대신 그가 세웠던 것은 그들의 무덤이었다.

성 베드로의 구출

성 베드로를 묶었던 쇠사슬을 그곳에서 찾아냈고, 오랫동안 그렇게 생
각했듯이 프랑스 군의 손아귀를 벗어나 도주한 조반니 데 메디치를 구
출한 성당이 바로 산 피에트로 인 빈콜리 성당이었고 또 추기경 시절
율리우스 2세의 성당 아니던가.[12] 그가 영감을 준 프레스코화라니! 얼
마나 중요한가. 레오 10세가 교황으로 있을 때, 1514년에 완성된 이 벽
화는 통치 정신의 상징이며, 라파엘로가 신전에서 쫓겨나는 헬리오도
로스와 레오와 아틸라의 만남을 완전히 다른 사상으로 거기에 그렸다
는 사실은 확실하다.

그 주제는 성경에 있다. 즉, [사도행전 12장이다.]

"헤로데가 베드로를 유대인들 앞에 끌어내려고 하던 그 전날 밤의 일
이었다. 베드로는 두 개의 쇠사슬에 묶인 채, 군인 두 사람 사이에서
잠들어 있었고, 감옥 문 앞에서는 경비병들이 지키고 있었다. 그런데
갑자기 주의 천사가 나타나 베드로 앞에 서자 환한 빛이 감방을 비추

었다. 천사가 베드로의 옆구리를 찔러 깨우며 '빨리 일어나라' 고 재촉했다. 그러자 곧 쇠사슬이 그의 두 손목에서 벗겨졌다. '허리띠를 띠고 신을 신어라' 하는 천사의 말을 듣고 베드로는 그대로 했다. 그랬더니 천사는 '겉옷을 걸치고 나를 따라오너라' 하였다. 베드로는 천사를 따라나서면서도 천사가 하는 일이 현실이 아니고 환상이려니 했다. 그들이 첫째 초소와 둘째 초소를 지나 거리로 통하는 철문 앞에 다다르자 문이 저절로 열렸다. 그래서 천사와 함께 밖으로 나와 거리의 한 구간을 지나자 천사는 어느새 사라져버렸다."[13]

부당하게 대단한 모리배[14]로 불렸던 이 사람은 다시 한 번 갱신했다. 피에로 델라 프란체스카의 「콘스탄티누스의 비전」을 제외하면, 이 밤 중의 주제는 존재하지 않는다. 오직 북유럽의 세밀화에서만 찾아볼 수 있을 뿐이다. 왜냐하면, 화가는 빛을 주제로 삼았기 때문이다.

프레스코 벽화 「볼세나의 미사」처럼, 그는 창문 때문에 잘린 공간의 난점을 비켜가지 않고서 오히려 그것을 유리하게 활용한다. 중앙에 창살을 두른 감옥이 있고 그 좌우로 계단들이 테라스로 이어지고, 거기에서부터 우리는 구름 사이로 빠져나오는 달빛이 밝히는 푸른 밤 속으로 유영하게 된다. 베드로는 양손을 무릎 위에 모으고 잠이 들었고, 후광을 두른 천사는 그를 깨우러 다가온다. 벽에 기댄 두 보초는 고개를 숙인 채 잠들어 있어 그나마 흥밋거리도 못 되는 그 얼굴을 볼 수도 없다. 보초는 갑옷에 싸인 육중한 두 덩어리일 뿐이다. 오른쪽에서, 베드로가 천사의 손에 이끌려 감옥을 나오고 있고, 눈을 크게 뜬 채 마치 천사의 후광의 수호를 받으며 꿈에서 깨어나지 않은 사내처럼 걸어간다. 왼쪽에서 손에 횃불을 든 병사는 보초들에게 위급함을 알리는데, 그 중 한 사람의 투구 위에 불빛이 붉게 번쩍인다.

거장의 솜씨도, 용감함도 대담성도 없다. 이 장면이 성경의 단순성을 보여준다면, 바로 거기에서 그 점이 위대할 뿐이다. 렘브란트도 이보다 더 잘 그리지는 못했을 듯하다.

그러나 이 벽화는 「아테네 학파」 앞에 섰을 때와 마찬가지로, 납처럼 둔중한 병사들과 또 사라져버리지 않을까 숨을 죽이게 될 정도로 투명한 천사로 형상화된 두 세계의 대조가 환기시키는 힘으로 우리를 사로잡는다. 이 모든 것은 한 장면 속에서 벌어지며 또 이 장면은 주제를 능가한다. 빛은 강렬한 서정성으로 아폴론과 마르시아스의 소묘를 연상시킨다. 사실상 라파엘로는 베드로가 구출되는 주제를 그리스 상징과 같은 장면으로 옮겨놓았다. 베드로의 손을 잡고 감옥 밖으로 나서는 천사는 바로 디오니소스 같은 존재로, '육신의 감옥'에서 해방될 마르시아스의 고통스러운 호소를 듣는 아폴론이다. 라파엘로가 이 주제를 세 번째로 다룬 것이 「변모」이다. 거기에서 그리스도는 천사와 또 신의 역할을 다시 맡는다. 그리스 신화에서 지상에서 그보다 먼저 지상에 왔던 아폴론을.

같은 해에 그린 「갈라테아」와 함께, 「구출되는 성 베드로」는 라파엘로가 그린 프레스코로는 마지막 작품이다. 그 뒤의 작품들은 모두 그런 것은 아니더라도, 그가 밑그림만을 그렸다. 조수들이 '스탄차'와 동시에 외랑에서 라파엘로의 유명한 성경을 그린다.

브라만테가 지은 외랑은 햇빛이 잘 드는 주랑으로서 과거 교황의 궁전에서 정면으로 쓰였다. 거기에는 부조 사이에 벽화를 그려 넣을 만한 자리가 여럿 있었다. 라파엘로는 티투스 목욕탕의 매력적인 고대장식 화와 겨루려고 했다. 당시 발굴된 이 목욕탕에 로마의 예술가와 문인들은 감동했다. 그런데 그가 장식하려 했던 곳은 교황의 아파트로 직접 연결된 삼층이었고, 여럿이서 달라붙은 이 작업은 여섯 해나 걸려 완성되었다(1513~1519).

13개의 궁륭 위에 네 편의 이미지로 구성된 이 성경을 주제로 한 그림들은 거장의 지휘와 밑그림에 따라 제작되었다. 원래의 밑그림만을 상상해본다면 그 유연하고 매혹적인 도해는 중세 모자이크나 프레스코에 재현된 성경 연작에 견줄 만하고, 그 건강성은 15세기 회화의 원기 왕성함에 비할 만하다. 엎어진 아브라함 앞에 나타나는 세 천사보다 더 단순하고 위대한 것을 상상하기 어렵다. 또 야고보와 라헬의 대담對談만큼 고상하고 우아한 것도 상상할 수 없을 듯하다. 아니면, 파라오의 딸과 나일 강에서 건진 요람을 들여다보는 그 하녀들도 마찬가지이다.[15]

아무튼 이 일화들에는 더 방대하고 심오한 저력이 있다. 레오 10세는 플라톤주의적 기독교도로서 플라톤과 마찬가지로 필로*도 비의祕儀에 대한 지혜에 있어서 신성한 말씀을 인정한다. 즉 자신의 영혼 속에서 창조의 과정을 되살린다고 하는….

"그러한 것을 통해서 창세기의 역사와 인간의 역사는 하나이자 같은 것이 된다. 필로는 모세의 창세기 이야기를 하느님을 찾는 인간의 이야기로 활용할 수 있다고 확신했다. 그렇게 해서 성경의 모든 것들은

• BC 20~AD 50. 이집트 출신 그리스 철학자.

필로가 그 해석을 맡은 심오한 상징적 의미를 수용한다. 그는 성경을 인간의 역사로서 읽는다."[16]

율리우스 2세와 레오 10세가 예술가들을 빨리 작업하도록 독려했다는 것은 놀랄 일이 아니다. 지난 삼백 년간, 특히 최근 백 년 동안, 정면이 없는 성당, 종루가 없는 종각, 죽음으로 중단된 벽화 등 이탈리아에는 미완성작이 넘친다. 이탈리아 건축가들은 영원을 위해 집을 지었고, 화가들은 수 세기를 위해 그림을 그렸다.

라파엘로가 줄리오 로마노, 프란체스코 페니, 조반니 다 우디네, 피에리노 델 바가 등에 이미 율리우스 2세 시절에 그 프레스코를 그리도록 했던 것을 보면, 이는 정말 아쉽기 짝이 없으며 이유도 궁금할 뿐이다.

매우 분명한 첫 번째 이유는 구매자가 서두른다는 점이다. 그들은 항상 서둘렀다. 사기라는 비난에 이르기까지 레오나르도가 표적이 되었던 끈질긴 요구가 그 증거이고, 아름답고 사치스런 이사벨라 데스테는 레오나르도가 착수했던 초상을 결코 받지 못했으며, 그의 동생 알폰소는 라파엘로가 최후를 맞을 때까지도 성가시게 굴었다. 화가들이 구매자의 성급함에 굴복하는 잘못을 저질렀던 것으로 보인다. 분명히, 항상 제자들이 사부의 작업에 참여했지만, 그들은 사소한 부분만을 그렸다. 라파엘로는 처음으로 전체를 제자들에게 맡겼다.

주문자들은 재촉했던 상품에 만족했을지 모른다. 그러니 그들을 위해 그린다고 뭐 어떻겠는가? 순수한 작품을 위해서 화가들이 힘을 아껴야 했을까? 라파엘로가 줄리오 로마노에게 프랑수아 1세에게 보낸 「성가족」과, 「성 미카엘」과 「잔느 다라곤」을 맡긴 것은 바로 그런 이유 때문이다. 왜냐하면, 그때부터 문제는 품질이 아니라 크기였기 때문이다. 그는 구입자와 상관없이 자기만족을 위해서 자기 손으로 직접 산타 체칠리아와 시스티나의 성모를 그렸다.

끝으로 그가 브라만테의 후계자라는 점을 잊지 말아야 한다. 산 피에트로는 니콜라우스 5세부터 줄곧 꿈꾸었던 작품이고 이를 완공시킨다는 것은 인류의 만신전을 완성한다는 것이고, 제3의 로마의 힘을 가시적으로 표현하는 것이다. 브라만테의 모든 영광은 산 피에트로 설계였다. 또 미켈란젤로의 몫은 당시 거의 스무 해 가까이 몰두한 원개를 올리는 것이었다.

운명의 장난인지 미켈란젤로는 경쟁자 브라만테의 계획을 떠맡았는데, 하지만 미켈란젤로가 사망하자, 최종적으로 라틴십자 형태로 라파엘로의 평면도가 채택되었다. 이렇게, 현재의 산 피에트로는 브라만테와 라파엘로와 미켈란젤로의 설계들을 개작했고, 이 세 천재는 그 위대한 평면과 원개를 만드는 데에 불가분하게 얽혀 있다.

라파엘로는 건축에 열정을 쏟아, 산 피에트로에 그치지 않고 마담 별장과 키지 예배당의 평면설계를 했다. 그는 젊고 교황도 젊으니, 20년 안에 산 피에트로는 완공될 수 있게 되었다. 그사이 그는 자기가 원하는 대로 원하는 것을 그리게 되리라. 교황과 화가는 응접실 프레스코에 관심이 없었던 만큼 조수들에게 끝마치도록 했다. 레오 10세는 라파엘로가 원치도 않는 것을 그리라고 요구하지 않았다. 그는 산 피에트로와 로마의 재건을 위해 모든 힘을 아껴야 했다. 정치적인 이유로 프랑수아 1세를 위한 그림들을 그려달라는 부탁을 받았을 때 라파엘로는 직접 그려 시간을 낭비할 수 없었음이 분명하다. 라파엘로가 실물대의 코리키와 아리오스토의 희극을 위해 무대장식화를 그려야 했다면, 그는 상상이 풍부한 화가의 스케치를 큰 어려움 없이 즐겼을 듯하다.

더구나 라파엘로에게 새로운 위기가 닥쳤다. 그는 자기 주위의 생활이 끓어오를 경우 이는 자신이 바로 삶의 중심이기 때문이라고 느꼈다. 모든 면에서 자신에게 들어오는 이런 도움을 거부해야 할까? 그가 선물을 뿌릴 만큼 그렇게 부유할까? 또 최후의 심판 날에 오직 그에게서만 찾을 수 있는 자신의 가장 큰 장점이 있는 것은 아닐까?

그의 동료가 그를 보고 있으면 모든 악소문은 사라지고, 모든 저질스런 생각도 자취를 감추곤 했다고 바사리는 말한다.

그는 이런 마술로써 미켈란젤로가 거의 중독되다시피 했던 갈등을 피할 수 있었다. 왜냐하면, 소년 시절에 그랬듯이 라파엘로는 잘난 사람, 못난 사람 가리지 않고 우애로운 예절로 대했기 때문이다. 거기에서 카스틸리오네가 전하는 다음과 같은 냉소적 이야기가 나온다. 라파엘로가 착수한 그림을 들여다보고 있던 추기경 두 사람이 베드로와 바울의 낯빛이 너무 튀어서 못쓰겠다고 했다. 그러자 라파엘로는 이렇게 답했다고 한다.[17]

"보십시오, 잘 생각해보시지요. 이것은 실수가 아닙니다. 의도적으로 그렇게 그린 겁니다. 베드로와 바울은 천국에서 그렇게 얼굴을 붉혔을 것이라고 상상할 만하니까요. 바로 당신들 같은 사람이 그들의 교회를 지배하고 있다는 것이 부끄러워서 말입니다."

약혼, 피렌체와 볼로냐에 가다

지체 높은 나리이자 교황과, 인문주의자들과 파비우스 칼보의 친구로서 로마 최고 미녀의 사랑을 받는 라파엘로는 늙은 삼촌, 시모네 차를라를 잊지 않고 있었다. 1514년 그가 쓴 소중한, 지금까지 전해지는 편지 한 통에서 그는 이렇게 썼다.

"삼촌, 아시다시피, 저는 삼촌과 부모와 조국이 모두 자랑스럽습니다. 제 가슴 깊은 곳에 삼촌의 추억을 간직하고 있습니다. 삼촌을 부를 때마다 아버지를 부르는 소리를 듣습니다. 바라건대, 공작과 부인을 찾아가셔서 그분들의 충실한 이 종의 안부를 전해주신다면 그들도 기뻐하실 줄 압니다."

이듬해, 7월 1일에는 이렇게 썼다.

"아시다시피, 산타 마리아 인 포르티코[18] 집안에서 그 딸과 저를 결혼시키려고 합니다. 저는 신부님께서 원하는 대로 할 것을 약속했습니다…"

이런 구절은 여러 가지 추측을 낳았다. 라파엘로가 비비에나 추기경 같은 유력 인사의 비위를 맞추는 외교적 수완을 보였다고 생각하는 사람도 있고,[19] 돈나 벨라타가 화가에 끼친 영향력을 염려한 비비에나가 이 세심한 사람의 운명적일 수도 있을 정념을 두려워한 나머지, 가문의 어른으로서 그를 자기 조카딸과 결혼시킬 수 없을까 궁리했다고 주장하는 사람도 있었다.[20]

줄리오 로마노에게서 이 정보를 얻었을 바사리는 이렇게 썼다.

"비비에나 추기경은 오랫동안 라파엘로에게 결혼을 종용했다. 라파엘로는 추기경의 의지를 노골적으로 거부하지는 않았지만 4년을 기다려달라면서 시간을 끌었다. 기간이 다 되어 추기경은 라파엘로에게 더는 기다릴 것이 없다는 점을 상기시켰다. 약속을 지켜야 할 예절을 알았던 그는 추기경의 조카딸과 결혼하겠다고 수락했다. 그러나 이런 관계는 절정에 이르러 그를 거북하게 했고, 그는 결혼에 앞서 몇 달 동안 주저했다…"

라파엘로의 착잡함을 이해하려면, 그 무렵에 그린 「돈나 벨라타」와 「성좌의 성모」를 보면 된다. 그는 매일 새로운 감수성에 취해 있었다.

이런 사건의 와중에 루이 12세가 사망하고 프랑수아 1세가 왕위에 올랐다(1515년 1월 1일). 그는 곧바로 밀라노 공국과 나폴리 왕국을 요구했다. 황제와 에스파냐와 밀라노 공과 교황이 새롭게 연합했다. 베네치아는 프랑스와 연대했다. 새로운 침략 전쟁이 터졌다. 프랑스 군대는 샤를 8세와 루이 12세의 원정 전 초기 때처럼 승리했다. 이번의 승리는 결정적인 듯했다. 프랑스가 가장 두려워하는 적인 스위스 군대를 마리냥에서 무찔렀고, 프랑스와 스위스는 영구평화조약을 맺었기 때문이다. 이 화평은 1789년 대혁명 때까지 왕이 교체될 때마다 갱신되어 이어졌다. 샤를 8세와 루이 12세처럼, 프랑수아 1세는 밀라노에 입성했고 가엾은 마시밀리아노 스포르차 공작은 프랑스로 압송되었다. 거기에서 그는 자기 아버지 루도비코 일 모로처럼 로슈 성의 비좁은 감옥에 갇히지 않고, 비교적 존중받는 안락한 연금에 처했다. 이탈리아 반도의 북부와 제노아에서 베네치아 국경까지의 주인인 된 프랑수아 1세는 또다시 이탈리아를 위협하는 천둥이 될 것을 맹세한다.

그 반향이 엄청났던 마리냥에서 거둔 승리에 이탈리아 사람들이 둔감할 리 없었다. 마키아벨리는 이렇게 썼다.

"우리가 알아야 할 것은 힘을 키우지 않고서도 나라를 키울 수 있다는 점이다. 영국보다 프랑스는, 이탈리아에서 속령들을 획득하면서 나라를 키우는 것이 사실이지만, 국력은 증가하지 않는다는 점도 주목해야 한다."

상황을 완벽하게 이해하고 있던 레오 10세는 조카 로렌초를 프랑스 왕과 협상하도록 파견한다. 왕은 교황에게 안부를 전했다. 레오 10세는 그것을 받아들이고, 아페닌 산맥을 넘어야 한다는 평계를 제거하고

자, 그에게 볼로냐에서 만나자고 했다. 교황은 1515년 11월 11일에, 수많은 신하와 라파엘로의 수행을 받으며 로마를 떠났다. 바로 이 여행 중에 화가는 피렌체를 다시 보았다. 교황의 방문에 열광한 시민들은 새로운 문을 트려고 벽을 허물었다. 장엄한 영접이었다. 즉 열두 개의 개선문, 입상과 깃발과 꽃과 양탄자로 치장되었다. 도시 전체가 장식된 궁전처럼 보였으며, 거리에서 피렌체 사람들은 화려한 복장을 갖추고서 교황을 '그들의 아버지에 행복해하는 아이들'처럼 환호했다.[21]

피렌체의 예술가 거의 누구나 장식에 참여했으나, 산타 마리아 델 피오레 대성당 정면이야말로 가장 돋보였다. 안드레아 델 사르토와 조각가 산소비노가 대리석을 모방하는 수법으로 목판에 그린 작품이다.

물론, 라파엘로는 자기보다 어린 안드레아가 아눈치아타 성당의 현관 주랑에 그린 프레스코를 보았었고, 특히 자신도 추구했던 균형 잡힌 표현인 「마리아의 탄생」도 보았다. 그 선은 모든 인물을 완벽하게 어우러지게 했다.

15세기, 그리고 라파엘로와 안드레아 델 사르토의 후계자들의 작품에서, 어떤 부분과 장신구와 심지어 인물까지도 바꿔치기란 쉬운 일이다. 그렇지만, 라파엘로와 델 사르토의 작품에서는 그렇게 할 수 없다. 그들의 작품은 과거 거장들의 건축적 구조와 균제를 깨뜨린다. 베드로를 구출하는 천사라든가, 아테네 학파에서 플라톤이나 아리스토텔레스를 앞으로 끌어내고 뒤로 물릴 수는 있겠지만, 그렇게 되면 작품은 더는 같은 것이 아니게 된다. 이는 바로 걸작이란 절대적 성격을 지니고 있기 때문이다.

"걸작은 눈속임을 위한 것이 아니라 호소하고, 설득하고 모공毛孔을 통해 우리 속으로 들어오기 위한 것이 된다."²²

몇 해 뒤, 레오 10세는 델 사르토에게 카자노에 있는 포지오 별장 벽화를 주문했다. 이곳에서 코시모 시대에 최초의 플라톤주의자들과, 피에로와 로렌초와 그 조상이 회동했었다. 이제 그 철학자의 애호가들은 루첼라이 궁의 정원에 모이곤 했다. 조반니 루첼라이는 레오 10세의 명예를 위해 눈부신 축제를 벌였는데, 축제가 열리는 동안에 자유로운 운문으로 쓴 최초의 이탈리아 고전 비극「로스문다」가 공연되었다.

이 여행 중에, 마키아벨리는 자신의 『군주론』을 로렌초 데 메디치에게 바친다. 마키아벨리는 베네치아 대사가 체사레 보르자와 기질이 같다고 본 이 청년 군주를 차후의 주군이자 이탈리아의 구원자로 보았다. 『군주론』의 마지막 장에서, 마키아벨리는 이탈리아에서 외국인을 쫓아내라고 설파한다.

"이탈리아는 여전히 신음하고 있고 롬바르디아와 토스카나와 나폴리 왕국의 황폐화에 종지부를 찍을 해방자를 기다리느라 목이 탄다… 지금이 이탈리아가 그 족쇄를 풀어야 할 때이다. 이 족쇄를 풀어주는 해방자가 있다면 얼마나 열렬히 환영받을 것인가, 역겨운 지배의 굴레를 쓰고 오랫동안 신음했던 이 불행한 고장에서….“

이는 적과 타협하려는 레오 10세의 물레방아에 물을 부은 격이었다. 피렌체를 떠나기 전에, 교황은 라파엘로의 영향도 있었겠지만, 과거에 율리우스 2세가 소도마를 부당하게 대우했던 것을 바로잡으려고 그를 기사에 봉했다.

프랑스의 새 국왕은 매력적인 스무 살 청년으로 아주 훤칠하고 강직하며, '그 왕국에서 제일 잘난 사내'였으며, 이는 누운 이마와 아몬드 같은 눈 등, 특이한 용모 때문이라기보다 대단히 순박했기 때문이었다. 즉 포지오°가 놀려댈 만한 큰 코 덕분이었다. 이 가장 잘난 사내는 강인하고 탁월한 기사요, 지칠 줄 모르는 사냥꾼이었다고 한다. 국왕 프랑수아는 모든 것을 아주 쉽게 이야기하곤 했다. 정말 교양이 있어서라기보다 '신통한 기억력' 덕분에. 훗날 베네치아 대사는 이렇게 썼다.

"결코 일을 접어두지 않고서 신체적 피곤을 훌륭히 견디는 국왕인 만큼, 그의 정신적 고민이 그를 짓누른다."[23]

레오 10세는 줄리아노를 통해서 그를 알았다. 줄리아노는 프랑스 신사들은 물론이고 이탈리아 사람들까지도 이 젊은 왕의 위대성과 가치와 자유분방함과 문학에 대한 사랑을 칭송하는 것을 들었다.[24]

줄리아노의 입에서 나온 이런 발언은 프랑스의 젊은 왕이 새로운 귀도발도나 로렌초 대공이 될 수 있을 것이라는 뜻이었다. 이와 비슷하게 애처로운 환상이 젊은 영국 왕 헨리 8세와 에스파냐의 젊은 왕으로 나

• 1380~1459. 이탈리아 문인으로, 유럽 전역의 수도원을 돌아다니며 그리스 로마의 고대 문헌을 찾았다. 라틴어로 쓴 『소극』은 풍자와 음란한 일화로 넘치는데 당대 유럽에서 큰 인기를 끌었다.

중에 카를 5세 황제가 되는 카를로스 1세에게도 쏟아졌다. 또 심지어 프란체스코 마리아 델라 로베레에게도.

12월 11일, 레오 10세와 프랑수아 1세는 볼로냐에서 만났다. 그곳에서 이들은 위세를 겨루었지만 교황은 즉시 이 젊은 왕이 모든 것을 '말로써가 아니라 지혜로써' 대단히 적절하게 추정할 줄 안다는 점을 알게 되었다.[25] 점잖은 공박에도 불구하고 교황은 자신의 어머니가 부르던 대로 '헬비티아*의 정복자'였던 만큼, 줄리아노가 권좌에 있던 파르마와 피아첸차 반납을 거부했다. 반면에 교황은 주교와 수도원장 선출권을 보장받았던 샤를 7세의 '칙령'을 교황청을 위해 폐기한다는 약속을 얻어냈다. 그것은 1789년까지 프랑스와 교황청의 관계를 조정해줄 협약으로 대체되었다. 이 협약은 교황의 권위와 또 그것으로 교부를 굴복시키고, 교회세를 징수하고, 수도원의 수입을 자신의 신봉자에게 되돌리는 데에 이용했던 왕의 권위에 유리했다. 그러나 레오 10세는 무엇보다도 가장 큰 위험을 없애는 데 성공했다. 왜냐하면, 북이탈리아의 주인으로서 프랑수아는 나폴리로 진격하길 원했기 때문이다. 레오는 그 진격을 만류하는 데에 성공했다. 그들은 서로 친구가 되어 헤어졌다. 레오 10세는 실제로 이 젊은 왕에게 진지한 영향력을 행사할 수 있는 집안 어른이었다. 왜냐하면, 줄리아노 데 메디치는 국왕의 어머니 루이즈의 자매, 필리베르트 드 사부아와 결혼했고, 국왕은 그때 줄리아노에게 느무르 공작을 하사했었기 때문이다.

라파엘로의 제자들이 그린 프레스코 「샤를마뉴의 대관식」에서 레오

• 스위스의 옛 이름.

는 이 황제를 프랑수아 1세의 모습으로 그리게 했다. 볼로냐 회동의 결과는 몇 해 동안의 휴식기였다. 레오 10세는 로렌초 대공의 적자로서 위신을 보여주었다. 이탈리아 전역에서 동맹자든 적이든 모두 한숨을 돌렸다.

이 볼로냐 회동 중에, 라파엘로는 티모테오 비티의 옛 스승 프란차를 보고 또 보았다. 그들은 서로 초상을 교환하기로 약속했고, 라파엘로는 볼로냐의 산 조반니 인 몬테 수도원을 위해 그렸던 「산타 체칠리아」에 모델로 등장해달라고 간청했다.[26] 그리고 필요하다면 그것을 개작하겠노라고 정중하게 덧붙였다.

산타 체칠리아, 회화로 옮겨진 음악

로마로 돌아온 얼마 뒤, 라파엘로는 약속했던 초상화를 받고서 프란차에게 이렇게 답장을 썼다.

"친애하는 프란차 선생님, 조금 전 선생님의 초상을 받았습니다. 아주 완벽하고 말짱하게 바초토가 제게 전해주었습니다. 정말이지 감사합니다. 그것은 너무 훌륭하고 생생해서 환상처럼 보이기도 할 정도입니다. 선생님 곁에서 그 말씀을 듣는 듯하니까 말입니다. 제 것의 발송이 늦어지더라도 부디 너그럽게 용서하시길 빕니다. 저의 막중하고 끝없는 일 때문에 선생님과 합의했던 제 초상을 그릴 짬을 못 찾았습니다. 제 제자가 그린 것 중에서 제가 가필한 것을 보내드릴 수 있습니다만, 그렇다면 그것은 마음에 드시지 않겠지요. 하지만 제가 틀렸습니다. 그 방법이 더 나을 듯합니다. 저는 선생님의 작품에 비할 능력이 모자란다고 실토해야 할 테니까 말입니다."[27]

이는 아마 라파엘로가 산타 체칠리아를 볼로냐에 보낸 조금 뒤의 일이었던 듯하다.

「산타 체칠리아」는 어떤 작품일까? 괴테는 "우리가 잘 모르는 인물 다섯 명을 그렸다. 하지만 그 실감이 너무나 완벽해서 이 그림이 영원히 살아남았으면 좋겠다"고 썼다.

바사리는 이렇게 말했다.

"이 그림의 제목을 다른 화가들의 작품에 붙인다면, 그 제목은 라파엘로의 작품과 걸맞지 않을 듯하다. 생명을 타고난 이 인물들에는 다른 이름을 붙여야 한다. 그 인물들에서 우리는 마치 자연 속에서처럼 육신의 고동과 떨리는 가슴과 동맥이 펄떡이는 것을 본다. 이 그림 성녀 체칠리아는 다시 한 번 이 저자의 엄청난 명성을 드높였다."

볼로냐 피나코테카에 소장된 이 「산타 체칠리아」는 페루지노의 대단히 훌륭한 그림 맞은편에서, 프란차의 정직하고 순박하며 신선한 작품들과 나란히 걸려 있다. 페루지노의 작품은 그 우아하고 매력적이며 온화한 감성을 보여주는 인물들로 눈길을 끈다. 그러나 약간 거리를 두고서 보면, 인물들의 한결같이 동글동글한 얼굴을 어디선가 본 기억이 난다. 즉 갸름한 타원형에, 내리깐 눈과 관능적인 입술과 귀여운 미소는 유럽에 퍼져 있는 이 거장의 다른 그림에서 본 것과 같다. 페루지노의 작품은 화려한 색조의 꽃과 마찬가지로, 우리는 그 미묘하고 짙은 향기를 맡으며 그 얼굴에 접근하게 되지만 그 향기가 완전하지 못해 실망하지 않을 수 없다.

관객은 이렇게 라파엘로의 화폭 앞으로 돌아오게 되며, 은밀한 마술에 취하게 된다. 우선 막달라 마리아의 마술적 시선과, 가필했지만 라파

431

엘로의 수수께끼 같은 붓만이 빚어낼 색채의 마술에 취하게 된다. 이는 마치 태양이 그 찬란한 열기로 얼굴과 피륙과 마들렌의 옅은 파란색 드레스를 훑는 듯하다. 게다가 음악은 느리게 슬그머니 솟아나다가 야금야금 우리 속으로 파고들고 주위로 울려 퍼지면서 우리의 사고를 신격화한 천사들이 사는 천상으로 끌어올린다. 천사들은 인간의 주제를 합창으로 다시 취해 더욱 커다랗게 울려 퍼지게 한다. 연주자들은 악기를 떨어뜨렸고 성녀 체칠리아는 천사를 바라보지만, 막달라 마리아는 우리의 정념의 거울로서, 그녀의 내부에서 울리는 신성한 합창을 듣는다.

가령 영국 시인 셸리가 「산타 체칠리아」에서 "빚어지는 인상의 비밀을 찾을 수가 없다"라고 했다면, 이는 그것이 성자와 사도들이 우애로 결합한 연주회를 재현한 것이 아니라, 선의 율동과, 운동의 대립과, 색채의 노래를 통해서 회화로 옮겨진 음악 그 자체이기 때문이다. 레오나르도는 이렇게 말했다.

"음악에 뒤이어 조각이 나오지만 회화는 보편적이다."

미켈란젤로는 이렇게 말했다.

"훌륭한 그림은 하느님의 완전한 작품의 모사본일 뿐, 그분의 붓의 그림자이자 결국 음악이요 멜로디일 뿐이고, 오직 그 어려움을 느끼게 해주는 매우 생동하는 지성이 있을 뿐이다."[28]

음악은 그것에 둔감한 사람을 당황하게 하겠지만, 항상 일상에서 완전히 유리된 서로 다른 존재들을 결합시킨다. 음악은 거의 유일하게 영혼의 능력에만 호소하기 때문이다. 그러나 그림은 누구나 접근할 수 있을 듯하다. 시각이란 우리 감각에 가장 명쾌하기 때문이다. 그러나 사실은 이와 다르다. 누구나 어떤 그림의 주제와 소묘와 색채를 볼 수 있지만, 어떤 사람은 선만을 이해하고, 어떤 사람은 두드러진 부감만을, 어떤 사람은 구성만을 이해하는데, 그 정신을 꿰뚫어보는 사람은 극히 드물다. 그런데 이런 보기 드문 사람들을 사상과 예술과 생활의 다른 분야에서 찾을 수 있지만, 음악작품에 열중하는 사람들은 만약 그들이 일시적인 몰입을 중단하길 원하지 않는다면, 음악의 영역을 넘어서 모험에 나서지 않는다고 할 수 있다. 진정한 회화는, 가령 그것이 영혼의 가세를 요한다면 정신에 호소할 것이고, 정신은 의식 활동을 통해서 영혼의 선택을 정당화한다. 이렇게 눈은 사실상 플라톤이 주장하듯이 지성의 상징이다.

프란차는, 여행 중에 발생했을지 모를 훼손을 수리해달라며, 그가 찾아낼 잘못된 점을 고쳐달라는 라파엘로의 편지가 동봉된 그림을 받았다. 라파엘로의 작품을 본 적이 없던 프란차는 조심스레 포장을 뜯고 화폭을 꺼내, 밝은 곳에 놓고서 무릎을 꿇고 늙은 시몬의 말을 되뇌었다. 즉 아기 예수를 예루살렘 성전에 데려다놓고서 했던 말이다.

"주님, 이제 당신의 하인을 평화롭게 떠날 수 있게 해주소서. 제 눈은 빛을 보았나이다."

이날 이후로, 이 노화가는 1518년 죽음을 맞이할 때까지 다시는 붓을 들지 않았고, 매일같이 이 경이로운 이미지를 경배하고자 산 조반니 성당을 찾았다.

갈라테아

키지는 브라만테의 제자, 건축가 페루치[29]에게 부르크하르트가 '지상
에서 가장 아름다운 별장'이라고 했던 하궁夏宮을 짓게 했다.[30] 그런데
지금까지도 사람들은 이 건물을 라파엘로의 작품이라고 주장한다. 그
의 스타일이 뚜렷하기 때문이다. 키지가 파르네시나 궁으로 와서 아름
다운 정부 프란체스카 오르데아스카를 그곳에 살도록 한 것은 1511년
이다. 바로 이곳에서 그는 전설적인 연회를 개최했다. 그 연회 중에, 마
구간을 고친 멋진 식당에서 매 식사 후에 교황이 사용했던 금은 식기를
티베레 강에 던지게 했다.

현대 세력가들의 조상인 키지는 레오 10세에게 자기 집이 백여 채와
그에 못지않은 선박을 갖고 있다고 하면서 이만 명이 넘는 식솔을 거느
렸고 자신의 영지에 우마 육백 마리와 양 일만이천 마리가 풀을 뜯고
있다고 주장했다. 그는 여기에서 올리는 소득이 연간 칠만 플로린이라
고 털어놓았다. 그는 죽으면서 팔십만 두카토의 유산을 남겼다.[31]

그는 자신이 간접적으로 은행권을 물려받은 메디치 가문의 사례를

모방했던 듯하고, 항상 교황과 돈독한 사이였다. 교황에게 거금을 빌려주기도 했고, 심지어 교황의 삼중관이 그의 집에 저당 잡혔다는 주장도 있다. 레오 10세처럼 그 또한 고전 작가들에게 관심이 있었고, 자신의 트란스테베레 별장에서 레오가 설립한 아카데미와 공동으로 그리스 인쇄소를 창립하기도 했다.

모든 점에서 레오 10세와 마찬가지로, 키지도 라파엘로에 감탄해 마지않았다. 라파엘로는 최후 몇 년 동안 바티칸과 파르네시나와 발굴 현장 사이를 오가며 지냈다고 할 수 있다. 물론 때때로 숨을 돌리려고 그는 카스틸리오네와 친구들과 함께 로마 근교를 산책하기도 했고[32], 황금빛으로 물든 들판을 건너 알바니 산맥의 파란 지평선을 찾기도 했다.

라파엘로의 가장 개성적인 건축 작품은 산타 마리아 델 포폴로 성당[33]의 키지 예배당이다. 거기에서 세련된 부분의 가치는 분명하고, 지나치게 커다란 전체의 동선에서도 상실되지 않으며, 눈을 사로잡을 모든 것을 결합시킨다. 건축 형태와 장식 조각의 우아함과 벽화의 은밀한 매력과, 모자이크의 찬란함과, 입상의 부감과 천연색 대리석과, 가장 순수한 취미로서, 벽기둥과 배내기와 기둥머리를 깎아낸 카라라 하얀 대리석의 순백을 돋보이게 하는 화려한 얼룩무늬가 있는 돌이 그렇다. 이 예배당은 산 피에트로의 것을 연상시키는 거대한 사다리꼴 팡당티프* 위로 올려진 원개로 덮였는데, 꽤 낮은 궁륭은 그 자체가 이 성당을 위해 브라만테가 설계한 원개의 추억이기도 하다.[34]

소도마가 「알렉산더와 록산나의 결혼식」이라는 장식화를 그 침실에

* 둥근 지붕의 구면체 윗부분을 앉을 수 있도록 정방형을 채우는 삼각형 부분.

그렸던 파르네시나에서[35] 라파엘로는 프레스코로, 트리톤°의 추격을 받는 요정 갈라테아를 그렸다.

이 발상은 뱀보가 폴리치아노의 시 「마상 경기」를 읽어보라고 권한 데서 나왔다. 여기에서 다시금 플라톤 아카데미의 영향을 보인다고 해서 문제가 될 것은 없다.

「갈라테아」는 순수하고 열렬하며 대담한 우리의 꿈에서 나온다. 라파엘로 이전까지 그녀는 관념 세계에서만 존재했으나, 그가 그녀를 파르네시나 별장의 벽면에, 물결치듯 덧없으나 경이로운 모습으로 그린 날부터 감각 세계 속에 존재하게 되었다.

보티첼리도 개종하기 이전에 이와 비슷한 주제를 그린 적이 있었다. 천 년 동안이나 숨어 있던 동굴을 빠져나오는 그의 베누스는 잿빛 바다를 무릅쓰고서, 그 첫 번째 산책에 감동한 모습이 완연하다. 흥분된 가운데에도 여전히 수줍어하면서, 특히 그 감미롭고 가냘픈 나신에 거북해하는 모습이다.

아주 거북해해서 우리도 그녀를 거북해할 지경이다. 아무리 가벼운 것일지라도 그녀에게 옷자락 한 점을 건네고 싶어지지 않을까. 더 자유롭고, 단순하고, 솔직한 자세를 취할 수 있도록 또 매 순간, 찌푸린 하늘을 뚫고 퍼져나올 수 있고, 동굴 속의 오랜 나날로 예민해진 그 피부를 태울지도 모를 일광으로부터 그녀를 가릴 수 있도록….

로렌초 디 크레디의 「베누스」를 볼 때, 우리는 진지하게 그녀에게 목욕 가운으로 어깨를 감싸주고 싶어지는데, 그녀는 욕조에서 나오는 모

° 반인반어의 해신.

436

습을 들킨 데에 불쾌해하는 모습이기 때문이다. 크라나흐, 뒤러 또는 루벤스 같은 북유럽 사람들이 그린 이브와 베누스를 보면 사태는 더욱 심각해서, 우리는 그녀들이 왜 공처럼 부푼 배와, 기름지고 뚱뚱한 허벅지와, 정맥류가 드러난 다리를 과시하는지 이해하기 어렵다. 우리는 그녀들이 가능한 한 빨리 옷을 입었으면 하고 바라 마지않게 된다. 그러나 티치아노의 매혹적인 여인들에게서는 그런 원망이 적어진다. 텐느는 이탈리아를 여행하다가 그 까닭을 결코 묻지도 않고서, 정말로 황홀하기만 한 그 육체 앞에서 아주 오랫동안 머물렀다. 마네의 올랭피아 앞에서도 우리는 마찬가지 인상을 받게 되는데, 마네 자신의 진의가 바로 그와 같았다.

어떤 마술로써 조르조네의 베누스[36]와, 소도마의 이브[37]와, 라파엘로의 갈라테아는 밀로의 베누스처럼 그 누드로서 그렇게 눈부신 것일까? 그들의 육체미는 그들의 영혼의 아름다운 움직임일 뿐이며, 그 방사하는 후광으로 그 육체를 덮은 것도 바로 이 영혼이다.

우리는 티치아노가 그린 부인들이 이제 막 옷을 걸치고, 하녀가 그녀들에게 아름다운 장신구를 갖춰줄 때 최상의 동반자가 된다는 것을 알고 있다. 조르조네와 소도마와 라파엘로의 여신도 단순하고 자연스럽고, 정직한 나신이다. 나무들이 봄에는 빛나는 별 같은 꽃에 덮이듯이 그녀들은 지상에서 그렇게 빛난다.

갈라테아를 그릴 때, 라파엘로는 틈이 나기만 하면 별장을 벗어나 그 애인을 보러 갈 만큼 사랑에 빠져 있었다. 아고스티노 키지는 그래서 꾀를 냈다. 그는 수수께끼 같은 돈나 벨라타라고 짐작하는 여인을 수소문해서 그녀에게 라파엘로 곁에서 지내달라고 간청했다. 이렇게 해서 작품이 마무리될 수 있었다. 그래서 갈라테아는 그토록 감미롭고 사랑스러우며, 찬사로서 빚어졌다고 하겠다. 원만한 타원형의 구조와 갈라테아를 따라 물 위를 미끄러지는 천사들을 뭐라고 해야 할까. 소도마가 시에나에서 동정녀 승천도를 벽화로 그리면서 처음 그것을 모방했던 것도 당연하다. 구름 속에 몸을 숨기고서 짓궂은 아기 천사들은 화살을 나눠줄 준비를 하면서 삼각형을 이룬 채 허공 속에서 새들처럼 우아하고 매력적으로 움직인다. 만약 인간에게 날개가 있다면 그것을 이렇게 사용했으리라.

그렇다면 그 의미는 무엇일까? 이 서정적 시속에서 즐기려고 덤비는 짐꾼을 완곡하게 물리치는 이 뚱뚱한 장터 여인은 무슨 역할을 하는 것일까? 그 왜곡된 덩어리와, 벽돌 같은 색채는 무엇을 의미할까? 이는 줄리오 로마노의 붓 자국이다.

이는 아마 라파엘로의 사후에 당시에는 그의 스승보다 더 위대하다고 간주했던 줄리오 로마노가 손질한 것이리라.

갈라테아의 문제와 관련된 대단히 흥미로운, 라파엘로가 당시 막 누빌라라 백작 작위에 오른 카스틸리오네에게 부친 편지 한 통이 전해진다.

"백작님,

각하의 지시에 따라 수많은 밑그림을 그렸습니다. 그것을 보는 사람마다 좋아했습니다. 그들은 저를 칭찬했지만 저는 각하의 입맛에 맞지 않을까 걱정스럽기만 합니다. 마음에 드셔야 할 텐데…. 각하께서 힘들이지 않고서 하나 골라잡으셔야 할 텐데요. 우리의 주군께서 영광스럽게도 산 피에트로 건축공사 감독이라는 막중한 임무를 맡겨주셨습니다. 제가 만든 모델이 성하를 즐겁게 하고 다른 많은 훌륭한 분들도 칭찬한다고만 한다면 저로서도 이 일 때문에 주눅 들고 싶지 않습니다. 하지만 저는 훨씬 궁극적인 생각을 하고 있습니다. 즉 고대 건축의 아름다운 형태를 찾아내고 싶지만 이것이 이카로스의 비행이 되지 않을까 모르겠습니다. 비트루비우스[38]가 내게 빛을 비춰주겠지만, 아직 충분하지는 않습니다.

갈라테아의 경우 그것이 각하께서 알아볼 자질의 절반만 담아내더라도 저는 거장이라고 할 수 있겠지요. 저는 각하께서 제게 주신 엄청난 배려의 말씀을 새기고 있습니다. 아름다운 여인을 그리자면, 각하께서 완벽한 모델을 골라주시기만 한다면 여러 명을 보아야 하겠습니다. 훌륭한 판단과 아름다운 여인은 드물기만 하므로, 저는 제 머릿속에 나타나는 어떤 생각을 이용합니다. 가령 이 생각이 예술의 관점에서 일말의 가치가 있다면, 거기에 가치를 부여하려 애를 쓰긴 해도 바로 그것이 제가 모르는 것입니다. 제 감사의 뜻을 거두어주시길. 로마에서 썼습니다.

라파엘로."

라파엘로는 그리스 화가처럼 작업한다. 제욱시스는 목욕하는 헬렌을 그리려고 처녀 다섯 명을 이용했다는 전설이 있듯이.

갈라테아는 일련의 미완성작의 출발점이었을 테지만, 키지와 그 뒤를 이은 라파엘로의 사망으로 중단되었다. 만약 그렇지 않았다면 한구석에 배치되지 않고 그 작품은 중앙에 배치되었을 테니까 말이다.

얼마 뒤, 라파엘로는 시스티나 예배당 준공에 맞춘 양탄자 밑그림에 착수하고, 키지를 위한 새로운 벽화를 그리고, 산 피에트로 공사를 지휘하고, 유적 발굴을 감독하고, 멋진 저택에 기거하면서, 장엄한 교황의 궁정에서 똑같은 비중으로 바이마르 공작의 작은 궁정에서 괴테가 누리게 될 역할을 누린다.

레오 10세의 온건한 태도 덕분에 마침내 평화가 보장된 듯이 보인다. 로마와 피렌체의 주인인 메디치가의 후원으로 예술과 문학과 철학의 지배가 승리를 거두게 된다. 로마는 이제 기독교 세계의 정신적 수도로 되돌아온다. 교황은 젊었고, 그보다 더 젊은 줄리아노와 로렌초, 게다가 라파엘로는 그들보다도 더 젊었다. 그는 걱정이 없었고 내일을 염려하지 않았으며, 이 청년기에 사람들이 도피와 무자비와, 배반에 시달릴 때, 그 시간을 유리하게 활용하게 된다. 그의 영혼은 신선하고 젊음에 넘치며, 정신은 활달하고 대담했다.

레오 10세가 잊은 것이라고는 단 하나뿐이었다. 즉 메디치가 사람은 단명한다는 사실이다.

파르네시나 별장의 외랑이다. 반통형 홍예와 완곡한 궁륭으로 천장을 받쳤다.
세로홈을 새긴 네모기둥은 간결한 르네상스 기둥의 또다른 매력이다. 여기에 라파엘로가
장식화를 그렸으며, 발다사레 페루치가 지었다.

제4장

꿈은 지다

내가 보기에 르네상스는 지난 천 년의 정점이다.
그때 이후로 당시의 개인주의에 반하는 무리들의
본능적 반동만 벌어졌다.

— 니체, 오베르베크에게 쓴 편지. 1882년 10월.

산타 마리아 델 포폴로 성당 천장화의 부분. 라파엘로는 이 작업에서
그리스 신화와 오비디우스의 노래 등을 자유롭게 해석하며 기독교 주제와 뒤섞었다.
천사들은 중세의 하늘을 가로질러 에게해와 올림포스 신들과 어울리며
하늘의 전언 대신 화가와 철학자들의 전언을 전한다.

줄리아노와 아들 이폴리토

줄리아노는 가장 먼저 죽었다(1479~1516).

줄리아노는 다가올 사태를 예견하고 있었다. 신경질적이고 예민하고 철학적인 그는 메디치와 몬테펠트로 가문, 그리고 인문주의 교황이 옹호했던 이상이란 생각이 자유로운 사람들 사이에서만 통한다는 점을 알고 있었다. 그는 자신의 주변 어디에서나 문명의 패러디를 목격했다. 즉 새로운 세계가 다가오고 있었다. 프랑스의 루이 12세, 영국의 헨리 7세, 아라곤의 페르난도가 사망했고, 늙고 공상적이며 몽상가에 불과했던 막시밀리안 황제는 나폴리의 옥좌에서 최후를 맞았다.

하지만 커다란 기대를 모았던 프랑스와 영국과 에스파냐의 이 젊은 왕들이 엘리사베타를 따라 우르비노에 왔을 때 그들은 전혀 아테네 사람이 아니었다. 그들은 르네상스가 영혼과 정신을 요구한다는 점을 몰랐고, 그것을 단지 세련된 우아와, 사치와 예절로 이해했을 뿐이다. 마치 예절이 오랜 민중 속담이 전하듯이 마음에서 우러나오는 것이 아니라는 듯이 말이다.

줄리아노는 이 청년 군주들이, 일찍이 프란체스코 마리아 델라 로베레와 또 자신의 조카 로렌초와 메디치 가문은 물론이고 오르시니 가문까지도 사로잡았던 극렬한 파괴자라는 점을 알아챌 만큼 통찰력이 깊었다. 개화에 대한 열정은 설득하고, 이해하고, 사랑하는 것이어야 했으나 그들은 지배욕에만 사로잡혀 있었다. 그는 송장과 강물을 피로 적시는 살육과, 분명한 퇴행의 증거인 강경파에 치를 떨었다.

르네상스를 부정하는 사람들은 자신들이 르네상스를 알프스 이북에 도입한 척했다. 그들은 이탈리아 건축을 모방해서 자기네 궁전을 지었기 때문이다.

레오 10세는 사회 모든 계층에서 그러모은 인재들이 더욱 관대하고, 자유롭고 아테네 같은 세계를 건설하는 데 이바지하리라고 확신했다. 그러나 줄리아노는 모든 것이 허물어지고 분열되고 해체될 것이며, 새로운 인간은 스파르타 족의 화신이 될 것으로 알고 있었다. 그들 청년 군주에게 힘은 머릿속이 아니라 주먹에 있었기 때문이다.

아메리카의 황금으로 에스파냐는 번창 일로에 있었다. 그 덕에 아라곤의 페르난도와 그의 손자 카를 5세가 이 세상을 사들이기 시작했지만 그 한 줌마다 그만큼의 피를 쏟아내게 했던 황금은 그에게 재앙을 안겨주었다. 즉 황금은 거기에 쏟아 부은 피보다 더 빠르게 유출되었다. 항상 더 많은 황금이 필요해지면서〔인플레이션〕멕시코와 페루에서 통용되던 풍습이 유럽으로 흘러들었다. 즉 교황 성하의 영향 아래 있던 모든 나라에서〔종교재판에 따라〕화형식이 행해졌고, 이교도의 황금은 로마제국 이래 가장 거대한 제국이 격랑과 고집 때문에 고립된 작은 섬나라 왕국으로 줄어드는 것을 보게 될 때까지 국왕의 금고로 쏟아져 들어왔다. 게다가 황금과 더불어 전대미문의 질병이 대서양을 건너왔다. 프랑스에서는 이 질병을 '나폴리 병'으로, 이탈리아에서는 '프랑스 병'[매독의 일종]이라고 불렀다. 에스파냐 해병이 전한 이 질병은 유럽을 황폐화하고, 작고 예민한 상위 신체기관을 치명적으로 공격했다. 줄리아노도 바로 이 병으로 죽었던 것으로 믿어진다. 아테네 정신과 스파르타 정신의 이러한 투쟁에서, 이 질병은 스파르타 정신과 연대했다고 할 수 있다. 신체를 쇠약하게 하면서 이 질병은 정신을 갉아먹고 저항할 수조차 없게 만들기 때문이다.

카스틸리오네는 줄리아노를 그의 정신적 자질과 순수한 마음은 물론이고 학문에 대한 사랑이 두드러진 군주로 묘사한다. 1512년 메디치가가 피렌체로 입성했을 때, 추기경 조반니는 그에게 국가 행정수반을 맡겼다. 그러나 금세 줄리아노는 자신의 성격이 당파적 증오심을 억제하는 데 적합하지 못하다고 깨달았다. 그 직책을 조카 로렌초에게 다시 인계한 그는 로마에 정착했다. 이때 레오 10세는 그를 교회 총사령관에 임명한다. 그는 자기 가족과 교회의 이해관계에 떠밀려 롬바르디아로 행운의 여행을 떠난다. 그러나 이 신혼여행은 그가 프랑스에서, 메디치가의 영광에 마지막으로 이바지하는 기회가 되었을 뿐이다.

바로 이 여행 직전에 라파엘로가 그를 그렸던 것 같다. 외젠 드 보아르네의 후손인 뢰슈텐베르 공작의 소장품에서 나온 이 초상화는 훌륭한 모작일지 모르지만 지금은 베를린에 있다.[1] 줄리아노는 1515년 4월에 라파엘로를 자기 집에 잡아두었다. 라파엘로는 다시 한 번 이 사내의 은밀한 정력을 보여준다. 이 귀공자는 느무르 공이나, 파르마 공, 그렇다고 교회 총사령관의 모습도 아닌, 절망에 빠졌지만 인간적 위엄을 간직한 사내의 모습이다. 항상 평화를 그리워했던 줄리아노는 그 내적 고통이 뚜렷한 시 한 편을 남겼다.

"나를 기다리는 더욱 잔인한 운명을 피하려고 만약에 내가 나 자신의 삶을 증오하고 끝장을 보고자 한다면, 이는 비겁하거나 비겁 때문은 아니다."

죽음을 예감한 줄리아노는 젊은 아내와 함께 피에솔레의 매혹적인 수도원에 칩거했다. 1516년 초, 레오 10세가 그를 찾아갔다. 그의 계획을 알게 된 줄리아노는 우르비노를 공격하지 말아달라고 애원했다. 그는 자신이 그곳에서 받았던 우정 어린 환대를 잊을 수 없었으며, 어린 로렌초와 그 야심만만한 어머니 알폰시나 오르시니가 요구하는 약탈을 배은망덕이라 생각했다.

1516년 3월 17일, 줄리아노 데 메디치는 숨을 거두었다. 그는 우르비노의 귀족 부인과의 사이에서 얻은 외아들 이폴리토를 남겼다. 레오 10세는 그 아이를 바티칸으로 데려와 줄리아노의 역할을 맡기면서, 로렌초의 딸인 어린 카테리나와 약혼시켰다. 카테리나[1519~1589]는 훗날 프랑스 왕비가 된다[앙리 2세와 결혼했다]. 레오가 사망하고, 줄리오 데 메디치 추기경[나중에 교황 클레멘스 7세가 된다]은 이폴리토를 물리치려고 그에게 추기경 자리를 만들어주었다. 그 빈자리를 피렌체 공이 될 알레산드로에게 물려주려고.•

로렌초 대공의 마지막 자손인 이폴리토는 진정한 메디치 가족이었다. 거대 정당의 수장이자 시인으로서 그는 다른 식구처럼 군주에게 당당했고 친구에게도 헌신적이었다. 1533년 클레멘스 7세의 명령으로, 사촌 카테리나를 따라 프랑스로 동행한 그는 프랑수아 1세가 건넨 모든 선물을 거부하게 된다. 티치아노가 그린 그의 초상은 지금 피티 궁에 있다. 금빛 단추로 여민 검정 벨벳 복장에, 창백한 얼굴, 검은 머리, 크고 우울한 눈, 대담한 표정은 전혀 교황청의 왕자도 세속의 왕자의 모습도 아니다.

그는 자기 곁에 선대의 로렌초와 마찬가지로 모든 당파와 연대할 만큼 권위를 누렸다. 역사가 나르디는 이폴리토가 자신에게 그토록 열렬하게 피렌체의 자유를 설파했으며, 둘은 서로 눈물을 쏟았다고 전한다. 그는 파울루스 3세 교황 시절 독살되었을 때, 피렌체로 들어갈 참이었다. 그는 겨우 스물넷이었다.

이 무렵, 미켈란젤로는 줄리아노를 추모하여, 입상 「시름에 잠긴 사람」을 세웠다. 미술사가 그림이 완벽하게 증명하듯이 바사리는 다시 한 번 실수했다. 그는 줄리아노의 입상을 로렌초라고 보았다.[2] 자기 주변에서 벌어지는 모든 일을 제쳐놓은 채, 고대 투구를 쓰고 장식이 없는 갑옷을 입고, 복잡한 감정에 몰입한 듯 「시름에 잠긴 사람」은 마치 조각가가 그에게는 죽음이 해방이었다는 점을 보여주려는 듯이, 우리 눈앞에서 천천히 굳어지는 인상이다. 이런 '시름에 잠긴' 입상은 바로

• 대공 로렌초의 조카 교황 클레멘스 7세는 메디치가의 코시모 가계가 계속 피렌체를 지배하도록 보장하려고 1532년 알레산드로(1511~37)를 피렌체의 세습공작에 임명했다. 알레산드로가 바로 교황 클레멘스 7세의 사생아라는 것은 널리 알려진 사실이었다. 알레산드로는 잔혹하고 야만스런 독재자였다. 그는 5년간 피렌체를 지배했으며 1537년 친척 로렌차초에게 암살당했다.

줄리아노 데 메디치의 절망이자, 미켈란젤로의 절망이다. 왜냐하면, 미켈란젤로가 상을 조각할 때 유럽은 이미 깊은 어둠 속으로 빠져들고 있었기 때문이다.

발다사레 카스틸리오네의 초상

줄리아노와 각별한 사이로 산 피에트로의 교황에 오르자마자 "하느님이 우리에게 주신 힘을 이제 누려보자"라는 편지를 쓰기도 했던 레오 10세는 당대인을 놀라게 하면서, 공식적 애도 기간을 선포하지 않았다. 물론 그는 추도제라든가 소리도 없이 은밀히 떠나버린 사자를 기념하는 화려한 의식이란 자신이나 줄리아노 모두에게 잔인하다고 느꼈을지 모른다.

줄리아노가 죽어가던 즈음 라파엘로는 로마를 다시 찾은 발다사레 카스틸리오네의 초상을 그렸다.

카스틸리오네는 서른일곱 살에 눈은 파랗고, 짙은 눈썹과 희뿌연 수염을 기른 모습이다. 그는 잘생기지도, 줄리아노 데 메디치처럼 깊은 우수에 잠기지도, 알리도시 추기경처럼 잔인한 모습도 두드러지지 않는다. 그러나 이 초상을 지배하는 특별한 선의와 지성을 보면서 우리는 불현듯 완벽한 조신에 요구되는 자질을 생각하게 된다. 즉 용감한 정신력과 인간에 대한 애정과 겸손과, 학문과 문학과 음악에 대한 사랑을.[3]

사람들은 네모난 화폭만으로도 라파엘로의 영광은 충분할 것이라고
들 한다. 하지만 그가 그린 초상과 성모와 그림마다 이런 말만 되풀이
할 수 있을까?

발다사레 카스틸리오네의 초상은 라파엘로를 좋아하지 않는 사람들
의 마음마저 사로잡을 만하다.

"모슬린처럼 고루 푸근하고 고우며, 경쾌하고 완벽한 유연함으로 그
렸다. 명암과 살과 옷감은 첫눈에, 엷은 붓 자국과 건강한 소재, 차분
한 자세, 조용히 우회하지도, 덧칠하지도, 탐구하지도 않고서 모델의
가치를 보상하고자 그 유일한 진실을 헤아리면서, 그 결과가 환히 드
러나는 것 못지않게 그 작업을 수줍게 감추면서."[4]

카스틸리오네는 아내가 낭송하는 형식을 취한 단장을 그에게 바쳐
가장 멋진 경의를 표했다.

"당신의 얼굴을 떠오르게 하는, 오직 라파엘로가 그린 당신의 초상만
이 내 근심을 덜어줍니다. 나는 그것을 수천 번이나 쓰다듬고, 미소
를 짓고, 입을 맞추고, 거기에 대고서 그가 내게 답하듯이 이야기합
니다. 종종 그것은 내게 동의를 구하는 몸짓으로 당신의 뜻을 표현하
고, 당신의 말씀을 내게 전하는 듯합니다. 당신의 아이도 그것을 알
아보고 더듬대는 어조로 인사를 합니다. 그 초상에서 나는 위로 받고
지루한 나날에서 벗어나 즐거워집니다."

클레멘스 7세가 카를 5세에게 파견한 대사, 카스틸리오네가 1519년 톨레도에서 사망했을 때, 황제는 "여러분께 지상 최고의 기사가 사망했음을 알립니다"라고 선언했다. 군주의 말씀이 이와 같을진대! 카를 5세는 로마 공략을 허용하지 말아달라고 간청하던 카스틸리오네의 현명한 조언을 잊지 못했다.

오랫동안 사라졌던 이 초상은 1639년 암스테르담에서 삼천오백 플로린에 경매되었다. 바로 그 자리에서 렘브란트는 그것을 보았고 그것을 소묘로 모사했다.[5] 몇 해 뒤, 그것을 마자랭 추기경이 소장했다가 루이 14세를 거쳐 루브르에 소장되었다.

때를 기다리기를 좋아한 레오 10세와 다르게, 우르비노 공 로렌초는 삼촌들의 무기력을 경멸하면서 교황을 신속하게 움직이게 하도록, 오르시니 가문을 이용했다. 이미 그전에, 교황은 프란체스코 마리아 델라 로베레의 교황청 총독의 지휘봉을 빼앗아 로렌초에게 건네주었다. 메디치가와 델라 로베레 가의 해묵은 원한이 다시 불거졌다. 이는 프란체스코 로베레가 피렌체 점령 시, 지원군 파병을 거부함으로써 되살아났다고 해야겠다.

교황 레오는 그에게 법정에 나와서 특히 파비아 추기경의 암살을 비롯한 수많은 고발을 해명하라고 요구했다. 소라 공작부인은 아들을 옹호하려고 로마로 건너와, 교황에게 피렌체가 봉쇄되었을 때 메디치가가 우르비노로 피신했던 시절을 상기시켰다. 귀도발도와 엘리사베타의 친구들에 둘러싸인 레오 10세는 우르비노가 델라 로베레의 텃밭이라는 사실을 잘 알았다. 살인마 프란체스코 마리아는 그를 두렵게 했다. 우르비노는 언제나 교황청과 토스카나의 열쇠였다. 삼촌 율리우스 2세를 배반한 프란체스코 마리아는 메디치 가문의 어떤 교황에게도 충성할 이유가 전혀 없었다. 오리시니 가와 줄리아노 데 메디치의 지원을 받는 로렌초는 이 모든 동기를 제공한 셈이었다. 우르비노를 장악하고 율리우스 2세와 알렉산데르 6세의 정치에 충실했던 로렌초는 시에나를 점령했다. 그에게는 훌륭한 핑계가 있었다. 그가 사망하기 직전에 율리우스 2세는 프란체스코 마리아에게 유리하도록, 시에나를 봉토로 갖고 있던 막시밀리안 황제의 동의를 구했다. 세 나라의 주인인 된 로렌초는 큰 야망을 품을 수 있었다. 이미 여러 사람에게 이 군주야말로 이방인의 수치스럽고 역겨운 굴레에서 이탈리아를 해방할 사람이 아니던가? 한 세기 전에, 조반니 갈레아스 비스콘티는 볼로냐와 피사와 시에나를 점령한 다음에 피렌체에서 이탈리아 국왕으로 등극할 수 있었던 모든 여건이 마련된 바로 그 순간에 사망하지 않았던가?

1516년 4월 27일, 레오 10세는 프란체스코 마리아 델라 로베레를 파비아 추기경의 암살자로 파문에 처하고 그의 나라들을 몰수한다고 선언했다. 로렌초는 2만 군사를 이끌고서 그 공작령으로 쳐들어가 체사레 보르자의 시대처럼 인문주의자의 방어를 받지 못했던 산 레오 요새를 점령했다. 잠시 저항하던 프란체스코 마리아는 귀도발도의 경우를 기억하고, 병기고를 파괴하고서 우르비노를 포기하고, 어머니와 아내 엘레오노라 곤차가와 함께 장모 이사벨라 데스테 곁으로 피신했다.

8월 18일, 레오 10세는 로렌초를 우르비노 공작이자 페사로 군큠에 봉했다. 만토바 후작은 프란체스코 마리아가 교황의 허락이 없이는 자기 나라에서 벗어나지 못하게 했다. 우리는 13년 전에 보르자 부자에 배반당했던 귀도발도의 수치스런 꼴을 기억하고 있고, 이런 시도에서

취할 의견이 어떤 것이든 간에, 레오 10세를 그 전임자들과 다르게 끌어올린 이 모든 사태를 보게 된다.

알폰시나 오르시니는 크게 기뻐했다. 늘 활달했던 그녀는 금세 아들을 위한 풍부한 유산을 찾기 시작했다. 1518년, 로렌초는 프랑스의 마들렌 드 라 투르 도베르뉴 공주와 결혼했다.

그러나 그사이 로마에서, 레오 10세를 비판하거나 혹은 그의 계획을 두려워하던 자들이 프란체스코 마리아 델라 로베레의 편을 들었다. 그리고 늘 그랬듯이, 가장 타락한 자들이 가장 고상한 분개를 내세웠다. 레오 10세의 목숨을 겨눈 음모가 꾸며졌다. 이 음모의 주동자는 다름 아닌 프란체스코 마리아의 삼촌인 라파엘로 리아리오 추기경인데 그는 과거 피렌체 산타 마리아 델 피오레 대성당에서 교황의 큰아버지이자 줄리오 데 메디치 추기경의 생부인 또 다른 줄리아노 데 메디치(1453~1478)가 암살당했을 때 미사를 집전했다. 가담자 중에는 시에나 독재자들의 형제인 페트루치 추기경과, 레오 10세가 볼로냐 여행을 떠났을 때 그에게 교황청 정무를 맡길 정도로 신임했던 소데리니 추기경, 그리고 코르네토 추기경이 있었다. 알렉산데르 6세를 독살했다고 고발당했던 코르네토 추기경은 1506년에 철학자들을 맹렬히 공격하는 책을 펴냈고, 율리우스 2세 시절 피사 공의회에 참석한 반역자 추기경들 중 한 사람이었다.

음모는 들통이 났고, 죄를 지은 추기경들은 도망치는 대신 눈물로 레오 10세에게 용서를 빌었고, 레오 10세는 이를 받아들였다.

그것을 믿어야 했을까? 오늘날까지도 대부분 역사가는 이런 온정이 레오 10세의 은밀한 약점을 잘 드러낸다고 생각한다. 무엇일까? 복수하고, 게다가 가문의 원수 리아리오가 가장 부유한 몫을 차지하고 있던 몇몇 추기경의 재산을 물려받을 절호의 기회를 놓쳤다는 것이다. 무엇일까? 기독교 세계의 수장이 불경죄를 용서했다는 것이다. 이는 분명히 선의에 따른 것이 아니라 무기력과, 분규에 대한 공포와, 자부심 때문에 그는 이제는 인간이 아니라 반신半神이라고 믿었기 때문이다.[6]

이런 만큼, 레오 10세는 경고를 이해했고, 죄인들에게 막중한 대가를 요구했다. 이와 아울러 추기경단에서 자신의 권위를 확고히 하려고 단김에 39명의 추기경 자리를 만들었다. 이들은 새로운 지참금을 치르긴 했지만—우르비노 전쟁에 엄청난 경비가 소요되었고 새로운 로마도 건설해야 했다—이러한 자리를 만드는 것은 대단히 힘겨웠다. 그것은 대부분 주요 인사에게 새로운 자리의 이점을 보장해야 했기 때문이다.[7]

얼마 뒤 에스파냐 군대를 매수한 프란체스코 마리아는 우르비노 공국을 탈환하려고 한다. 그러나 8개월 뒤, 용감무쌍한 로렌초는 다시 한번 그를 자기 나라에서 쫓아내버렸다. 귀도발도의 모험이 되풀이되었던 셈이다.

한편, 알프스 이북에서는 르네상스를 파괴하러 오는 폭풍이 거칠게 몰아쳤다. 제성절 전야에 루터는 교황의 면죄부 남발에 항의하는 95조항을 선포했다. 레오 10세는 이런 사태에 거의 무심했다. 되레 루터를 고발하는 사람들에게 그는 냉정하게 이렇게 답했다.

"마틴(루터) 수사는 지극히 아름다운 영혼을 지녔소, 이런 고발은 수사들의 질투일 뿐이요."

소묘와 양탄자 그리고 그 분신

외교적 사건으로 얽힌 전쟁과 음모가 이어지는 동안에도 레오 10세는 음악과 문학과 예술 어느 것도 무시하지 않았다. 그는 1515년 8월 27일, 라파엘로를 고대유적 감독관에 임명하면서 그 발굴에 열렬한 관심을 쏟았다.

그사이, 레오 10세는 프레스코화로 덮인 시스티나 예배당이 완공되기를 바라면서, 하벽을 전임자들처럼 어둡게 처리하지 않고서 양탄자로 장식하기로 했다. 이 양탄자는 예배당 장식을 위해 훌륭하게 제작되었기 때문이다.

기독교 세계의 수장을 위한 이 성당에서, 창세기부터 동정녀의 대관식까지 모든 인류의 역사가 재현되었고,[8] 사도행전만이 빠졌다. 레오 10세는 은총을 입은 영감에 도취하여, 당연히 자신이 아끼는 화가(라파엘로)가 그것을 종이 위에 소묘로 재현한 것을 보고 싶어했다.

이는 라파엘로에게 걸맞은 과제 아닌가. 사도행전은 물론 서유럽 르네상스에서, 그리스의 일리아드 같은 것이라고 할 수 있다. 즉 그 세계에 대한 서사적 조형적 소재와, 분위기는 지난 사백 년 이상, 기독교와 인문주의 세계 민중의 상상력에서 생생히 나타났다.[9] 또 이와 마찬가지 생각으로, 빅토리아 앤 앨버트 박물관[런던]에 있는 소묘 일곱 점은 현대미술의 만신전의 조각품들이자, 줄기차게 인용하는 예술의 보물이라고 단언할 수 있다. 그 일차적 신선함을 변질시키지 않고서 말이다. 바로 여기에서, 수 세기 동안 화가와 조각가들은 경이와 공포의 몸짓과, 고뇌에 뒤틀린 모습과, 위엄에 넘치는 장엄한 이미지를 추구했다.[10]

이 소묘를 정말 라파엘로의 원작으로 봐야 할까, 아니면 프란체스코 페니가 그렸다고 봐야 할까?[11]

힘이 들어가고, 웅변적이며, 과장된 부분과 계조를 강조하는 수법은 「부르크의 화재」를 그린 사람(또는 사람들)의 평범한 붓질과 힘겨운 노고를 연상시킨다. 피에로 델라 프란체스카, 레오나르도, 라파엘로, 렘브란트 아니면 세잔까지도 위대한 화가는 항상 미의 경계를 오가며 작업한다. 그래서 리듬에 실린 선으로 서정적이며 음악적인 그 내용을 털어버리고자, 손은 이제는 내적 떨림에 따르지 않게 마련이다. 그런데 소묘가 주는 인상은 바로 이와 같다.

그래도 라파엘로가 이 작업을 맡아, 그가 모르지 않았던, 여러 조각으로 나누어 그려진 이 소묘를 그리는 수고를 했을 듯싶지는 않다.

만약, 「기적적인 낚시」라든가 「열쇠를 받는 성 베드로」에서, 라파엘로의 서정성과 공간의 음악과 리듬의 구성이 확실하게 담보되지만, 「성 스테파누스의 형벌」이나 「감옥에 갇힌 성 바울」에서 이제는 그 자취는 없다. 성 베드로는 기이하게도 그 왜곡과 장터의 싸움꾼 같은 근육에서 줄리오 로마노가 만토바, 테 궁에 그려놓은 무시무시한 '거인들'의 모습을 연상시킨다.

라파엘로의 솜씨인 소묘에 대한 연구가 있다. 따라서 그가 이 소묘를 실제로 그렸으나 그것을 제자들이 다른 대형 판지에 옮겨 그렸다고 가정해야 한다. 부분적인 과실이나 과장은 있지만, 아름다움과 균형, 구성의 폭과 많은 세부의 완성도는 이렇게 해야 설명된다. 원작들은 라파엘로의 숱한 다른 소묘와 마찬가지 운명을 맞아, 유실되었을지 모른다. 브뤼셀에 남아 있는 소묘 가운데 세 점은 사라졌고, 1630년까지 루벤스가 영국 왕 찰스 1세에게 소장품으로 구입하도록 추천했던 때 이후로 나머지 일곱 점에 대한 이야기도 이제는 들리지 않는다.

1차분의 양탄자는 1519년 12월 26일 로마에 도착했다. 그리고 시스티나 예배당에 걸렸다. 그러나 거기에 더는 오래 걸려 있지 못했다. 1527년, 부르봉과 프루덴스페르크가 로마를 약탈하고 나서, 그것은 1530년에 리옹에 모습을 드러냈다. 클레멘스 7세는 그것을 다시 사들이려고 했지만, 로마와 피렌체 공략으로 빈털터리가 된 그는 구입가를 치를 수도 치를 의사도 없었다. 이후 양탄자들은 안느 드 몽모랑시 원수 부인의 소유가 되었다. 그녀는 이미 1555년에 그것들을 보수해서, 교황 율리우스 3세에게 돌려주었다.

파울루스 3세가 제도를 정비한 뒤로, 그것은 매년 '성체첨례일聖體瞻禮日'에 내걸게 했다. 우선 산 피에트로 대성당 앞에서 그리고 이어서, 대성당의 교황실로 이어지는 회랑에서.

그러나 양탄자의 재난은 여기에서 그치지 않았다. 그것은 1789년 대혁명 때 다시 한 번 도난당하고 나서, 20년 뒤에 제노아 상인이 피우스

7세에게 되팔았다. 교황이 납치되어 사보네에 연금되기 전에 그것은 나폴레옹 1세의 명령으로 로마도 되돌아갔다. 그것은 불에 타고 훼손되고 수리되어 찬란한 옛 모습이 아니다.

　지난 세기에는, 라파엘로의 예찬자인 엘리자베스 여왕의 부군 알베르 공이 영국 대중의 교양을 높이고 싶어서, 그 소묘를 사진으로 복제·보급하는 작업을 주도했다. 이렇게 해서 누구나 그것을 보게 된 오늘에도 여전히 영국인들은 이 판지에 그린 소묘를 가장 소중한 국보로 여기고 있다.

에로스와 프시케 이야기

1517년 10월 7일, 라파엘로는 보르고에 벽돌과 회반죽으로만 지은 궁전 한 채를 사들였다. 그 원주와 배내기는 도리아 식과 농촌 식의 혼합이다. "이런 회반죽을 사용해서 새롭고 아름다웠다."[12] 일찍이 브라만테가 그 공사를 지휘했었다.

이 저택은 산 피에트로 광장 곁의 보르고 누오보 거리 한구석에 자리잡았다. 본채는 둘로 분리되었지만 나무랄 데 없는 목재로 멋진 천장을 덮은 라파엘로의 화실이 들어섰다.

사촌을 모방해 위대한 예술 애호가가 되고 싶은 생각에 「변모」를 주문한 줄리오 데 메디치 추기경을 라파엘로가 이곳에서 영접한 때는 1517년이다. 여기에서, 추기경은 미켈란젤로의 조언대로 세바스티아노 델 피옴보를 찾아가 「라자로의 부활」을 그려달라고 주문했다.

세바스티아노 델 피옴보는 기뻐 어쩔 줄 몰랐고 추기경이 로마의 가장 위대한 두 화가에게 경쟁을 붙였다고 상상했다.

미켈란젤로는 1517년에서 1518년으로 넘어가는 겨울 한 철을 로마에서 보내면서, 추기경의 중재로 피렌체 산 로렌초 성당의 정면 문제를 의논했다. 미켈란젤로는 자신이 없던 사이 로마에서 벌어진 일을 알려주곤 했던 세바스티아노와 아주 좋은 사이였다. 라파엘로에 대한 세바스티아노의 미움은 깊어지기만 해서, 그는 라파엘로 동아리를 '별 볼일 없는 놈들'이라거나 '유대교도'라고 불렀고, 라파엘로, 교황, 비비에나, 카스틸리오네를 '유대교당 두목들'이라고 했다. 세바스티아노는 당시 막 몬토리오 산 피에트로 예배당에 「모욕 받는 그리스도」라는 프레스코화를 끝냈다. 미켈란젤로는 이번에 그에게 밑그림을 제공하는 데 만족하지 않고서, 벽면에 직접 인물의 윤곽을 그려주었다. 참신한 채색과 매혹적인 명암과 원근과 불타오르는 색채는 로마를 열광하게 했다.

이는 결정적으로 세바스티아노의 사정을 개선했다. 미켈란젤로가 종종 그에게 밑그림을 제공했던 만큼 좋아졌던 그 사정은 더욱 나아졌기 때문이다.

미켈란젤로는 「라자로의 부활」의 소묘도 그렸다. 그가 직접 라자로를 판지에 그린 스케치가 지금까지 전해진다.[13] 미완성으로 남은 라파엘로의 「변모」를 평가하려면, 그것이 예술적 도발에 대한 응답일 수밖에 없었다는 점을 잊지 말아야 한다.

산 로렌초 성당 정면 계약에 서명한 미켈란젤로는 로마를 떠나 카라라로 가서 자신이 직접 조각에 쓰일 대리석 채취 작업을 지휘했다.

1518년 3월에는 바티칸에서 아리오스토의 「가상」이 공연되었다. 막간마다 피리, 풍적風笛, 두 개의 뿔피리, 비올라, 류트와 작은 풍금 등의 합주가 이어졌다. 무대미술은 라파엘로가 맡았다. 세바스티아노가 소도마와 경쟁하면서 그림을 그려놓기도 했던 키지 장원에서 새로운 작품을 조수들과 함께 작업하던 중이었다.

이번에 라파엘로는 테라스를 홍예문으로 꾸몄다. 그는 궁륭을 파란 하늘처럼 간주하고서 화환으로 이어지는 건물을 짓고, 통 모양의 홍예들 사이에 화환으로 구성된 삼각형을 그렸고, 이 삼각형 안에 마치 하늘을 걸어다니는 모습을 상상하도록 인물들을 그려 넣었다.

에로스와 프시케의 주제는 아풀레이우스*의 『황금 당나귀』 이야기에서 빌려왔다. 이 환상적인 소설은 외설스럽고 풍자적인 일화를 바탕에 깐 덕에 유명해졌지만 교훈적인 면도 없지 않다. 당나귀는 '육체라는 감옥'에 갇혀 재미있고 잔인하며, 고통스러운 시련을 겪어나가는 인간으로서, 살해당하는 순간에 인간의 모습을 되찾는다는 이야기이다. 용감하게 수모를 견뎌낸 주인공은 태양의 신비에 동참하는 위엄을 얻는다는 것을 가르쳐준다. 여기에 이은 두 번째 교훈은 사제가 기거하는 성전의 비밀과 고독 속으로 주인공을 끌어들인다.

에로스와 프시케, 사랑과 영혼의 고대 설화는 단편으로 요약된 이 소설의 주제와 같다. 라파엘로도, 키지도 그것을 모르지 않았다.

아기의 아름다움에 눈이 먼 왕과 왕비 사이에서 공주로 태어난 프시케는 베누스의 질투에 불을 질렀다. 누구나 베누스의 명령으로, 가엾은 이 어린아이가 바위 위에 버려져 죽음을 기다리고, 훈풍의 신의 도움으로 마법의 궁전으로 옮겨졌다가 에로스의 아내가 되며, 어떻게 그 자매

• 125~170. 라틴 문인. 황금 당나귀라고 불리는 작품의 원제는 '변모'로 그의 작품들 가운데 최고의 걸작으로 회자된다.

들이 등잔 불빛으로 그녀로 하여금 밤과 잠든 남편을 주시하게 하며, 어떻게 에로스가 도망쳐나와 절망적으로 남편을 찾아다니면서 혹독한 시련 끝에 남편과 영원히 함께 살게 되었는지 알게 된다.

라파엘로는 이 이야기의 주인공을 세 사람으로 이해했다. 즉 에로스와 성난 여신과 순진하고 사랑스런 프시케였다. 베누스는 냉정한 반면에 에로스와 프시케는 고통 끝에 서로를 다시 찾아야 한다. 첫 번째 그림은 곧장 핵심으로 들어간다. 즉 베누스가 구름 위에 앉아 자기 아들에게 프시케의 아름다움에 눈이 멀어 그녀를 예찬하는 사람들을 가리키고 있지만, 여신의 제단은 무시당한다. 열댓 살쯤 된 소년 에로스는 손에 화살을 쥐고서 어머니에게 복수를 다짐한다. 라파엘로는 이 일화를 극으로 변형시켰다. 무슨 일이 있었는지 아는 우리는 다가올 이야기를 기다린다.

두 번째 장면은 라파엘로가 지어낸 것으로 원작에는 없다. 에로스는 멀리서 프시케를 세 여신에게 소개한다. 그는 "그녀가 얼마나 아름다운지 아시겠지요? 그녀를 해꼬지할 수 있습니까?"라고 말하는 듯하다. 그리고 세 여신은 이 말에 동의한다.

두 번째와 세 번째 장면 사이에서 줄거리를 이어주는 사건이 벌어진다. 에로스의 아내가 된 프시케는 그 자매의 유혹에 빠져, 그를 바라보면서 그의 얼굴에 타오르는 기름방울을 떨어뜨린다. 우리는 그 상처와 사랑으로 신음하는 에로스를 다시 본다. 수심 속으로 갈매기 한 마리가 잠수하는데, 거기에 사는 베누스에게 이 사건을 전한다. 자기 아들이 경쟁자에게[즉 미의 또 다른 화신 프시케] 복수는 고사하고 그녀의 아름다움에 포로가 되었다는 것을 알게 된 베누스는 성화를 내면서 프시케를 찾아나선다. 바로 이때, 베누스는 헤라와 시벨과 마주친다. 이 두 여신이 베누스에게 왜 화가 났느냐고 물어본다. 그녀는 사태를 설명하지만 두 여신은 자신들의 모험담을 상기시키면서, 그 아들의 모험을 방해하지 말라고 조언한다.

그녀들의 놀림을 받으면서도 베누스는 여행을 계속한다. 여기에서 우리는 그녀의 순진하고 철없는 처녀의 모습이 감칠맛이 나도록 참신하게 다가오는 것을 본다. 주피터는 손에 채찍을 들고서 호의적으로 그녀의 이야기를 들어준다. 그다음 장면에서 베누스는 성공적으로 개입한다. 주피터는 메르쿠리우스를 보내 도망치는 자들을 붙잡아 베누스에게 인도하게 한다. 주피터는 팔을 활짝 벌리고서 황금빛 망토를 바람에 휘날리고 있다. 일곱 번째 장면에서, 우리는 처음으로 프시케의 이미지와 만난다. 그녀는 자발적으로 당치도 않은 일을 겪게 한 여신에게 다가서는 중이다. 그러나 동물들이 동정심을 발휘해서 처녀를 구하러 온다. 개미들은 여신이 뒤섞어버린 곡식을 가려내고, 제비들은 황금 양털 뭉치를 찾아낸다. 그리고 그때, 절망 속에서 프시케는 허공으로 달려나가려 할 때, 탑이 말문을 열고서 그녀에게 지옥에서, 프로세르핀°의 미모가 담긴 병을 찾을 방법을 가르쳐준다. 라파엘로가 그린 장면이 바로 이 지옥에서 빠져나오는 순간인데, 그는 여기에서도 다시 한 번, 그녀의 아름다움으로 신비의 상징을 보강하는 일화를 지어냈다. 원래 이야기는 수호천사들의 손에 붙잡힌 프시케가 베누스의 궁전으로 끌려

• 로마 지방에 전해 내려오는 지옥에 사는 여신. 그리스 신화의 '코레' 라고 불리기도 하는 페르세포네와 동일시된다. 농경의 신으로 식물의 수호신이다.

가는 것이었기 때문이다. 처녀를 팔로 잡아끄는 천사는 여기에서, 그윽한 눈과 작은 입술로, 라파엘로가 그려낸 가장 세련된 아기 천사에 속한다. 간신히 얇은 초록 천 조각만 걸친 프시케는 그들에게 몸을 맡긴 채로, 소중하게 병을 들고 있고, 수호천사는 그녀가 쓰러지지 않도록 팔꿈치를 떠받친다.

마침내, 프시케는 베누스 앞으로 끌려가 무릎을 꿇고서, 프로세르핀의 병을 내놓는다. 여신은 놀라서 허공으로 손을 펼쳐, 이 공물을 거절하는 자세로 가엾은 프시케를 괴롭힌다. 한편, 에로스는 향수병에 걸려 신들의 아버지[주피터]를 찾아가 자신과 애인의 용서를 구한다. 주피터는 청년의 머리를 잡고 뺨에 포옹하고 그를 위로한다. 그 흰 구름 같은 머리털은 청년의 상큼한 뺨과 뒤섞이고, 잿빛이 도는 보라색 옷이 무릎을 덮는다. 마침내, 메르쿠리우스가 프시케를 올림피아로 데려온다. 두 손으로 가슴을 감싼 그녀는 신들의 궁전의 경이로움을 이야기하는 메르쿠리우스의 말을 듣지도 않고서 미소 짓는다. 그녀는 오직 라파엘로의 소네트 가사를 노래하고 있기 때문이다.

"내가 본 모든 것, 내가 겪은 모든 것을, 나는 참겠어요…. 내 가슴속에 묻어둔 기쁨 때문에…."

한 웅큼 하늘로 날아오르는 황금빛 머리카락은 그녀가 소용돌이를 헤치고서 신을 따라 저 멀리 천상으로 날아오르는 인상을 던진다.

라파엘로는 이 신화에서 오직 천상의 부분만 표현했다. 그는 신화가 그 이름값을 하려면, 그것이 이야기하는 것을 시간의 관계 속에서 나누어야 하며, 동시발생적인 많은 것을 서로 떼어놓아야 한다는 점을 알고 있다.[14] 「아테네 학파」 이후 다시 한 번, 라파엘로는 미래나 과거를 들여다보는 사람처럼 고대 그리스를 되살렸다. 비록 제자들 손으로 그려졌고, 카를로 마라타가 가필을 했지만, 모든 전설적 존재가 우리 눈앞에서 살아 꿈틀대며 숨 쉬고 있기 때문이다. 형언하기 어려운 마법으로써 우리는 그들과 함께 하늘로 올라갔다가 내려오며, 그들이 재현하는 신화의 진실에 뒤섞인다. 즉 사랑의 중개를 통해서 신성과, 영혼(프시케)과 결합한다.

"이렇게, 그들이 지어낸 이야기로써 우리를 교육한 뒤, 신화는 떼어놓았던 것을 다시 모으고 이어주려는 애틋한 심정으로 그것을 듣는 사람의 정신 속에 새겨진다."[15]

근본적으로 플라톤주의자이자 기독교도인 이 화가만이 교황의 서재 이후에, 갈라테아, 에로스와 프시케 이야기를 그릴 수 있고 아폴론과 마르시아스의 데생을 완성할 수 있었다.

그러나 라파엘로는 또 다시 작품의 마무리를 제자들에게 맡겼다. 프시케가 올림피아에 도착하는 장면과 결혼식을 재현한, 천장의 대형 벽화 두 점은 아무리 칭송받는다 하더라도, 전혀 라파엘로의 솜씨가 아니다. 프란체스코 페니의 말이겠지만, 이 그림들은 가장 아름다운 주제라도, 만약 화가가 영혼에 고취되어 겸손하고 인내하며, 성실하게 봉사하려는 확고한 의지에 취해 있지 않는 한 조화를 얻을 수는 없는 법이라는 점을 거듭해서 보여준다. 가장 놀라운 과일 바구니 장식은 피렌체

세례당의 청동문 테두리를 그것으로 장식한 기베르티의 것과 마찬가지로, 조반니 다 우디네의 작품이다.

그 얼마 뒤에 미켈란젤로가 받은 편지 한 통에는 누군가 그에게, 키지 궁전 주랑의 궁륭이 일반에 공개되었지만, 그것은 거장의 것이랄 수는 없고 바티칸의 마지막 방보다도 더 형편없다고 썼다.[16]

괴테와 시스티나의 성모

정신없이 요란한 생활을 피하려고, 그는 때때로 저택에 들어앉아 혼자서, 추종자와, 적과, 친구, 심지어 애인까지도 물리친 채 생각을 가다듬고 그림을 그리며 시간을 보내기도 했다. 독방에서 고행하는 수도사의 열성으로써, 완전히 자신의 솜씨로만 끝낸 최후의 작품 「시스티나의 성모」를 그리면서….

모든 동정녀 상 가운데 가장 유명한 이 동정녀에 결함이 있다면 그것은 여러 사람을 불평하게 하는 그 대중성뿐이다. 그녀는 곳곳에서 나타난다. 즉 종이, 화폭, 법랑, 금은, 백금판 위에서. 또 성당, 살롱, 유곽, 침실 그리고 경건한 집회 장소에서도 볼 수 있다. 여러 세대 동안 그 복제물이 파리, 보나파르트 거리의 상인들을 먹여 살렸고 남북반구 어디서나 그 비슷한 사람들을 먹여 살렸다. 너무 지겹게 보이기 때문에 우리는 더는 그녀를 보지 않는다. 헤르만 그림[17]은 정말로 그녀를 보려면 성상에 익숙해져서는 안 되고 개신교도의 순진한 눈을 지녀야 할 것이라고 재치 있게 지적했다.

조각은 사진으로 복제되지만, 대부분 걸작 회화, 그 중에서 특히 라파엘로의 것은 마구잡이로 복사된다. 「시스티나의 성모」의 사진과 이미지와 판화는 원작에 비교해본다면, 이는 산 자를 죽은 자에 비교하는 것과 같다. 이는 라파엘로의 작품이 미켈란젤로의 작품처럼 압도하는 것도 아니고, 레오나르도의 작품처럼 유혹하는 것도 아니요, 코로의 작품처럼 천천히 음미되기 때문이다.

우리가 수천 번씩 자문하게 되는 것은 어째서 라파엘로는, 레오 10세 또는 청년 로렌초가 프랑수아 1세에게 보낸 선물용 그림을 그리는 작업을 제자들에게 맡겨두고서, 피아첸차, 산 시스토 성당의 흑인 수사들에게 보낸 이 성모상에 전적으로 매달렸을까 하는 점이다. 그 대답은 작품 자체에서 나온다. 즉 이 작품은 필연의 소산이다. 우리는 라파엘로의 거의 모든 작품의 밑그림용 소묘와, 유화로 그리지 않은 것의 밑그림도 볼 수 있지만, 시스티나 성모를 위한 밑그림은 단 한 점도 없다.

르네상스는 동정녀를 천국에서 지상으로 내려오게 했었다. 일찍이 여기 지상에서 루카 델라 로비아는 또다시 하늘의 길을 그녀에게 보여주었다. 바로 그 길이 라파엘로의 성모가 택한 길이다. 구름 위에 떠 있는 시스티나의 성모는 단테가 칭송했던 언사처럼 "자비와 수줍음, 온정과 배려로 충만하다."

"동정녀-어머니요, 당신 아들의 딸이요, 어떤 피조물보다 고상하고 겸손한, 오직 그대만이 그것을 지은이가 부여한 인간의 천성을 그토록 고귀하게 했다오, 그대는 남쪽에서 애덕의 불꽃이요, 저 아래에 연옥에서 진정한 열망의 샘이오."[18]

천국의 여왕인 시스티나의 성모는 그리스 여신처럼 눈부시다. 그녀는 「오레스테스*」 삼부작의 에필로그에서 나타날 듯하고, "제우스의 친구인 영원한 처녀"라는 아테나의 말을 입에 올릴 듯도 하다.

"목동이 양떼를 사랑하듯이 나 또한 인간을 사랑하노니…."[19]

그런데 이런 비전은 반드시 짚고 넘어가야겠지만, 경이로운 수법이다. 라파엘로는 피렌체의 성모 이후에 포기했던 피라미드 구도로 되돌아온다. 자세와 몸짓과 옷자락과 두드러진 부감은 말할 것도 없고…. 그림은 전체적 조화 속으로 녹아든다. 음악적 주제는 하늘의 푸름을 이루는 천사들의 합창으로 되찾았다.

파란 왕관을 쓴 성모와, 산타 체칠리아와, 갈라테아와, 시스티나의 성모 등이 다른 모든 회화작품과 구별되는 것은 분석할 수 없지만 더 신선하고, 더 봄날과 같고, 더 혼을 불어넣은 동시에 더 서정적인 분위기로 라파엘로의 솜씨로 작품을 누비는 내적 광채이다.

괴테는 시스티나의 성모를 형언하기 어려운 4행시로 노래했다.

"여성들의 여왕인 어머니의 으뜸가는 이미지.
마술의 붓이 그녀에게 생명을 주었네.

• 그리스 신화 속의 인물로 여러 문학작품에 등장한다. 아버지 아가멤논의 죽음을 복수하려고 어머니 클뤼타임네스트라를 살해하는 비운의 주인공이다. 특히 삼부작은 그리스 비극시인, 아이스퀼로스가 쓴 것이 대표적이다.

그녀 앞에서 전율하는 사내는 체면도 잃고 무릎을 꿇네.

　말없이, 넋을 잃은 여인은 황홀경 속에 있네."

　괴테가 소년기에 1754년부터 「시스티나의 성모」가 있던 드레스덴 미술관을 찾았을 때, 그는 그것을 주목하지 않았다. 어쨌든, 아무도 이 새로 도착한 소장품을 주목해 보라고 하지 않았다. 당시에는 플랑드르 작품, 즉 자연주의 작품이 감탄의 대상이었다. 사람들은 그 시스티나의 성모에서 통속적이며 악취미로 그려진 아기 예수를 보았다. 그림의 테두리에 기댄 작은 천동天童들은 제자가 덧붙인 것이며, 결국 라파엘로가 동정녀를 직접 그렸다고 확신하지 못했다.

　얼마 뒤 괴테는, 헤르더의 영향일 테지만, 라파엘로에 열렬한 관심을 쏟게 되었다. 그는 바이마르에 도착했을 때, 슈타인 공과 그 부인과 그 열정을 함께 나누었다. 이탈리아 여행에서 그가 처음 본 라파엘로의 그림은 셸리와 마찬가지로, 볼로냐의 산타 체칠리아였다. 그는 편지에 이렇게 썼다.

　"나는 내 눈으로 이전에 내가 알고 있던 것을 보았다. 그는 다른 사람들이 하고자 했던 것을 항상 해냈다."(1786년 10월 18일자 서한)[20]

　이때부터 정신적 위계성에 대해 민감했던 괴테는 인간 정신의 발전에서 라파엘로 작품의 중요성을 깨닫게 되었다. 그는 예술가 네 사람이 자신에게 근본적이고 심오하며 지속적인 영향을 주었다고 했다. 호메로스, 스피노자, 셰익스피어, 라파엘로가 그들이다. 그는 바이마르 저택에, 라파엘로의 수많은 소묘와 유화의 복제품뿐만 아니라 라파엘로의 두개골 복제품도 갖고 있었다. 다비드 당제가 괴테의 흉상을 제작하러 그의 집을 찾았을 때, 너무나 놀랍게도 이 두개골이, 월계관을 쓰고서 살롱의 책상 위에 놓인 모습을 보았다.

괴테는 라파엘로의 작품을 연구하는 것이야말로 자신의 긴 인생살이에서 최상의 기쁨이었다고 했다. 에커만은 이렇게 말했다.

"많은 청년 화가들이 만약 일찍이 라파엘로의 작품의 의미를 이해했다면, 붓을 잡을 엄두조차 내지 못했으리라."[21]

"신들은 라파엘로에게 사고와 그 실현 사이에 완벽한 통일을 부여했다. 그 뒤로 몇몇 후계자가 그에게 근접하기는 했지만 아무도 그에 견주지 못했다."[22]

또 1832년 5월 11일, 사망하기 며칠 전에도 이렇게 말했다.

"사람들의 이야기를 듣고 있다보면, 옛날부터 하느님은 가장 깊은 침묵 속으로 물러나 있고, 인간은 이제 하느님과 그분의 일상적인 숨결도 없이 일이 어떻게 되어가는지를 보고, 혼자 일에 매달릴 수밖에 없다고 생각하는 듯하다. 종교적·도덕적 관점에서 우리는 아직도 하느님의 일정한 영향을 인정하지만, 과학과 예술에 관한 한 그것을 인간의 힘으로 만드는, 단순히 지상의 일이라고 믿는다. 따라서 우리는 인간의 의지와 힘으로 모차르트나, 라파엘로나 셰익스피어의 작품에 비할 말한 것을 만들어내려고 애쓴다…."

뿐만 아니라, 괴테가 파우스트를 끝냈을 때, 이 견자의 눈앞에 떠돈 것은 시스티나의 성모상이었고 그에게 속죄의 마지막 장면을 고취한 것도 그 이미지였다.

어느 날인가, 괴테는 만약 메피스토펠레스가 극의 끝에 가서 주저 없이 공개적으로 사죄하고 "인간은 끊임없이 노력하는 가운데 완전해지고, 바른길을 가게 된다"라고 인정하게 될 것이냐는 질문을 받고서 이렇게 답했다.

"이는 합리주의 문제이다. 파우스트는 아주 늙어서 죽는다, 수수께끼 같은 늙음 속에서."[23]

괴테는 파우스트의 속죄를 묘사하는 것이 얼마나 부담스런 난제였는지, 가톨릭 도상이 자신에게 얼마나 도움이 되었는지 에커만에게 토로했다. 여기에, 마르실리오 피치노의 사상에서 새로운 형식의 플라톤주의 기독정신을 취한 '무명 철학자' 클로드 드 생 마르탱의 영향도 덧붙여야 한다. 이렇게 공식적인 프리메이슨 단원이자 개신교도인 괴테는 라파엘로와 밀접했다. 괴테는 화가의 시각에서 자기 비전의 동기를 보았기 때문에 그를 그토록 좋아했다.

파우스트 이야기는 곧 괴테의 이야기이다. 그것은 내부의 악마와 사람 사이, 육욕과 정신 사이에 갇힌 인간의 드라마이다. 뿐만 아니라 괴테의 눈을 따라 시스티나의 성모를 응시하면서 우리는 '영광의 성모'가 마르그리트라는 죄인을 발로 딛고, 무릎을 꿇고서 환희에 떠는 파우스트 박사는 천사의 고지를 들으면서 승천하는 모습을 본다. 즉

"악한은 구원받았다. 우리는 정신세계의 귀중한 일원인 끊임없이 괴로워하는 이 사람의 죄를 벗겨준다. 만약 하늘에서 사랑의 신이 이런 투쟁에 가담한다면, 천상의 합창이 환영의 찬가로 그를 맞으리라."

수수께끼는 풀렸고, 사랑에 끌린 영혼은 빛 속에서 환영받는다.

이 모든 일은 상징일 뿐
불완전한 것이 여기에서 성취되고
말로 형언할 수 없는 것이 여기에서 실현된다.
영원한 여성이 우리를 하늘나라로 끌어올린다.

고고학자 라파엘로

1519년은 레오 10세에게 운명적인 한 해였다. 1월 12일, 변덕스러운 막시밀리안 황제가 사망했다. 그의 손자 에스파냐의 카를로스*가 그 뒤를 이었다. 루이 12세의 정치에 충실한 프랑수아 1세는 교황이 어지간히 암시했던 왕위를 놓고 그와 겨루었다. 그는 엄청난 액수를 독일의 선제후選帝侯 일곱 사람을 매수하려고 쏟아 부었다. 하지만 이는 허사였다. 열아홉 살의 젊은 카를로스가 승리했기 때문이다. 레오 10세는 카를로스보다 덜 위험하다는 생각에서 프랑수아 1세 편으로 기울었다. 이렇게 프랑스와 에스파냐 간의 영원한 정치적 투쟁이 재개되었다.

바로 그 시각에 이탈리아 왕국을 세우려는 열망은 무너졌다. 당시 간신히 우르비노의 주인 자리를 지키고 있던 로렌초 데 메디치는 죽음을 예감하고서 로마의 삼촌 곁으로 돌아갔다. 1519년 초에 그는 운명

---

* 에스파냐 왕으로서 카를로스이자, 신성로마제국 황제로서 카를 5세이지만, 그 자신은 독일어를 못 했고 어머니의 모국어인 불어를 사용했다.

했다. 레오 10세는 이 급보를 직접 들었다. 닷새 뒤, 마들렌 드 라 투르 도베르뉴는 딸 카트린을 낳자마자 사망했다. 그리고 라파엘로가 레오 10세 뒤에 그려 넣었던 로시 추기경도 숨을 거두었다. 여기에 이어서 로렌초의 어머니, 알폰시나 오르시니가, 그리고 레오 10세의 누이로 과거에 인노켄티우스 8세와 결혼했던 마달레나 시보도 사망했다. 이는 메디치가의 지도 전체가 지워지는 것이었다. 바티칸에는 레오 10세와 어린 이폴리토가 남았다. 같은 해 오월, 레오나르도 다 빈치가 망명지 앙부아즈에서 사망했고, 그 해 6월에 루크레치아 보르자가 교황에게 축복을 구하면서 숨을 거두었다. 그녀는 페라라에 성녀의 명성을 남겼다.

로렌초의 죽음은 프란체스코 마리아 델라 로베레에게 새로운 희망을 품게 했지만 이 희망은 금세 사라졌다. 줄리오 추기경의 조언으로, 레오 10세가 자신의 속령이던 우르비노 공국을 교황청에 합병했기 때문이다. 프란체스코 마리아 델라 로베레는 로마 공략 시, 클레멘스 7세가 교황 자리에 있을 때 놀라운 반역을 꾀하게 된다. 공국의 주인이자, 부르봉이나 프룬스베르크의 군대보다 더욱 잘 조직된 군대의 대장인 베네치아 군 총사령관으로서 그의 손에 이탈리아의 운명이 달렸었다. 그는 여러 번 최상의 지원 아래에, 1527년 겨울에 오합지졸의 무리에 불과했을 뿐인 제국 군대를 공격할 기회가 있었다. 구치아르디니는 델라 로베레의 모반을 전하고 있다. 산탄젤로 요새에 갇혀 있던 줄리오 데 메디치를 안심시키려고, 프란체스코 마리아는 군대를 이끌고 로마 근교까지 진격했다. 밤이 되자 교황은 야영장 불빛을 보고서 이 우르비노 공이 도시를 공격하고 자신을 구해내리라는 희망을 품었다. 그렇지만,

프란체스코 마리아는 제국 군 맞은편에 여러 날 동안 진을 친 다음, 철수해버리면서 클레멘스 7세의 운명을 방관했다. 그는 나중에 반박을 피하려고 전략상 개입할 수 없었다는 주장을 폈다. 그렇게 해서 그는 로마 공략을 저지할 수 있었을지도 모른다는 평판을 유지했다.

죽음이 교황의 모든 정치적 희망을 앗아가버렸을지 모르지만, 레오 10세도 라파엘로도 '산 피에트로 묘지'[24]를 새로운 도시로 탈바꿈하려는 것을 부인하지 않았다.

라파엘로는 자신이 개발한 도구를 갖고서 매일, 도시의 14구 중 한 곳에서 실제 유적을 구석구석 측정했다. 그가 로마에서 발굴했던 대리석 덩어리마다 산 피에트로 공사장에서 사용되기 전에 그의 통제를 거쳐야 했다. 이탈리아 전역은 물론이고 그리스에서도 그는 고대 작품의 모사 작업을 위해 화가들을 고용했다.

그는 레오 10세가 모든 고대 기념비의 명세서에 근거해서 로마의 방대한 도시계획을 채택하게 했다. 16, 17, 18세기에 다시 채택된 이 계획은 오늘에 와서야 완수되었을 뿐이다.

인문주의자 첼리오 칼카니니가 바젤의 인문주의자 야콥 치글러에게 부친 편지에서 라파엘로의 최후 몇 년 동안의 이야기가 나온다.

"라파엘로는 대단히 부유했고 교황의 호감을 샀다. 그는 대단히 선했으면서도 걸출한 재능을 지녔다. 그는 실기나 이론으로나 화가들 가운데 으뜸이다. 건축에서 그는 정말 지칠 줄 모르는 달인이어서 거물들이 포기했던 것을 개발하고 성취할 만큼 성공적이었다. 그는 비트루비우스를 설명할 줄 알았을 뿐만 아니라, 가장 확실한 증거로 그를 반박할 줄도 알았지만, 그렇게 반대할 때에도 전혀 오만하지도 않고 점잖은 방식을 택했다. 그는 산 피에트로의 선임 건축가이다. 하지만 이런 것을 이야기하고 싶었던 것이 아니라, 지금 그가 제작 중이고 후대에 믿어지지 않아 보일 만큼 감탄할 작품 이야기를 하고 싶었다. 그는 로마의 고대적 모습과 그 고대의 경계를 대부분 되살려냈고 그렇게 그 옛날의 아름다움을 우리 눈앞에 솟아나게 했다. 그는 언덕 위에서 또 가장 낮은 곳에서, 옛 사람들의 증언에 기대어 이 도시의 옛 자취를 찾았으며, 교황과 로마 사람을 너무나 감탄시킨 나머지, 누구나 그를 하늘에서 내려온 신 같은 존재라고 생각했다. 이 영원의 도시에 그 고대의 위엄을 되찾아주라고 파견한…. 그렇지만, 그에게는 최소한의 건방스런 자취도 찾을 수 없었다. 정반대로 그는 사람들에게 친절하기만 했다. 그는 유용한 말을 기꺼이 경청했다. 그의 논지를 의심하거나 왈가왈부하는 것을 용인하는 사람은 아무도 없었으므로, 그의 삶은 스스로 배우고 가르치는 데에 가장 큰 즐거움이 있는 듯하다."

이와 거의 같은 무렵에, 라파엘로는 레오 10세에게 보고서를 올렸다. 그것은 이렇게 시작한다.

"존경하는 성하. 로마인이 군대에서 성취했고, 로마시가 미와 부와 장식과 그 거대한 건물 속에서 성취했던, 우리에게 전해오는 위대한 것을 그 취약한 판단에 따라 계산하면서, 그것을 진실하다기보다 황당하다고 생각하는 사람이 많습니다. 제 느낌은 이와 정반대입니다.

지금도 여전한 로마 유적의 자취를 통해서, 이 고대인의 신성함을 고찰하는 가운데, 저는 우리에게 불가능해 보이는 많은 것이 그들에게는 대단히 쉬운 것이었다고 믿어도 무모하지 않을 듯합니다….

문학, 조각, 회화와, 어떤 점에서 모든 다른 예술이 마지막 황제들(로마제국)의 시대에 퇴폐에 빠지고 부패했을지라도 아무튼, 건축은 그 훌륭한 원칙을 지키고 있고 과거와 같은 방식으로 실천되고 있습니다. 건축은 마지막까지 살아남을 예술이며, 그 점은 특히 콘스탄티누스의 홍예문 같은 여러 사례에서 볼 수 있습니다. 사실상, 이 유적의 배치는 모든 건축적인 면에서 아름답고 완벽합니다. 그러나 거기에서 예술도 데생의 그림자도 없는 조각들은 충격적입니다. 반면에 트라야누스와 경건한 황제 안토니누스*의 홍예 유적에서 나온 마찬가지 조각은 완벽한 스타일로 탁월합니다. 또한 디오클레티아누스의 온천탕에서, 당대의 조각은 최악의 스타일이자 매우 형편없는 솜씨에, 거기에 남아 있는 그림의 단면은 트라야누스나 티투스 시대의 것과 전혀 다릅니다. 반면에 건축은 고상하고 훌륭함을 알 수 있습니다."[25]

이 보고서는 라파엘로의 정보를 근거로 카스틸리오네가 정리했을 가능성이 크다.

• 티투스 아우렐리우스 풀비누스 안토니누스 피우스. 86~161. 로마 황제.

「변모」와 니체의 『비극의 탄생』

그는 모든 기독교 세계에서 유명하며, 사랑받는 상당한 부자였고 교황과 우애가 돈독했으며, 학문이 선행과 마찬가지였던 신적인 존재로 간주했다. 그가 시도했던 모든 것을 성취할 수 있도록, 산 피에트로를 짓고 로마를 재건하고, 더 오래 살 수 있도록 사랑의 능력을 억제해야 했다. 그러나 그의 피와 심장과 정신은 오랫동안 눈치 채지도 못할 정도로 단순하고도 자연스러운 매혹 속에 차츰 소모되었다. 그가 그것을 눈치 챘을 때는 이미 늦었다.

1519년 12월 17일, 그림을 그려달라고 라파엘로를 성가시게 했던 알폰소 페라라 공의 총무대신 파울루치는 주군에게 이렇게 보고했다.

"그렇게 건강을 타고난 라파엘로가 항상 침울합니다. 브라만테 사후에 산 피에트로 공사의 모든 일을 맡은 뒤부터 부쩍 그렇습니다."

벌써 다섯 해나 계속된 산 피에트로 공사만으로 피곤함에 지친 것은 아니다. 1519년에, 그는 로마 재건에 착수했고 제자들의 도움으로, 큰 사업 두 가지를 완수했다. 즉 성탄절에 공개될 양탄자와 파르네시나 궁의 벽화를. 그러나 훌륭한 사람이던 키지도 그때 막 사망했다.

죽음이 라파엘로 주변으로 어슬렁거리며 다가왔다. 죽음이자 가까운 종말과 다가오는 일에 대한 예견이었으리라. 그렇게 의식하지도 않고서 그는 현실생활의 갈색 요정을 좇아, 「기사의 꿈」의 황금빛 어린 요정을 거의 포기하고 있었다. 그런데 가령, 그녀가 그의 힘을 자극하고 흥분시켰을 뿐만 아니라 거의 소진시켰다 하더라도 그는 그 점을 잘 알았다. 그는 두 요정이 모두 인간의 형상을 한 만큼, 이제 그녀가 말이 없었기 때문에 그를 더욱 자극했던 열렬함으로 그를 사랑했다는 사실도 잘 알았다. 그런데, 그의 지친 모습을 고통스럽게 지켜보던 카스틸리오네의 영향으로 그는 비비에나에게 마리아와 결혼하고 싶다고 알렸다. 그들이 우르비노 궁정에 체류했을 때부터, 추기경은 이 청년에게 완전히 아버지 같은 감정을 쏟았었다. 레오 10세의 가족은 죽음으로도 대신할 수 없을 만큼 서로 깊이 결속되어 있었다. 비비에나가 라파엘로와 마리아가 1520년 봄에 결혼할 것이라고 예고했을 때 모두 크게 기뻐했다. 라파엘로는 날이 갈수록 '제비꽃처럼 수줍은' 약혼녀의 매력과 우아함과 아름다움이 더 커져만 간다는 것을 알았다.

결혼 준비와 발굴과 산 피에트로의 건설, '마다마 별장' 공사와 자기 화실의 감독 등을 하면서, 그는 「매장」과 함께 가장 많이 논의되는 「변모」를 천천히 그려나갔다. 세바스티아노 델 피옴보와 미켈란젤로의 술책을 모르지 않았던 라파엘로는 정말로 교묘한 대조와 축약을 통해서 그들을 멋지게 정복하려 했을까? 사실상 그토록 악의와 증오와 중상을 넘어서, 그가 두 번째로「매장」을 시도했을 가능성은 충분하다.

1519년 크리스마스 때, 세바스티아노가 미켈란젤로에게「라자로의 부활」을 끝내고서 그것을 궁전으로 옮겨놓았고, 예상했던 환대에 아주 만족했다는 편지를 부쳤다는 사실을 잊지 말자. "오직 평범한 사람들만이 한마디 말이 없었습니다"라고. 그는 미켈란젤로가 밑그림을 그려준, 자기 화폭의 소묘가 그때 막 플랑드르에서 도착한 라파엘로의 양탄자를 위한 소묘보다 우수하다고 평가했다.

바로 여기, 이 작품에 대한 수 세기에 걸친 모든 반박이 대강 요약되어 있다. 즉,

"「변모」는 그렇게 과장된 예찬을 받을 만하지 못하다. 모세와 엘리아 사이에 허공에 떠 있는 그리스도는 그곳에 배석한 세 사도와 마찬가지로, 이 타보르 산의 경이로운 장면에서, 고상한 관념의 그룹을 이루지만 지나치게 모호하다. 그는 반대로, 산자락 아래의 인물들을 화폭 윗부분과 너무 급격히 단절시켜 대비되는 지나치게 자연주의적 성격을 부여했다."[26]

이런 판단은 피상적이며, 작품에서 부정적인 면만 취한다. 교양 없고 무자비한, 마니피코 궁전 뒷문으로 들어온 줄리오 데 메디치가 그것을 줄리오 로마노에게 마무리 짓도록 했고, 거기에서 사람들은 이 수수께끼 같은 작품의 예술적 해석을 영원히 불가능하게 하면서, 미완의「변모」에서 프란체스코 페니의 솜씨를 보고 싶어하기 때문이다. 자부심에 눈먼 줄리오 로마노는 그 천재와 죽음의 신비를 곱절로 모독했다.[27]

만약 「매장」과 「신전에서 쫓겨나는 헬리오도로스」와 「보르고의 화재」에서 라파엘로가 예술이라는 육체에 혼을 불어넣었다면, 레오나르도가 「성 안나」를 그릴 때와 마찬가지로 3년간이나 천천히 이 그림을 그린 그가 천박한 경쟁심에만 사로잡혔다는 말인가? 속지 말자. 미켈란젤로와 세바스티아노 델 피옴보를 뛰어넘으려 하면서, 그는 애인의 품으로 뛰어들던 것과 같은 본능에 따랐을 뿐이다. 그 명쾌하고 열정적인 지성으로, 라파엘로는 모든 인류의 문제를 무시하지 않는다. 「변모」에서 그는 에로스와 프시케의 이야기에서 만개했던 아폴론과 마르시아스의 주제와, 고통을 통한 개인의 해방을 다시 취한다. 라파엘로가 차용한 성경을 보자(마가복음 9장).

"엿새 후에 예수께서 베드로와 야고보와 요한만 따로 데리고 높은 산으로 올라가셨다. 그때 예수의 모습이 그들 앞에서 변하고 그곳은 세상의 어떤 마전장이도 그렇게 더 하얗게 할 수 없을 만큼 희고 눈부시게 빛났다."

그때, 그 자리에 엘리아와 모세가 함께 나타나서 예수께 이야기를 걸었다. 이때 베드로가 나서서
"선생님, 저희가 여기서 지내면 얼마나 좋겠습니까. 여기에 초막 세 채를 치고 선생님과 모세와 엘리아를 모셨으면 합니다"라고 말했다.
베드로는 다른 제자들과 함께 겁에 질려 무슨 말을 해야 할지 몰라 엉겁결에 그렇게 말했던 것이다. 바로 그때, 구름이 일며 그들을 덮더니 구름 속에서 '이는 내 사랑하는 아들이니 그의 말을 잘 들어라' 라는

소리가 들렸다. 제자들은 곧 주위를 둘러보았으나 예수와 자기들밖에 보이지 않았다. 산에서 내려오면서 예수께서는 제자들에게 "사람의 아들이 죽었다 다시 살아날 때까지는 지금 본 것을 아무에게도 말하지 마라"라고 단단히 당부했다. 제자들은 이 말씀을 마음에 새겨두었다. 그러나 죽었다가 다시 살아난다는 말씀이 무슨 뜻인지 몰라서 서로 물어보다가 예수께 "율법학자들은 엘리아가 먼저 와야 한다고 하는데 어떻게 된 일입니까?" 하고 물었다. 예수께서는 이렇게 대답하셨다. "엘리아가 먼저 와서 모든 것을 바로잡아놓을 것이다. 그런데 성서에 사람의 아들이 많은 고난을 받고 멸시를 당하리라고 한 것은 무슨 까닭이겠느냐? 너희에게 말해두거니와 사실은 성서에 기록된 대로 엘리아는 벌써 왔고 사람들은 그를 제멋대로 다루었다."

그들이 다른 제자들이 있는 곳으로 돌아와보니 제자들이 엄청난 군중에 둘러싸여 율법학자들과 언쟁하고 있었다. 사람들은 예수를 보자 모두 놀라서 달려와 인사했다. 예수께서 그들에게 "무슨 일로 저 사람들과 다투느냐?"라고 물으시자 그들 가운데 한 사람이 나서서,

"선생님, 악령이 들려 말을 못 하는 제 아들을 선생님께 보이려고 데려왔습니다. 악령이 한번 발작하면 그 아이는 땅에 뒹굴며 거품을 내뿜고 이를 갈다가 몸이 뻣뻣해지고 맙니다. 그래서 선생님의 제자들에게 악령을 쫓아달라고 했으나 쫓아내지 못했습니다"

라고 했다. 예수께서는

"이 세대가 왜 이다지도 믿음이 없을까! 내가 언제까지 너희와 함께 살며 이 성화를 받아야 한다는 말이냐? 그 아이를 내게 데려오너라"

라고 했다.

그들이 아이를 예수께 데려오자 악령이 예수를 보고는 곧 그 아이에게 심한 발작을 일으키게 했다. 그래서 아이는 땅에 넘어져 입에서 거품을 흘리며 뒹굴었다.

예수께서 그 아버지에게

"아이가 이렇게 된 지 얼마나 되었느냐?"

라고 묻자, 그는 이렇게 대답했다.

"어릴 적부터입니다. 악령의 발작으로 그 아이는 불 속에 뛰어들기도 하고 물속에 빠지기도 했습니다. 그래서 여러 번 죽을 뻔했습니다. 선생님께서 하실 수 있다면 자비를 베푸셔서 저희를 도와주십시오."

이 말에 "할 수만 있다면이라니! 그 무슨 말이냐? 믿는 사람에게는 안 되는 일이 없다" 하시자 아이 아버지는 큰 소리로 "저는 믿습니다. 그러나 제 믿음이 부족하다면 도와주십시오" 하고 청했다.

예수께서는 사람들이 몰려드는 것을 보고 더러운 악령을 꾸짖으시며

"말 못 하고 듣지 못하게 하는 악령아, 들어라 그 아이에게서 썩 나와 다시는 들어가지 말라"라고 호령했다.

그러자 악령이 소리를 지르며 그 아이에게 심한 발작을 일으켜놓고 나가버렸다. 그 바람에 아이가 죽은 것 같이 되자, 사람들은 모두

"아이가 죽었구나!" 하고 웅성거렸다.

그러나 예수께서 아이를 잡아 일으키자 아이는 벌떡 일어났다.[28]

우리가 보듯이, 라파엘로는 누구도 그렇게 할 꿈도 꾸지 못했던 방식으로 두 장면을 위아래로 이었고, 서로 대립시켜 각각의 성격을 부여했다. 그러나 이런 대립은 단순히 예술적 대조는 아니며, 회화 언어

를 통한 고백이자 믿음의 선언이다. 주관적 세계인 불화와 불균형과 광증의 세계를 보게 되는 화면 아랫부분은 미켈란젤로가 그 창시자로 서, 그다음 세대에 승리를 거두게 되는 완전히 거인의 세계가 아니라, 무엇보다도 라파엘로가 자기 안에서 솟아남을 느꼈던 세계이다. 고뇌를 진정시키는 아이는 괴물들 맞은편에 라파엘로를 재현한다. 그 고뇌하는 자질은 이미 그가 '피렌체의 자화상'에서 드러나듯이 당대인에게 몰아쳤던 그러한 우울의 샘인 절망의 철학을 낳았다. 그러나 그는 악귀들이 강하면 강할수록 디오니소스적 취기 또한 강해진다고 알고 있었다. 그런데 위대한 고대 그리스 예술가들과 마찬가지로, 라파엘로 또한 고통이 아폴론의 해방의 화살을 부른다는 것을 체험했다. 즉 마귀 들린 아이는 고통으로 눈을 뜨게 되고, 오직 그 아이만이 변모한 그리스도를 알아본다.

바로 니체는 자신의 천재성이 활짝 피었던 시절에 이런 사실을 훌륭하게 이해했고, 『비극의 탄생』에서, 디오니소스의 정신과 아폴론의 정신의 본질적 차이를 밝히려고 했을 때에, 당연히 이 「변모」의 문제를 염두에 두었다.

"라파엘로는 거의 상징적인 그림 속에서 순수한 화가와 아폴론적 문화의 기본 수법인 모습으로써 모습을 축약해냈다. 「변모」에서 신들린 아기와 절망하는 사람들과 겁에 질린 제자들이 등장하는 아랫부분은 이 세상의 유일한 원칙으로서 원죄라는 영원한 고통의 스펙터클을 보여준다. 여기에서 그 '모습'은 반영이다. 만사萬事의 아버지인 영원한 갈등의 반대편의 모습이다…. 이 모습은 이렇듯 마치 향내처럼 새로운 모습의 세계를 내세운다, 마치 일차적 모습에 사로잡힌 사람에게 감지되지 않는 비전처럼—꿰뚫어보는 시선으로 응시하는 은총 속에서 순수한 황홀로서 눈부신 비전이다. 여기에서 우리의 눈앞에, 예술의 도움으로, 아폴론적 미의 세계와 그것에 둘러싸인 심연과, 실레노스*의 무시무시한 지혜가 비할 데 없는 상징으로 나타남을 본다. 또 우리는 직관적으로, 그 상호 필요성을 알아본다. 그러나 아폴론은 이때 개별성의 원리에서 비롯한 신성화한 이미지처럼 보인다. 그 원리에서 일차적 세계의 영원한 종말과 비전과 모습을 통해 그 세계에서 해방되는 이미지이다. 즉 아폴론은 숭고한 몸짓으로써 모든 세상 사람의 고통이 얼마나 불가피한지 보여준다. 그를 통해, 개인은 해방적 시각의 창조로 이끌리며, 따라서 이러한 비전을 응시하는 데 몰두하게 되면서 차분한 청정에 휩싸이게 된다. 파도에 흔들리는 작은 배를 타고서…."[30]

아테네와 피렌체의, 이교도 세계와 기독교 세계의 종합으로서 르네상스의 상징 그 자체인 라파엘로는 모든 샘을 길어올렸다. 그러나 그의 개성 깊은 곳에서, 이방의 요소는 새로운 아말감으로 녹아들어 신선하고 젊고 왕성하게 샘솟는다.

그가 이미지로써 표현한 것을, 모차르트는 음악으로, 괴테와 니체는 말로써 표현한다는 것에 놀라야 할까?

이렇게 그리스도, 모세, 엘리아, 세 제자로 구성된 신성한 집단 속에

---

* 바쿠스의 양아버지.

서 「변모」는 놀라운 기법만이 아니라 거친 붓놀림에도, 통일된 아름다움의 네 가지 자세인 그리스도, 세례요한과 디오니소스 취미의 두 여인뿐만 아니라, 라파엘로의 모든 노력의 종합으로서, 너무 오랫동안 생각이 없는 재주꾼으로 그를 취급해온 낭만적 안개에 가린 그 개성의 본질을 드러낸다. 그런데 이런 특징은, 바로 칼카니니가 그를 하늘이 보낸 사람이라고 한 암시에서 나타났었다. 즉,

"지성은 예술작품의 필수조건이다. 그것을 무시하는 예술은 어떤 것이라도 실패한다. 지성은 마음이 정복한 것을 제거하지 않고 명시하고 고정하며, 각각의 대상에 지성이 품을 수 있는 상대적 영원성으로 그 가치를 부여한다. 지성은 그 주위에서 관찰되는 법칙에 따라 빛과 그림자를 즐긴다. 지성은 작품을 지성으로도 알지 못한 채 억누르는 고상한 실재의 상징으로 만들며, 작품은 보편적 조화의 반영이다. 이런 발걸음은 거기에서 새로움을 낳게 할 뿐이다. 지성은 정신의 고통을 억압하지 않는다. 그것은 그것을 순화하고 정신을 더욱 강렬한 불꽃으로 타오르게 한다."[31]

1520년 성 금요일

첫 번째 그림 「기사의 꿈」부터 마지막 그림 「변모」까지, 그는 회화의 한 주기를 순회했다. 아주 어려서 어머니의 손길을 잃은 고아로서, 페루지노의 변덕에 순종한 소년이자, 무명 청년 화가로서, 한편에서는 격찬을 받고, 다른 한편에서는 모략을 당한 화가이자 친구요, 애인이자 약혼자로서 그는 인간 경험을 두루 겪었다.

귀도발도, 체사레 보르자, 발리오니, 소데리니, 율리우스 2세, 레오 10세 덕분에, 그는 정치적 경험도 두루 겪었다. 이 세상과 모순과 쓴맛과 고통과 열망 속에 고독했었기 때문에 이 지상에 머문 짧은 시간 동안 그는 절망과 황폐함 속에 방치되어서는 결코 안 될 인류에게 몇 가지 신화를 가져다주었다. 그의 사명은 완수되었고 그는 떠날 일만 남았다.

결혼식을 며칠 앞두고서 약혼녀가 먼저 떠났다. 갑자기 병에 걸려.

여기저기로, 그의 집과 추기경들의 집, 바티칸까지 심지어 산 피에트로의 비계 위까지 라파엘로를 따라다니며 귀찮게 구는 총독 알폰소 페라라는 3월 20일에 명령을 내릴 수단을 찾았다. 라파엘로는 평소처럼 그를 환대하고 시간을 함께 보내면서 이 공작에게 굴뚝을 가릴 수 있도록 자기 식의 장치를 가르쳐주었다. 아무런 약속도 하지 않았지만 대사는 만족하고 물러났다.

며칠 뒤, 라파엘로는 병들어 자리에 누웠다. 그리고 마지막 순간까지 이런 소식은 악의에 찬 것이 된다. 자신의 말을 결코 절제할 줄 모르던 바사리는 라파엘로의 죽음을 방탕의 탓으로 돌렸다.

이 소식은 미시리니가 롱게나에게 전했고 또 롱게나는 진실이 숨겨진 상세한 자취를 발표했다.

"라파엘로 산티는 특출하고 세련된 품성을 지녔습니다. 그의 몸을 주시했을 때 삶은 극히 가느다란 줄기에 매달려 있을 뿐입니다. 그는 완전히 혼만 남았습니다. 그의 기력은 크게 쇠했어도 그의 짧은 삶 동안 그를 지지하던 힘은 비상했습니다. 몹시 쇠약한 모습으로, 파르네시나에 나타났던 어느 날, 급히 입궐하라는 전갈을 받았습니다. 그는 늦지 않으려고 부리나케 달렸고, 산 피에트로 공사 이야기를 하는 동안 온몸은 땀으로 흥건했습니다. 그리고 곧 병을 얻었습니다. 귀가 길에 그는 일종의 치명적인 고열에 시달렸습니다…."

그가 사랑한 여인이 그의 머리맡을 지켰다. 그녀는 집을 떠나지 않고 그를 항상 간호하러 다시 오곤 했을까? 그런 것이 무어 중요할 것인가. 그녀는 거기에 있었고, 사랑스런 손으로 그에게 차를 따라주거나 로마의 명의가 처방해준 약을 마시게 했을 듯하다. 그는 늙은 파비우스 칼보가 지켜보는 가운데 그것을 마시곤 했다. 그러나 라파엘로는 자기 때가 다 되었음을 잘 알고 있었다.

4월 4일, 그는 소크라테스 이후 죽음을 맞이하는 사람이면 누구에게나 했던 것을 하게 했고, "정직하게 살아갈 몫을 남겨주고서" 애인을 돌려보냈다.[31] 이어서 그는 유언을 하고, 자기 재산을 삼촌에게 남기고 공방은 줄리오 로마노와 프란체스코 페니 등 사랑하는 제자들에게 나누어주었다. 그는 산타 마리아 델라 로툰다(만신전), 마리아 비비에나 곁에 묻히게 해달라고 부탁했다. 이틀 뒤, 성 금요일 저녁 아홉 시에서 열 시 사이에 숨을 거두었다. 서른여덟이 된 지 얼마 되지 않았었다.

같은 날 밤, 가벼운 지진이 바티칸을 흔들어, 주랑의 벽에 금이 가게 하면서, 자연까지도 로마의 슬픔을 나누었다.

레오 10세가 라파엘로를 임종했을 것이라는 전설이 있다.[32] 확실한 것은 그의 형제자매와 조카들의 사망 소식에도 꿈쩍도 하지 않고서, 자기 계획을 옮기는 데에만 냉정하게 매달렸던 이 사람이 라파엘로의 사망 소식을 듣고서는 오열했다고 한다. 이번에는 정말 모든 것이 끝났다. 태양은 사라진 그의 존재를 비추었고, 그는 잔해에 둘러싸였다. 그의 삶은 그에게 엄청난 실수처럼 보였다. 그는 인간이 빵만으로 살지 못하는 것이나 마찬가지로 오랫동안 작품의 싹이 존속하리라는 것을 아직 이해하지 못했다.

라파엘로의 시신을 눕힌 침대 머리에서, 그의 제자들은 첫 번째 경건한 열성으로 그 추도비를 세워놓았다. 즉 미완의 「변모」를.

레오 10세는 시종에게 로마의 모든 시민이 참여할 성대한 장례식을 마련하도록 했다. 벰보는 그의 묘비명을 지었다.

"여기 라파엘로 잠들다. 그가 살았을 때, 만사를 주관하는 할머니는 패배할까 걱정했다. 그가 죽자, 그녀는 죽을까 두려워하리라."[33]

가장 감동적인 증언은 카스틸리오네가 어머니에게 쓴 편지에서 나온다.

"건강하게 지내고 있습니다. 하지만 라파엘로가 더는 여기 없으니까 저도 로마에 있는 듯하지 않습니다."

삼백 년 뒤에, 괴테는 에커만에게 예술가들의 특이하게 까다로운 체질에 놀랐다면서 이렇게 말했다.

"이런 사람들이 만들어내는 산물의 예외적 성격은 천상의 목소리를 듣는 데 적합하고도 드문 인상을 받을 수 있도록, 위대하게 짜여진 감수성을 짐작하게 한다. 이런 식의 짜임새는 삶과 사건의 충격에서 쉽게 다치고 상처를 받기 쉽다."

카스틸리오네의 애도

라파엘로의 사망에 대한 카스틸리오네의 애도

은총의 손으로 에스쿨라프[의술의 신]는 이폴리토의 찢긴 사지를 소
생시키나니,
벌써 그 먹이를 포획한 죽음을 쫓아
애끓는 복수심에 심연으로 따라 들어가네.
이렇듯 라파엘로여 죽음은 네게 유리하나니
폐허에서 황량하고, 유린당해 파묻힌 도시를 일으켜 세운
모든 것을 아는 눈을 지닌 너를 위해,
흩어진 사지를 그러모으고
마술사가 그 생명을 불어넣었네
그렇게 신성한 육신은
사라진 시간이 눈부시게 되살아나듯
먼지 속에서 완전히 젊음을 되찾네.

하지만 죽음은 이런 일을 투정하고 시기하네

"내가 영원히 꺾은 것은 바로 내 것

영원한 허무의 먹이인데.

먼지에 불과한 너를

빛 속에서 솟아나게 하다니!"

찬란한 힘에 말려든 그대

우리가 너를 따라갈 때에 맞춰

죽음이 우리에게 알려주리라.

어떤 예술가도, 화가도 조각가도 음악가도 소설가 그 누구도 라파엘로만큼 그토록 강렬하게 그 인간을 상기시키지 못한다. 그는 단순히 노예가 되려고 태어난 것이 아니라, 신비와 세계의 기쁨에 참여하려고, 지상을 두루 묶는 기쁨에 참여하고자 태어났으며 자신의 가슴으로 기쁨을 끌어안기 때문이다. 그 기쁨은 가장 미미한 꽃에서부터 전자電子에 이르기까지 곳곳에서 분출된다, 마치 지구가 태양 주위를 돌듯이 핵 주위를 춤추면서.

라파엘로는 세상의 이미지를 보면서 우주의 교향악을 듣기 때문에 두말할 나위 없이 위대하다.

라파엘로가 벽화 「아테네 학파」의 오른쪽 구석에 그려넣은 자화상인데
화면 오른쪽에 그의 스승이던 페루지노와 나란히 그렸다. 미소 짓는 페루지노를
장식과 세속 취미를 즐기던 화풍과 닮은 인상으로 표현한 점이 재미있다.
반면에 라파엘로는 거대한 작업을 하느라 피곤한 기색이 역력하다.

라파엘로가 사망하고 나서 엿새가 지난 1520년 4월 12일, 세바스티아노 델 피옴보는 미켈란젤로에게 이렇게 썼다.

"우선 안부를 전합니다.

이 가엾은 라파엘로의 사망 소식을 들었으리라 생각합니다. 매우 불쾌하셨으리라 생각합니다. 하느님 그를 용서하소서….

제 소견으로는 이제 우리가 교황의 집무실을 그리게 될 것입니다. 이 문제에서, 라파엘로의 제자들은 대단히 허세를 부리면서 유화로 그리겠다고 합니다. 선생님께서 저를 잘 기억해주시길 빌고 추기경님께도 추천해주시길 빕니다.[1] 또 이와 같은 사업에 제가 적합하다면, 제게 일감을 주십시오. 선생님을 부끄럽게 하지는 않을 것이고, 지금까지 못 했던 것처럼 하지는 않을 것이라고 믿습니다."[2]

레오 10세는 라파엘로를 계승할 만한 오직 한 사람이 있지만 그 사람이 매사에 자신과 반대 입장임을 잘 알고 있었다. 그러나 줄리아노와 로렌초 데 메디치의 무덤에 세울 입상을 조각하는 데 매달려 있던 미켈란젤로는 들은 척도 하지 않았다. 율리우스 2세를 흥분시키고, 두 사람 모두가 잊지 않은 서사적 사건을 자극했던, 무엄함과 신랄함이 뒤섞인 편지에서 미켈란젤로는 자신이 아주 어려서부터 잘 알고 있던 비비에 나에게 세바스티아노에게 관심을 둬보라고 이렇게 제안한다.

"피렌체, 1520년 6월
귀하,
친구로서도 충복으로서도 아니고(나는 그 어느 쪽의 자격도 없으니 말이오) 가난하고 미친, 추한 사내로서 추기경님께 바라건대, 베네치아 화가, 세바스티아노가 궁전의 작업 일부를 맡을 수 있도록 해주셨으면 합니다. 라파엘로가 사망했으니 말입니다. 저 또한 그렇게 생각합니다만, 이런 일이 무용해질 수도 있겠지만 아무튼 저는 바보들을 이용하다가 우연히 즐거움을 찾을 수도 있다는 생각입니다. 닭고기에 질린 사람이 파를 이용해서 샐러드를 다채롭게 하고 싶어하는 것입니다. 가치 있는 사람은 오늘날 그런 기회를 놓치지 않습니다. 청컨대, 그와 같은 증거를 제게 주었으면 합니다. 이는 우리에게 대단한 봉사가 될 것입니다. 왜냐하면, 세바스티아노는 귀한 인물이기 때문입니다. 착각이 아니라면 세바스티아노의 경우는 다를 것입니다. 확신하건대, 추기경님을 영광되게 할 것입니다."

이 편지의 별다른 성과는 없었다. 세바스티아노 자신이 미켈란젤로를 염두에 두었던 것이니, 웃지 않을 수 없다. 그는 비비에나가 미켈란젤로에게 라파엘로의 제자들이 벽에 유화로 그렸던 것이 다음과 같은 것이라고 말했을 것으로 주장한다.

"매우 훌륭한 인물상이었기에, 아무도 더는 라파엘로가 그린 방을 주시하지 않았고, 이 방은 커다란 경탄을 불러일으켰다. 과거에서 지금까지 회화작품 가운데 가장 아름다운 것일지 모른다고…."3

여름 내내 세바스티아노와 그 도당의 음모가 진행되었다. 1520년 9월 7일 세바스티아노는 이렇게 썼다.

"내가 교황님께 했던 말과 이 대작에 사용했던 용어는 선생님에 대한 내 존경에서 우러난 순수한 정에 따른 것입니다. 선생님의 수단으로 우리의 복수를 할 수 있도록 말입니다. 악랄한 자들에게 라파엘로와 그 제자들이 아닌 다른 반신半神들이 있다는 것을 보여주려고 말입니다….
라파엘로의 '스탄차'에서 중요할 수밖에 없는 이 위층 방은 선생님 없이는 얻어낼 수 없습니다. 아래층 방은 다른 이들과 마찬가지로 그것을 얻어내어 거기에 큰 벽화를 그릴 수 있도록 전력을 하고 있지만, 오직 기적을 일으키고 사람들에게 반신이 아닌 사람 또한 그릴 줄 안다는 점을 보여주고 싶은 욕심입니다…."

비록 라파엘로 제자들의 재능에 아무런 환상도 품지 않았을 레오 10

세였으나, 아끼던 위대한 망자에 대한 연민 때문에 그들이 시작한 작품을 마무리하도록 내버려두었다. 이 오만한 세바스티아노에게도 방 하나를 맡기는 일에 관한 한 그렇게 하지 않았다. 그는 이제, 타이탄 족의 시대, 즉 야만족의 시대가 열릴 것임을 잘 알고 있었다. 그러나 그가 살아 있는 동안에 그는 야만족에게 거부권을 행사한다.

11월에, 모든 사람의 웃음거리였던 그의 충복 비비에나 또한 사망했다. 또 카를 5세와 프랑수아 1세는 장차 다가올 적대적 관계를 예상하면서도 동맹할 방도를 찾고 있었다.

두 경쟁자의 낌새를 눈치 챈 레오 10세는 주저했다. 밀라노를 차지하고 있던 자가 이탈리아의 주인이었다. 이 주인이 프랑스 왕이든 에스파냐 왕이든, 밀라노에 이탈리아 사람의 군주를 옹립하자면 그에 반대하는 연대가 필요했다. 레오 10세는 젊은 이폴리토가 이 역할을 맡을 수 있었으면 했다. 프랑스 사람들은 다시 한 번 밀라노에서 쫓겨난다. 이번에는 프로스페 콜론나와 델라 페스카라 후작이 지휘하는 교황 군에 쫓겨난다.

레오 10세는 11월 말, 라 말리아나의 별장에서, 프랑스 군이 패퇴하고 파르마와 피아첸차를 수복하게 되었다는 소식을 들었다. 로마로 돌아온 그는 1521년 12월 1일에 사망했다. 마흔여섯의 나이였다. 그 또한 라파엘로처럼 사냥터에서 걸린 감기로 죽었다는 주장이 있었지만, 알폰소 페라라와 프란체스코 마리아 델라 로베레의 모의로 독살되었다는 소문이 끊이지 않았다.

레오 10세의 사망은 수 세기 동안 스파르타 정신의 승리를 가져왔다. 그를 계승한 플랑드르 출신의 하드리아누스 6세[1522~1523 재위]는 반反르네상스의 서주를 울리면서 고대 유물관의 문을 닫고, 오직 자신만이 주머니 속에 열쇠를 감추어두었다. 그는 시스티나 예배당 천장화를 파괴하려 했다. 미켈란젤로의 누드 인물상이 부정확하다고 생각했기 때문이다. 다행히 그는 자신의 계획을 실행하기 전에 사망했고, 로마의 민중은 의사에게 개선문을 세워주었다.

이제 사람들은 레오 10세의 치세기를 황금기였다고 떠들기 시작했다. 연대기 작가들은 그의 치하에서 로마는 전쟁도, 흑사병도 기근도 없었다는 점에 주목하게 했다.

의기소침한 라파엘로의 제자들은 이탈리아 여기저기로 흩어졌다. 프란체스코 페니는 나폴리, 피에리노 델 바가는 제노아, 줄리오 로마노는 만토바의 이사벨라 데스테와 그 아들 페데리코 후작 곁으로 가서, 그곳에서 로마에서 라파엘로가 맡았던 역할을 하면서, 대성당과 테 궁 등 건축과 장식미술의 걸작을 제작했다. 하지만 누가 그곳〔테 궁〕 거인들의 벽화에 쌓아놓았던 괴기성에 놀라 뒷걸음질치지 않을 것인가?

소도마와 안드레아 델 사르토를 제외한 새로운 화가들, 즉 르네상스의 마지막 화가들이자 얼마 지나지 않아 사망하게 되는 이 화가들은 더 이상 자연을 주시하지 않게 되며, 주시하더라도 그것을 보지 않으려 한다. 그들은 더는 위대한 시인을 읽지 않을 것이고, 철학자를 연구하지도 않을 것이요, 다만 종교적 · 문학적 · 철학적 또는 역사적 회화만을, 신민의 취미를 타락시키는 군주의 욕구에 맞추어 푸짐하게 그려댄다. 종교개혁과 반종교개혁은 무엇보다도 반反르네상스였다. 철학과 예술의 어머니인 자유는 예속되고, 개인은 미래에 대한 의식이라는 그 고유한 권리를 잃는다.

501

심지어 악착같은 전쟁을 수행하면서 군주들은 은밀한 공포에 시달리
곤 했다. 즉 그들 신민의 머릿속에 든 아테네 정신을 두려워했다.

이제, 레오나르도와 라파엘로와 안드레아 델 사르토를 모방하려고
티치아노의 붓을 빌리게 되며, 또 아주 빠르게 시스티나 천장의 훌륭
한 벽화들이 아니라, 미켈란젤로의 「최후의 심판」과 파올리나 예배당
의 프레스코를 모범으로 삼아 과장하고, 모방하려고 이러한 모범을 포
기한다. 이 시스티나 벽화는 교황의 서재의 「샤를마뉴의 대관식」과 차
이를 보인다. 대관식은 라파엘로 제자들의 솜씨이지만, 폴린 예배당의
프레스코는 미켈란젤로 혼자서 그렸다. 결국, 예술은 그토록 타락했
다. 그래서 다니엘레 다 볼테라의 시시한 붓으로 그려진 루브르 소장의
「골리앗의 머리를 자르는 다윗」을 미켈란젤로의 것으로 간주할 정도였
다. 바사리는 늙은 거장들이 작품 한 점을 그리는 동안 여섯 점을 그리
면서 우쭐해하지 않았을까. 이미 이천 년 전에, 제욱시스는 빨리 그리
는 것을 뽐내는 화가 아가타르크에게 이렇게 말하지 않았던가.

"나는 말일세, 천천히 그리네만 오래가는 것을 그리네."

화가들은 조토 이후에 그랬듯이 엘리트 집단으로서, 대중의 선봉으
로서 더 이상 작업하는 일은 없게 된다. 그다음 수 세기가 흐르는 동안
그레코, 렘브란트, 클로드 로랭 등 위대한 화가들은 자기 시대를 넘어
영감에 취해 고립된다. 삼백 년 동안, 화가들은 가난한 프랑스 화가 몇
이서 퐁텐블로 숲에 모여, 자기들의 눈과 정신으로 자연을 바라보며,
겸손하게 자연의 화파를 일구기 시작하고, 이탈리아 르네상스 이후 세

인이 보았던 화가들 가운데 가장 경이로운 화가 집단으로 등장할 때까지 고객의 상상력에 비위를 맞추려 애쓰게 된다.

제1부 명상 생활

제1장 우르비노

1 Braghirolli, 『화가의 미간행 서간문*Lettere inedite di artisti*』(Mantua 1878).

2 Castiglione, 『조신*Cortegiano*』, Libro primo.

3 Marcel Reymond, 『브라만테와 16세기 이탈리아 건축*Bramante et l'architecture italienne au XVIe siècle*』.

4 Guasto, 『토스카나 고문서보관소 연감 VI *Giornale storico degli Archivi Toscani VI*』(1862).

5 *Cortegiano*, Libro primo.

6 Passavant, 『라파엘로 산티와 그 아버지 조반니 산티*Raphaël Santi et son pere Giovanni Santi*』.

7 Rodocanachi, 『이탈리아 여성*La femme italienne*』(Hachette).

8 Elie Faure, 『르네상스 미술*L'art renaissant*』.

9 Louis Gillet, 『라파엘로*Raphaël*』.

10 Paul Jamot, 『프티 팔레 개최, 이탈리아 미술전 도록*Catalogue de l'Exposition de l'art italien au Petit Palais*』(1935).

11 Léo Ferrero, 『파리, 서구의 마지막 모델*Paris, dernier modèle de l'Occident.*』, Rieder, 1934.

12 Cf. la très belle étude de Philippe Monnier, 『콰트로첸토*La Quattrocento*』, 2 vol. (Payot).

13 Selon Villani, *Croni*, VII, 131, 1289년 6월 11일에 캄팔디노에서 벌어진 전투, 1700명이 죽고 2000명의 포로가 발생했다.

14 Herman Grimm, 『미켈란젤로*Michel-Ange*』(Payot, 1935).

15 Février 1483.

16 Machiavel, 『피렌체 역사*Istorie fiorentine*』, Libro otavo.

17 Burckhardt, 『르네상스 역사*Histoire de la Renaissance*』, vol. 1.

18 R. Rolland, 『옛날의 음악가*Musiciens d'autrefois*』, p. 35 (Hachette)

19 Rodocanachi, 앞의 책, *livre cité*.

20 그 누이 클레르는 안느 드 보죄의 손자 몽팡시에 공작과 결혼하였다. 그녀는 부르봉 총사령관을 낳게 된다.

21 Cortegiano, 앞의 책, Libro primo.

22 같은 책, *Livre cité*, Libro primo.

23 Rodocanachi, 앞의 책, *Livre cité*.

24 바사리가 지어낸 여담을 재론할 필요는 없을 것이다. 이미 충분히 언급되었기 때문이다. 탁월한 다음 책을 보시오. Louis Gillet, *Raphaël*(Plon).

25 Robert de la Sizeranne, 『체사레 보르자와 우르비노 공작*César Borgia et le duc d'Ubrino*』(Hachetter).

26 Louis Gillet, *Raphaël*.

27 Guichardin, 『사상과 초상*Pensées et portraits*』. Florilège par Juliette Bertrand(Denoël et Steele).

28 Collison-Morely, 『보르자 일가*Les Borgia*』(Payot).

29 Guichardin, 앞의 책.

30 알렉산데르 6세의 사촌.

31 Baldassare Castiglione, 『조신*Libro del Cortegiano*』, Libro Primo (Sonzogno).

32 Castiglione, 같은 책, Libro Primo

33 러시아 황제 알렉산드르 2세는 1876년 이 소품(18제곱센티미터)을 33만 프랑에 사들여 황후에게 생일선물로 주었다.

제2장 페루자

1 Wöfflin, 『고전미술*Klassische Kunst*』.

2 André Michel, 『미술의 역사*Histoire de l'Art*』, IV.

3 René Schneider, 『움브리아*L'Ombrie*』(Hachette).

4 Francesco Matarazzo, 『페르피스 연대기*Chroniques de Pérpise*』.

5 René Schneider, 앞의 책.

6 Gronau, *Raphaël*.

7 Collison-Morely, *Les Borgia*에서 재인용.

8 La marquise de Cotrone au marquis de Mantoue.

9 이 두 작품은 베를린에 있다.

10 Dante, 「천국Paradis」, XI.

11 Dante, 「연옥Purgatoire」, VI, 118.

12 Dante, 「천국Paradis」, XII, 139-141.

13 R. de la Sizeranne, *César Borgia et le d'Ubrino*.

14 Castiglione, Cortegiano, II.

15 Baldi, 『우르비노 공작 귀도발도의 삶과 과업*Vita e fatti di Guidobaldo, duca d'Ubrino*』.

16 R. de la Sizeranne, 앞에서 인용한 책.

17 Machiavel, 『로마뉴 지방에서 발랑스 공의 유산*Légation auprès du duc de Valentinois en Romagne*』.

18 Collison-Morely, *Historie des Borgias*, p. 263.

19 Guichardin, 앞에서 인용한 책.

20 Ugolini, 『우르비노 공국의 역사*Storia duchi d'Urbino*』, II, p. 523.

21 Venturi, 『성모*La madone*』.

제3장 피렌체

1 Cratyle.

2 Mario Meunier, 『소크라테스의 전설*Légende de Socrate*』.

3 Eschyle, 『에우메니데스*Les Euménides*』, V, III.

4 Sophocle, 『안티고네*Antigone*』.

5 Sophocle, 『필로크테테스*Philoctète*』, Scène VII.

6 Philippe Monnier, *Le Quattrocento* (Payot).

7 Elie Faure, *L'Art renaissant*.

8 *Purgatoire*, VI, 118 et suivants.

9 Vieille Pinacothèque, Munich.

10 Marguerite Albana, 『코레조*Le Corrège*』(Perrin).

11 Taine, 『이탈리아 여행*Voyage en Italie*』, vol. I.

12 『비평문집*Variétés critiques*』, vol. II, p. (Crès et Cie).

13 *Phèdre*, 마리오 뫼니에Mario Meunier 번역본 (Payot).

14 Platon, 『파이돈*Phédon*』, traduction Cousin.

15 Platon, 『페드라*Phèdre*』.

16 『티마이오스*Timée*』, traduction Albert Rivaud(Collection Budé).

17 Mario Meunier, 『플로티노스부터 베르그송까지De Plotin à Bergson』.

18 Robin, 『그리스 사상La pensée grecque』, p. 443.

19 Krakovsky, 『플로티노스와 이교 정신Plotin et le paganisme religieux』에서 재인용.

20 사도행전Actes des Apôtres, ch. XVII V, 34.

21 Philippe Monnier, Le Quattrocento.

22 Krakovsky, Plotin et le Paganisme religlieux, p. 275.

23 Rodocanachi, p. 41.

24 모든 것은 지나가고 되돌아오며, 아무 것도 죽지 않는다. Tout passe, tout revient, rien ne meurt.

제4장 피렌체와 우르비노를 오가며

1 Charles Singer, 『생물학의 역사Histoire de la Biologie』(Payot).

2 Herman Grimm, Michel-Ange.

3 『피에란토니오 세라시의 서기 발다사레 카스틸리오네의 일생Vita del conte Baldessar Castiglione, scritta dall'abate Pierantonio Serassi』(Milano, 1803).

4 Cortegiano, Libro quar to, p. 284-292.

5 Herman Grimm, Raphaël.

6 Castiglione, Préface du Courtisan.

제2부 활력에 넘치는 나날들

제1장 교황의 서재

1 Guichardin, livre cité.

2 Marcel Reymond, 『브라만테Bramante』.

3 Condivi, 『미켈란젤로의 삶Vie de Michel-Ange』.

4 Schmarsow, 『멜로초 다 포를리Melozzo da Forli』, Berlin, 1886.

5 Henri Hauvette, 『소도마Le Sodoma』(Laurens, Paris).

6 《Questo animale》

7 Plotin, 『엔네아데스Ennéade』, I, livre VI.

8 Plotin, Ennéade, V, livre VIII, Mario Meunier (Payot)

9 Piero Valeriano, 『문학의 불운De infelicitate literatorum』.

10 Burchhardt, Kultur der Renaissance in Italien, p. 239.

11 레닌그라드 에르미타주 미술관 Musée de l'Ermitage à Léningrad.

12 Roujon, *Raphaël* (Collection Lafitte).

13 Alfred de Vigny, 『시인의 일기*Journal d'un poète*』(1833).

14 Edwin Booth, 『루터*Luther*』(Payot).

15 Cité par Edwin Booth, p. 182.

16 Dante, *Divine Comédie. Paradis*. Chant IV.

17 *Enfer*, Chant IV.

18 Cité par Monnier, *Quattrocento*.

19 *Paradis*, chant XXVI.

20 나폴리 미술관 Musée de Naples.

21 En 1490.

22 Albert Rivaud. 「티마이오스 불어판 서문Introduction à la traduction du Timée」 (collection Bude).

23 Paul Jamot, *Préface au Catalogue de l'exposition de l'Art italien*, 1935.

24 Durand-Gréville (Revue de l'art ancien et moderne, XVIII, 1935)

25 마드리드 프라도 미술관 Madrid, Musée du Prado.

26 Heptaméron, 『하루*Journée*』, VI.

27 야만족 밖에서 Au dehors les Barbares.

제2장 볼세나의 미사

1 『미켈란젤로 부오나로티의 서간문*Lettera di Michelangiolo Buonarrotti*』, publiée par S. Ciampi, Firenze, citée par Passavant et par R. Rolland.

2 Damascius, 『근본원리에 관하여*Sur les premiers principes*』, I.

3 잔파올로의 아들이다. 파피니, 『미켈란젤로 부오나로티』를 보시오.

4 Boyer d'Agen, 『미켈란젤로의 문학*L'œuvre littéraire de Michel-Ange*』(Delagrave).

5 시집*Poésie XLIX*, édition Frey (Berlin, 1897).

6 누가복음 11장, 52절.

7 Picotti, 『레오 10세의 청소년기*La jeunesse de Léon X*』(Payot).

8 1er octobre 1511.

9 Klaczko, 『피렌체 야화*Causeries florentines*』, cité par Munz et par Burckhardt.

10 Louis Gillet, *Raphaël*, p. 80.

11 Louis Gillet, *Raphaël*, p. 79.

12 Sébastien Luciani, 1485-1547.

13 Cité par Gautier-Vignal, *Machiavel*(Payot).

14 Grimm, *Michel-Ange*, p. 259.

15 André Michel, *Hist. de l'Art*, Raphael.

16 Eschyle, *Les Euménides*, I.

17 André Michel: *Histoire de l'Art*. Tome IV art. Pinturiccio.

18 Jean-Richard Bloch, *Destin du Siècle*(Rieder, 1931).

19 Daremberg et Saglio (1918), article *Apollon*.

20 Platon, 『향연*Banquet*』(Traduction Mario Meunier, Payot).

21 단테, 『신곡』「천국」 제1장, Paradiso. Canto I.

제3장 레오 10세와 산 피에트로 대성당 축성

1 Romain Rolland, *Michel-Ange*, p. 71.

2 Herman Grimm, *Michel-Ange*, p. 273.

3 Taine, *Voyage en Italie*, I권, p. 74.

4 Roscoe, 『레오 10세*Lione, X*』, ed. Bossi, IV, p. 181.

5 Ramain Rolland, *Musiciens d'autrefois*, (Hachette).

6 Romain Rolland, 같은 책에서 롤랑의 인용.

7 Guichardin, *Pensees et Portraits*, p. 92.

8 Crowe et Cavalcaselle, II, p. 330.

9 Cf. 노발리스의 흥미로운 에세이, 『유럽 또는 기독정신*l'Europe ou la Chrétienté*』.

10 F. Nitti, 『레오 10세와 그 정치*Leone X e la sua politica*』, Firenze, 1892.

11 Vasari, *Vie de Leonar de Vinci*.

12 산 피에트로 인 빈콜리 성당.

13 사도행전*Actes des Apôtres*, chap. XII.

14 Richard Muther, 『회화의 역사*Geschichte der Malerei*』, III, p. 76 (Göschen).

15 André Michel, *Histoire de l'Art*, vol. IV, Raphaël.

16 Rudolf Steiner, 『고대와 기독교의 신비*Le mystère chrétien et les mystères antiques*』(Perrin).

17 *Cortegiano*, Libro secondo, p. 151.

18 Bibbiena.

19 Henri Roujon, *Raphaël*.

20 Edouard Schure, *Les prophètes de la Renaissance* (Perrin).

21 Grimm, *Michel-Ange*, p. 276.

22 Félix Bouisset, 『앵그르 씨의 사상과 재담*Pensées et boutades de Monsieur Ingres*』, Recueil de l'Académie de Montauban.

23 Pierre Champion, 『왕실 갤러리*La Galerie des Rois*』, p. 198, 218 (Grasset).

24 Discours de Julien dans *le Cortegiano*, livro primo, p. 68-69.

25 Mario Cavalli, 『베네치아 대사*ambassadeur de Venise*』, dans Pierre Champion, 앞의 책 p. 219.

26 현재 볼로냐 피나코테카 소장이다.

27 뮌츠는 이 편지가 1508년에 쓴 것이라고 주장한다. 그러나 크로우와 카발카셀은 1516년, 볼로냐 여행 뒤라고 주장한다. 편지의 내용에서도 확인된다면서.

28 프란시스쿠 돌란다가 포르투갈 국왕 후안 3세에게 바친 보고서(1548) Joachim de Vasconcellos 발행.

29 Vasari.

30 Cicerone.

31 Gugnoni, 『아고스티노 키지 대공*Agostino Chigi il magnifico*』, Roma, 1881.

32 Bembo의 편지, 1516년 4월 3일자.

33 Santa Maria del Popolo.

34 Macel Reymond, 앞에서 인용한 책, p. 51.

35 키지가 사망하고 나서 파울루스 3세 가문의 파르네세 일가가 구입한 뒤로 이렇게 불렸다.

36 드레스덴 미술관 Musée de Dresde.

37 시에나 미술관 Galerie de Sienne.

38 기원전 1세기의 로마 건축가. 『건축론』의 저자. 당대 건축의 가장 소중한 증언이다.

제4장 꿈은 지다

1 Collection Huldschinsky. 이 작품의 진위는 앞에서 인용한 Gronau의 책, 239쪽을 보시오.

2 Herman Grimm, *Michel-Ange*, p. 311-312 불어판, Payot.

3 *Cortegiano*, libro primo, p. 68.

4 Louis Gillet, *Raphaël*, p. 121.

5 비엔나 알베르티나 박물관 Musée de l'Albertina à Vienne.

6 Rodocanachi, 율리우스 2세와 레오 10세 시대의 로마에서 인용하고 있는 P. de Grassis의 수사본, Hachette, 1912.

7 Pastor, *Geschichte der Pëpste*, IV, I, p. 130.

8   파울루스 3세 하에서 미켈란젤로가 「최후의 심판」을 그린 벽에 페루지노가 그렸었다.

9   Louis Gillet, *Raphaël*, p. 101.

10 Wolfflin, *Klassische Kunst*, p. 105.

11 Dollmayr, *Raffaels Werkstätte*, Jahrbuch der Lunsthistorischen Sammlungen (1895).

12 Vasari, *Vie de Bramante*.

13 Grimm, *Michel-Ange*, p. 289.

14 Plotin, *Ennéade*, III.

15 Plotin, *Ennéade*, III.

16 Leonardo Sellaio 1519, 미켈란젤로에게 부친 서한집, Frey, Berlin, 1899.

17 Herman Grimm, *Raphaël*.

18 Dante, *Paradis*, chant XXXIII.

19 Escyle, *Les Euménides*, acte V, scène III.

20 1786년 10월 18일자 편지.

21 1825년 4월 30일.

22 1829년 12월 6일.

23 Forester에게 부친 답장, 1829년 10월 16일. Cf. Geneviève Bianquis, 4세기 동안의 파우스트 Faust à travers quatre siècles (Droz, 1935).

24 Dante, Paradis, XXVIII.

25 Passavant, 앞의 책 I. 516쪽. Cf. Gruyer, 『라파엘로와 고대*Raphaël et l'antiquité*』, vol. I, p. 435~457.

26 Marguerite Albana, *Le Corrège*(Perrin).

27 줄리오 로마노는 1522년에, 카스틸리오네의 중재로, 추기경에게 그 비용을 요구했다. 1526년에 돈을 받았다. Müntz, *Raphaël*, 578쪽.

28 마가복음 9장.

29 Nietzsche, 『비극의 기원*L'origine de la Tragédie*』, p. 46~47 (Mercure de France)

30 Marcel Arland, 『평론집*Essais critiques*』, p. 33 (Gallimard).

31 Vasari.

32 Gobineau, 『르네상스』에서 이렇게 주장한다.

33 ≪Ille. hic. est. Raphaël timuit quo sospite Vinci, rerum magna parens et. moriente. mori≫.

에필로그

1 줄리오 데 메디치 추기경은 피렌체에서 레오 10세를 대신했다

2 Boyer d'Agen(Delagrave)의 앞의 책, 『미켈란젤로 문학*L'œuvre littéraire de Michel-Ange*』에 세바스티아노 델 피옴보의 편지들이 수록되었다.

3 1520년 7월 3일.

역자 후기

이 책은 프레드 베랑스가 지은 『라파엘로 또는 정신의 힘*Raphael ou la puissance de l'esprit*』의 한글 완역판이다. 중쇄를 거듭한 이 원전은 파요 출판사에서 "역사 도서관" 총서로 펴낸 1936년판이다.

저자가 여러 언어로 번역된 라파엘로의 전기를 10년도 더 넘는 고되고 끈질긴 집념으로 집필한 이유는 단순명쾌하다. "회화의 고전을 완성하기"에 이르렀고, "아카데미즘의 창시자"로 추앙받는 라파엘로의 삶을 그 당대의 맥락 속에서 차분히 들여다보려고 했기 때문이다.

외젠 뮌츠 등 권위 있는 전문가들이 라파엘로의 삶과 작품을 집대성한 작업들은 1900년 무렵에 상당한 성과를 내놓고 있었다. 사진도판을 수록할 수 있는 초기 망판 방식 인쇄술 덕에 당시 미술가들의 전기류는 새로운 "전기"를 맞았다. 1930년대부터 사진에 근접하는 단색도판 복제술도 거의 완성되었다. 이런 시대 환경에 발맞춰 많은 전기, 미술책자가 쏟아져 나왔다. 그렇지만 일반 대중이 접근하기에 너무 어렵지 않으면서 또 가볍지 않게 거장의 삶과 예술을 함축한 책은 드물었다.

515

프레드 베랑스는 체코 프라하 출신으로 파리에 유학한 뒤, 그곳에 정착해서 사학도로서 왕성한 활동을 펼쳤다. 프라하를 중심에 둔 보헤미아 역사를 비롯해 알프스 이북과 이남의 교류를 연구하는 데 전력했다. 그러면서 그는 독일어권에 비해 프랑스에 소개가 미미한 편이었던 이탈리아 르네상스와 그 주요 작가들의 연구를 병행하며, 결국 이탈리아 르네상스의 거장 세 사람의 일대기에 착수해 이를 완성해냈다.

바로 이 책이 레오나르도 다 빈치, 미켈란젤로와 함께 그 삼부작의 한 편이다. 그 뒤에 이 삼부작을 근거로 르네상스 일반사에 더 비중을 둔 『이탈리아 르네상스』를 "라 콩롱브" 출판사에서 펴내었다.

라파엘로의 이 전기에 찬사가 쏟아졌는데, N.R.F.(라 누벨 르뷔 프랑세즈)의 장 슐럼베르제는 "핵심적 가치를 영예롭게 하는 것은 그다음 세대의 큰 사명이다. 우리가 가장 생생하고 실감나는 이 프레드 베랑스의 책을 흥미진진하게 읽게 되는 까닭이다"라고 평했다.

전기작가로서 베랑스의 강점은 그가 동서 유럽 여러 나라의 언어에 두루 정통했다는 점이다. 과거 독일어가 대표하는 동구와 프랑스어가 대표하는 서구의 민족주의적 충돌과 또 이보다 강력한 이탈리아 민족주의의 갈등은 르네상스의 거장을 이해하는 데 불필요한 오해를 낳기도 했다. 또 르네상스 자체도 유럽 거의 전 지역의 문명과 문화가 서로 교류하며 영향을 주고받았던 만큼, 이탈리아 반도에 국한된 사건일 수만은 없다. 이미 그 전대의 기독교 문명의 로마네스크와 고딕 미술이 그랬던 것처럼 일찍부터 국제적인 사조였다. 따라서 이렇게 균형 잡힌 안목으로 써낸 라파엘로의 전기를 통해 우리는 르네상스와 그 작가들을 더욱 합리적으로 바라보고 이해할 수 있을 듯하다.

본문에 수록한 단색도판은 외젠 뮌츠의 1900년판『라파엘로』에 실린 것에서 발췌하였다. 초기적이고 거친 도판이더라도, 마침내 거장의 작품을 대량으로 인쇄한 책자를 통해 처음 눈으로 접하게 된 당대의 흥분을 조금이나마 느낄 수 있었으면 하는 바람 때문이다.

사학자이자 문인, 전기작가로서 프레드 베랑스에 대한 연구는 파리와 프라하 대학들에서 지금 한창 진행 중이다. 이 책은 짧은 삶을 살다 간 라파엘로의 그 봄날 같은 세월의 참다운 의미를 이해하는 데 필수적인 다방면의 정보를 효과적으로 함축하고 있다.

우리는 영원한 청춘으로 남은 이 천재 화가의 풋풋함을 시들지 않게 "글항아리"에 담아내려고 고심하면서 신록의 잎사귀 색으로 표지를 삼기로 했다. 사가로서의 엄격한 문장에 참신한 봄기운을 불어넣으려고 고심하던 저자의 문체를 존중하려고 애쓰기도 했다. 라파엘로의 정신을 닮은 희망찬 기운이 글항아리를 바치는 출판의 제단에도 넘치게 되기를 기대한다.

2008년 가을이 다하던 날, 옮긴이

지은이 프레드 베랑스

체코 출신으로 프랑스에서 활동한 르네상스 전문 역사가이자 작가. 초기에 소설을 집필했으나 후에 역사
가로 돌아섰다. 『이탈리아 르네상스』, 『보티첼리』 등 많은 저술을 남겼다. 현재 파리 고등사회과학대학과
프라하에서 그에 대한 연구가 한창이다.

옮긴이 정진국

서울과 파리에서 공부하였다. 에밀 말의 『서양미술사』, 앙리 포시용의 『로마네스크와 고딕』, 빅토르 타피
에의 『바로크와 고전주의』 등 프랑스 미술사가들의 저작과 존 리월드의 『인상주의』, 『후기인상주의의 역
사』, 마테오 마랑고니의 『보기 배우기』, 드니 리우의 『현대미술이란 무엇인가』 등 수많은 미술사와 비평서
를 번역했다. 서구 화가들의 애정관에 바탕한 미학을 파헤친 『사랑의 이미지』와, 농촌문화운동을 추적한
『유럽의 책마을을 가다』를 비롯한 저서들도 내놓았다. 현재는 서울과 파리를 오가며 사진으로 기록하고,
집필하며 번역하는 일에 종사하고 있다.

라파엘로, 정신의 힘

초판인쇄 2008년 11월 26일
초판발행 2008년 12월 3일

지은이 프레드 베랑스 | 옮긴이 정진국 | 펴낸이 강병선

편집인 강성민 | 편집장 이은혜 | 편집 신헌창
마케팅 장으뜸 방미연 정민호 신정민 | 제작 안정숙 차동현 김정후

펴낸곳 (주)문학동네 | 출판등록 1993년 10월 22일 제406-2003-000045호
임프린트 글항아리

주소 413-756 경기도 파주시 교하읍 문발리 파주출판도시 513-8
전자우편 bookpot@hanmail.net
전화번호 031-955-8888(관리부) 031-955-8898(편집부)
팩스 031-955-2557

ISBN 978-89-546-0718-6 03990

이 도서의 국립중앙도서관 출판시도서목록(CIP)은 e-CIP홈페이지(http://www.nl.go.kr/ecip)에서 이용하실 수 있습니다.
(CIP제어번호 : CIP2008003434)